权威·前沿·原创

皮书系列为
"十二五""十三五"国家重点图书出版规划项目

体育产业蓝皮书

BLUE BOOK OF SPORTS INDUSTRY

中国高校体育产业创新创业报告（2020~2021）

REPORT ON SPORTS INDUSTRY INNOVATION AND ENTREPRENEURSHIP IN CHINESE UNIVERSITIES (2020-2021)

主　编／肖林鹏　靳厚忠

社会科学文献出版社
SOCIAL SCIENCES ACADEMIC PRESS (CHINA)

图书在版编目(CIP)数据

中国高校体育产业创新创业报告.2020-2021／肖林鹏，靳厚忠主编．--北京：社会科学文献出版社，2021.5
（体育产业蓝皮书）
ISBN 978-7-5201-7940-9

Ⅰ.①中… Ⅱ.①肖… ②靳… Ⅲ.①高等学校-体育产业-研究报告-中国-2020-2021 Ⅳ.①G807.4

中国版本图书馆 CIP 数据核字（2021）第 029716 号

体育产业蓝皮书
中国高校体育产业创新创业报告（2020~2021）

主　　编／肖林鹏　靳厚忠
出 版 人／王利民
责任编辑／陈　颖　桂　芳

出　　版／社会科学文献出版社·皮书出版分社（010）59367127
　　　　　地址：北京市北三环中路甲29号院华龙大厦　邮编：100029
　　　　　网址：www.ssap.com.cn
发　　行／市场营销中心（010）59367081　59367083
印　　装／天津千鹤文化传播有限公司

规　　格／开　本：787mm×1092mm　1/16
　　　　　印　张：22　字　数：328千字
版　　次／2021年5月第1版　2021年5月第1次印刷
书　　号／ISBN 978-7-5201-7940-9
定　　价／158.00元

本书如有印装质量问题，请与读者服务中心（010-59367028）联系

▲ 版权所有 翻印必究

编　委　会

主　　编　肖林鹏　靳厚忠

编委会成员　刘　勇　湖北大学　教授
　　　　　　　曹可强　上海体育学院　教授
　　　　　　　张文健　温州大学　教授
　　　　　　　席玉宝　安徽师范大学　教授
　　　　　　　高晓波　华南理工大学　教授
　　　　　　　肖淑红　北京体育大学　教授
　　　　　　　李豪杰　吉林体育学院　教授
　　　　　　　袁建国　温州大学　教授
　　　　　　　程文广　沈阳体育学院　教授
　　　　　　　王朝军　中国矿业大学　教授
　　　　　　　石　岩　湖北大学　教授
　　　　　　　张本家　中央财经大学　教授
　　　　　　　邵淑月　天津体育学院　教授
　　　　　　　闵　捷　中央财经大学　教授
　　　　　　　苏继革　中央财经大学　教授
　　　　　　　李　明　美国西密芝根大学（Western Michigan University）　教授
　　　　　　　孟立英　英国法尔茅斯大学（Falmouth

	University）	教授	
	王庆伟	首都体育学院	教授
	梁　强	天津财经大学	教授
	王忠瑞	中国人民大学	副教授
	花勇民	北京体育大学	副教授
	薛玉山	中央财经大学	副教授
	王裕雄	中央财经大学	副教授
	赵　燕	武汉华夏理工学院	副教授
	陈　静	中央财经大学	副教授
	王梦阳	天津体育学院	副教授
	杨晓晨	天津体育学院	副教授
	孙荣会	天津师范大学	副教授
	靳厚忠	中央财经大学	教授
	肖林鹏	天津体育学院	教授

执行编委　胡　庆　马枢佳　李凌晨　王　超　温　蕾
　　　　　　佟海威　阎隽豪　郭鸣明　丁莉红　潘泓宇
　　　　　　瞿斯逸　宋雪萌　靳天佑　苏子豪　邬凯文
　　　　　　黎明林　靳厚忠　肖林鹏

合作团队　许新居　东莞威宏控股股份有限公司　董事长
　　　　　　杜　地　通化师范学院三长文化研究院　院长
　　　　　　魏　奇　宁国市体育产业协会　会长
　　　　　　杨鑫月　河南省巴迪瑞体育用品有限公司　总经理
　　　　　　孟子平　天津众信行健康信息咨询有限公司　董事长
　　　　　　张志凯　北京云泽科技有限公司　总经理
　　　　　　王　盛　天津市堀井科贸有限公司　总经理

胡利塘　衢州市政协委员会　委员
谭　响　天津水滴互联信息技术有限公司　总经理
康天成　北京环球全民健身研究所　所长
李　一　北京大成（大连）律师事务所　律师
马京伟　每步科技（上海）有限公司　首席执行官
石　林　天津工业大学知识产权学院实验中心　主任
孙佳代　国家体育总局器材准备中心　项目主任
李　伟　天津市体育总会办公室　主任
姜　川　北京版泉品牌管理有限公司　总经理
陆　环　天津中教全纳教育咨询服务有限公司校区校长
肖开颜　北京掌控未来体育咨询有限公司　董事长
张志和　天津赛拉维招标代理有限公司　总经理
李　伟　虎峪（北京）科技有限公司　董事长
陈　策　山东奇策体育器材有限公司　总经理
杨　华　北京文香信息技术有限公司天津销售　总监
卢怡冰　克洛斯威（厦门）体育用品有限公司　产品经理

（注：合作团队就职单位及职务截至2020年12月）

主编简介

肖林鹏 教育学博士，教授，博士生导师，天津体育学院任职，主要研究领域为体育管理、青少年体育政策、体育产业创新创业。国家体育总局体育决策咨询专家，入选教育部"新世纪优秀人才支持计划"、国家体育总局"优秀中青年专业技术人才百人计划"、天津市"131"创新型人才培养工程第一层次人选、天津市学科领军人物培养计划等。中国体育科学学会体育产业分会、体育管理分会委员。获省部级学术奖励6项，主持国家社会科学基金项目4项、省部级课题10余项、有关部门委托工作性研究项目30余项。主编教材、著作30余部。发表论文百余篇。在体育产业领域，曾兼国家体育总局体育行业职业技能鉴定专家指导委员会委员，主持研发《体育经纪人国家职业标准》，主编《体育经纪人》（基础理论、一级、二级、三级）、《体育产业创新创业教育》。主持创建"全国体育院校体育产业创新创业服务平台"，入选体育经纪人国家职业资格培训师、全国万名优秀创新创业导师人才库首批导师。

靳厚忠 教育学博士，工学博士后，教授，体育经济与管理专业硕士生导师，中央财经大学任职。兼任世界华人体育管理协会理事、国家体育行业职业技能指导委员会专家委员、全国大学生体育产业创新创业大赛专家委员会主席、体育经纪人国家职业资格培训师等职。主持国家哲学社会科学基金课题1项、国家级新工科建设课题1项、全国教育科学规划重点课题1项、北京市哲学社会科学基金课题1项、中国博士后基金课题1项，体育类横向课题10项，主编、参编、专著20余部；在《北京体育大学学报》、《天津体育学院学报》、《体育学刊》、《体育科学》及外文刊物发表论文 30 余篇,获省部级成果奖 3 项、中国体育科学学会科学技术成果奖 3 项。

摘　要

创新作为引领发展的第一动力,是解决发展动力的关键因素。高校青年作为最具创新活力的主体,是推动体育产业创新创业的重要力量。自国家发出"大众创业、万众创新"的号召以来,创新创业正逐渐深化落实为高校教育改革的专项内容之一,成为高校回答新时代人才教育问题的一道重要考题。在我国,体育产业作为第三产业的重要组成部分,在经济社会发展中占据重要地位,培养一批既懂体育又懂经济管理,既有创新精神又有创业能力的体育产业人才,是当下国家教育强国、体育强国、人才强国战略的必然诉求。

本报告由总报告、分报告、调研篇、政策篇四部分组成。在总报告中,回顾了我国高校体育产业创新创业教育的发展历程,分析了我国高校体育产业创新创业教育面临的机遇与挑战,提出中国高校体育产业创新创业教育的发展前景。针对我国高校体育产业创新创业发展现状,本报告提出相应建议。在分报告部分,从产业生态、教育工作和实践状况等角度对我国体育产业创新创业工作进行了调研分析,构建了我国高校体育产业创新创业发展生态系统健康评价框架,对我国高校体育产业创新创业教育组织、机制和制度情况以及实践平台建设情况进行了调查,同时对我国高校体育产业创新创业发展在实操层面的现状进行了客观分析。在调研篇中,本报告以高校师生作为调研对象,从需求、供给、行为、态度等多维度进行调研,对我国高校体育产业创新创业的主体进行画像。在政策篇,本报告对与高校体育产业创新创业相关的国家和地方政策进行了综述。

本报告首次以调查数据、政策分析做支撑,尽可能全面剖析当前我国高

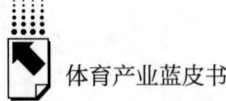

校体育产业创新创业的工作实际，提出师资力量薄弱、教学偏重理论、专业契合不足、教育标准不一、师生激励不足、教育缺乏闭环、管理不够精细、要素合力不足等问题，提出了优化师资、丰富实践形式、加强课程建设、设置阶梯目标、改革考核办法、完善管理闭环、细化管理方式、加强平台建设、完善双创生态的建议，以为推动我国高校体育产业创新创业教育提供参考。

关键词： 体育产业　创新创业　创新创业需求　生态系统　态度行为

目 录

Ⅰ 总报告

B.1 2020年中国高校体育产业创新创业发展形势与分析
　　　………………………………………… 胡　庆　李凌晨 / 001
　一　中国高校体育产业创新创业教育发展历程 ……………… / 002
　二　中国高校体育产业创新创业教育面临机遇 ……………… / 009
　三　中国高校体育产业创新创业教育存在问题 ……………… / 015
　四　中国高校体育产业创新创业教育发展前景 ……………… / 036
　五　中国高校体育产业创新创业教育发展建议 ……………… / 042

Ⅱ 分报告

B.2 中国高校体育产业创新创业生态系统 ……………… 马枢佳 / 056
B.3 中国高校体育产业创新创业教育工作状况 …… 瞿斯逸　宋雪萌 / 077
B.4 中国高校大学生体育产业创新创业实践平台状况
　　　………………………………………………… 温　蕾　佟海威 / 100

Ⅲ 调研篇

B.5 中国高校体育产业创新创业需求调研报告 …… 王　超　苏子豪 / 139

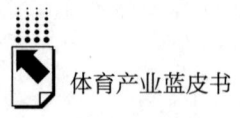

B.6 中国高校大学生体育产业创新创业行为调研报告
　　……………………………………………… 潘泓宇　靳天佑 / 177

B.7 中国高校体育产业创新创业师资现状与对策分析
　　……………………………………………… 郭鸣明　丁莉红 / 211

B.8 中国高校体育产业创新创业师资态度调查研究………… 阎隽豪 / 244

B.9 中国高校体育产业创新创业师资行为调查研究………… 阎隽豪 / 279

Ⅳ　政策篇

B.10　中国高校体育产业创新创业政策分析……… 邬凯文　黎明林 / 303

Abstract ……………………………………………………………… / 321
Contents ……………………………………………………………… / 323

皮书数据库阅读使用指南

总报告
General Report

B.1

2020年中国高校体育产业创新创业发展形势与分析

胡 庆 李凌晨*

摘 要： 大力推进创新创业教育、培养一批具有创新创业能力的体育产业人才，是当前我国体育教育事业发展的重要目标。体育产业飞速发展、大力推进双创教育为高校体育产业创新创业教育发展创造了机遇。我国高校体育产业创新创业教育在教育工作开展、双创服务平台建设等方面取得一定建设成果，但在师资队伍建设、教学方式改革、管理服务优化等方面也存在不足。着眼新时代，全面深化高校体育产业创新创业教育改革，提升高校学生体育产业创新创业发展能力，需要从

---

* 胡庆，北京林业大学生物科学与技术学院教师，主要研究方向为创新创业教育、体育经济与管理；李凌晨，中央财经大学体育经济与管理学院在读，主要研究方向为职业体育制度创新、创新创业教育。

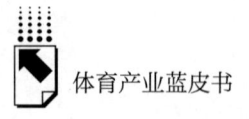

优化师资力量、丰富实践形式、完善课程体系、营造双创氛围等方面持续发力。

关键词： 体育产业 创新创业教育 平台建设 教育改革 发展前景

一 中国高校体育产业创新创业教育发展历程

高校体育产业创新创业教育是指高校通过体育产业创新创业课程教学、实习实训、举办培训、比赛、交流等方式，实现体育产业创新创业人才培养的过程。体育产业是创新创业的重要领域，我国体育强国战略的实施，对体育产业创新创业型人才的需求与日俱增，高校体育产业创新创业教育的地位与作用越发凸显。

（一）早期萌芽阶段（2000~2010年）

我国高校体育产业创新创业教育最早可以追溯到21世纪初，在当时，我国体育产业政策逐步完善，国家出台了诸多与体育产业发展相关联的政策，如国家体育总局发布《2001~2010年体育改革与发展纲要》，就体育产业未来十年发展目标和发展战略做了详尽规划，在该文件中明确提出要注重体育产业人才培养，特别是体育科技和体育社会学相关人才的培养，要求建立体育产业重点科研基地。2001~2010年，我国正处于体育产业改革的重要关口，体育产业正从依靠国家办体育向国家－社会联合办体育的模式转变，亟须培养一批懂体育、懂管理、懂科技，并有一定专业能力的人才。

为解决体育产业人才缺口问题，教育、体育部门出台相关政策，引导高校开设体育产业相关专业，并建设体育产业人才培养课程体系，以此助力体育产业人才培养。在2001~2010年这十年间，提升体育竞技水平作为体育产业发展的核心目标，对政策制定产生了较大的影响。《2001~2010年体育改革与发展纲要》着重强调了科技型人才培养和职业体育院校建设，提出建立服务于奥运争光战略的竞技体育相关人才培养体系，制订了培养体育科技型人才以备战奥运、亚运的工作目标。2006年，《体育产业"十一五"规划》出台，经过五年的发展，以北京申奥成功为契机，体育产业改革趋于完善，体育产业政策开始从以竞技体育为核心向发展体育产业及其细分行业转换。在"十一五"规划中，国家提出要开发竞赛表演、健身休闲、体育彩票等多个市场，为体育产业发展创造新的机遇，体育产业人才培养的需求再次被提出，"大力培养既懂经济、又懂体育的复合型体育经营管理人才"的人才培养目标被写进了我国体育产业五年规划，培养具有体育经纪、体育场馆经营管理等能力的人才成为体育产业人才培养新的核心目标。在当时，高校体育产业创新创业教育的概念仍未形成，但在政策推动、社会资本青睐体育产业市场的背景下，产业人才缺口较严重，由此，我国进入了体育产业人才培养摸索阶段，开始探索高校体育产业人才培养的目标和战略。

在这样的背景下，体育产业人才培养完成了从以培养竞技体育相关人才为核心到以培养体育产业人才为核心的转化，诞生了最早期的体育产业人才培养目标。虽然高校体育产业创新创业教育的概念没有被明确提出，但高校体育产业创新创业教育意图解决的体育产业经营管理人才缺口的问题已经出现，培养"既懂经济管理又懂体育产业的人才"的人才培养目标已经出现。在这一阶段，我国体育产业正处于不断完善产业制度、扩大产业规模的阶段，建设高新技术体育企业的目标被初步提出，在政府主导下，我国对体育产业人才培养进行了早期摸索，并以奥运会为契机，体育部门出台了多项体育产业人才培养相关文件，以期加快体育产业人才培养并实现体育产业快速平稳发展。我国创新创业教育正式进入了高校主导的实践探索阶段，2002年教育部高教司发布《创业教育试点工作会议纪要》，确定了包括清华大学、北京航空航天大学在内的9所创业教育试点工作学校。创业教育试点工作学校开展了诸多创新创业教育活动实践，北航本科教育中开设了"科技创业"选修课，开创了我国创业教育进课堂的先河。在体育产业人才培养需求产生的同时，创新创业教育开始同步发展，尽管体育产业创新创业教育

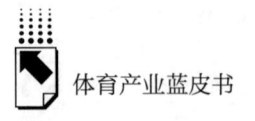

的概念还没有被提出,但在当时,以创新创业教育的形式开展体育产业人才培养已有了雏形。

(二)尝试摸索阶段(2010~2014年)

2010年,《国家中长期人才发展规划纲要(2010~2020)》和《国家中长期教育改革和发展规划纲要(2010~2020)》相继出台,两项发展纲要都提出要培养创新型人才,反映了当时我国对高校创新创业教育扩大发展规模以及加快发展速度的强烈诉求。在创业教育试点工作取得初步进展、高校创新创业教育诉求不断增强的背景下,2010年,《教育部关于大力推进高等学校创新创业教育和大学生自主创业工作的意见》颁布,明确提出要广泛开展创新创业活动,并以比赛、讲座、研讨会等形式,加强高校学生创新创业能力,第一次从宏观政策层面划定了创新创业型人才培养的方式和培养战略。自此,我国开始探索创建符合高等教育特色、贴合我国人才培养需求的教育机制。

体育产业人才培养在摸索期内也取得了突破性进展,同样是在2010年,国务院办公厅发布了《国务院办公厅关于加快发展体育产业的指导意见》,指出要加快体育产业管理人才的培养,同时提出针对体育人才培养要做到多方投入,高校要开设体育产业人才培养方面的课程和专业,这是体育产业管理人才培养政策第一次被国务院正式提及,预示着我国进入体育产业创新创业的政策驱动时代。2010~2014年,各地政府响应中央号召,对开设体育产业发展相关专业的院校都给予了一定财政支持,该项政策首次提出高校要开设体育产业人才培养的相关专业和课程,让体育产业人才培养不再局限于专业体育院校。这为高校体育产业创新创业教育的发展奠定了坚实的基础。

2010~2014年,我国政府开始出台有关体育产业人才培养的政策性文件,以创新能力为导向的体育产业人才培养体系开始形成,高校更加注重对有创业意愿的学生进行针对性培养。高校体育产业创新创业教育政府激励模式以拨款和指导为主,2012年教育部办公厅出台《普通本科学校创业教育教学基本要求(试行)》,要求各高校充分创造条件,开设创业基础课程,为有创业意愿的高校学生开放平台。在国家及高校的大力支持下，体育产业创新创业人才培养工作取得了一定成绩，但创新创业人才培养局限于课程培养的方式，以高校为依托，全面的、成体系的人才培养模式尚待建立。

（三）政策奠基阶段（2014~2015年）

2014年，《国务院关于加快发展体育产业促进体育消费的若干意见》出台，标志着国家高度重视体育产业发展的信心和决心，2014年也因此成为我国体育产业发展里程碑式的一年。在人才培养和体育产业未来发展方向方面，该意见特别提出要培养一批高新技术体育企业，开发体育场馆管理、中介服务、体育经纪等诸多体育服务业，要建立产学研一体化平台，加强政、企、校三方交流。在人才培养过程中，高校要关注企业用人的实际需求，企业也要为高校提供实习实践方面的支持。同时，该意见第一次提出对体育产业创新创业人才实行奖励机制，对体育产业从事创新创业工作的相关人才进行奖励，标志着我国创新创业人才培养工作迈出了重要一步，各大高校开始积极规划体育产业创新创业教育的宏伟蓝图。

2015年，《国务院办公厅关于深化高等学校创新创业教育改革的实施意见》再次强调了创新创业教育的重要性。指出"调整专业课程设置，挖掘和充实各类专业课程的创新创业教育资源，在传授专业知识过程中加强创新创业教育"，在政策的高度支持和推动下，全国各大院校均积极开展"大学生创新创业大赛""寒暑期社会实践活动""'挑战杯'论文大赛"等创新创业赛事，高校创新创业教育开始进入广泛化、规模化发展阶段，该意见中提出的挖掘专业课程创新创业资源也为高校体育产业创新创业教育推进奠定了基础。

尽管只有短短的一年，但高校体育产业创新创业教育迎来了划时代的发展。《国务院关于加快发展体育产业促进体育消费的若干意见》将培养体育产业创新型人才、促进体育产业高新技术化发展作为未来体育产业发展的重要方向，将高校体育产业创新型人才培养上升到了国家政策层面。《国务院办公厅关于深化高等学校创新创业教育改革的实施意见》则正式将创新创业教育融入专业建设和课程设置中，诸多高校开始了体育产业创新创业教育探索，开设了相应课程，并举办了一系列体育产业创新创业教育活动，但成规模、成体系、有影响力的高校体育产业创新创业教育活动稍显欠缺，高校体育产业创新创业教育在诸多政策推进下探索发展，一套符合我国人才培养国情、满足我国实际人才需求的高校体育产业创新创业教育体系正在蕴酿之中。

（四）实践探索阶段（2015~2019年）

2015年11月，天津体育学院举办了首届"全国体育院校大学生体育产业创新创业策划大赛"，开创了高校、政府、企业联合推动体育产业创新创业的先河，其间还召开了"国家体育总局体育产业创新创业平台建设研讨会"，在国家体育总局科教司主导下，来自全国近30所体育院校负责人参与讨论体育产业创新创业平台建设的相关事宜，就体育产业创新创业所需条件、机遇及挑战进行了深度交流，为深度落实《国务院关于加快发展体育产业促进体育消费的若干意见》相关政策举措，培养体育产业复合型人才，激励广大高校体育专业学生投入创新创业事业，建立体育产业创新创业服务平台定下了根基。2016年3月，全国体育院校体育产业创新创业服务平台正式落户天津体育学院，开启了高校体育产业创新创业新征程，标志着我国高校体育产业创新创业教育正式进入了由高校主导的实践探索阶段。

2018年，国家体育总局出台了《国家体育总局"优秀体育人才培养"和"体育干部教育培训"专项经费管理办法》明确提出由政府出资进行体育建设相关人才的引进工作。同年，《国家体育总局重点实验室管理办法》发布，鼓励"重点实验室依托大学、科研院所、企业等具有自主创新能力的科研实体，实行'开放、流动、联合、竞争'的建设和运行机制，积极开展国内外科技合作和交流"，进一步明确了政府在高校体育产业创新创业建设中扮演的角色和起到的重要作用，架起了校、企、社三方共促高校体育产业创新创业的桥梁。

2018年5月,清华大学举行清华体育产业发展研究中心成立大会,标志着高校体育产业研究开始了顶层设计、模式指导、权威统计等多方面更深层次的探索,平台一经成立就受到了体育产业各部门的高度关注,发展至今已经取得了一定的研究成果。清华大学也借助该平台开展了清华体育营销案例分析大赛,通过办赛的方式,提升当代大学生对体育产业的了解和从事体育产业创新创业的综合能力。

在"全国体育院校大学生体育产业创新创业策划大赛"的基础上,2018年11月,天津体育学院举办了"第一届全国大学生体育产业创新创业大赛",在办赛基础上,大赛还安排了专题报告、企业家论坛、沙龙、产品展示、项目路演等活动,借此搭建政、校、企联合参与体育产业双创教育的平台。2015~2019年,我国逐渐形成了高校体育产业创新创业激励机制,实现了《国务院关于加快发展体育产业促进体育消费的若干意见》中关于校企联合建立体育产业创新创业平台和构建体育产业创新创业人才奖励机制的构想。

在体育产业创新创业教育实践探索阶段,我国高校体育产业创新创业教育的实践阶段以高校为主导,以清华大学、天津体育学院为代表的院校开始了高校体育产业创新创业教育新模式的实践,高校体育产业创新创业平台逐步形成,体育产业创新创业平台和体育产业研究中心开始出现,体育产业产学研一体化发展提上日程。依托创新创业平台和研究中心优势、从事体育产业创新创业教育相关工作的高校开始着手进行校企合作,开办体育产业创新创业论坛和学术沙龙。高校作为主要力量开展了诸多体育产业创新创业教育相关工作,吸纳了更多学生投身到体育产业创新创业活动中,鼓励学生自主创业,政府、高校给予资金和政策支持成为高校学生创新创业行为的促进方针,但创新能力和创新精神的培养开始逐步获得了各高校的高度重视,这一阶段形成了更大的体育产业创新创业教育平台和更有影响力的体育产业创新创业活动。但客观看,体育产业创新创业教育还存在一定局限性,天津体育学院举办的创新创业大赛和创新创业平台的服务主体仍以体育院校学生为主,而清华大学举办的体育产业研究平台则更关注体育产业顶层设计,一个面向广大学生的体育产业创新创业激励计划还有待制定,更加健全、设计更

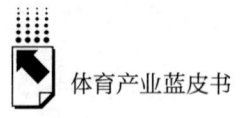

加合理、规模更大、影响力更强的高校体育产业创新创业教育模式仍未形成。

(五)重塑发展阶段(2019年至今)

2019年,《国务院办公厅关于促进全民健身和体育消费推动体育产业高质量发展的意见》明确提出"鼓励普通高校、职业院校设置体育产业相关专业,形成有效支撑体育产业发展的高层次人才培养体系,完善教练员水平评价制度","鼓励体育企业与高校、科研院所联合创建体育用品研发制造中心"。国务院于同年出台的《体育强国建设纲要》提出引进海外人才,支持与海外高水平机构联合培养体育产业人才。可以看出,我国关于体育产业人才培养的相关政策逐步趋向宏观化、具体化、实效化,一系列政策的出台推动了高校体育产业创新创业建设工作进一步细化,体现了高校体育产业人才培养应当以专业建设为主,建立高校体育产业科研平台的政策要求。可以预见,体育产业创新创业配套课程建设将成为高校体育产业创新创业工作的重点,这预示着高校体育产业创新创业教育开始步入从小众到大众、从顶层设计到全民参与、从体育院校到全体院校的发展进程。

当前,我国高校体育产业创新创业已经培养出了一批优秀的体育产业创新创业者,例如在2018年开展的第一届"全国体育院校大学生体育产业创新创业策划大赛"上,获得一等奖的"上场体育圈招聘小程序(校招业务)"已经投入运营,成为高校体育产业创新创业的优秀案例。越来越多的高校学生加入高校体育产业创新创业的队伍中,涌现了一批又一批优秀的创新创业方案。在不远的将来,我国体育产业将成为创新驱动型产业,高新技术企业会不断涌现,这将带动更多人才涌入体育产业,为体育产业创造更多的发展契机。

高校体育产业创新创业在我国正在重塑发展,《国务院办公厅关于深化高等学校创新创业教育改革的实施意见》提出"探索建立需求导向的学科专业结构和创业就业导向的人才培养类型结构调整新机制,促进人才培养与经济社会发展、创业就业需求紧密对接"。高校体育产业创新创业工作正是在紧密联系我国高校创新创业能力教育的总体战略、迎合我国经济建设中切实存在体育产业相关人才需求的大背景下进行的。在当前阶段，我国高校体育产业创新创业教育逐步普及，体育产业创新创业教育生态开始形成。可以预见的是，更多的高校体育产业创新创业教育模式将会出现，产学研一体化平台建设将更深入开展，校企交流将成为我国体育产业建设中的重要形式。在这样的浪潮下，一批又一批体育产业创新创业型人才将会涌现，体育产业的蓬勃发展将获得新的助力。

二 中国高校体育产业创新创业教育面临机遇

当前我国经济面临转型发展，体育产业作为第三产业，在经济转型发展中起到了重要的作用。为了迎合我国总体经济发展战略，体育产业发展走创新路线成为当前我国体育产业发展的必然要求，创新型体育人才培养也成为体育发展的必然需要。高校体育产业创新创业教育的目标在于培养具有创新精神和创业能力的体育产业人才，创新创业教育面临诸多机遇。

（一）我国高校创新创业教育已经迈入全面推广阶段

当前我国经济发展不再单纯依靠供给驱动和投资驱动，而逐步转向创新驱动。在未来，解决我国经济增速放缓、产能过剩等核心问题的关键是创新，只有创新发展，才能实现要素结构转化，获得新的经济增长点，刺激社会资本活力，加强经济发展动力，提升总体经济实力。经济发展需要创新，其核心是需要有创新精神和创新能力的人才。早在2006年，国务院出台的《国家中长期科学和技术发展规划纲要（2006~2020年）》就提出要加强创新型人才培养，高校要充分发挥教育对人才的培育作用，加强本土人才培养能力和人才培养的人文环境建设。多年来，高校作为人才培养的重要平台，为我国创新发展输送了无数新鲜血液。

自1998年清华大学开始进行创新创业教育实践至今，我国已经经历了20余年的高校创新创业教育发展历程，当前以高校为核心平台、以课程为体系、以活动为依托的大学生创新创业教育模式在我国已有了实践探索，从早期的高校单方面实践、政府介入、政策驱动，再到企业关注、产学研一体化平台的建立，我国高校创新创业教育已经进入了创新创业教育体系建成的新阶段，创新创业教育开始向全社会推广，教育整体体系开始逐步建成。2014年，在夏季达沃斯论坛上，国务院总理李克强提出"大众创业、万众创新"，创新创业得到了社会各界的广泛关注。2014～2015年，国务院相关部门先后围绕"双创"出台了20多项相关文件，在财政、金融、就业等多个方面支持创新创业教育，《国务院办公厅关于发展众创空间推进大众创新创业的指导意见》鼓励大学生创新创业，同时指出应开展一系列创新创业主题活动，全国大众创业、万众创新活动周应运而生。发展至今，该项活动已经成为我国创新创业教育的重要年度峰会，以创新创业周为依托，每年都会发布相应的调整性创新创业政策，为双创教育开创新的机会，创新创业周使创新创业教育促进工作实现了从散点发力到以系统为总抓手的重要转变，高校创新创业教育开始形成其独立的发展体系。

与全国大众创业万众创新活动周几乎同时建立的中国高校体育产业创新创业教育平台，如今也成为高校体育产业创新创业教育的核心平台。诞生于创新创业教育体系化发展阶段的高校体育产业创新创业教育赶上了良好的发展契机，享受了政策红利，迎合了我国中长期人才培养的实际需求，符合了我国经济发展的主要方向。我国创新创业教育体系化发展在向全社会广泛推广的同时，也必将为高校体育产业创新创业教育迎来新的关注，为高校学子提供良好的发展机遇。

（二）我国政府高度关注体育产业创新创业教育发展

我国高校体育产业创新创业发展得到了政府的大力支持，有关部门多次下发政策文件，倡导体育产业高新技术化发展，支持高校培养体育产业创新创业人才。2019年发布的《国务院办公厅关于促进全民健身和体育消费推动体育产业高质量发展的意见》中，明确提出由教育部、体育总局负责对接高校体育产业相关专业建设和创新创业人才的培养工作，在"全国体育院校体育产业创新创业服务平台"建设期间，体育总局科教司统筹规划、协调沟通、提供政策服务，推动了"全国体育院校体育产业创新创业服务平台"顺利组建和发展。另外，有关部门还尝试创建政府引导基金——"全国体育院校体育产业创新创业基金"，吸引有关地方政府、金融、投资机构和社会资本，以股权或债权等方式投资于"服务平台"的相关活动或直接投资于中心培育的优质创业企业。体育部门对高校体育产业创新创业教育给予了一定程度的支持，解决了高校体育产业创新创业教育工作中关于工作指导问题，为高校体育产业创新创业教育指明了发展方向，拓宽了转化渠道，打开了宣传通路。

《教育部关于大力推进高等学校创新创业教育和大学生自主创业工作的意见》等诸多政策性文件，严格履行了文件中提出的创业扶持政策，给予从事创新创业的学生房租减免、教育培训、咨询建议等诸多实际性服务，为高校大学生进行创新创业提供了便利条件，我国政府在课程设置、双创成果转化等各个方面提供了支持。教育部门通过我国20年来创新创业教育工作历程总结了一定的经验，为体育产业创新创业教育发展明确了未来发展方向。在过去五年间，教育部门对高校体育产业创新创业平台和大赛建设提供了建设性意见，并提供了创新创业教育课程化、常态化、大众化的未来发展方向，为高校体育产业创新创业教育提供了新的可能性，对于敢于参与实际创业活动的学生，教育部门更是给予了经济、法律、渠道等多方面的支持。在体育产业创新创业教育中，我国政府也通过出台相应政策等形式，加强社会各界对体育产业创新创业教育的关注度，提升了高校体育创新创业教育的成果转化率。

体育部门和教育部门在高校体育创新创业发展上做了大量的工作，逐步形成了高校体育产业创新创业激励体系，为从事创新创业活动的学生提供了课程指导、政策支持，为学生参与创新创业活动、提升自身综合能力提供了机遇，为学生从事创业、实现从学到用提供了全方位的服务保障。在各部门的共同高度关注下，高校体育产业创新创业教育迎来了政策红利期，为高校体育产业创新创业教育的实施和成果转化提供了机遇。

（三）体育产业飞速发展提供双创教育成果转化空间

体育产业发展的良好势头，也为高校体育产业创新创业发展打下了良好的基础。在体育参与人数逐年增多、人均可支配收入逐年上涨、全民健身运动深入开展的今天，体育产业内各细分行业都获得了较大的发展空间。从传统的体育用品零售业来看，根据国家统计局公布的数据，近十年来，我国体育用品零售业主营业务利润呈现逐年上涨趋势。作为体育产业的重要组成部分，体育用品制造业是我国体育产业总产值和增加值最大的细分行业，近年来零售业利润的数据让投资者看到了价值，传统零售业利润额的稳步提升在一定程度上展现了体育产业繁荣发展的冰山一角，而体育产业增加值及增加值占国民经济总产值的比重逐年增加则从数据上证明了我国体育产业蒸蒸日上的发展现状（见图1）。体育产业规模总量逐年扩大，内部结构也逐年优化，特别是体育服务业占产业总体比重逐年增加，体育服务业作为体育产业中重要的一环，是体育产业总产出不断增加的新生力量和未来增长的突破口。体育教育培训、体育场地设施管理和体育健身休闲活动较其他细分行业又提供了更多的行业增加值，存在更大的发展空间。

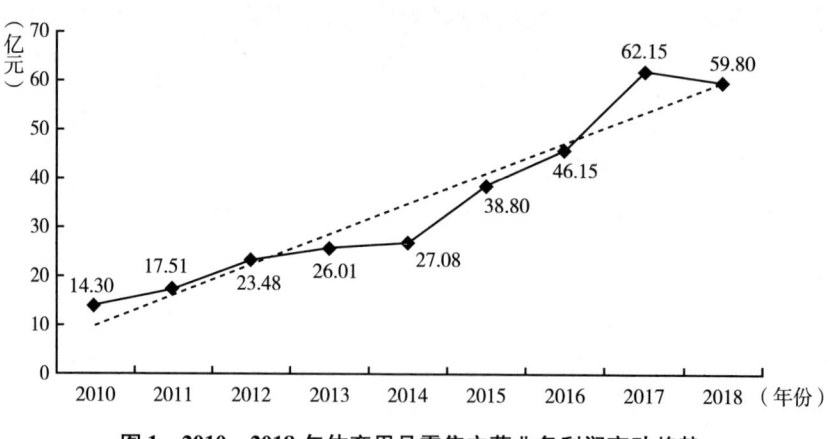

图1　2010~2018年体育用品零售主营业务利润变动趋势

产业规模增长和结构优化给外界传递了体育产业未来可期的信号，吸引了更多社会资本进入体育产业，也吸引了更多供给方企业进入体育产业。更多的厂商带来的是更强的市场竞争，竞争会激发企业进行创新，但同样会产生更多恶性竞争的可能性，为了避免厂商增多带来的行业秩序混乱，我国有关部门多次出台行业监管规定，2019年，国家体育总局发布《关于进一步加强和规范体育领域事中事后监管的若干意见》，并于同期发布了印发该项意见的通知，下发了详细的体育部门监管范围和监管标准，意见中明确提出"各级体育行政部门要按照职能依法依规对从事包括体育赛事活动、体育健身休闲、体育社会培训、体育场馆经营、体育中介服务以及其他体育市场经营活动的各类主体一视同仁公平公正进行监管，做到监管全覆盖，杜绝监管盲区和真空，依法保护市场主体的合法权益"，特别提出监管尺度问题应当牢牢把控，不应因监管过严破坏市场主体积极性，也不能监管过于放宽，造成恶性竞争。产业规模的扩大和产业秩序的逐步形成为刚刚起步的体育产业创新创业主体提供了良好的竞争土壤，特别是为新兴创新创业企业采取差异化战略提供了便利，这样的竞争环境会刺激行业内已有企业的创新行为，在这样的环境下，校企联合的创新平台更加容易形成，对于高校体育创新创业发展而言，学生成立的企业在市场中有获得足够竞争力的机遇，创新创业行为也能得到企业的大力支持，为高校体育产业创新创业迎来良好的发展机遇。

（四）高校投入资源推进体育产业双创教育优化改革

高校本身也为体育产业创新创业发展提供了助力。2015年11月，天津体育学院举办了首届"全国体育院校大学生体育产业创新创业策划大赛"，开创了国家高校体育产业创新创业赛事的先河。以此为契机，国家体育总局科教司支持包括天津体育学院在内的全国30余家院校，成立全国体育院校体育产业创新创业平台，成为高校体育产业创新创业的堡垒和阵地。该平台旨在凝聚全国高校和社会各界力量，共同研讨、引领和服务我国体育产业创新创业，充分发挥高校的人才和智力优势，为企业开创投资渠道以及吸纳优秀专业人才加盟的渠道，为高校构建良好的创新创业教育生态，培养更多创新创业人才，为全社会提供优质的创新创业教育资源，为国家实施创新驱动

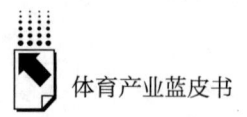

发展战略做贡献,最终促进"政、产、学、研、用"的有机结合。平台成立的五年内,举办"全国体育院校大学生体育产业创新创业策划大赛",并以该项赛事为基础,举办了"全国大学生体育产业创新创业大赛"。每年比赛期间,还会进行学术沙龙和报告展示活动,对我国高校体育产业创新创业工作起到了重要的推进作用。

同时,为集聚和整合各种体育科技创新资源、挖掘和培育具有自主知识产权的体育科技创新项目、搭建体育科技成果交流、展示和交易的平台,由中国体育科学学会主办、山东体育科学学会和山东体育学院承办的"体彩杯"全国体育科技创新大赛于2019年开办,填补了当前我国高校体育产业科技创新创业教育的空白,赛事的成功举办得到了社会各界的高度关注。目前,该项赛事成为我国高校学生体育产业科技创新综合能力培养的中坚力量。

除了天津体育学院、山东体育学院、清华大学外,诸多院校也关注到体育产业创新创业的重要性,开始激励学生进行体育产业创新创业。专业课程体系建设是培育体育产业创新创业能力的重要方面,体育产业创新创业全国性平台建设也是我国高校体育产业创新创业的重要激励路径。当前高校着力推进校企合作,诸多院校在举办体育产业创新创业类赛事期间,都会邀请体育企业高管作为评委,这给予了行业尖端企业发现创新型人才的机会,也为高校体育产业创新创业者提供了接触行业顶尖人才的机会,是校企交流的重要机遇和途径,对于体育产业创新创业者而言,这也成为一个不可多得的机遇。

(五)技术进步为体育产业创新创业教育提供更多可能

时代提供给当代高校体育产业创新创业者的并非只有政策的支持、产业的健康发展和高校的推动,时代进步带来的技术进步是体育产业创新创业最大的机遇。21世纪,新媒体诞生,"互联网+"经济生态逐渐出现在人们的视野中,今天的高校体育创新创业不再拘泥于获得有关部门的支持和企业的投资,更多的高校学生开始利用微信公众号、小程序、App开发等"互联网+"时代的特色平台进行创新创业。在这样的背景下,以"体育产业生态圈"为代表的一批以微信公众号作为平台,以体育产业信息整理发布为主要业务,向赛事承办、体育用品零售、体育求职中介等多种业务模式拓展的体育产业创业模式逐渐出现。2018 年的"全国大学生体育产业创新创业大赛"中,不仅有以体育教育培训为主营业务的创业项目参赛,体育营销平台、体育社交 App、专业体育求职小程序等从事新型业务的体育产业创新创业项目在赛事中亦大放异彩。

"互联网+"的创业模式最大限度地压缩了体育产业创新创业的成本,使得技术投入成为体育创新创业的前期主要投入。这样的形式为资金不足、渠道有限、进入高校体育产业创新创业领域存在较高壁垒的创新创业团队提供了有效的解决措施。因为互联网技术的出现和普及,高校体育产业创新创业从业务到宣传都有了新的思路——轻量化的思路。在宣传上,"互联网+"体育模式提供了更优质的宣传手段,使体育产业创新创业团队产品能更快、更广地出现在公众视野中,也正是因为有这样的低成本、高效率的优势,"互联网+"体育为具有独特想法的创业团队提供了实现想法的平台,当前我国一些高校体育产业创新创业团队已经着手开拓"互联网+"体育,而这些团队也为体育产业寻求着新的细分行业,特别是拓宽了体育服务业的细分行业种类。

互联网时代下的"互联网+"思维迎合体育产业发展的客观需求。而在新时代下,科技的发展也为高校体育产业创新创业教育提供了更多的可能性,利用科技进步带来的红利,高校体育产业创新创业教育迎来了途径多元化、传播高效化、转化轻量化的新格局,科技进步带来的红利为高校体育创新创业教育开展带来了新思路,也为高校学生参与创新创业教育提供了新方法和新机遇。

三 中国高校体育产业创新创业教育存在问题

我国高校体育产业创新创业教育发展刚刚起步,师资力量薄弱、双创教学内容重理论轻实践、双创活动与专业契合不足、对双创教育目标存在认知误区、师生参与双创活动激励不足、双创配套管理服务不够精细等是影响高校深化体育产业创新创业教育改革的重要因素。同时,社会对于高校学生参与体育产业创新创业的认知有偏差,社会力量参与营造高校体育产业创新创业氛围的主动性、积极性不够,导致高校体育产业创新创业教育社会生态环境欠佳。下面,我们结合2020年我国高校体育产业创新创业教育调研问卷展开分析。

(一)师资力量薄弱,导师队伍尚需扩充

1. 管理者多、教师少

当前,高校参与双创教育的师资多以行政管理人员为主,具有双创指导经历的教师52.9%来源于行政部门,25.6%来源于教辅部门,仅有20.9%来源于教学部门(见图2)。同时,双创教育内容偏向职业生涯规划、职业技能培养,而非创新创业素质品质培养。体育类院校负责双创教育工作的部门多为就业指导中心、二级学院、教务处等行政管理机构,仅27.6%的高校成立了专门的创新创业学院,负责学校双创教育工作的开展(见图3)。实际上,就业指导中心和二级学院、学生会、团委等部门往往将双创教育作为就业指导的其中一小部分,其工作内容多偏向于职业生涯规划和职业技能培养等。

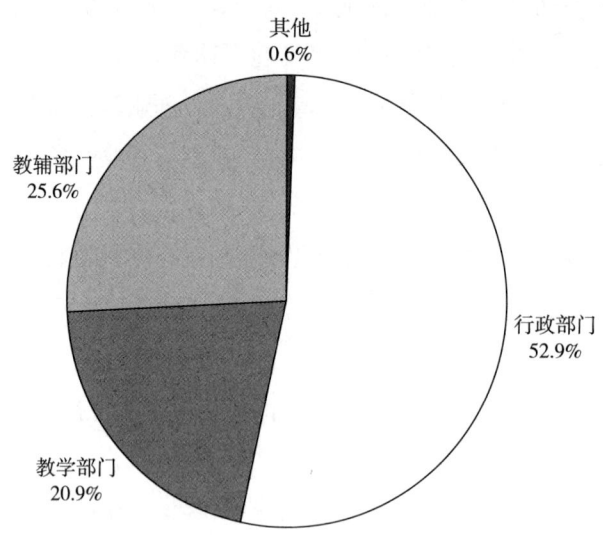

图 2 具有双创指导经历教师部门来源

资料来源:2020年我国高校体育产业创新创业教育调查问卷。

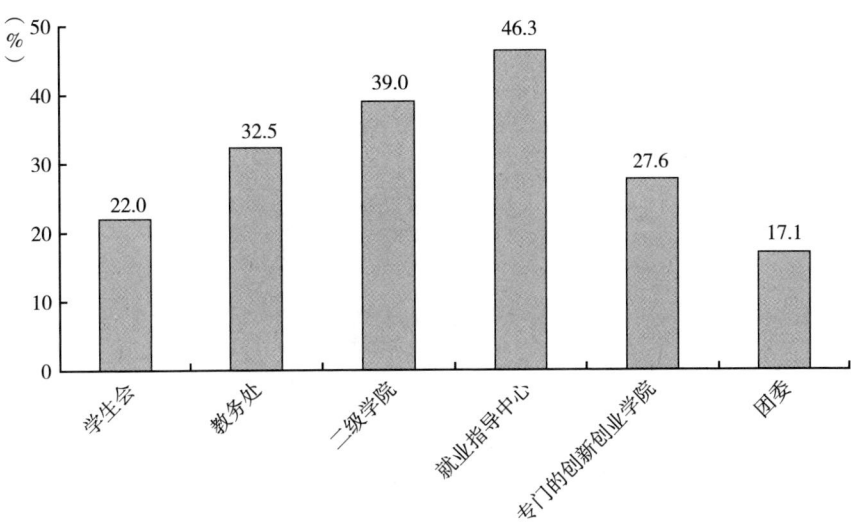

图 3　学校负责双创教育工作部门情况统计

资料来源：2020年我国高校体育产业创新创业教育调查问卷。

2. 兼职多、专职少

调查结果表明，约有一半（42.5%）的受访教师无双创工作经历，剩余具有双创工作经历的受访教师中，专职人员仅为51.9%，剩余48.1%为兼职人员。通过进一步分析具有双创工作经历的受访教师参与体育产业创新创业活动的形式发现，大多数教师缺乏创新创业实践经历，指导双创能力不足，仅有16.3%的受访教师参与过体育法人实体经营运作，大多数教师双创活动经历为参与体育产业双创论坛交流研讨、参与体育产业双创课程教学以及体育产业双创教师培训（见图4、图5、图6）。

3. 校内多、校外少

调查结果表明，体育产业双创师资多以体制内教师为主，体育产业双创教育缺乏社会力量参与，如引入企业管理人员担任双创兼职教师等。具有教育、指导学生创新创业活动经历的导师中，校外企业管理者、校外企业兼职者占比最低（不足20%），而学校创新创业导师、学校创新创业基地身份人员约占60%，仅有45.9%受访学生接触过外聘人员的创新创业教

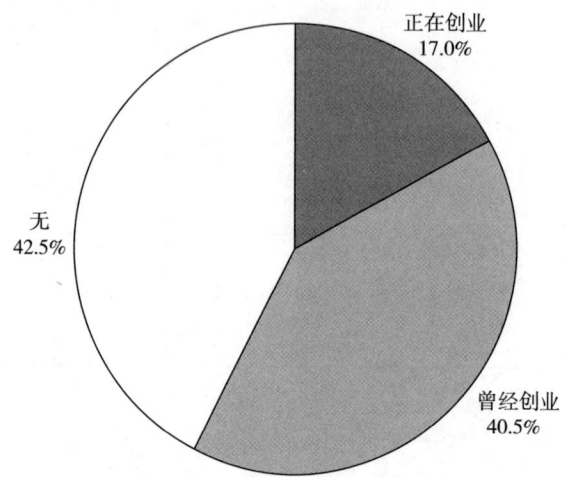

图 4　受访教师具有双创工作经历情况

资料来源：2020 年我国高校体育产业创新创业教育调查问卷。

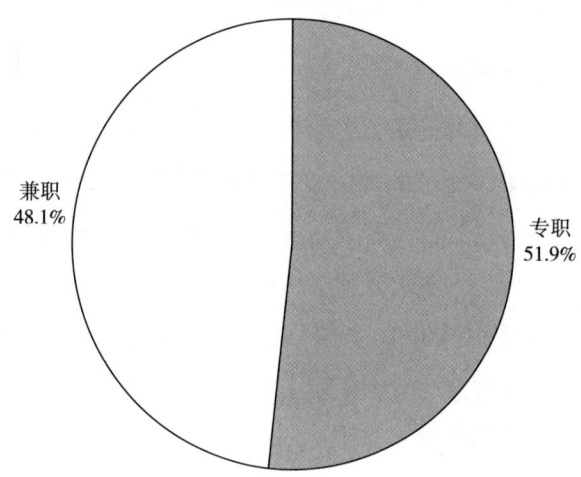

图 5　具有双创经历教师参与双创工作性质

资料来源：2020 年我国高校体育产业创新创业教育调查问卷。

育指导，高校体育产业创新创业教师来源中外聘人员占比最低（见图7、图8）。

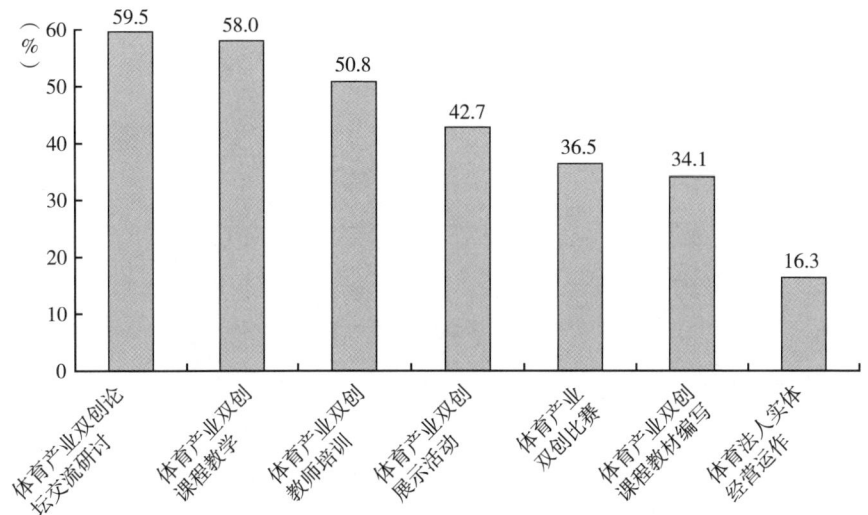

图 6 受访教师参与体育产业相关创新创业活动的具体形式

资料来源：2020年我国高校体育产业创新创业教育调查问卷。

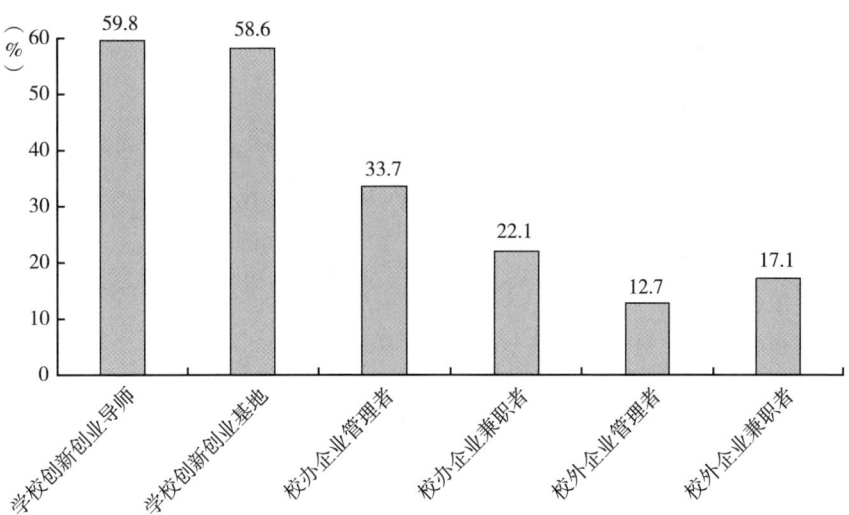

图 7 参与双创指导师资身份

资料来源：2020年我国高校体育产业创新创业教育调查问卷。

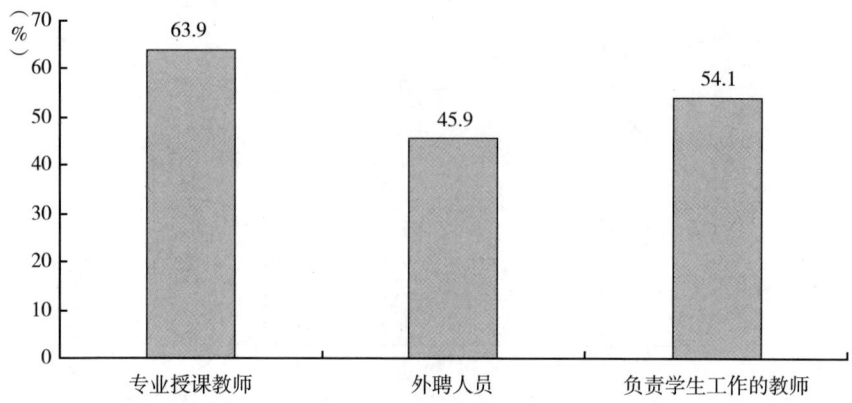

图 8　学校双创指导教师来源

资料来源：2020年我国高校体育产业创新创业教育调查问卷。

（二）教学偏重理论，孵化实践有待加强

调查结果表明高校体育创新创业教育开展多以竞赛、讲座、课程为导向，教学偏重理论，进入孵化实战较少。受访教师认为高校开展体育产业创新创业教育工作多集中于组织创业计划竞赛、举办就业专题讲座和请成功人士讲授经验，而推荐进入孵化器（众创空间）工作仅占23.1%。受访学生同样认为高校开展双创教育的形式多集中于举办创新创业活动（73.8%）、开设创新创业课程（72.1%）和举办讲座论坛（55.7%），建立孵化基地或众创空间、搭建信息平台等占比均不足50%（见图9、图10）。

应该说，以创新创业大赛为核心的高校体育产业双创教育模式在人才培养上取得了一定的建设成果。例如，学生参与创新创业大赛，既可以从理论上学习一定的双创知识，又可以在实践中提升创业能力，举办赛事同时还是激励高校学生参与创新创业教育实践的重要途径。然而，无论是全国大学生创新创业训练大赛，还是全国高校体育产业创新创业大赛，抑或是校级自主举办的创新创业赛事，赛事考核评价多围绕项目策划书撰写和项目现场答辩展开，难以展现真实的实践环节。

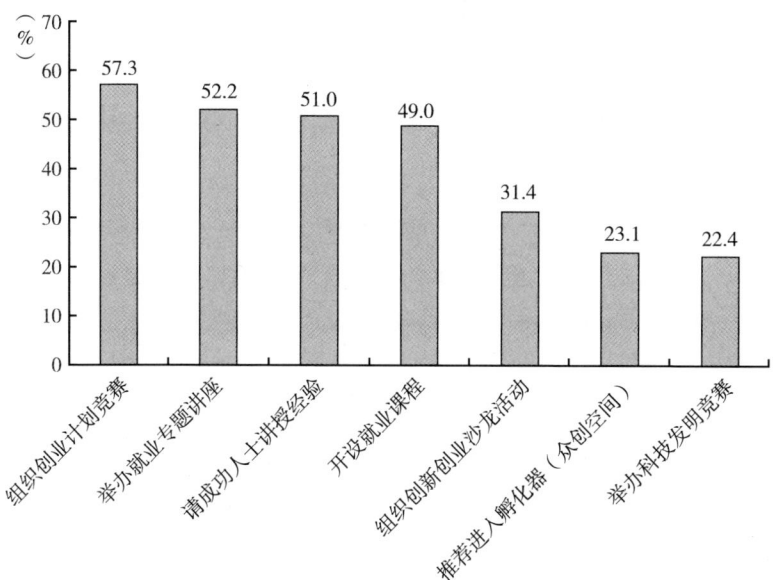

图 9　高校开展体育产业创新创业教育工作的内容

资料来源：2020 年我国高校体育产业创新创业教育调查问卷。

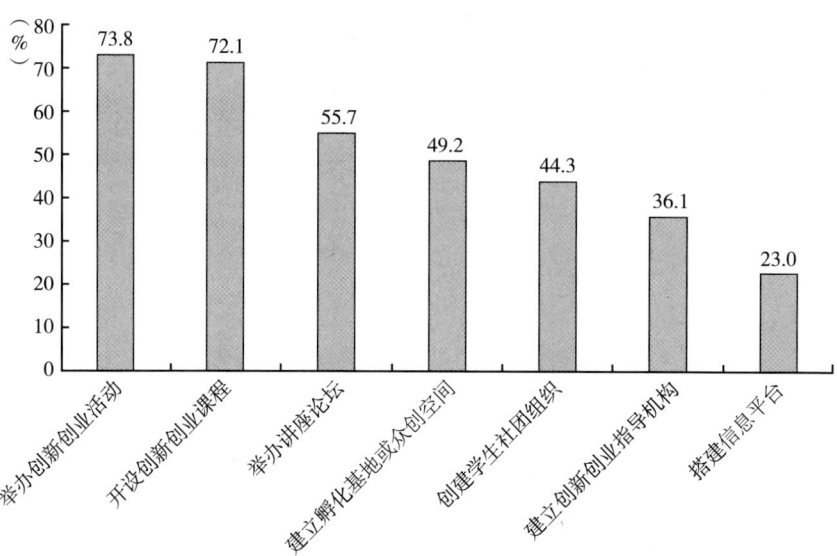

图 10　高校开展体育产业创新创业教育的形式

资料来源：2020 年我国高校体育产业创新创业教育调查问卷。

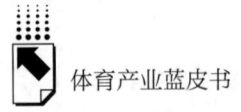

从实际情况来看，学生在双创大赛参赛项目设计中，一定程度上会忽视对项目开展可行性研究，已经成形的双创方案也主要依托于学生自身或院校提供的社会资源，这很大程度上影响了双创教育对学生创业能力的培养效果。同时，赛事模式无法构建起双创教育的课程结构体系，无法对学生进行双创知识的体系化灌输，作为这方面资源补充的讲座、课程等则多采取填鸭式面授或网络授课方式，体育产业创新创业教育工作的内容和形式重教条、轻实践，理论体系偏离实际，培养效率不高，培养效果不强。

（三）专业契合不够，培养机制相对滞后

1. 双创课程体系有待构建

目前多数高校开设了创新创业相关课程，高校开设创新创业课程主要有三个途径：其一是慕课网上线的网络公共课程资源，其二是高校内以选修课或通识课为依托开展的公共课程，其三是以"挑战杯""互联网+"等为依托的双创赛事系列指导课程。客观看，前两个课程体系普遍存在对学生教育引导有限的问题，课程的设置受到时间和空间的约束，覆盖面较窄，同时多数课程采用教师理论输出的授课方式，内容重理论轻实践，学生缺乏学习的主动性。而以赛事为依托的课程体系则往往落于参赛技能培训的窠臼之中，而忽略对创新精神、意识和能力的培养。如表1所示，61.4%的受访教师认为创新创业师资存在问题，该问题比高校内创新创业教育制度建设缓慢问题高出近20个百分点（见表1），成为一项亟须解决的重要问题。

表1 目前高校开展创新创业教育存在的问题TOP5

单位：%

序号	具体问题	占比
1	具有创新创业课程教学经验的教师不足，师资力量匮乏	61.4
2	高校内创新创业教育管理制度建设缓慢，导致创业工作进展缓慢	42.7
3	创业教育硬件设施无法满足教学需求	39.4
4	孵化器（众创空间）运行不畅	36.3
5	创新创业教育机制不活	32.2

资料来源：2020年我国高校体育产业创新创业教育调查问卷。

2. 专业与双创课程衔接有待紧密

各体育类院校专业和课程经过多年教学改革和实践经验累积，已经形成一套相对完整固定的课程培养体系。然而，在当前的课程体系设置中，仅专业知识的传授对于创新创业的激发度仍然不够，专业课程体系与创新创业课程体系之间缺少有效衔接，如图11所示，受访教师所参与的创新创业活动与体育产业高度相关的仅17.0%，比较相关的不足50%，受访教师作为学生创新创业的教育者、指导者，其自身所参与的创新创业活动与体育产业的相关度都不够高（见图11）。2019年就业质量报告披露的信息显示，2019届毕业生进行自主创业所选择的行业更多以教育为主，对文体娱行业的选择次于教育行业。其中，北京体育大学选择文化、体育和娱乐业的比例为42.39%、上海体育学院选择文化、体育和娱乐业的比例为45.8%、沈阳体育学院选择文化、体育和娱乐业的比例为43.24%、成都体育学院选择文化、体育和娱乐业的比例为33.33%（见表2），这在很大程度上说明体育院校体育专业教育与双创课程的衔接不够紧密，专业教育对创新创业的激发不足，为此，进一步加强培养方案设置中综合专业教育与具有专业特色双创教育的课程体系设计，已成为一个应予以重视的重要问题。

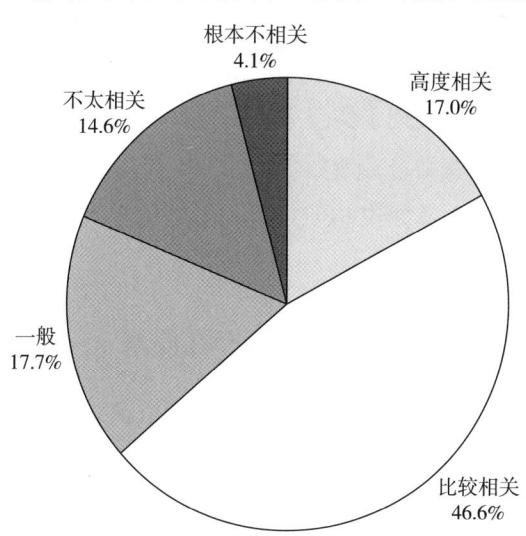

图11　受访教师所参与创新创业活动与体育产业相关度

资料来源：2020年我国高校体育产业创新创业教育调查问卷。

表 2 体育院校 2019 届毕业生创业动机与创业行业情况

序号	学校	创业原因	行业分布
1	北京体育大学	个人理想（34.78%）、有创业点子想实践（32.61%）	教育（42.39%），文化、体育和娱乐业（42.39%）
2	上海体育学院	—	教育（45.8%），文化、体育和娱乐业（20.8%）
3	沈阳体育学院	机会型创业（76.80%）、生存型创业（5.80%）	教育（43.24%），文化、体育和娱乐业（21.62%）
4	天津体育学院	个人理想（32.59%）、创业激情（41.18%）	—
5	成都体育学院	个人理想（73.33%）、创业激情（66.67%）	教育（33.33%），文化、体育和娱乐业（33.33%）

资料来源：各高校就业信息网发布的就业质量报告。

注：成都体育学院创业原因为多项选择，故原因占比总和非 100%。

课程体系是高校教育的内核，脱离课程体系的教育模式终将是脱离实质的。高校体育产业创新创业教育有较强的实践性质，在教育的过程中相比其他高校教育而言，应该更注重在实践中培养，让学生实现"干中学"，但其内核与其他高校教育并无差异。理论知识体系框架的构建，对于高校体育产业双创教育而言是培养学生思考模式的重要基石，诸如法律、管理等双创技能的培养，又无法完全实现于实践中，需要大量的课程进行基础的支撑。从现阶段看来，如何能够结合专业教学实际，在课程培养体系中为创新创业找到合适的位置，使得专业知识与创新创业在交互中共同实现育人目标，仍是当前需要解决的重要问题。

（四）教育标准不一，培养目标存在偏差

研究发现，体育类院校教师与学生对于双创教育认知存在一定的误区，往往更容易将创新创业教育的培养目标片面地理解为自主创业者的培养。多数教师忽视对于全体学生创新精神、创新意识和创新能力的培养。受访教师中有高达 78.4% 的人员认为高校体育产业创新创业的教育对象是有创业需求的学生，仅有 17.0% 的受访教师认为高校体育产业创新创业教育应该覆

盖到全体学生（见图12）。在学生层面上，多数没有创业意向的学生忽略对于创新创业教育活动的参与。受访学生中仅有32.7%具有肯定去创业的想法和意愿，对于无明确创业意愿的在校生而言，无论是学校组织的体育产业创新创业培训、比赛活动、展示交流、观摩、讲座论坛，还是实习实训、研讨学习、考察，各项活动均有60%以上的学生选择一般参加或偶尔参加，也有平均为12%的无明确创业意愿的学生从未参加过任何创新创业教育项目（图13、表3）。可见，学生层面对高校创新创业教育活动的认知同样存在误区，认为没有创业意愿就可以不用参加创新创业相关教育活动。

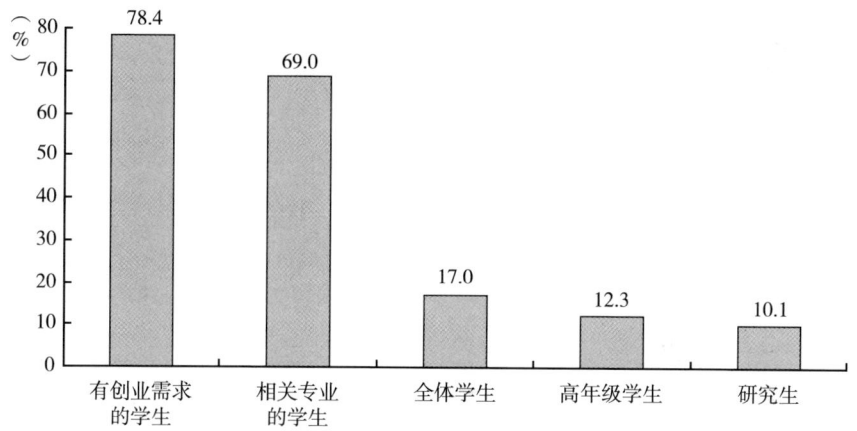

图12 高校体育产业创新创业教育对象

资料来源：2020年我国高校体育产业创新创业教育调查问卷。

实际上，高校开展创新创业教育并非仅服务于有创业需求的学生，而是通过知识传授、技能培训和实践活动等形式培养学生的创新精神、创新意识和创新能力。高校体育产业创新创业教育充当的角色更应是高校学生综合能力培养的推手，而不应只是高校学生创业的助推器，因而高校体育产业创新创业教育的培养目标应包括全体学生，要针对不同创业意愿的学生进行创新创业教育的指导，不但要让有创新意愿的学生获得支撑其参与创新创业的知识和技能，还要加强宣传效果激励其他学生参与到创新创业实践中。高校更应注重激励模式的开发，在课程设置上，要增加创业风口介绍、创业优秀人

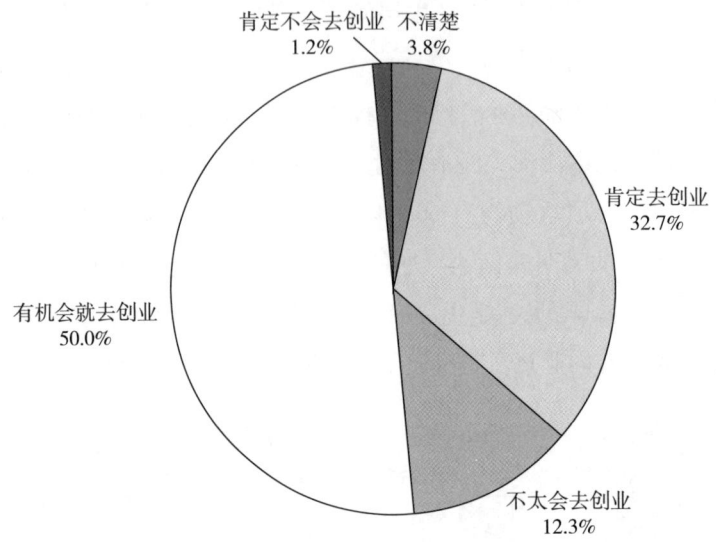

图 13　在校生对体育产业领域创业的想法

资料来源：2020 年我国高校体育产业创新创业教育调查问卷。

表 3　无明确创业意愿的在校生参加体育产业创新创业教育情况

单位：%

参加教育项目类型	经常参加	一般参加	偶尔参加	从未参加
参加体育产业创新创业培训	22	43	29	6
参加体育产业创新创业比赛活动	20	37	30	13
参加体育产业创新创业展示交流	17	37	36	10
参加体育产业创新创业观摩	19	40	32	8
参加体育产业创新创业实习	14	31	33	22
参加体育产业创新创业实训	14	39	30	17
参加体育产业创新创业研讨学习	22	33	34	11
参加体育产业创新创业考察	21	35	33	11
参加体育产业创新创业讲座论坛	23	34	35	7
合计平均数	19	37	33	12

才经验分享等环节，加强学生对于双创的参与意愿，让学生敢创新创业、能创新创业。

(五)师生激励不足,利益需求存有错位

1. 教师保障待遇有待提高

研究发现,教师参与双创教育活动往往关注其是否可以与职称评定、评奖评优等挂钩,超过半数的受访教师认为高校更多关注的是对体育产业双创机构建设与制度建设(63.7%)、提高授课质量(57.9%)等外部保障,而不足一半的受访教师认为高校对参与双创教师自身的核心利益采取了保障措施,其中,认为高校对双创教师的合同聘任制度、协商制度、仲裁制度采取了保障措施的教师为48.5%,认为将双创教师参与活动的成果及课时计入教学成果评价体系的教师为42.7%,认为保障了双创教师权利主体地位的仅39.0%(见表4)。

表4 高校保障参与双创教师权益的方式

单位:%

序号	保障方式	比重
1	加强高校体育产业双创机构建设与制度建设	63.7
2	加强体育产业双创教师培训,提高授课质量	57.9
3	完善合同聘任制度、协商制度、仲裁制度等体育产业双创教师的制度建设	48.5
4	将体育产业双创教师参与活动的成果及课时计入双创教师教学成果的评价体系中	42.7
5	体现体育产业双创教师的权利主体地位,加强对高校双创教师的权利保护	39.0

资料来源:2020年我国高校体育产业创新创业教育调查问卷。

除对参与双创教师基本权益保障不足之外,高校还普遍存在对教师参与双创教育指导工作有效激励不足的问题。如表5所示,多数体育院校对教师参与双创教育指导工作采取与绩效挂钩的考核方式,其中63.7%的高校制度是参与辅导双创项目立项及获奖与绩效挂钩,其绩效考核更多的是合格制考核,即对未达到绩效标准的实行相应的惩罚,立项导向型绩效挂钩方式对教师的正向激励不足。此外,仅有34.9%的体育院校将过程评价与终结评价相结合(见表5)。除绩效考核外,高校对参与双创教育指导工作的教师缺乏绩优型奖励,如将参与双创指导工作作为评奖评优、职称评定的加分项等。

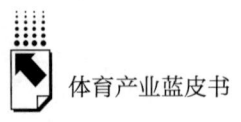

表 5　高校对教师参与双创教育指导工作的考核形式

单位：%

序号	评价方式	比重
1	参与辅导双创项目立项及获奖与绩效挂钩	63.7
2	双创教育工作组织机构评价与绩效挂钩	57.9
3	纳入教师课程考核体系，与教师绩效挂钩	48.5
4	定性评价与定量评价相结合	42.7
5	学生评价与绩效挂钩	39.0
6	过程评价与终结评价相结合	34.9

资料来源：2020 年我国高校体育产业创新创业教育调查问卷。

2. 学生促进制度有待完善

部分学生能正确认识到参与体育产业创新创业教育活动的意义，但对于大多数体育院校的学生而言，其核心关切在于学业的完成，因此，深化高校体育产业创新创业教育改革需要抓住这一核心关键，将创新创业教育与学生学业完成，如学分认定等挂钩，从内核上驱动创新创业教育的参与力度。另外，高校学生综合素质评价中往往将创新创业作为科研专项评价的子项目，事实上应当将创新创业素质同科研专项、美育素养专项、德育素养专项等并列设立，并设立有关专项荣誉奖励。此外，部分院校（如北京体育大学）本科生对于学校提供的多项双创服务评价中，最为满意的前三项依次是提供创业项目基金、提供创业企业实习项目、开展创业课程（见表6）。这说明创业项目基金对学生参与双创项目的激励甚至大于创业企业实习项目的提供，然而除教育部组织筹划的"互联网+"大学生创新创业训练计划项目以外，多数体育院校尚未成立专门服务于学生双创的项目基金。

表 6　体育院校毕业生对高校双创工作满意度反馈情况

序号	学校	双创工作满意度反馈具体信息
1	北京体育大学	本科毕业生对学校提供最为满意的双创服务前三项依次是：提供创业项目基金、提供创业企业实习项目、开展创业课程
2	沈阳体育学院	毕业生认为创业教育对于学生树立科学的创业观（创新意识、职业操守、意志品质及社会责任）、掌握开展创业活动所需的基本知识，以及掌握创业必备的能力（如创业资源整合、创业计划书撰写、企业管理方法）等有帮助

资料来源：各高校就业信息网发布的就业质量报告。

（六）教育缺乏闭环，高校重开设轻反馈

当前，高校创新创业教育重开设、轻评价改进闭环的情况较常见，高校在每年的就业质量报告中通常都会披露应届毕业生对于专业认知和专业满意度的跟踪调查结果，学期末也会进行学期教学质量评价考核。调查结果显示，多数学生明确感知到学校已经开展（48.0%）或即将开展（29.9%）体育产业创新创业教育，44.0%的受访教师明确感知到学校领导重视体育产业双创工作，仅有27.0%的受访教师认为所在高校初步形成了双创教育评价机制（见图14、15），上述结果在很大程度上表明，多数体育院校尚未构建双创教育评价机制。

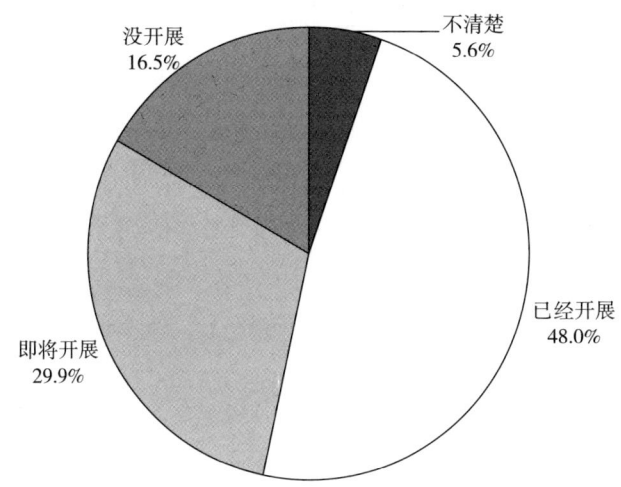

图14　学校开展双创教育情况

资料来源：2020年我国高校体育产业创新创业教育调查问卷。

全国15所体育院校2019年就业质量报告显示，除尚未披露就业质量报告的6所体育院校以外，其余9所体育院校中仅有4所院校在就业质量调查中对毕业生进行了双创工作满意度调查（见表7）。同时，从就业质量报告中对于创新创业相关工作报告的篇幅占报告总篇幅的比例也能看出，部分高校仅将创新创业工作作为就业的一部分，并未真正纳入单独而完整的体系进

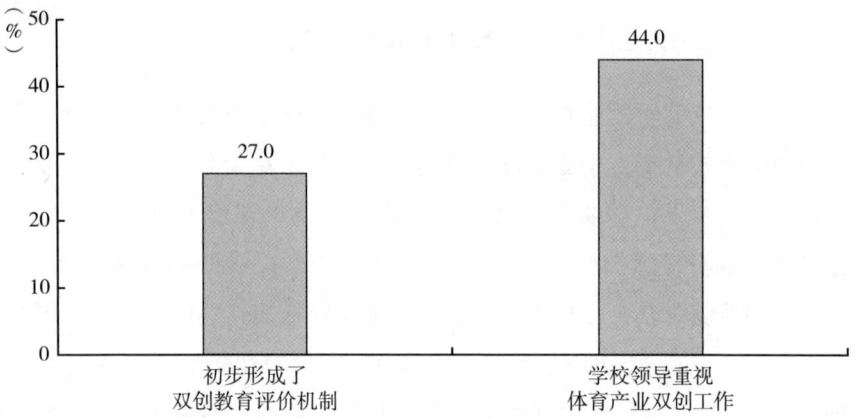

图 15　高校创新创业教育环境要素评价

资料来源：2020年我国高校体育产业创新创业教育调查问卷。

行制度设计，这反映出高校对于学生创新创业教育的意见不够重视，也没有立足学生的实际需求对已经开展的创新创业教育进行持续改进。

表 7　全国 15 所体育院校 2019 年就业质量报告中有关创新创业工作描述情况分析

单位：页

序号	学校	是否包含对创新创业工作举措的描述	是否对毕业生进行双创工作满意度调查	报告总篇幅	创新创业描述篇幅
1	北京体育大学	是	是	134	7
2	上海体育学院	是	否	51	3
3	沈阳体育学院	是	否	107	3
4	武汉体育学院	否	否	42	1
5	广州体育学院	否	是	60	2
6	天津体育学院	是	否	59	5
7	首都体育学院	是	是	41	6
8	成都体育学院	是	是	62	6
9	河北体育学院	否	否	21	0
10	吉林体育学院	—	—	—	—
11	哈尔滨体育学院	—	—	—	—
12	西安体育学院	—	—	—	—
13	南京体育学院	—	—	—	—

续表

序号	学校	是否包含对创新创业工作举措的描述	是否对毕业生进行双创工作满意度调查	报告总篇幅	创新创业描述篇幅
14	山东体育学院	—	—	—	—
15	郑州大学体育学院	—	—	—	—

资料来源：数据整理自各高校就业创业/职业发展指导中心于学校就业质量官网发布的就业质量报告。

注：①北京体育大学尚未发布2019年就业质量报告，但同一高校就业质量报告结构具有相似性，为方便对比，以2018年就业质量报告数据列示；②吉林体育学院、哈尔滨体育学院、西安体育学院、南京体育学院、山东体育学院、郑州大学体育学院尚未查询到相关就业质量报告公开信息。

评价作为教育管理制度的重要闭环，是提供深化教育改革方向、挖掘改革思路、寻找改革办法和完善制度设计的重要依据，学生对高校双创教育的认同度不高，也侧面反映了当前高校体育产业双创教育的开展确实存在宣传不足、评价机制设计欠缺等现实问题。增加学生对高校双创教育开展的认同度是高校体育产业双创教育开展的重要前提，评价能够确保高校管理者及时得到学生对双创教育需求的反馈，从而针对学生的实际需求对双创工作进行调整，学生也能够了解到高校对双创教育的关注度。此外，评价还能有效识别高校在开展双创教育工作中的问题所在，为高校双创教育改革确定方向，因而，高校创新创业教育服务评价闭环亟待完善，针对高校自身创新创业教育工作开展现状的追踪评价考核体系还有待建立。

（七）管理不够精细，教育服务匹配不足

1. 管理制度有待改进

当前，高校内部创新创业管理有待改进，如图16所示，受访教师对于高校开展体育产业创新创业教育的建议中，排名最高的一项是建议高校完善创新创业教育的管理体制与运行机制，同时还有52.4%的受访教师建议高校要完善创新创业教育的管理制度（见图16）。

2. 众创空间准入门槛高

研究发现，当前高校配套或合作的众创空间、孵化器等准入门槛高，手续复杂。如图17所示，受访教师认为高校开展体育产业创新创业教育工作

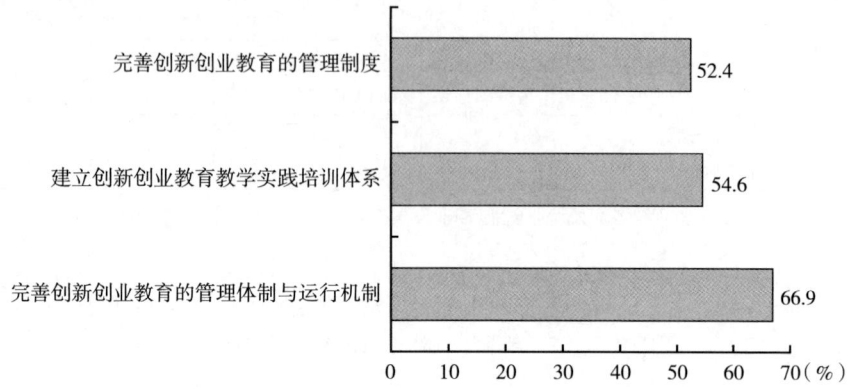

图 16　教师对高校开展体育产业创新创业教育的建议 TOP3

资料来源：2020 年我国高校体育产业创新创业教育调查问卷。

中占比最低的三项之一为推荐进入孵化器（众创空间）（见图17），这一方面说明孵化器（众创空间）等对高校体育产业创新创业教育的服务有限，另一方面也说明孵化器（众创空间）等准入门槛高或手续复杂，推荐进入孵化器难度较大。

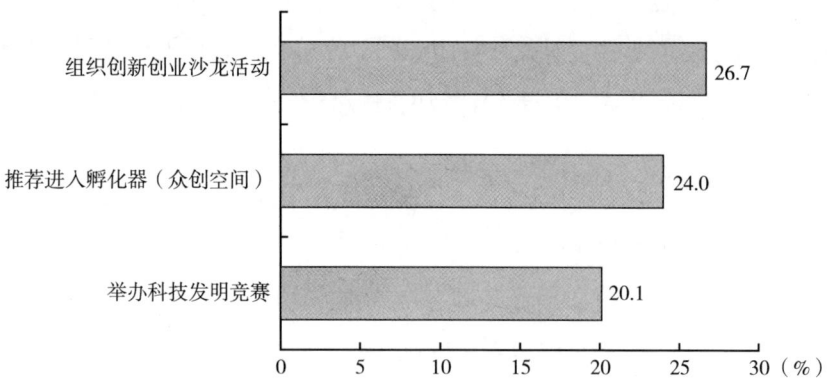

图 17　高校开展体育产业创新创业教育工作占比最低的三项

资料来源：2020 年我国高校体育产业创新创业教育调查问卷。

3. 学生服务有待完善

调查问卷结果显示，制约学生创新创业的最大障碍是缺少经验（61.8%）、缺少资金（57.9%）、缺少指导（53.6%）等（见图18）。针对学生的调查问卷结果同样显示提供经费支持（68.80%）、接受专门指导（43.5%）是学生希望高校提供的服务，可见，获得资金支持、获取社会关系和获悉管理经验是体育院校学生在开展创新创业相关活动方面的迫切需求（见图19）。

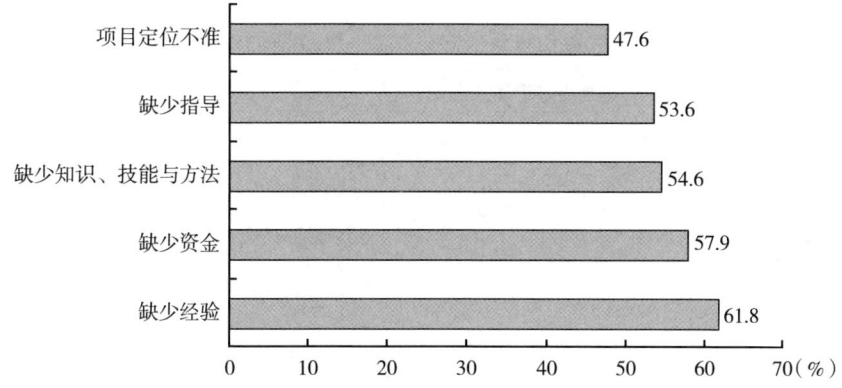

图 18　教师认为大学生体育产业创新创业存在的问题 TOP5

资料来源：2020年我国高校体育产业创新创业教育调查问卷。

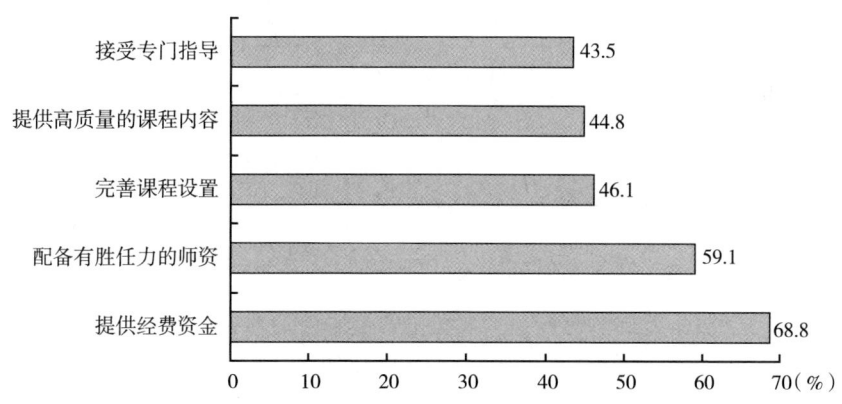

图 19　在校生对体育产业创新创业教育的希望或建议

资料来源：2020年我国高校体育产业创新创业教育调查问卷。

结合体育类院校就业质量报告披露信息来看，创业学生自筹资金是其创业资金的重要来源。以北京体育大学为例，仅有8.70%的创业资金源自高校支持。此外，结合就业质量报告反馈的具体问题来看，除寻找资金支持、找寻社会关系以外，学生在创新创业实际中还需学校在创业团队组建及管理、风险控制、寻找经营场地、产品服务的营销推广、企业创办手续审批等方面提供相应的指导与服务（见表8）。

表8 体育院校毕业生创业资金来源和所遇问题反馈

序号	学校	创业资金筹集途径	创业所遇到的难题
1	北京体育大学	自筹资金（93.48%）、银行贷款（13.04%）、高校支持（8.70%）、技术融资（6.52%）、政府扶持（6.52%）、天使投资（5.43%）、风险投资（5.43%）	寻找资金支持（23.91%）、创业团队组建及管理（16.30%）、风险控制（11.96%）、寻找经营场地（9.78%）、产品与服务营销（7.61%）、享受创业优惠政策（6.52%）
2	天津体育学院	个人积蓄（47.06%）、父母亲友支持（35.29%）、银行及其他金融机构贷款（11.76%）	产品服务的营销推广（25.00%）、社会关系缺乏（15.63%）、企业创办手续审批（15.63%）、资金的筹备（12.50%）、办公场所等软硬件环境的准备（9.38%）
3	成都体育学院	自筹资金（63.33%）、父母支持（56.67%）、银行贷款（16.67%）、政府扶持（10.00%）、风险投资（10.00%）	创业团队组建（56.67%）、寻找资金支持（50.00%）、产品与服务营销（40.00%）、场地设备问题（40%）

资料来源：各高校就业信息网发布的就业质量报告。

（八）学生需求多样，教育途径有待整合

调查结果显示，有77.9%的高校已经开展或即将开展体育产业创新创业教育活动，然而由于我国体育产业创新创业教育依旧处在初级阶段，各高校双创教育活动开展仍处于单打独斗的局面，我国体育产业双创教育尚未在高校与高校之间形成合力。截至2020年，仅有一个服务于体育院校联盟的创新创业服务平台，区域性或院校联盟类的双创教育服务平台尚处于缺位状态。另一方面，体育院校学生希望学校举办创新创业活动、学生社团举办创新创业活动、开设专门课程、提供实习实训基地和提供孵化器（众创空间）等的需求相对强烈，（见表9）但诸如体育产业类实习实训基地、孵化器和众创空间等相对稀缺，双

创资源需要进行合理有效地配置，可见，我国需要建立区域性或院校联盟类双创服务平台，对稀缺资源进行配置，以更好地服务各体育院校双创教育工作开展，改变高校体育产业创新创业教育单打独斗的局面。

表9　在校生希望通过何种途径获得体育产业创新创业知识技能

单位：%

序号	途径	占比
1	学校举办创新创业活动	64.7
2	学生社团举办创新创业活动	56.2
3	开设专门课程	39.9
4	提供实习实训基地	45.8
5	提供孵化器（众创空间）	46.4
6	专门的人才培养方案	33.3

资料来源：2020年我国高校体育产业创新创业教育调查问卷。

（九）要素合力不足，教育生态亟须构建

对体育院校双创教育生态环境的调查结果显示，受访教师对各生态环境要素的作用力情况评价均不高。其中，双创政策落地情况评价排名最末，社会双创氛围的营造同样不容乐观，产业双创教育园建设运营、创业项目与孵化器对接等作用力不足。同时，聚焦高校内部管理方面，学校领导对双创工作的重视度仍然不够，双创教育课程纳入人才培养方案的执行力度不够，双创教育评价机制尚未形成，双创师资不能满足教学需要，双创教师的权益尚未得到保障，学生创业项目的发展仍然缓慢。在对外合作方面，高校与企业开展产学研交流合作程度不够（见表10）。

表10　体育产业创新创业的教育生态环境（教师版）

单位：%

序号	生态环境要素	占比
1	学校领导重视体育产业双创工作	44.0
2	双创教育课程纳入人才培养方案	38.8

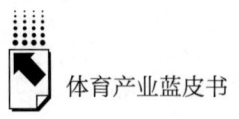

续表

序号	生态环境要素	占比
3	双创教师权益能够得到保障	35.1
4	与企业展开产学研交流合作	34.8
5	创业教育设备满足教学需要	32.2
6	双创师资能够满足教学需要	30.7
7	学生创业项目快速发展	29.3
8	体育产业双创教育园建成运营	29.0
9	创业项目与孵化器对接顺利	27.3
10	双创教育评价机制初步形成	27.0
11	体育产业双创氛围基本形成	27.0
12	体育产业双创政策已经落地	19.3

资料来源：2020年我国高校体育产业创新创业教育调查问卷。

综上所述，无论政府、高校、企业，还是社会整体，其各要素主体尚未形成推动高校体育产业创新创业发展的合力，有机循环、相互促进的教育生态系统有待构建。

四 中国高校体育产业创新创业教育发展前景

当前我国高校体育产业创新创业教育发展已取得初步进展，在政府的高度关注下，各高校积极开展高校体育产业创新创业教育工作，产学研一体化平台逐步搭建。展望未来，我国高校体育产业创新创业教育面临如下发展前景。

（一）高校体育产业创新创业教育体系逐步完善

我国高校体育产业创新创业教育目前正处于高校从自主实践向政府主导、政策促进模式演进的过渡期，政府主要通过创新创业教育相关政策细化体育产业创新创业教育发展的流程。总体而言，以高校为依托，以创新创业政策为引导进行的体育产业创新创业教育已经取得了一定成效，清华大学、天津体育学院都曾举办过高层次体育产业创新创业教育论坛，相关创新创业教育平台也相继落成。在这样的模式下,高校取得了一定的自主权,并能够自由开展各类体育产业创新创业教育实践,其对于体育产业创新创业教育的模式探索、成果转化都有一定的帮助。在体育产业双创教育的起步阶段采用这样的模式,能够加强我国高校体育产业创新创业教育发展的开拓能力,对于起步阶段的创新创业教育形式探索、教育评估体系构建、校企合作都有较大的帮助。因此,当前我国高校体育产业创新创业教育经过了一段时间的发展,在教育形式、课程设计、教材编撰、活动开展和校企合作等多个方面形成了一定的教育体系。

《国务院关于加快发展体育产业促进体育消费的若干意见》中明确提出要加强校企合作,建立产学研一体化平台,高校体育产业创新创业教育在发展之初就已经确立了校企合作的发展模式,相关高校无论在体育产业创新创业论坛还是在体育产业创新创业赛事上都与企业达成了合作。在开展双创教育的过程中,政府也通过实际参与双创活动,出台相应政策文件给予了高度关注,所以展望未来,与创新创业教育相类似,政府在体育产业双创领域建立体育产业创新创业教育政策体系成为未来高校体育产业创新创业教育发展的重要目标。在未来,政府将会引导开展以体育产业创新创业教育为主题的创新创业教育峰会,不断加强高校体育产业创新创业教育的影响力,通过校企交流、高校间交流,形成有效的高校体育产业创新创业教育政策需求反馈机制,通过补充和修订体育产业创新创业领域的相关政策,形成高校体育产业创新创业教育政策促进体系,逐步从高校主导的体育产业创新创业教育模式向政府主导的体育产业创新创业政策体系演进。政府、企业、高校将共同参与到体育产业双创工作中,进行更加深入、更具针对性的交流合作。

(二)高校体育产业相关学科专业建设普遍加强

体育类高校的体育产业创新创业教育在我国已开展一段时间,2019年出台的《国务院办公厅关于促进全民健身和体育消费推动体育产业高质量发展的意见》再次提出鼓励普通高等学校和职业学校开设体育产业相关专业,实现建立支撑体育产业未来发展的高层次人才培养体系,这样的体系将是未来高校体育产业创新创业教育的重要发展趋势。在过去十年的体育产业创新创业教育发展历程中，以活动为载体、以平台为依托的体育产业创新创业教育模式在我国已经逐步成型，但体育产业创新创业教育如果仅局限于某个平台或某个活动，就会造成人才产出效率不高、人才培养过程持续性受到影响等问题，当前我国以体育产业创新创业教育平台为依托开展的创新创业教育活动，一方面是为了加强高校与企业间的合作，另一方面是为了在短期内能够在一定程度上引导高校学生进行创新、投身创业，这对我国体育产业发展有积极的推动作用，这种引导性、实践性的体育产业创新创业教育形式在我国已经成型。产业发展和人才培养不能只考虑其短期作用，也不能因为注重实践而轻视理论，所以开创专业性的高校体育产业创新创业教育形式是未来我国高校体育产业创新创业教育发展必须进行的探索。

非体育高校开设体育产业相关专业是高校体育产业创新创业教育长效机制的一种初步实践。当前以中央财经大学、中国人民大学、浙江大学等高等院校纷纷开设了体育产业相关专业，这些院校开设专业以体育经济、体育管理以及体育教育为主。高校以体育产业内的实际管理环节作为课程设置脉络，与企业进行深度合作，加强了对学生综合能力的培养，更加广泛地开设体育产业相关专业，继续扩大体育产业创新创业教育的影响力是有关部门的政策导向，也是高校教师及学生的实际诉求。

在《国务院办公厅关于促进全民健身和体育消费推动体育产业高质量发展的意见》导向下，将会有更多高校开设体育产业相关专业，进行体育产业人才培养课程体系的进一步研究，已经开设类似专业的院校也将会加强专业建设。在未来，非体育类院校将成为高校体育产业创新创业教育的主要力量，为社会贡献更多专业性强的体育产业人才，懂体育、懂经管的专业型复合人才的培养将不再是体育产业人才培养的难点。

（三）高校体育产业技术创新教育迎来发展期

《国务院关于加快发展体育产业促进体育消费的若干意见》鼓励企业进行创新，加强产学研一体化平台建设。体育产业不能只依赖经济管理型人才，也要依赖技术专业型人才，这是由我国体育产业未来发展方向决定的。体育产业将朝高新技术产业方向发展，新技术的出现是体育产业成为高新技术产业的关键所在。2010年至今，体育产业内各企业在新产品的研发工作上都投入了大量的精力和成本，政府对于体育企业创新也给予了财政补贴和税收减免等优惠政策，开始了相关创新型人才培养机制的探索。

与管理综合型体育产业相关人才的培养机制相同，当前我国高校也采用开办赛事和创新创业平台的形式进行体育产业科技型创新创业教育。2019年，为集聚和整合各种体育科技创新资源，挖掘和培育具有自主知识产权的体育科技创新项目，搭建体育科技成果交流、展示和交易的平台，由中国体育科学学会主办、山东体育科学学会和山东体育学院承办的"体彩杯"全国体育科技创新大赛于山东体育学院举行。该赛事着眼体育科技创新，从体育用品创意设计到创新展示，涵盖了体育产业科技创新的方方面面，在赛程中安排进行体育产业科技交流峰会，对体育产业科技人才进行培训，成为我国高校学生体育产业科技创新综合能力培养的重要平台。

除相关赛事外，有关部门将出台新的文件，以多种奖励形式对从事体育产业科技创新的新型人才进行奖励，在未来，理工类高校投身体育产业创新创业将会获得更多的资源，而这些高校培养的学生也将在体育产业中贡献更多的力量。

（四）高校体育产业创业配套课程专业化发展

当前我国很多高校都开设了体育产业创新创业类课程，《国务院办公厅关于深化高等学校创新创业教育改革的实施意见》提出，高校创新创业教育课程应当设计研究方法、学科前沿、创业基础、就业创业指导等多方面创业指导内容，高校创业课程需要有更强的专业性和指导性，这一要求也同样适用于高校体育产业创新创业相关课程。现阶段我国高校开设的体育产业创新创业课程以选修课程为主，课程设置以培养学生创新创业兴趣、增强对体育产业的了解作为目标，课程设置具有临时性和概括性，课程主要服务于力图从事体育产业创新创业实际工作的高校学生，并对该类学生提供相应就业指导。

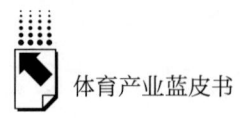

体育产业创新创业课程在高校体育产业创新创业教育中占据重要地位，通过对体育产业创业相关课程的学习，学生能够更加深入地了解创业过程中遇到的法律、资金来源、市场评估等问题，是学生切实投入创业的重要助力。

根据高校学生对高校体育产业创新创业教育了解程度的问卷调查结果，有65.6%的学生希望设立创业课程，且有68.2%的学生希望进行创业培训。相比而言，当下普遍开展的创业模拟和提供创业实践基地的需求较低，调查暴露了当前我国高校学生参与体育产业创新创业教育活动更希望获取的是专业化的知识和系统化的培训，而我国高校体育产业创新创业教育的赛事+创新创业基地建设模式并未抓住高校学生需求要点。在未来，高校体育产业创新创业教育将会更加系统化，并着力于满足学生关于开设创业课程和进行创业培训的实际需求，高校将响应国家号召：抓重点、求改革、促发展，力求建立完善、高转化率的高校体育产业创新创业教育体系。

未来高校体育产业创业指导课程设计将打破由单独高校进行引导的设计模式，各高校将加强合作，开设体育产业创业指导课程的高校将就创新创业教育工作进行不断探讨，体系、专业化、有成效的高校体育产业创业指导课程体系将会出现，并被纳入高校体育产业相关专业的课程大纲。课程设置将不再仅以学生对体育产业的初步了解为目标，而会向学生传授与体育产业创业相关的市场环境评估，法律知识及与投融资相关的诸多方面内容，为学生提供全方位、专业化的体育产业创业指导。该类课程的出现，也会为高校体育产业创新创业教育提供强有力的支持，在未来，专业化的体育产业创业课程将成为我国高校体育产业创新创业教育的重要发展方向。

（五）高校体育产业创新创业教育稳步开展

当前我国体育产业发展速度较快，2022年冬奥会举办、"互联网+概念"的出现、"体育旅游"的兴起都是体育产业发展的契机所在。我国高校面对产业发展的契机，更需要培养能够抓住契机、对产业环境和产业内在规则变动有较强适应性的新型人才。当前，国家出台的有关政策提出要加强未来冰雪、足球、传统体育等专项体育的发展，加强人才培养，以适应国家倡导的体育产业发展目标，因而专项型体育产业创新创业教育机制会更加完善。我国高校体育创新创业教育实践已经获得了阶段性的成功，全国高校体育产业创新创业大赛成为全国各地高校与企业就创业构想进行沟通的重要平台，体育产业创新创业综合型活动的开展为专项型体育产业创新创业教育基地开展进行了充足的实践，积累了足够的经验，由政府、企业、高校三方联办的高校体育产业创新创业平台将提供更多更有针对性的体育产业创新创业教育活动。

展望未来，高校体育产业创新创业教育将完成从培养具有创新能力和创业意愿的综合型人才到培养能够切实从事创业活动的综合型人才的转变。高校体育产业创新创业教育将在注重理论普及、创业指引专业化的同时，更加注重学生参与创业实践，并提供更有针对性、更能把握市场动向和体育产业商业逻辑的实践机会，这样的转变将更有利于体育产业未来进行产业融合，扩大体育产业社会影响力，增加体育消费，进一步增强体育产业活力和产出能力。"互联网+体育""体育旅游""冬奥经济"将不再只停留在高校体育产业创新创业相关课程的课本中，而走向高校体育产业人才的未来创业规划中，构建专项化的高校体育产业创新创业教育体系也将成为未来我国高校体育产业创新创业教育的又一重要发展趋势。

（六）高校体育产业创新创业扶持日臻完善

早在2014年，《国务院关于加快发展体育产业促进体育消费的若干意见》就提出要加强创业孵化，建立基金，为从事体育产业创业的应届毕业生提供条件。当前我国高校人才进行体育产业创业仍然面临诸多挑战，其中创业初始资金不足是创业过程中面临的重要问题，面对未来庞大的体育产业创业资金需求，仅靠创新创业平台提供的影响力还远远不够，创建高校体育产业创业基金是解决创业者在创业初期面临的资金短缺困难的重要途径，它可促成诸多有前景的创业构想成为现实，补足高校学生参与创业所需要的资源。未来的高校体育产业创新创业基金建设将不仅仅是高校体育产业创新创

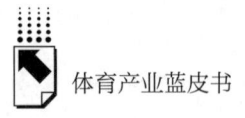

业平台的功能,社会各界都可投入资源,加入高校体育产业创业扶持的工作中。作为主要供给部门的社会力量将会成为高校体育产业创新创业教育中创业扶持一环的重要力量,有保障、有影响力、有效率的高校体育产业创业扶持基金将会建立。在未来,将会有更多高校学子的体育产业创业计划成为现实,高校体育产业创新创业教育将会培养出更多具有创业者精神的体育产业人才。

五 中国高校体育产业创新创业教育发展建议

我国高校体育产业创新创业发展需要从高校内部、联盟平台和社会生态等层面制定相应的解决对策,只有这样才能实现促进我国高校体育产业创新创业快速、有序、优质发展的良好局面,才能实现培养具有创新创业综合素质体育产业人才的最终目标。

(一)内培外引,优化高校双创师资力量

1. 搭建教研平台,提升校内双创专任教师教学能力

高校应结合自身专业设置,酌情设立创新创业学院或专门的创新创业管理部门,将创新创业工作从就业指导中心或二级学院教辅部门等管理部门中独立出来,作为专项工作开展建设,并组建相应的专项管理人员组织和开展学校双创教育管理。同时,要进一步通过依托创新创业学院或专门的创新创业管理部门组织成立创新创业教学科研室,吸收双创教育专业教师或有创业经验的科任教师承担课程教学任务,通过教学科研室组织集中备课,研制双创教育授课专题,改进双创教育教学方法,加强监督和评价考核,保证双创教育质量。

2. 加强管理培训,增强学生管理人员双创指导能力

鉴于当前体育院校参与创新创业指导、教育的导师工作队伍中大部分为行政管理人员的师资现状,基于专任双创教师队伍组建和培养的周期较长,从全员参与双创教育校园氛围营造的角度出发,在当前以及今后较长的一段

时间内，高校应着手将创新创业教育能力建设纳入学生管理人员的教育培训体系中，切实提升行政管理队伍中直接参与或间接接触学生创新创业教育管理人员的双创指导能力。

3. 开展校企合作，引入社会力量丰富双创师资队伍

为切实解决高校教师、管理人员等校内双创导师缺乏双创实践经验的问题，各体育类院校应积极拓展校外师资力量，采取措施吸收诸如创业校友、行业内优质企业家或各行业明星创业者等社会人员担任学校创新创业校外导师，通过吸纳校外力量的参与丰富高校体育产业创新创业的教师资源库，为高校平衡双创教育理论与实践的配比提供切实途径，使学生从理论和实践两个方面掌握创新创业的专业知识和技能。

（二）多措并举，丰富高校双创实践形式

1. 继续推进双创教育活动精品化开展

我国当前已经初步构建起以举办双创大赛、开设双创课程、组织双创讲座等形式为主的高校双创教育模式，依托各体育院校开展较为成熟、学生感知度较高的主流教育活动，继续开展高校双创教育仍然是必要的，但丰富双创实践教育活动也依然有其必要性。各高校不应完全脱离当前高校双创教育模式，将现有成果全盘否定，但也同样不能囿于固定模式，不思开拓，不知变革，陷于路径依赖。丰富高校双创实践教育的本质是扩充双创教育的途径，做大做全双创教育的内容蛋糕，进而提升实践教育在蛋糕中的占比，体育院校已有的双创理论教育体系不仅需要持续推进，还要进一步将其专题化、精品化，从而为学生提供更高质量的双创理论教育服务。

2. 加强缺位双创实践形式多样化构建

对于体育类院校组织双创实践教育不足的问题现状，高校需加强缺位双创实践形式的多样化构建。一方面，在校内要积极组建学生双创社团，以学生社团为依托，带动学生自发形式的双创实践活动开展。积极组建学生创新创业指导机构，让学生在自主探索实践中实现自身价值。同时还要积极组建校内双创园区，为学生小微创新创业的实践提供低门槛的初级孵化实践渠

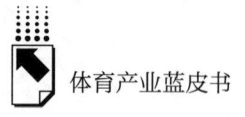

道。另一方面,在校外要加快促进创业孵化器或区域众创空间的构建和持续优化院校推荐入驻服务,从而延展学生参与双创实践的物理环境。与此同时,高校还要拓展深入企业的双创实践基地,通过企业组织行业双创沙龙、提供实习实践等拓展学生参与双创实践的思想认知。

(三)双向渗透,加强专业课程体系融合

1. 加速双创教育自身课程体系构建

根据对高校教师就开展体育产业创新创业教育建议的收集,除提供经费以外,完善课程设置、配备有胜任力的师资、提供高质量的课程内容、接受专门指导是教师对高校开展体育产业创新创业教育的核心建议(见表11),这些建议的实质目标也是为了推动双创教育课程体系的建设。课程体系建设是高校双创教育改革的核心内容,双创教育要改变边缘化教学的困境,其首要任务是构建自身的课程体系,使得双创教育课程内容实质向培养大纲中的专业课和必修课靠拢,不能局限于公共选修课和慕课等通识课的授课安排。

表11 对高校开展体育产业创新创业教育的建议 TOP5

单位:%

序号	具体问题	占比
1	提供经费	68.8
2	配备有胜任力的师资	59.1
3	完善课程设置	46.1
4	提供高质量的课程内容	44.8
5	接受专门指导	43.5

资料来源:2020年我国高校体育产业创新创业教育调查问卷。

2. 加快专业与双创教育渗透融合

为解决体育类院校师生参与的创新创业类活动与体育行业相关度不高的问题,一个有效的解决对策是加强专业教育与创新创业教育两者之间的双向渗透,以此增加专业教育对学生参与双创的意愿,从本质上促进高校体育产业创新创业教育的改革和发展。这意味着,一方面,体育院校在开展创新创

业教育过程中应注重构建符合学校自身学科特点和专业设置的具有体育产业特色的创新创业课程体系；另一方面，体育院校也应在专业培养方案、授课体系和学分设置等内容上考虑对创新创业板块的兼并融合。

（四）营造氛围，设置阶梯目标分层指导

提高学生创新创业基本素质，培养学生的创新精神、创新意识和创新能力是创新创业教育的核心关切，根据不同层次学生类型针对性开展体育产业创新创业教育是实现这一核心关切的有效举措。分层分类教育应该包括普及性教育、深入性激发和实践性支持三个阶梯式目标。面对全体学生，应该注重对双创精神、双创意识的普及性教育。针对部分具有一定双创潜力的学生，在普及性教育的基础上要进一步培养激发其体育产业创新创业能力。针对少部分具有双创条件的学生，要在进一步能力激发的基础上进行体育产业创新创业实践支持。

1. 在校园文化上下功夫，组织开展校园双创活动

具体而言，体育院校可以组织开展双创周等校园活动，通过专任教师开展通识讲座、学生社团组织双创路演、有关部门配合进行宣传栏知识普及等形式，面向全体学生扫清对于双创的认知误区，激发学生参与双创相关活动的热情，最终有助于促进高校创新创业教育培训目标由量化的毕业创业人数多少以及双创竞赛获奖人次的多少转换为质化的学生整体创新精神、创新意识的培养。

2. 在深入激发上下功夫，聚焦双创能力培养提升

针对有体育产业创新创业想法的学生个体或社团，高校应制定举措开展深入指导，培养其创新创业能力。具体举措可以包括但不限于定期举办双创类赛事、定期组织双创类讲座、组织双创专任教师入驻社团担任指导教师、固定每月双创开放日组织双创教师专项答疑等，这样为有体育产业双创想法的学生提供一个深入激发的环境和可以进一步寻求双创指导的有效渠道。

3. 在实践指导上下功夫，鼓励支持双创项目落地

针对已经有创新创业想法并且想要进行双创实践的学生群体，应组织好

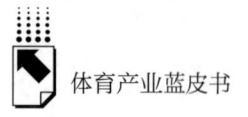

双创教师开展一对一有效指导，以促成学生创新创业想法的生根落地，具体包括组织开展双创团队与双创专任教师双向答辩聘任制度，双创学院或双创管理部门为双创实践项目提供负责指导的教师以及为双创团队提供专项办公室等。通过一对一专项化深入指导和服务，不仅促成学生双创项目的实践转化，也能丰富双创教师参与双创实践的经历，促进双创教育的良性循环。

（五）改革考核，激励师生参与双创活动

有效的激励措施可以调动高校师生参与创新创业活动的热情，而激励措施的有效与否取决于是否切合师生的实际需求，高校教师和学生的实际需求各有不同，需分别进行考量。

1. 优化教师考核评价标准，设立教师奖励专项基金

针对教师保障制度不够完善、教师参与双创活动评价多为绩效合格型考核缺乏绩优型激励等问题现状。一方面，体育院校应适当将双创教育的参与度与完成度等纳入教师教学考核、年度评优、职称评定等，在保障教师自身权益的基础上，督促教师重视学生双创能力的培养，进一步促进学校产学研用的转化；另一方面，学校要加强对参与双创教育活动教师的绩优型激励，例如结合自身专业实际，设立教师双创专项基金，对学校双创教育工作具有突出贡献或者在学生各类双创活动中具有突出表现的教师个人或团队进行奖励表彰等。

2. 支持学生双创学分转换，设立学生双创综合奖励

在学生的教育培养中，将双创纳入培养方案。一方面，设置双创实践基础学分，将学生参与双创学习量化为学分制；另一方面，灵活处理双创学分制的认定转换，可将学生参与的多种双创活动分类并制定学分转换标准，如对参与全国大学生创新创业比赛训练项目的学生依据参与项目的等级和参与项目的奖项认定不同的学分。除培养方案中将创新创业纳入学分制管理外，在学生综合素质评价中，也应适当加入对于创新创业的综合测评，甚至可以参照评价较为成熟的学业优秀专项奖学金、组织管理专项奖学金等设定创新创业优秀专项奖学金（见表12）。

表 12　受访教师针对高校体育产业创新创业发展中的教学改革建议

序号	具体建议
1	配备有创新创业教育胜任力的师资队伍
2	完善创新创业教育课程体系设置
3	提供高质量创新创业教育课程内容
4	制定创新创业相关活动学分转换制度
5	将创新创业课程纳入必修课

（六）完善闭环，构建双创评价反馈机制

针对高校体育产业创新创业教育重开设、轻评价的问题现状，高校需要构建一个符合学校发展现状的体育双创评价反馈机制。评价反馈机制基于"大众创业、万众创新"的国家战略基本要求，通过融合创意、创新、创业三大模块，统筹对知识传授、能力培养和价值塑造三个核心问题的关注，对受教育对象的发展进行跟踪，设计针对学生、教师、团队和组织的评价体系，对高校体育产业创新创业教育的各个环节进行监督、评价和反馈，进而利用评价结果，对培养体系进行持续改进，最终实现高校体育产业创新创业教育改革的反馈机制畅通。这种基于学习产出的教育模式（outcomes-based-education，OBE）所构建的评价反馈机制如图 21 所示。

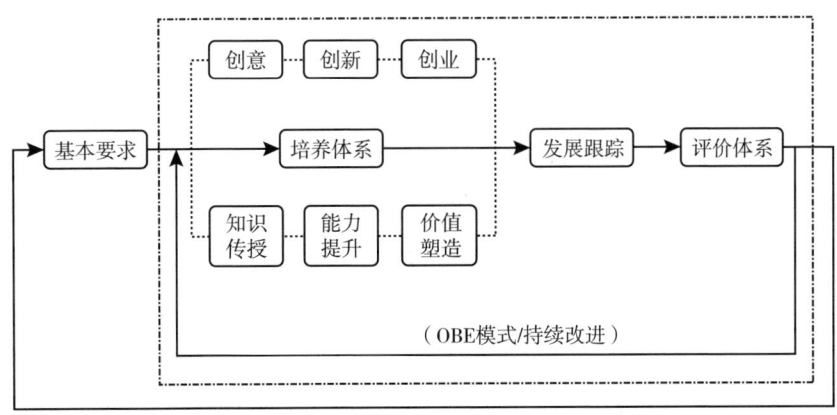

图 21　基于 OBE 模式持续改进的高校体育产业双创评价反馈机制

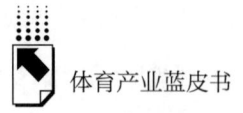

1. 开展高校体育产业双创教育跟踪调查

开展跟踪调查是构建评价反馈机制的前提。体育类院校在多教育教学中已经形成了较为成熟的教学情况调查体系,对于双创教育的跟踪调查可适度借鉴教学情况调查所使用的层次与方法,并结合创新创业特点制定跟踪调查方案。

针对学生,可分为普通学生、双创学生社团等学生管理组织以及双创团队三个层次。①对于普通学生可进一步划分为非毕业年级学生、毕业年级学生以及校友三个层次。对于非毕业年级学生,一方面,在学期末开展对创新创业课程的满意度和建议情况调查;另一方面,在学期末或学年末开展对学校创新创业整体教育工作开展情况的满意度和建议情况调查。对于毕业年级学生,在就业情况满意度调查中增加对于创新创业专项的情况调查。对于校友,着重调查其对于院校体育产业双创的建议情况。②对于双创社团等学生管理组织,可在社团换届时开展社团双创服务满意度调查。③对于双创团队,高校需要按照创业者所处的不同阶段,进行一对一走访调研,调查学生在双创中对高校教育服务的满意度和使其提出改进意见等。

针对老师,可分为双创导师、普通教师和高校管理者三个层次。①对于双创导师,可在学期末或具有周期性的校园双创类活动期间开展调查,并注重双创导师对双创指导中存在问题和改进意见的反馈收集。②对于普通教师,在学年末或制定创新创业年度规划等时间节点开展调查,需要注重普通教师对于双创认知态度、培养目标和教育意见等内容的调查。③对于高校管理者,理应在学年末开展双创服务情况调查。

2. 健全高校体育产业评价反馈改进机制

根据跟踪调查反馈结果,高校管理者需要对学校体育产业创新创业教育情况进行综合评估,进而制定举措进行持续改进。健全高校体育产业双创评价反馈改进机制可分为三个阶段,第一阶段:学年双创教育计划调整,根据学年双创课程教学评价、管理服务评价、双创团队问题与建议等有针对性地调整年度计划,例如调整优化双创团队入驻众创空间的流程手续等;第二阶段:学校年度教育规划调整,根据存在的问题和改进建议,学校可以在三年规划或五年规划中制定完善的双创教育服务指导意见,例如进行体育产业创新创业专业教材的编撰等；第三阶段：学生培养方案的调整，根据双创教育教学实际诉求，调整作为教育改革核心内涵的学生培养方案，以进一步推动高校体育产业创新创业教育改革。

（七）细化管理，调整双创教育配套服务

1. 完善制度配套

将双创制度设计纳入提高体育院校治理体系和治理能力的单元设计，完善配套创新创业教育管理制度、创新创业教育教学实践培训制度以及创新创业教育运行制度等。制度设计既要系统化又要具体化，既要能全盘指导规划学校创新创业教育工作的开展，又要细化到诸如督促学校科研成果优先向学生双创转化、促进学校产学研用一体化发展等。

2. 简化众创空间审批手续

简化双创项目团队入驻众创空间、孵化器等双创实践平台的审批手续，可以通过双创教师一对一指导双创项目的管理制度，对接双创学院等双创管理部门，制定部门联合入驻打包托管手续办理服务等举措，鼓励双创教师向学生宣传体育产业双创空间，提高众创空间、孵化器等实践平台的利用效率，盘活双创实践平台等配套资源。

3. 加大资金支持力度

高校应加大体育产业创新创业教育相关资金支持力度。一方面，通过加大资金力度完善学校创新创业教育师资、平台、服务等内容配套，在广度上激发学生参与创新创业的热情与兴趣，营造正确认识双创、参与双创的校园氛围；另一方面，高校需要在学生创新创业实践上加大资金支持力度，例如成立双创基金、与银行和社会力量接洽提供资金融通优惠等，以缓解有双创想法和双创实践能力学生的资金筹集压力，在深度上促进学生进行双创实战转换。

（八）畅通信息，打造体育双创服务平台

为突破高校体育产业创新创业教育单打独斗的局面、发挥体育类院校联盟优势、解决双创主体对双创政策了解不全面、双创项目信息供需不匹配等

问题，有关部门需要整合全国或区域性各类体育资源，打造集成多项功能服务于一体的体育类双创专项服务平台。体育类双创服务平台的建设不仅需要整合政府、企业、高校以及投资机构的资源优势，而且需要依托地区地理位置和经济环境优势。

以全国体育院校体育产业双创服务平台为例，该平台围绕集成体育产业双创资源、实现多方利益主体共赢、培养创新人才和孵化创业项目、助推体育产业创新创业投融资以及促进体育产业内涵式发展五大核心价值，通过提供双创咨询、开展双创培训、组织双创活动、提供双创服务、搭建双创融资平台等服务内容，实现平台政策法规和专家智库引导、双创培训和慕课提供、双创赛事和项目推介、双创孵化和人才招聘服务功能。借鉴全国性体育双创服务平台建设经验，区域类服务平台或院校联盟双创服务平台建设应注意以下基本内容的构建和完善（见图22）。

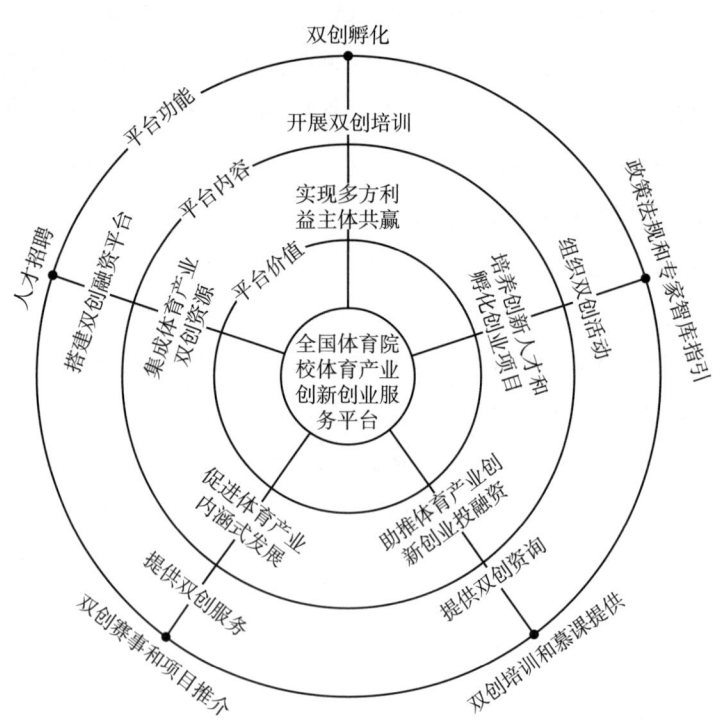

图22　全国体育院校体育产业双创服务平台功能示意图

1. 建设一体化体育双创信息服务载体

一体化信息服务载体作为平台线上线下关联交互的媒介，可以包含 PC 端和移动微信端等建设中的一种或多种，信息服务载体功能设置可以包括但不限于双创政策信息公开、行业双创咨询展播、双创项目管理、双创项目推介、双创项目孵化、平台专家智库建设、双创指导培训、双创赛事举办、行业双创信息交流、公开课和公益助创等栏目。另外，为拓展双创服务边界，在聚焦服务于双创活动的同时还可适当拓展对于就业内容的设置，增加大学生实习就业或者构建退役运动员就业创业的特色栏目。

2. 开展多层次体育产业双创指导培训

线上可组织联盟院校联合开发线上慕课，为注册会员提供优质专业类双创公开课；线下可组织成立体育双创实体培训学院，通过吸纳联盟院校优秀教师、资深专家、企业资深管理者以及各行业明星创业者组建培训师资，筛选有潜力有价值的创业项目和创业人才进入学院参与集训。一方面，注重业态特性，设计针对体育用品、赛事策划、俱乐部经营管理等细分行业的课程体系供参训者选择；另一方面，以创业导师为主体构成不同的实践基地带队进行孵化实践，实践基地可包括校企共建的创业实习基地、区域大学生众创空间以及市场上的专业孵化器。

3. 举办专业类体育产业双创赛事活动

根据参与人员层次可设计举办联盟体育院校大学生体育产业创新创业训练赛、区域青少年体育产业创新创业训练赛、区域退役运动员创新创业训练赛等品牌赛事。通过定期举办相关赛事，进一步激发体育产业创新活力、选拔优秀双创项目，同时吸引社会力量对于体育产业创新创业活动的关注等。

4. 搭建综合化体育产业双创孵化中心

服务平台应与市场众创空间协作，引进投资机构，联合区域内政府、企业和联盟院校优势资源，建立符合体育产业特点的孵化中心，在优质潜力双创项目实践前期提供政策咨询、场地和资金服务、专业技术支持和培训、知识产权保护、法律顾问以及业务流程管理咨询等多种便利，助力初创项目的成功转化；另外，孵化中心等综合服务平台的聚集效应可以为体育产业双创项目提供交流和外部资源整合的便利。

5. 促进稀缺性优质双创导师资源共享

客观讲，具备体育类院校创新创业导师指导能力的企业家在体育产业双创教育中数量较少，同时，由于体育类院校校内创新创业师资力量的培养所需成本较高、培养时间较长，导致体育院校内创新创业导师数量难以满足学生需求，因而需要促进体育行业优质双创导师资源共享。服务平台还应整合联盟体育类院校知名专家、学者、教授以及体育行业类著名创业者、企业家作为创新导师，通过在信息服务载体上开设线上咨询服务和线上专家公开日等形式实现体育行业优质双创导师资源共享。

（九）融通力量，完善体育双创生态系统

高校应构建从高校外部的政策环境、平台孵化、企业参与，到高校内部的工作重视、机制设计、制度保障、师资配备等生态要素系统，政府、高校、高校联盟和企业应该是一个完整的双创生态链，各生态链之间既各自畅通又相互交错，从而形成一个完整的高校双创教育发展生态系统（见图23）。

1. 政府部门政策生态链

我国体育产业双创教育从国家级管理部门所颁布的双创政策出发，到国家体育总局等管理部门双创政策出台，再到省级、地方级体育局结合区域实际制定的政策，并进一步聚焦到高校细化落实双创教育发展的组织与管理制度，各项制度之间存在交互反馈和调整。我国政府政策生态链的完善既要注重国家战略层面的专项制度配套，又要抓好各主体对高校双创教育发展的政策落实，既通过国家战略和政府政策指导体育产业双创发展具体落实，又根据具体落实中存在的问题进一步优化顶层战略制度设计。

2. 高校内部生态链

高校应从配套落实双创教育组织与管理制度双创师资队伍与保障体系、高校双创人才培养方案与运行机制、开展各项双创教育活动、推荐双创项目入驻众创空间、促进项目与企业对接、完善高校双创教育评价机制等环节，

2020年中国高校体育产业创新创业发展形势与分析

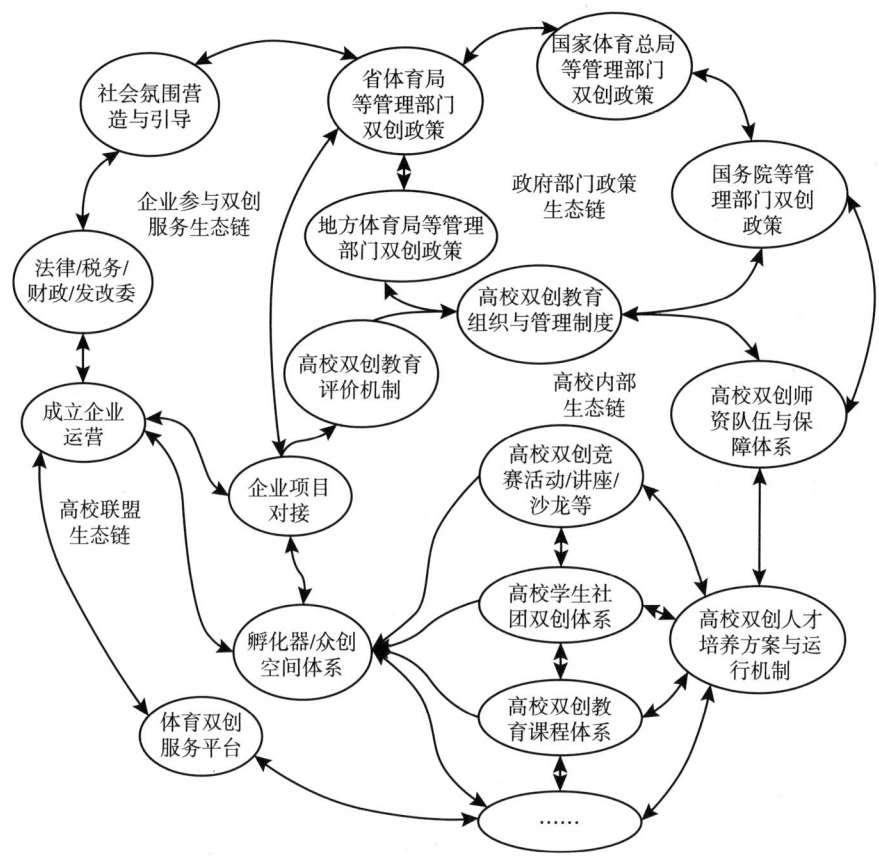

图 23　体育产业创新创业生态系统

进一步反馈和调整高校双创教育组织与管理制度，各生态要素之间既可以按链条传导，也可以相互交错同时进行。

3. 完善高校联盟生态链

为整合资源，高校之间在双创生态系统也应采取一定的群体行为。首先，从体育院校利用专业联合或区域资源组成联盟开始，通过政府、企业等社会力量支持，成立体育双创服务平台，双创平台整合师资资源、场地资源等开展系列双创教育活动，进一步配套为联盟高校提供区域众创空间等双创项目孵化场地。其次，联合区域或企业进行项目对接，从而推动企业成立并投入运营，打通联盟资源整合链条，改善单个高校单打独斗的双创教育局面。

053

4. 完善企业参与双创服务生态链

企业应该积极响应相关政策号召，积极参与高校或高校联盟双创教育实践项目对接，通过资金支持、吸纳项目运营或提供企业管理者管理经验，指导促进高校双创教育实践进一步向实体孵化。

（注：本报告使用的"双创"等同于"创新创业"。）

参考文献

马永斌、柏喆：《大学创新创业教育的实践模式研究与探索》，《清华大学教育研究》2015年第6期。

王占仁：《高校创新创业教育观念变革的整体构想》，《中国高教研究》2015年第7期。

刘伟、邓志超：《我国大学创新创业教育的现状调查与政策建议——基于8所大学的抽样分析》，《教育科学》2014年第6期。

吴岩：《建设中国"金课"》，《中国大学教学》2018年第12期。

王焰新：《高校创新创业教育的反思与模式构建》，《中国大学教学》2015年第4期。

谢和平：《以创新创业教育为引导 全面深化教育教学改革》，《中国高教研究》2017年第3期。

张宝君：《"精准供给"视域下高校创新创业教育的现实反思与应对策略》，《高校教育管理》2017年第1期。

吴玉剑：《高校创新创业教育改革的困境与路径选择》，《教育探索》2015年第11期。

周静、刘振忠、姜凤艳：《基于创新创业教育的体育专业实践教学模式改革与创新研究》，《河北体育学院学报》2014年第3期。

于奎龙：《地方高校体育教育专业构建"专业教育+行业教育+创新创业教育"模式的探索与实践》，《体育科技文献通报》2019年第7期。

肖林鹏：《对应用型本科院校社会体育专业创新创业教育的若干思考》，《大庆师范学院学报》2015年第3期。

李博：《"供给侧改革"对我国体育产业发展的启示——基于新供给经济学视角》，《武汉体育学院学报》2016年第2期。

王占仁：《"广谱式"创新创业教育的体系架构与理论价值》，《教育研究》2015年第5期。

李家华、卢旭东：《把创新创业教育融入高校人才培养体系》，《中国高等教育》

2010 年第 12 期。

陈希：《将创新创业教育贯穿于高校人才培养全过程》，《中国高等教育》2010 年第 12 期。

高文兵：《众创背景下的中国高校创新创业教育》，《中国高教研究》2016 年第1 期。

陈爱雪：《"互联网+"背景下大学生创新创业教育的新模式探究》，《黑龙江高教研究》2017 年第 4 期。

田贤鹏：《教育生态理论视域下创新创业教育共同体构建》，《教育发展研究》2016 年第 7 期。

付春权：《高校大学生创新创业教育存在的问题及对策》，《继续教育研究》2020 年第 6 期。

邓淇中、周志强：《大学生创新创业教育体系的问题与对策》，《创新与创业教育》2014 年第 1 期。

丁玉斌、刘宏达：《大数据时代高校创新创业教育的挑战、问题与对策》，《学校党建与思想教育》2018 年总第 21 期。

高伟：《深化高校创新创业教育的问题反思与对策探讨》，《思想理论教育》2015 年第 8 期。

梁迎娣、颜玄洲：《高校创新创业教育师资队伍建设存在的问题及对策分析》，《大学（研究版）》2016 年第 6 期。

分报告

Sub-reports

B.2 中国高校体育产业创新创业生态系统

马枢佳*

摘　要： 本报告以产业生态学为主要研究基础，利用生态学理论梳理了高校体育产业创新创业发展的运行模式，构建了我国高校体育产业创新创业生态系统的循环闭路模型，为高校体育产业创新创业发展的进一步生态化建设提供了理论基础。本报告还借鉴生态系统演替和进化理论分析高校体育产业创新创业生态系统的发展方向和阶段特征，分析发现，我国高校体育产业创新创业发展生态系统目前还处于生态系统发展的第一阶段，种群数量较少且结构简单。最后，本报告借鉴产业生态系统的评价理论，从产业活力、产业组织结构和产业恢复力三个方面，结合高校体育产业创新创业发展生态系统的

---

* 马枢佳，中央财经大学体育经济与管理学院在读，主要研究方向为体育产业创新创业教育、体育经济与管理、青少年体育政策。

产业特征构建了高校体育产业创新创业生态系统的健康评价体系，以作为未来中国高校体育产业创新创业生态系统评价的主要依据。

关键词： 产业生态学　体育产业　创新创业　生态系统

从20世纪50年代起，国外就有学者发现人类的活动与自然生态系统之间，有着相似的生物物理规律，仿生学的发展开始引发人们对于模仿生态系统而构建产业体系的思考，1989年Robert Frosch和Nicolas Gallopoulos正式提出了产业生态系统的概念。我国关于产业生态学的研究始于20世纪90年代，并不断扩大。一方面，借助理论分析影响产业生态系统的各种因素，例如市场环境、制度环境等；另一方面，借助建模手段分析具体问题，包括产业生态化转型、生态区域平台建构策略等。本文将从产业生态学的角度出发，对我国高校体育产业创新创业进行综合分析，尝试归纳整理出中国高校体育产业创新创业发展生态系统体系结构，构建中国高校体育产业创新创业生态系统健康评价体系。

一　中国高校体育产业创新创业生态系统框架

自然生态系统中，各种群之间物质的交换、能量的流动和信息的传递，构成了一个完整的循环闭路，在这闭路之中，物质的循环利用和能量的层递消耗，使得资源获得高效利用，控制了废弃排放物的数量，保持了生态系统的可持续发展，将这样的机理应用到高校体育产业创新创业的发展分析中，能够从生态的视角分析产业中各主体的职能与主体间的作用。

体育产业本身就是一个具有生态学特征的产业生态系统，在体育产业生态系统中又包含着多个相互影响协同演进的子系统，高校体育产业创新创业生态系统就是其中之一。在高校体育产业创新创业的发展中，涉及高校、投资方、创业者等主体,各类主体共同构成体育产业中重要的一环,其发展都依赖于其所处的社会环境、高校等主体之间,与外部环境之间不断地进行着物质交流、能量流动和信息交换。作为体育产业生态系统中重要的子系统之一,高校体育产业创新创业生态系统承担着包括人才培养、科研创新、创业孵化等职责,高校体育产业创新创业生态系统的稳定和繁荣,将大大推动中国体育产业的发展。

(一)中国高校体育产业创新创业生态系统的要素

生态系统是一个多元主体构成的复杂结构,简单的元素或个体都不能被称为生态系统,生态系统的产生伴随着诸多的条件要素,以保证生态系统能够进一步的演替进化,稳定发展。产业生态诞生的条件要素主要是产业所处的环境,环境要素又分为政策环境和市场环境两部分。

1. 政策环境要素

政策支持是一个产业发展前景的重要影响因素之一,政策环境要素如同自然生态系统中的天气状况,在适宜的气候条件下,生态系统中的集群数量会大幅增长,生态系统展现出繁荣的景象,而在不适宜的气候中,生态系统可能会面临全面崩溃的境况。

我国高校体育产业创新创业工作起步于2014年,2014年《国务院关于加快发展体育产业促进体育消费的若干意见》(以下简称《意见》)中提出,"支持企业联合高等学校、科研机构建立产学研协同创新机制,建设产业技术创新战略联盟","鼓励多方投入,开展各类职业教育和培训,加强校企合作,多渠道培养复合型体育产业人才","加强创业孵化,研究对创新创业人才的扶持政策"。自此我国拉开了关于高校体育产业创新创业工作的序幕,在《意见》的指导和支持下,2015年天津体育学院举办了第一届全国体育院校大学生体育产业创新创业大赛,并牵头建立了大学生体育产业创新创业平台,为高校体育产业创新创业生态系统的诞生奠定了基础。

在国家经济结构调整的重要时点,体育产业作为第三产业的重要组成部分,必然会成为未来经济的主要增长点,高校体育产业创新创业生态系统作为体育产业生态系统的重要子系统之一，已经开始受到政策的关注和支持，在政策红利的支持下，高校体育产业创新创业生态系统虽然发展起步晚，但在科学合理的管理和引导下，未来势必会乘风而上，迅猛发展。

2. 市场环境要素

市场环境要素对于产业生态系统的诞生和发展也具有十分重要的作用，适宜的市场环境能够促生众多的产业主体，越多的产业主体越是有助于形成产业内的关系网络，形成最初简单的产业生态系统。另外，产业主体数量也是评价生态系统繁荣程度的重要指标之一。

市场环境与产业生态的相适度主要表现在市场对产业的需求程度，随着社会经济的不断发展，居民的生活水平、消费水平也会逐渐提高，从而催生更高层次的消费需求，市场为了满足消费者的需求而逐渐产生新的产业，并不断扩大，直到市场供给超过需求，产业发展就达到了饱和。因此，市场需求程度影响产业生态系统的诞生和演替速度。近年来体育产业蓬勃发展，然而体育服务行业还存在许多空白领域，在《意见》的指引下，民众对于体育消费的需求与日俱增，许多资本也在尝试进入体育产业，这对于体育创新创业工作者来说，都是利好消息，市场供给的短板领域，在未来都是体育创业企业的可争之地。

2020 年新冠肺炎疫情使国内经济受到极大的冲击，诸多中小企业在风雨飘摇中相继破产，这为高校体育产业创新创业的工作带来了极大的挑战。但随后疫情得到有效控制，经济逐渐回暖，也为高校体育产业创新创业的发展带来了更多的机遇，宽松的货币政策和积蓄良久的市场消费需求都会给高校体育产业创新创业注入更多发展力量。

（二）中国高校体育产业创新创业生态系统的结构

1. 中国高校体育产业创新创业生态系统的元素定义

在产业生态学理论中，完整的产业与自然生态系统一样，由环境因素和产业主体和能量流动构成，各种物质和能量在环境和生物组织中循环往复的流动，构成了能量和物质的循环闭路。

（1）环境因素

首先，高校体育产业创新创业发展必须依赖于其所处的社会环境，其中包括在生态系统中循环流动的资本和人力资源，这两类要素天然地存在于社会中，可以被产业组织部分的主体吸收利用，进入高校体育产业创新创业生态系统的能量循环过程，也是由于这二者的传递联结起了产业中各个主体，形成了相互之间的影响关系。

其次，高校体育产业创新创业所面临的政策和制度环境在生态系统中起着重要的作用。一方面，政策环境宏观地决定着生态系统发展的方向和速度，政策红利会加速生态系统的演替进化，同时也会引导资源更多地集中于政策支持的方向；另一方面，制度在生态系统中微观地调控各参与者之间的关系，协调参与者间的合作与冲突，一定程度上能够维持生态系统的稳定。同时，高效的政策和制度将是人为引导生态系统向着期望的方向发展的最有力工具。

（2）产业主体

产业主体主要包括高校、投资方、创业主体和消费者四类主体，分别承担了生产者、消费者和分解者三种职责。

首先，高校的首要任务是为体育产业创新创业培养人才，高校通过其自身作为教育体系重要环节的特征和职能，通过招生吸收人力资源，通过一定程序的培养和教育，为体育产业创新创业提供人才资源，使人力要素进入生态系统循环，为体育产业提供源源不断的创新创业人才。在政策背景下，高校作为平台，还承担着创业者与政府部门之间的贯通职能，政府部门提供的政策支持通过高校落实到创业者或创业企业。

其次，投资方在该生态系统中主要起到为创业企业提供资本的作用，投资方从市场中获取资金，并以资本的形式投入创业项目，使资本要素进入生态系统循环。同时，投资方出于自身效益最大化的目的，会综合评估创业者的项目，并从中选取最优项目进行投资，在这一环节中对创业项目进行筛选，实现了优胜劣汰，避免了资源浪费。

创业主体包括高校学生创业者、高校学生创业企业等各种形式的创业主体，这类要素主体是我国高校体育产业创新创业发展生态系统的核心要素，也是产业主体中最为复杂的组成部分。单看每一个创业主体,可以认为它们采用了从上一级获取物质和能量、创造价值向下一级流动的运作模式,但是,各类创业企业或直接面对消费者,或在产业内部形成产业链,或相互竞争,或协同合作,或相互依存,构成复杂的关系网络,越是复杂的关系网络,越能够保证生态系统的稳定发展。

最后,消费者群体通过购买并使用创业项目提供的产品或服务,使其价值得到实现,并通过支付价格的方式,使价值再一次以资金的形式回流市场,参与下一次的物质能量循环,消费者购买服务是产业生态系统构成完整闭环的重要环节。而消费者的购买力都是有限的,为了获得更高的效用,他们在购买产品或服务时会倾向购买性价比更高的产品或服务,在这一过程中实现了又一次优胜劣汰,使更加优秀的创业项目能够长期生存,在高校体育产业创新创业生态系统中持续地创造更多价值,而效率低下的企业则因为没有消费者的青睐逐渐丧失生存能力,这一过程将向投资者的投资过程发出反馈信息,进一步引导资源向更优质的主体集中。

(3)能量流动

在自然生态系统中,贯穿生态系统全过程的就是能量的循环流动,而在高校体育产业创新创业生态系统中,贯穿整个产业发展的是价值创造,无论是资本要素、人力要素,还是创业项目提供的产品或服务,都是价值的载体,在不同主体间的物质交换过程中,各种要素的价值以不同的形式得到实现,并创造出新的价值继续向下传递,最终回到市场环境中,再一次参与循环。自然生态系统中分解者赖以生存的是生产者和消费者产生的废弃物排放,而在高校体育产业创新创业生态系统中,作为分解者的消费主体利用的则是产品或服务中承载的还没有被使用的剩余价值。

2. 中国高校体育产业创新创业生态系统的运行模式

根据生态学理论,自然生态系统是以物质和能量的循环传递为核心构成闭环,而高校体育产业创新创业生态系统则是从价值的创造和实现的角度出发,以价值的各种形式实现进行传递,又通过价值的不断创造实现传递(见图1)。

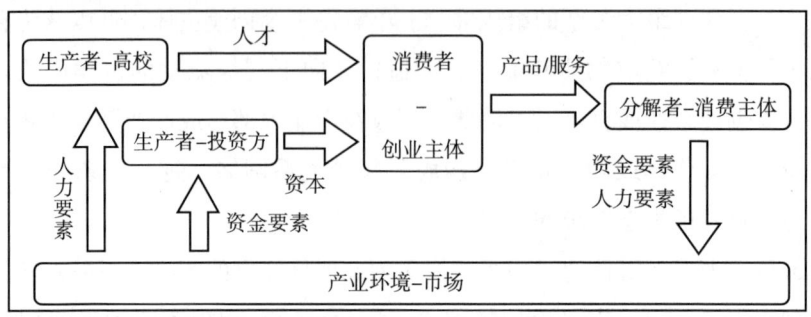

图1 高校体育产业创新创业发展生态系统循环闭路示意

在合理健康的高校体育产业创新创业生态系统中，各项资源能够得到高效的利用，在产业各个阶段创造的价值都能够实现。在这样的体系中，生态环境能够实现产业的可持续发展，亦可让人看到创新创业的蓬勃景象。一个产业生态系统要达到这样健康合理的状态，需要经过长期的演替与进化，下面将从生态系统演替与进化的角度，进一步分析我国高校体育产业创新创业发展生态系统的优化。

二 中国高校体育产业创新创业生态系统的发展演化

生态系统的状态不是恒定不变的，生态系统经历形成、演替、进化、衰落的过程，产业生态系统亦然。在产业生态学中，由于政策和制度环境可控，产业生态系统的演替方向和速度也是可以人为影响的。研究中国高校体育产业创新创业生态系统的演替与进化，是为了更好地运用政策制度手段促进高校体育产业创新创业的发展。

（一）中国高校体育产业创新创业生态系统的第一阶段

生态系统在形成的初期，成分结构简单，物质和能量呈线性传递，生态系统内部的效率较低，处于这一阶段的生态系统极不稳定，自然环境的变动很容易引起生态系统崩溃。在产业生态系统中也是一样，在形成初期，产业结构简单，生产销售链条单一，产业利用资源能够创造的价值也较有限，同时，市场环境的动荡，很可能引起产业的衰败。

在我国，高校体育产业创新创业工作起步较晚，2014年《国务院关于加快发展体育产业促进体育消费的若干意见》出台，该意见特别提出"支持企业联合高等学校、科研机构建立产学研协同创新机制，建设产业技术创新战略联盟"，在培养管理型体育人才的同时要注重技术型体育人才的培养。同时，该意见指出"鼓励多方投入，开展各类职业教育和培训，加强校企合作，多渠道培养复合型体育产业人才"，"加强创业孵化，研究对创新创业人才的扶持政策"，第一次提出对体育产业创新创业人才实行奖励机制，预示着对体育产业创新创业人才的着重培养。为响应政策号召，国内各体育院校开始进行体育产业创新创业平台的相关建设工作，2015年11月，天津体育学院举办了首届"全国体育院校大学生体育产业创新创业策划大赛"，开创了高校、政府、企业联合推动体育产业创新创业的先河。至2020年，高校体育产业创新创业工作已经起步，但创业主体较为零散，同时还要面对国内体育产业这个大的生态系统的竞争，生态系统内投资方愿意投入高校创业者的资源本就有限，而创业项目的零散也削弱了资源的利用效率，价值创造过程单一，因此，我国高校体育产业创新创业发展生态系统从现状来看并不乐观，还处于产业生态系统演替的第一阶段。

（二）中国高校体育产业创新创业生态系统的第二阶段

自然生态系统经过长期的发展演替，成员数量增加，结构进化，会在系统内部逐渐形成物质的循环使用和能量的层递消耗，特别是消费者会演化出初级消费者和多级次级消费者，生态系统内的营养级变得丰富，生态系统向环境中排放的废弃物数量也会减少，这时生态系统通过各营养级之间的数量此消彼长的变化，具备了一定的稳定性，能够应对环境中的部分动荡。生态系统第二阶段显著的特征就是生态系统结构的复杂化，出现了物质的循环使用。因此，处于第二阶段的高校体育产业创新创业发展生态系统具备以下特征。

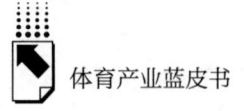

1. 创业项目数量和投资额增加

生态系统进化的首要特征就是生态系统成员的增加和生态系统内部的物质要素增加，规模上的扩张是生态系统演替进化的必要阶段，只有拥有丰富的创业项目才能形成结构复杂的多级消费结构，这就是生态系统进化的第二个特征。

2. 创业项目之间形成关联关系

大量优质的创业项目出现，会导致两种可能的结果。首先，同质化的项目挤占市场，抢夺资源，最终由于优胜劣汰，更优质的项目会留存下来，这样的过程保证了高校体育产业创新创业生态系统中成员组成的优质性，保证了投入生态系统循环中的每一份物质资源都能够最大限度地创造价值。其次，不同质的项目之间会逐渐形成越来越复杂的关联关系，形成上下游的产业链共生关系，或者互利共赢的合作关系，由此形成复杂的关系网络，实现生态系统内部的物质循环利用和价值不断地再创造，即生态系统进化的第三个重要特征。

3. 产业链中的资源循环利用价值再创造

复杂的产业链结构使得资本在各个创业项目之间以各种形式多向流动，不断地在各种项目中创造价值，使得产业内部资源利用率更高，发展效率更高。同时创业项目之间复杂的关联关系也使得创业项目的生存条件多样化，使得创业企业即使处于一定程度的市场动荡中也能够维系自身的生存，生态系统的稳定性大幅提高。

（三）中国高校体育产业创新创业生态系统的第三阶段

自然生态系统演替进化的第三阶段，也就是最高阶段即实现生态系统向无机环境的零排放，在第二阶段的基础上，生态系统进一步演替进化，生态系统结构越来越复杂，物质和能量流动路径越来越多样，物质循环效率越来越高，最终实现了物质的全部消耗和对无机环境的零废弃物排放。但这只是依据理论构建模型得出的最终状态，现今还没有生态系统能够达到这样的高效利用状态。

高校体育产业创新创业生态系统的第三阶段与第二阶段的区别就在于生态系统结构的复杂程度。因此，从特征的角度出发，第三阶段的特征就是第二阶段特征的进阶，即创业项目数量和投资额的进一步增加，创业项目之间更加紧密的关联程度和更高效的资源循环利用以及价值再创造。通过生态系统演替进化的视角观察分析高校体育产业创新创业生态系统可以发现，高校体育产业创新创业生态系统的繁荣和稳定主要依赖产业当中产业链的完整程度与创业项目之间复杂的关联关系。从优化生态系统的角度出发，要通过控制政策和制度环境影响高校体育产业创新创业生态系统的演替过程，以实现高校体育产业创新创业生态系统的繁荣和稳定。这需要高校开展更多协同活动，一方面要避免集中于同质化的项目，导致过度的竞争；另一方面要在现有产业链中进一步完善和丰富，使产业结构更加优化。

三 中国高校体育产业创新创业生态系统健康评价模型

从产业生态学的角度分析高校体育产业创新创业的发展，是为了从生态学的视角为高校体育产业创新创业的发展构建一个健康的产业生态系统。生态系统健康的评价主要涉及生物学、社会经济、人类健康和社会公共政策等范畴，是一个较为复杂的综合性概念。产业生态健康是涵盖产业结构、政策环境、市场环境等多方面的体系，也是产业战略管理的重要内容。本文将依据产业生态学的相关理论和研究基础，结合高校体育产业创新创业发展的特征，构建高校体育产业创新创业生态系统的健康评价体系，以为制定高校体育产业创新创业发展战略提供参考。

（一）产业生态系统健康评价指标体系

产业生态系统健康的概念存在已久，最早提出生态系统健康问题的是拉波特（Rapport），他在1985年提出了"生态系统危险症状"，以此作为生态

系统非健康状态的评价指标。美国生态经济学家曾于 1992 年设计了生态系统健康评价指标体系，该体系被认为是最权威的生态系统健康评价指标体系。在国内，最具有影响力的是肖风劲和欧阳华在 2002 年参考该体系构建的生态系统健康预警评价指标体系，该体系认为影响生态系统健康最重要的三个指标是活力（Vigor）、组织结构（Organization）和恢复力（Resilience），简称 VOR 模型。2019 年，陶喜红根据 VOR 模型构建了我国传媒产业生态系统的健康评价体系。

中国传媒产业生态系统健康评价体系，分别以产业活力、产业组织结构和产业恢复力为一级指标，结合我国传媒产业的特点延伸出九项二级指标和若干三级指标进行测量，并运用该产业生态系统健康评价指标体系对中国报纸产业、电视产业和网络视频产业进行了生态系统健康评价。这一产业生态系统健康评价指标体系具有一定的理论基础，涵盖面广，且可操作性较强，本文即以这一模型为基础，结合高校体育产业创新创业的产业特征和发展模式，构建我国高校体育产业创新创业生态系统健康评价体系。

（二）中国高校体育产业创新创业生态系统健康评价体系

高校体育产业创新创业的发展具有其自身的特征。首先，作为以高校为主体的产业，其诞生和发展环境都与高校有着密不可分的关联，而高校作为独立的单位，其运营和管理都处于相对封闭的体系中，这就导致了高校体育产业创新创业生态系统处于较为闭塞的环境中；其次，作为体育产业创新创业的主力军，高校体育产业创新创业的工作必须与产业环境相结合，以开放、包容的态度面对社会环境的考验，不断输出新的成果。在保留高校自身体系独立的同时又兼顾开放与创新是高校体育产业创新创业发展的重要内容，也是高校体育产业创新创业生态系统的健康标准，笔者即以此为核心，参考多种产业生态评价指标体系，来构建高校体育产业创新创业生态系统的健康评价体系。

高校体育产业创新创业生态系统健康评价指标体系主要从三个层次评价高校体育产业创新创业生态系统的健康状况，一级指标包括产业活力、产业组织结构和产业恢复力，每个一级指标包含三项二级指标，每项二级指标又用若干三级指标进行表征，指标体系作为量化标准对高校体育产业创新创业发展生态系统的健康状况进行评价。

笔者在综合参考诸多关于生态系统健康评价指标研究和我国高校体育产业创新创业生态系统的特点后，尝试整理归纳出适用于我国高校体育产业创新创业生态系统的健康评价指标体系（见表1）。根据这一体系，我们就能够从生态学的角度发现我国高校体育产业创新创业在发展中存在的"不健康"状态，为高校体育产业创新创业更加稳定的发展提供战略参考，为维护高校体育产业创新创业发展生态系统提供建议。

表1 高校体育产业创新创业发展生态系统健康评价指标体系

一级指标	二级指标	三级指标	计量指标
双创产业活力	产业生产力	产业项目规模	高校创新创业项目数量
		产业人数规模	高校参与创新创业工作人数
	生态承载力	经济承载力	区域体育产业GDP
		资源承载力	高校双创项目获投资总额
	产业成长性	规模增长状况	高校双创工作投入增长
		产品增长状况	高校新增双创项目数量
双创产业组织结构	种群结构	种群密度	校内人均创业项目数量
		种间关系	高校联合孵化关系网络
	市场集中度	资源集中度	高校双创资源HHI值
		项目集中度	高校双创项目HHI值
	生态位指标	生态位宽度	项目盈利方式
		生态位重叠度	项目类型重叠度
双创产业恢复力	对外依存度	资本对外依存度	双创资本对市场依存度
		产品对外依存度	双创项目对市场依存度
	发展潜力	研发费用	高校双创培训投入
		获取资源能力	参与创新创业人数比例
	抵御环境变化能力	产业规模	参与创新创业人数
		环境依赖度	高校政策支持度

1. 双创产业活力（Vigor of Industry）

产业活力是产业生态系统内部能量的流动和交换能力，通常用生态系

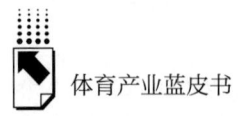

统的生产力和发展状况等来表示,健康的生态系统,一定有较多的能量输入,并处于物质循环速度较快的活力状态,但仅仅是这一项不足以说明生态系统处于健康状态,还需要综合其他指标,结合高校体育产业创新创业的发展特点,我们选取产业生产力、生态承载力和产业成长性指标来进行评价。

(1) 产业生产力

产业生产力指标用来评价产业生态系统的产出能力,即新陈代谢的能力。一般情况下,生态系统越有活力、新陈代谢越强,生态系统的产出能力越强、生产力也越强。产业生产力是分析产业活力的重要指标,有学者运用产业生产力模型分析了旅游产业的结构合理情况,以及文化创业产业中生产力评价的问题,并提出通过投资、创新、技能、企业、竞争五大手段提高产业的生产力。还有学者运用 Malmquist 生产力指数法分析了物流产业技术效率与产业效率之间的关系等。

产业生产力有许多表现方面,例如通过产业生产总值表征产业经济产出能力、通过企业数量从产业规模的角度表征生产力、通过员工数量表示人力资源生产力等。在高校体育产业创新创业产业中,每个高校及其所处环境自形成一个小的子系统,我们主要从产业规模的角度对高校体育产业创新创业产业生产力进行评价,即选择创业项目规模和创业人数规模两个方面作为指标。

(2) 生态承载力

在评估产业活力时,除了考虑产业的产出能力,也要考虑产业所处的环境资源状况,生态系统的生产和发展离不开与环境的物质交换,环境中的资源必须足以支撑生态系统的发展。在生态学上,一般通过生态足迹理论来测量生态系统的资源环境能够承载的生态系统规模。生态承载力最初应用于产业生态学也是基于对绿色产业发展的研究,产业的发展不能超出自然生态系统的资源承载力,否则会导致生态系统的崩溃和衰退。有学者还通过建立经济模型,分析了鄱阳湖生态经济区的资源环境承载力与产业结构的关系。

对于高校体育产业创新创业生态系统来说,选择影响力最大的资源承载力和经济承载力作为评价指标,经济承载力表征的是体育产业的经济发展状况是否能够支持高校体育产业创新创业的发展趋势，而资源承载力主要表征高校的师资、培训等是否足以支撑高校体育产业创新创业的发展需要。

（3）产业成长性

成长性概念是近年来国际上对于微观经济领域关注度较高的问题，众多学者也形成了诸多不同的理论学派，主要有资源禀赋论、企业生命周期论、企业核心能力论、企业动态能力论等，但其核心理念都是企业在"量"和"质"两个方面发展，从企业成长性扩展到产业成长性的概念，则是产业中各企业整体状况的表征。

近年来有许多关于企业成长性和产业成长性评价的研究，有学者从财务和非财务两个维度出发，通过技术创新能力、经营绩效、竞争能力、外部环境支撑、核心竞争力和信用风险等视角评价了高科技企业的成长性。还有学者运用GEP模型进行研究，可见企业的成长性需要结合财务与非财务两方面的综合信息。结合现有研究的观点，在评价高校体育产业创新创业产业成长性时，选择产业规模的增长情况和产品的增长情况作为评价指标。产业规模增长指的是高校体育产业创新创业工作中投入的增长，产品增长指的是高校体育产业创新创业项目数量的增长状况，通过时间维度的纵向对比来分析高校体育产业创新创业的产业成长性。

2. 双创产业组织结构（Organization of Industry）

产业组织结构指标表征的是生态系统内组织结构的合理性和稳定性，生态系统中的生物越是多样，产业结构越复杂，越容易维持种群之间和种群与环境之间的动态平衡，生态系统的稳定性越强。本文选用三项二级指标来评价产业组织结构，分别是产业种群结构、市场集中度和生态位指标。

（1）种群结构

种群结构指标主要表征生态系统中各种群间的关系，即产业中各企业之间的关系，影响产业生态平衡的种群间关系主要有竞争和共生关系，特别是竞争关系，适度的竞争能够保证生态系统的优胜劣汰，实现生态系统资源的最优配置，而过强的种群间竞争会产生较大的影响，处于弱势的企业很可能会在竞争中消亡，甚至影响生态系统的多样性。

本报告对高校体育产业创新创业发展生态系统种群结构的评估从两个方面进行，首先是种群密度，即高校内的生均创业项目数量，以密度的形式可以清晰地判断项目可以获取的资源总量，以此来表征种群间关系的影响程度，种群密度较大的高校企业间的竞争关系更强烈，密度较小的高校中企业间的竞争关系影响更弱。其次是种间关系，即各高校之间的创新创业工作的关联程度，通过调研高校之间联合孵化创新创业项目的情况，能够可视化地表征种群中的关系网络，关系网络越密集，产业的组织结构就越复杂，其关系在面对产业环境的挑战时就能够表现出更稳定的特征。

（2）市场集中度

产业竞争与垄断情况也是产业生态系统健康与否的重要指标之一，市场集中度就能够很好地反映这一状况，它指的是产业内部规模较大企业的影响能力，表示市场集中度的量化指标较多，例如赫芬达尔-赫希曼指数、基尼系数、行业集中度等，本文主要选用赫芬达尔-赫希曼指数来表征高校体育产业创新创业发展生态系统中的市场集中度。

赫芬达尔-赫希曼指数（Herfindahl-Hirschman Index），简称 HHI 值，指某个特定行业市场上所有的市场份额的平方和。当市场上企业数量多、规模相差不大时，HHI 值就接近于 0，表明市场垄断程度低，市场集中度低。在高校体育产业创新创业发展中，主要考虑以高校孵化的创业项目数量和吸引的投资额为指标计算 HHI 值，以此来评价高校体育产业创新创业市场中的高校垄断水平。

（3）生态位指标

生态位理论是生态学中重要的理论之一，生态位测度包括生态位宽度、生态位重叠度、生态位体积和生态位维数，其中生态位宽度和生态位重叠度是描述物种生态位和种群间生态位关系的重要指标。生态位宽度，也称为生态位广度、生态位大小，它表示物种或种群对环境适应的状况或对资源的利用程度，生态位宽度越宽的种群获取环境中资源的能力就越强，生存能力就越强。生态位重叠度，表示两个种群之间生态的相似性，生态系统的环境中可利用的资源是有限的，两个种群之间生态位重叠度越高，说明种群之间的竞争就越激烈。生态位重叠度是企业竞争的本质原因，拓宽生态位宽度和实现生态位分离，就是企业竞争关系实现共同进化的最终目的。生态位理论在产业生态位的研究中也得到了广泛的应用，诸多学者运用生态位的理论和视角，研究了白酒品牌的经营策略、教育发展创新战略、旅游业可持续发展，也有学者通过生态位理论的分析，提出企业应当采取错位经营、价值创造、资源扩充的策略应对竞争。

在高校体育产业创新创业发展中，涉及的主要竞争资源是企业的目标消费群体，通过分析种群中目标消费群体资源的生态位宽度和相邻种群间的生态位重叠度可以判读生态系统中种群的资源获取能力和竞争程度。

3. 产业恢复力（Resilience of Industry）

产业恢复力是评价产业生态系统健康状况的第三项重要指标。生态系统所处的环境是多变的，有许多因素都可能影响生态系统的稳定和健康，抵御外界压力、保持可持续发展和自我调节恢复的能力就是生态系统保持健康状态必不可少的基本素质，产业生态系统亦然。社会环境瞬息万变，产业自身必须有一定的抵抗力和稳定性，以面对一切可能出现的挑战，维持产业生态系统的稳定。对于高校体育产业创新创业发展生态系统恢复力的评价，体现为对外依存度、发展潜力和抵御环境变化能力三个方面。

（1）对外依存度

在一般的产业生态学研究中，产业对外依存度是指国家某一产业经济对世界经济的依赖关系，用这一指标评价产业生态系统的健康状态，是因为在经济全球化的趋势下，经济体独立发展的空间越来越小，在参与世界经济的过程中，产业面临更激烈的竞争，与之伴随的也是更多学习其他先进技术的机会，只要控制好对外贸易的风险，使产业生态系统对外依存度维持在健康水平，就能兼顾产业的发展与稳定。

高校体育产业创新创业产业与一般产业不同，它生长于高校这一独特的群体之中，高校作为以教育为主要目标的机构，在产业经济方面相对封闭，以保持高校工作的经济正外部性，然而创新创业的工作又必须与产业环境相结合，最终经受市场的考验。因此，兼顾高校的自主管理权与创新创业工作

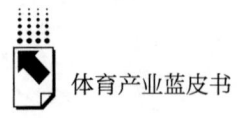

的开放性也是高校体育产业创新创业发展中的矛盾之一。本文通过引入对外依存度的概念,在此表征高校体育产业创新创业工作对校外企业的依存度,以此来评价高校在这一矛盾中的平衡状况,判断高校体育产业创新创业发展生态系统能否在封闭环境和开放市场中维持稳定。

(2)发展潜力

产业发展潜力,也即产业可持续发展的能力,只有具备可持续发展的能力,产业生态系统才能不断发展演替,并提升生态系统对环境的抵抗力,因此,产业发展潜力也是产业恢复力的评价指标之一。

产业发展潜力是一项较模糊的指标,没有直观的量化指标可以表征,因此对于产业发展潜力因素的研究主要采用质性分析的方法,例如从网络基础水平、整合发展能力、新生经济效益和协调创新潜力四个维度评价互联网行业的发展潜力,也有学者通过对林业产业发展潜力的研究发现,影响其发展潜力的最重要指标是环境可持续发展、生物多样性和企业的科技研发水平。在已有研究的基础上,结合高校体育产业创新创业的产业特点,选取研发费用和获取资源能力两项指标进行表征。

首先,对高校体育产业创新创业发展来说,本身就是创新创业方向的工作,其所有资源投入都属于研发投入。传统意义的研发投入概念无法评价高校体育产业创新创业发展生态系统的发展潜力,因此需要明确高校体育产业创新创业中的研发对象究竟是谁。高校体育产业创新创业工作,主要目的就是培养体育产业创新创业人才。因此,高校在培养人才的过程中进行的师资投入、培训投入等,才是真正的研发成本,也是影响高校体育产业创新创业发展潜力的关键要素。其次,高校体育产业创新创业发展生态系统可获取的资源主要包括资本和人力资源两方面,而资本要素即投资额,在产业活力指标中已经进行了分析。因此,主要选择获取人力资源的能力作为表征要素,即表现为培养高校学生参与体育产业创新创业意愿的能力,其通过调研高校学生对体育产业创新创业工作的参与意愿可以得出。

(3)抵御环境变化能力

除了前面提到的产业对外依存度和产业发展潜力外,产业要维持恢复力就需要具备对外界环境变化的抵抗力，即产业稳定性，当环境发生改变时，生态系统能够通过内部的机制进行调整，生态系统受到环境变化的影响越小，生态系统就越容易恢复到稳定的健康状态。

环境依赖度是指产业在正常运作过程中对于环境因素的依赖程度，就像植物生长对温度、湿度的依赖程度，依赖程度越低的产业，环境发生变化时受到的影响就越小。过分依赖于环境支持的产业，当环境发生变化时，产业生态系统崩溃的可能性就更大。

企业规模可以直观地用企业员工数量来表现，越是规模大的企业，其自身内部的运作机制越完善，当社会环境有所改变时，企业能够通过内部强大的储备能力和管理机制及时调整，减少受到的影响并迅速适应新的环境状况。但企业规模也不是越大越好，正如船大难掉头，超大规模的企业也伴随着更高的运作成本和更精确的运作机制，一旦环境影响到其运作的某一环节，破坏了企业内部的平衡，企业的巨大规模就会导致企业难以做出灵活的应变措施，从而无法及时适应环境而被淘汰。

（三）中国高校体育产业创新创业生态系统调查

根据上述分析，我们构建了中国高校体育产业创新创业生态系统的调查指标，并据此设计了调查表（见表2）。

表2 高校体育产业创新创业工作成果调查表（示例）

调查时间：___年___月___日　　　　　高校名称：_____

序号	创新创业项目名称	项目参与人数	项目立项时间	项目投资额（万元）		项目年利润率（%）	项目类型		项目主要针对市场		高校联合孵化
				高校投资	总投资		制造业	服务业	校内	校外	
1							□	□	□	□	
2							□	□	□	□	
3							□	□	□	□	
4							□	□	□	□	
5							□	□	□	□	
6							□	□	□	□	

续表

序号	创新创业项目名称	项目参与人数	项目立项时间	项目投资额(万元)		项目年利润率(%)	项目类型		项目主要针对市场		高校联合孵化
				高校投资	总投资		制造业	服务业	校内	校外	
7							☐	☐	☐	☐	
8							☐	☐	☐	☐	
9							☐	☐	☐	☐	
10							☐	☐	☐	☐	

参考文献

陈琦、曾燕红：《高技术企业成长的内涵及其影响因素分析》，《湖南工程学院学报》（社会科学版）2009年第4期。

杜焱：《旅游产业发展潜力的测度与评价——以湖南省为例》，《经济地理》2014年第6期。

傅首清：《区域创新网络与科技产业生态环境互动机制研究——以中关村海淀科技园区为例》，《管理世界》2010年第6期。

高吉喜：《可持续发展理论探索：生态承载力理论、方法与应用》，中国环境科学出版社，2001。

葛敏、许长新：《基于金融产业生态系统和谐的生态承载力分析》，《当代财经》2008年第1期。

韩金山：《中国电力产业经济稳定性问题研究》，天津大学博士学位论文，2005。

何雄伟：《区域资源环境承载力评价与产业结构调整优化策略——以鄱阳湖生态经济区为例》，《企业经济》2015年第10期。

纪志明：《上市公司成长性的行业特征分析》，《华南师范大学学报》（社会科学版）2005年第5期。

嵇敏：《文化产业发展的国家方略——英国〈创意产业中生产力各项指标的评估〉分析及其给我们的启示》，《西南民族大学学报》（人文社会科学版）2012年第5期。

李果、朱金兆、朱清科：《生态位理论及其测度研究进展》，《北京林业大学学报》2003年第1期。

李洪山、徐泽南：《黑龙江省综合类林业企业发展潜力评价》，《东北林业大学学报》2019年第12期。

李景春：《生态位理论视阈中的教育生态系统及其发展》，《教育科学》2006年第3期。

李昕、徐滇庆：《中国外贸依存度和失衡度的重新估算——全球生产链中的增加值贸易》，《中国社会科学》2013年第1期。

李延喜、包世泽、孔宪京：《环境风险、资本结构、成长性与高科技企业绩效》，《科研管理》2006年第6期。

廖涛：《旅游产业结构生产力定量实证分析》，《商业时代》2012年第17期。

林晓：《基于生态位理论的企业竞争战略分析》，《南京林业大学学报》（人文社会科学版）2003年第3期。

刘传江、吴晗晗、胡威：《中国产业生态化转型的IOOE模型分析——基于工业部门2003~2012年数据的实证》，《中国人口·资源与环境》2016年第2期。

刘军、杨明：《我国物流产业生产力成长与技术效率变动探析》，《北京工商大学学报（社会科学版）》2009年第6期。

刘明辉、李黎、张羽：《我国审计市场集中度与审计质量关系的实证分析》，《会计研究》2003年第7期。

刘彦平、刘玉海：《中国钢铁产业动态生产效率分析——基于Malmquist生产力指数》，《学习与探索》2008年第1期。

倪筱楠、黄泓杰：《上市公司成长性财务评价探讨》，《企业经济》2010年第8期。

祁新华、董观志、陈烈：《基于生态位理论的旅游可持续发展策略》，《生态经济》2005年第8期。

钱言、任浩：《基于生态位的企业竞争关系研究》，《财贸研究》2006年第2期。

单汨源、李果、陈丹：《基于生态位理论的企业竞争战略研究》，《科学学与科学技术管理》2006年第3期。

覃玲玲、周兴：《基于生态承载力的产业布局与结构优化研究》，《安徽农业科学》2011年第16期。

汤捷、张运生：《基于GEP的知识型企业成长性评价实证研究》，《科学管理研究》2008年第6期。

陶喜红：《中国传媒产业生态系统健康评价研究》，中国社会科学出版社，2019。

田倩茹：《我国能源对外依存度现状分析及对策研究》，《行政事业资产与财务》2020年第12期。

万幸：《企业种群结构与产业规模的关联分析——基于上海市集成电路产业的实证分析》，《价值工程》2018年第30期。

魏后凯：《中国制造业集中状况及其国际比较》，《中国工业经济》2002年第1期。

吴丹：《高科技企业成长性评价研究综述与展望》，《工业技术经济》2016年第3期。

吴刚、韩青海、蓝盛芳：《生态系统健康学与生态系统健康评价》，《土壤与环境》1999年第1期。

肖风劲、欧阳华：《生态系统健康及其评价指标和方法》，《自然资源学报》2002 年第 2 期。

徐朝阳、周念利：《市场结构内生变迁与产能过剩治理》，《经济研究》2015 年第 2 期。

徐菁鸿、刘洁：《基于 Logistic 种群生态模型的汽车零部件产业结构演进分析——以沈阳为例》，《当代经济》2014 年第 4 期。

徐星星：《我国互联网经济发展评价指标体系构建与实证》，《统计与决策》2020 年第 11 期。

杨珂玲、蒋杭、张志刚：《基于 TOPSIS 法的我国现代服务业发展潜力评价研究》，《软科学》2014 年第 3 期。

张建坤、王朝阳、王彪：《基于生态足迹的产业适度人口分析——以南京市为例》，《人文地理》2010 年第 6 期。

赵卫宏、熊小明、苏晨汀：《生态区域品牌的维度及构建策略研究：资源与制度视角》，《宏观经济研究》2016 年第 1 期。

周建安：《我国循环经济战略实施与产业生态发展的制度安排》，《宁夏大学学报》（人文社会科学版）2008 年第 3 期。

邹艳枚：《态势理论下白酒品牌生态位评价指标体系设计与实证》，《商业经济研究》2020 年第 6 期。

B.3
中国高校体育产业创新创业教育工作状况

瞿斯逸 宋雪萌[*]

摘 要： 创新创业教育工作的开展离不开理论研究和实践开展，产教融合、学以致用正成为高等教育的发展主题。当前我国高校初步构架了体育产业创新创业教育的组织体系，良好的体育产业创新创业教育机制正在形成。高校体育产业创新创业教育的开展需要体育企业、体育院校以及政府的紧密融合，相关部门、院校应审时度势，吸取当前发展经验，以各项发展规划为抓手，广泛利用校内外资源，推动体育的产、学、研紧密融合。

关键词： 中国高校 体育产业 创新创业 协同育人 人才培养

加强创新创业教育是我国深化高等教育改革的重要方向，体育产业创新创业是创新创业工作的重要组成部分，具有极大的发展潜力，高校体育产业创新创业教育工作状况兼具创新创业工作开展的共性和一定的特殊性。对我国高校创新创业教育的组织体系、运行机制和制度保障等层面的梳理分析，有助于厘清我国高校创新创业教育工作的实际运转情况，促进创新创业教育的持续推进。本报告通过对体育产业双创教育的工作开展进行梳理，试图展

---

[*] 瞿斯逸，中央财经大学管理科学与工程学院在读，主要从事职业体育制度创新创业教育、工程管理研究；宋雪萌，英国班戈大学体育健康学院在读，主要从事创新创业教育、体育运动与心理学方面研究。

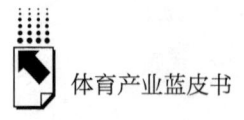

现中国高校体育产业创新创业教育工作开展的全貌。本报告中使用的"双创"等同于"创新创业"。

一 中国高校体育产业创新创业教育组织体系

目前，我国高校体育产业创新创业教育体系正在搭建中，下面，我们首先从国家层面和高校层面两个维度来审视高校体育产业创新创业教育的组织体系。在国家层面上，由教育部牵头，国家发改委、科技部、财政部等部门多方参与，共同促进双创教育的有效开展。此外，教育部召集双创教育方面的专家学者，成立了创新创业教育委员会，发挥宏观指导作用。随着双创教育的深入推进，教育部创新创业委员会的组织体系持续完善，内外部职责分工趋向明确，与此同时，部分高校、社会组织也组建起了创新创业教育的联盟机构，对我国双创体系进行了有益的完善补充。在高校层面上，各大高校普遍成立了工作领导小组或专门的实体机构，具体落实高校双创教育开展。本报告通过具体介绍国家、高校两个层面双创教育的开展情况，以宏观和微观两个角度为切口，把握我国高校体育产业创新创业教育的组织体系。

（一）政府层面双创教育机构与职责

作为高校创新创业教育的主管部门，教育部在2010年成立了高等学校创业教育指导委员会（以下简称"创指委"），以加强对高校创业教育工作的宏观领导。创指委在教育部领导下开展创新创业教育的统筹规划工作，在具体执行上，教育部建立了高教司、科技司、学生司、就业指导中心四个司局联动机制，切实推进我国高校双创教育各项工作的开展。

随着创新创业教育的深化，双创主管机构的设置持续完善。2018～2022年教育部高等学校教学指导委员会新设立了创新创业教育指导委员会，委员会致力于我国高等学校创新创业教育的理论研究及实践，促进我国高等学校创新创业人才培养质量的全面提高。为了更好地保障创新创业教育的开展，创指委随后设立了创新创业创造研究与发展中心、创新创业产业投资联盟等配套组织，全力保障实践活动的开展。此外，一些高校、学术机构及社会团体自发设立了高校创新创业教育联盟，对我国双创教育机构体系起到有益的补充作用。

1.高等学校创业教育指导委员会

2010年7月29日，中共中央、国务院正式颁布《国家中长期教育改革和发展规划纲要（2010~2020年）》。同年，发布《教育部关于大力推进高等学校创新创业教育和大学生自主创业工作的意见》，按照文件要求，教育部成立了高等学校创业教育指导委员会，委员会委员由高等学校和有关单位地区推荐，成员覆盖学界、业界等多方领域，任期为2010年至2015年。高教司、科技司、学生司、就业指导中心明确职责（见表1）协同合作，形成了创新创业教育、创业基地建设、创业政策支持、创业服务"四位一体、整体推进"的格局。

高教司负责高校科学技术工作规划，通过拟定高校学科专业目录，颁布教学指导文件，明确各学科专业的教学任务、培养方针，对人才培养做出全局性的指导。

基地是高校学生开展创新创业实践的重要平台，由教育部科学技术司负责，科技司通过规划指导学校科学技术工作，促进教育信息化和产学一体化进一步发展。

高教学生司和就业指导中心主要负责大学生就业指导与服务工作，其中，学生司参与拟定就业政策，指导创新创业总结宣传工作开展；就业指导中心具体落实双创服务工作，负责"全国大学生创业服务网""新职业网"业务工作，提供就业创业服务，参与双创培训与相关课程建设研究，并开展高校毕业生就业创业总结宣传工作。

表1 四司（中心）职责明细

部门	职责
高教司	承担高等教育教学的宏观管理工作，推动高等教育建设改革，拟定高等学校学科专业目录和各项教学指导文件，负责"互联网+"大学生创新创业大赛，建设国家级高校双创示范基地、深化创新创业教育改革示范高校等

续表

部门	职责
科技司	组织建设"高校学生科技创业实习基地"（以下简称"双实双业基地"），开展高校科技成果转化和技术转移基地认定工作，对国家大学科技园建设情况进行摸查，推进"双创园"建设，实施"高等学校创新能力提升计划"，推进协同创新中心建设
学生司	指导地方教育行政部门和高等学校开展大学生就业指导和服务工作，参与拟定普通高等学校毕业生就业政策
就业指导中心	设立就业创业服务处，负责中心就业与创业服务工作，负责新职业网业务工作，负责就业状况监测和统计工作，负责大学生就业市场建设，负责教育部创新创业大赛、大学生创业项目对接工作，负责全国高校毕业生就业网络联盟秘书处工作

2. 创新创业教育指导委员会

2018~2022年，教育部高等学校教学指导委员会中专门设立了创新创业教育指导委员会，开展高等学校创新创业人才培养的研究工作，创新创业教育指导委员会是该领域开展咨询研究的最高专家组织。

创新创业教育指导委员会成立了一系列智库和研究小组，以此更好地汇聚多方力量资源，并落实双创教育开展，具体包括教育部高等学校创新创业创造研究与发展中心（智库）、中国高校创新创业产业投资联盟、创新创业创造研究工作组等。

研究与发展中心及创新创业创造研究工作组致力于双创及深化教育改革等课题研究。中国高校创新创业产业投资联盟致力于解决科技的转化和早期融资问题，推动创新创业项目落地和成果转化，服务于"互联网+"大赛的全过程，产业投资联盟是连接产业链、资金链与高校双创的重要桥梁。

创新创业教育指导委员会各机构职责见表2。

表2 创新创业教育指导委员会各机构职责

机构	职责
研究与发展中心（智库）	开展高等教育深化改革路径的研究工作，为相关政策措施建言献策，推动高校创新创业教育人才协同培养工作
中国高校创新创业产业投资联盟	由各新兴产业领域的金融、产业投资界及有关方面具有引领力和影响力的金融投资家、企业家、专家共同发起成立。致力于解决硬科技的初期转化工作，成为产业链、资金链与高校创新创业的"关键连接者"，推动项目实际落地
创新创业创造研究工作组	由同济大学牵头，开展高等学校创新创业教育政策、体制机制研究，推进创新创业教育理论研究与实践探索，建设创新创业教育评价和创新创业人才培养标准体系

（二）院校层面双创教育机构与职责

1. 体育院校双创教育机构与职责

体育院校双创教育机构负责各项创新创业教育政策的具体落实，是直接面向高校学生群体的层级机构。通过对各大体育院校创新创业教育管理部门的调研发现，高校层面体育产业创新创业教育的机构设置有统一性及多样性的特性。大部分体育院校创新创业工作的开展由校就业处、学生处等行政部门负责，部门间协调合作，共同开展双创教育；也有院校成立专门的创新创业实体型机构，专注于双创工作的开展。除了行政部门的设置，多数院校还设立了创业园、创业特区、创新创业基地等实践平台，用于孵化优秀项目、举办实训营等（见表3）。

表3　我国主要体育院校双创教育组织情况

院校	组织情况
北京体育大学	校就业创业指导服务中心积极落实各级各部门创业支持政策，开设创业指导及实训类培训；服务中心还设立了"北体创客空间"，用于项目孵化、开展实训营等
上海体育学院	2019年5月撤销创新创业指导中心，成立创新创业学院，通过与其他二级学院合作，培养创新型复合人才。11月，成立上海体育学院创新创业教育指导委员会，负责校创新创业教育工作开展的宏观规划
天津体育学院	双创培训课程、赛事组织等工作主要由校学生处、教务处及校团委负责。2015年7月，成立众创空间，依托空间建设和运营，举办系列双创活动，为大学生创业提供基础服务
成都体育学院	主要由学生处就业指导中心和大学生创新创业俱乐部负责。大学生创新创业俱乐部于2014年10月正式成立，主要打造以创新创业课程、项目、竞赛为载体，课内与课外、校内与校外相结合开放型的创新创业教育实践平台
武汉体育学院	主要由校团委、招生就业处负责。自2015年11月起，全面实施"青桐计划"，在学校设立大学生创业特区
沈阳体育学院	主要由招生就业处（创新创业中心）负责政策下发、双创培训、大赛组织等双创工作；并设立创新创业与就业指导教研室，开展双创教育
西安体育学院	主要由学生处就业指导中心负责双创教育具体工作的开展
首都体育学院	主要由招生就业处负责双创相关工作的开展，并设星星之火创新创业工作室
广州体育学院	成立大学生创新创业中心，开展创业指导和创业培训，遴选校内优秀创业项目入驻创业园孵化

续表

院校	组织情况
吉林体育学院	在两个校区均设有就业创业指导中心,并建立"学生就业创业实训基地"。主要任务是鼓励与引导学生开展创新、创业实践,培养学生的创新意识、创业精神
山东体育学院	2016年6月,成立山东体育学院创新创业教育工作领导小组。领导小组下设创新创业办公室,负责全校创新创业教育工作的贯彻落实;教务处负责创新教育,学生处负责创业教育
哈尔滨体育学院	主要由校就业处负责开展双创工作,设有哈尔滨体育学院就业创业基地
河北体育学院	于2002年设立就业指导中心,搭建创新创业实践平台,着力构建促进学生自主创业的长效机制
郑州大学体育学院	主要由招生就业中心负责双创教育的具体工作,并设有创业园,为优质项目提供孵化服务

2.其他创新创业联盟与职责

除了教育部所设立的官方组织机构外,还存在不少由高校、企业、民间组织等成立的非官方组织,通常由某单位发起倡议,成立创新创业联盟,汇集多方的力量资源,推动双创工作的开展。如清华大学倡导成立的"中国高校创新创业教育联盟",浙江大学牵头发起的"中国高校众创空间联盟"。各个联盟有效聚集了成员间的智力资源、资金资源和产业资源等,充分发挥资源优势,形成良好的创新创业教育(见表4)。

表4 部分非官方创新创业机构

机构	相关内容
中国高校创新创业学院联盟	受教育部高等教育司领导,教育部高等学校创新方法教学指导分委员会指导,在新方法课程培育与建设、创新创业教育研究和资源库建设、创新创业教育师资培训、创新创业学院建设等方面开展卓有成效的工作
中国高校创新创业教育联盟	"中国高校创新创业教育联盟"于2015年6月11日在清华大学正式成立。联盟受教育部指导,联合各成员单位共同研讨创新创业教育的理念、方法和体制机制,旨在打造一个共同平台,凝聚高校和社会各界力量,充分发挥高校的人才和智力优势
中国高校众创空间联盟	由浙江大学牵头,联合全国高校和有志于大学生创业服务的社会组织机构共同发起。成员高校共同致力于打造实体空间、线上空间和虚拟协同空间,发挥众创空间等载体在整合社会公益资源、资金资源、产业资源、智力资源等方面的优势和作用

续表

机构	相关内容
全国大学生创新创业实践联盟	在教育部高等教育司的大力支持下,厦门大学联合国内一批高校,共同发起成立全国大学生创新创业实践联盟。联盟致力于深入探索高校创新创业教育实践教学体系,建立产教融合的协同育人新机制

二 中国高校体育产业创新创业教育机制

双创教育工作的开展涉及多个层面,课堂教学、课外实践、扶持保障、宣传激励等各项工作环环相扣。只有合理规划各项机制、完善双创生态系统、营造创新创业氛围,才能切实有效推进双创教育的开展。下面,我们从培养机制、保障机制、宣传机制三个方面来介绍我国高校体育产业创新创业教育机制。

(一)培养机制

随着我国双创教育工作的持续探索,双创课程呈现多样化的形式,包括线上慕课学习、线下授课、举办实训营、参加双创比赛等,形成了线上线下课程相互补充、基础知识与创业实践有机结合的培养机制,有效促进了学生创业精神、创业能力的培养。

1. 线上线下课程

(1) 教材标准

课程是对高校学生进行创业教育的主渠道,《普通本科学校创业教育教学基本要求(试行)》(以下简称《要求》)对创业课程设置有明确说明,要求各高校创造条件,开设"创业基础"必修课,将创业教育和专业教育有机融合。根据《要求》,教育部组织相关专家编写了"创业基础"教学大纲,为各高校提供参考,大纲对课程性质与教学目标、课程要求与教学方法、课程内容与教学要点都给出清晰的规划。通过"创业基础"课程的学习及课外的创业实践,学生应掌握与创业相关的基本知识,包括对创业机会的识别与评估,提高对机会价值和风险的判别能力,掌握创业资金、资源筹集的方法途径及行为技巧，对创业未来发展有较明确的规划，具备商业计划书写作的基本能力，掌握新企业开办和管理的注意事项。"创业基础"课程大纲的课程内容教学要点如表5所示。

表5 "创业基础"课程大纲基本内容

课程内容	教学要点
创业、创业精神与人生发展	创业与创业精神
	知识经济发展与创业
	创业与职业生涯发展
创业者与创业团队	创业者
	创业团队
创业机会与创业风险	创业机会识别
	创业机会评价
	创业风险识别
	商业模式开发
创业资源	创业资源
	创业融资
	创业资源管理
创业计划	创业计划
	撰写与展示创业计划
新企业的开办	成立新企业
	新企业生存管理

就课程内容设置而言，创业、创业精神与人生发展部分是使学生对创业有正确理性的认知，理解创业对个人职业生涯和社会发展的价值，培养创新创业精神。创业者与创业团队部分通过对创业者所需的基本素质及创业团队建设的方法论进行介绍，让学生形成对创业者的理性认识，并掌握创业团队建设管理的基本方法。创业机会与创业风险部分通过对创业机会识别方法的介绍，培养学生对市场的敏感度，对创业机会的价值和风险进行综合判断，并制定合理灵活的商业模式。创业资源部分对资源获取的方法途径给出系统性的介绍，使学生对创业融资、资源整合的方法及技巧策略有基本的认识，

提高对资源获取能力的重视度。创业计划部分是让学生了解创业计划的重要性，并掌握创业技术的撰写方法。

《创业基础》课程大纲作为创新创业教育的基础课程、对创业机会识别、评价到初步实践等一系列理论进行系统性的介绍，有助于学生形成对创业全过程的基本认知。

为了全面提升本科创新创业类教材质量，发挥教材在提高人才培育中的基础性作用，教育部在2014年开展了"十二五"普通高等教育本科国家级规划教材（以下简称"规划教材"）第二次推荐遴选工作，其中，共有6本关于创新创业的教材入选规划教材，教材内容涵盖创业学概论、创业基础、创业管理等方面。创新创业类规划教材的评定，有利于发挥创新创业精品教材的示范性作用，提高创新创业教育质量（见表6）。

表6 与创业相关的"十二五"普通高等教育本科国家级规划教材

书名	主要作者	第一作者单位	出版社
《创业基础》	李家华	中国青年政治学院	北京师范大学出版社
《创业管理》（第2版）	李家华、张玉利	中国青年政治学院 南开大学	清华大学出版社
《创业基础》	梅强	江苏大学	清华大学出版社
《创业管理：理论、流程与实践》	胡剑锋、彭学兵	浙江理工大学	高等教育出版社
《创业通论》（第二版）	卢福财	江西财经大学	高等教育出版社
《创业学概论》	贺尊	武汉科技大学	中国人民大学出版社

（2）精品慕课

在线课程是开展创新创业教育的重要形式，教育部持续颁布有关促进高校在线教育课程建设的相关文件，为双创慕课的打造提供了良好的发展氛围，推动了一批双创类精品慕课的出现。将在线开放课程纳入学分管理，在官方层面认定慕课在教学体系中的重要性，有效激发了高校学生修读双创类在线课程的积极性。

双创类慕课覆盖面广，涵盖创业计划、创业投资、创业管理、创业法学等多个创业创新环节，为学生选修双创类在线课程提供了丰富而便捷的路径。

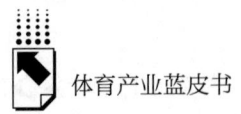

表7为2017~2018年认定的国家在线开放精品课程创新创业部分。

表7 2017~2018年国家在线开放精品课程创新创业部分

课程名称	主要建设单位	主要开课平台	教育层次
创新工程实践	北京大学	智慧树	本科
创客培养	清华大学	学堂在线	本科
创业启程	清华大学	学堂在线	本科
创办新企业	清华大学	学堂在线	本科
创业企业战略与机会选择	复旦大学	智慧树	本科
大学生创业基础	上海理工大学	智慧树	本科
创新中国	上海大学	超星尔雅	本科
职业与创业胜任力	南京大学	爱课程(中国大学MOOC)	本科
走进创业	南京大学	爱课程(中国大学MOOC)	本科
创践——大学生创新创业实务	中国海洋大学	智慧树	本科
创新思维训练	中山大学	超星尔雅	本科
创新创业实务	山东交通职业学院	爱课程(中国大学MOOC)	专科
创业团队建设与管理	首都经济贸易大学	爱课程(中国大学MOOC)	本科
创业管理——易学实用的创业真知	天津工业大学	智慧树	本科
创课——大学生创新创业基础	黑龙江大学	优课联盟	本科
创业3+3	哈尔滨工业大学	爱课程(中国大学MOOC)	本科
创业管理	上海财经大学	智慧树	本科
创新与创业管理	南京邮电大学	爱课程(中国大学MOOC)	本科
创业计划	江苏大学	爱课程(中国大学MOOC)	本科
创新管理	浙江大学	爱课程(中国大学MOOC)	本科
大学生创业基础	温州大学	爱课程(中国大学MOOC)	本科
如何识别和评估创业机会	厦门大学	爱课程(中国大学MOOC)	本科
创业投资	厦门大学	爱课程(中国大学MOOC)	本科
匠心与创新——家具行业创新创业	福建农林大学	爱课程(中国大学MOOC)	本科
创业法学	江西财经大学	爱课程(中国大学MOOC)	本科
设计创意生活	山东大学	智慧树	本科
创业基础	武汉工程大学	优学院	本科
创业基础	中南财经政法大学	爱课程(中国大学MOOC)	本科
创业:道与术	中南财经政法大学	爱课程(中国大学MOOC)	本科
创业基础	暨南大学	爱课程(中国大学MOOC)	本科
大学生科技创新系列课程	西南交通大学	爱课程(中国大学MOOC)	本科

续表

课程名称	主要建设单位	主要开课平台	教育层次
风险投资与创业融资	电子科技大学	爱课程（中国大学MOOC）	本科
大学生小微企业创成实务	江苏电子信息职业学院	爱课程（中国大学MOOC）	专科
大学生创新创业	海南经贸职业技术学院	智慧树	专科
嗨翻艺术设计创业	重庆工业职业技术学院	爱课程（中国大学MOOC）	专科

2.创新创业实践

（1）双创基地建设

除了通过课堂教学教授创新创业的基本理论知识外，参与创新创业社会实践同样是进行双创教学的重要途径。《普通本科学校创业教育教学基本要求（试行）》指出创新创业的教学方法应涵盖课堂教学、课外活动和社会实践三方面，各高校应充分利用校内外的各种资源，和企业、创业园区、科技园区建立合作关系，建设创新创业校外实践基地，积极开展学习参观、市场调查、项目设计、成果转化、企业创办等创业实践活动。

为了加快推动创新创业实践基地的建设发展，教育部、科技部共同组织"高校学生科技创业实习基地"（"双实双业基地"）建设。2009年开始基地试点建设工作，依托11家"国家大学科技园"建设了"高校学生科技创业实习基地"，作为大学生进行创新创业实践的场所，为大学生创业实践提供了良好的条件环境和支撑服务。在总结试点经验的基础上，为进一步发挥创新创业实践基地对双创人才培养的作用，规范基地实际运行、管理程序，教育部、科技部研究制定了《高校学生科技创业实习基地认定办法（试行）》（以下简称《办法》），并于2010年4月正式印发，《办法》明确了"双实双业基地"的认定标准，将基地依托主体拓展到高新技术产业开发区和其他科技园区，所认证的基地应建立完善的管理服务体制，满足高校创新创业对基础设施、工作场地的需求，并提供房租减免等优惠政策，为高校开展双创实践提供强有力的底层支撑。

教育部、科技部是"双实双业基地"的组织管理部门，具体工作由教育部科技司、科技部高新司落实，各省、自治区、直辖市、计划单列市及新疆生产建设兵团等地方的教育、科技行政部门是本行政区"双实双业基地"的主管部门,根据当地的实际发展状况,积极落实国家相关政策,并做好监督、检查等配合工作,"双实双业基地",如高新技术产业开发区、大学科技园等,作为实际依托单位,应构建符合高校学生特点的管理体系,完善基地的管理体制、运行机制,为高校学生创新创业活动的开展提供服务。

(2)双创大赛开展

双创赛事是开展创新创业实践的主要途径,是深化我国高校创新创业教育改革的重要载体。"互联网+"大学生创新创业大赛、"挑战杯"创新创业等大赛的举办(见表8),极大地激发了高校学生进行双创活动的热情,展示出高校开展创新创业活动的成果,有效促进了项目端、资金端和市场端连接,成功孵化了一批优秀的创新创业项目,对我国高校学生创新创业起到了明显的带头作用。

表8 我国主要双创赛事

双创赛事	相关内容
中国"互联网+"大学生创新创业大赛	2015年起,教育部联合有关部门成功举办,至今已成功举办六届。目前大赛已成为覆盖全国所有高校、面向全体高校学生、影响力最大的赛事活动之一,成为深化高校创新创业教育改革的重要载体
"挑战杯"全国大学生系列科技学术竞赛	由共青团中央、中国科协、教育部和全国学联共同主办。具体包括"挑战杯"中国大学生创业计划竞赛、"挑战杯"全国大学生课外学术科技作品竞赛两个并列项目
中国创新创业大赛	由科技部、财政部、教育部、国家网信办和中华全国工商业联合会共同指导举办的一项以"科技创新,成就大业"为主题的全国性创业比赛
中国创翼	由人力资源和社会保障部、国家发展改革委、科技部、国务院扶贫办、共青团中央、中国残联主办,目前已开展四届
"创客中国"中小企业创新创业大赛	由工业和信息化部与财政部联合主办的大赛,旨在围绕产业链,部署创新链,配置资金链,打造为中小企业和创客提供交流展示、产融对接、项目孵化的平台
全国大学生创新方法应用大赛	由教育部创新方法教学指导分委员会指导,中国高校创新创业学院联盟主办

（二）保障机制

1. 资金保障

初始资金对于大学生创业者来说具有重要意义，因此创新创业基金及相关优惠政策显得极为重要。我国高校创新创业的资金保障主要有以下形式：一是为高校学生创新创业投资提供便利，在工商登记、税费减免、创业贷款等方面开辟"绿色通道"；二是设立大学生创新创业教育专项基金，推动各地高校多渠道统筹安排资金，资助大学生创新创业项目。由于第一类保障方式主要通过制定相关政策实现，故将在下文的政策保障一节中进行统一叙述。

在"万众创业，大众创新"的号召下，多部门设立了相关基金，以保障创新创业工作的开展。教育部会同财政部在中国教育发展基金会设立了大学生创新创业教育专项资金，"十三五"期间每年拿出5000万元用于支持高校开展创新创业教育。共青团中央于2009年发起中国青年创业就业基金会，并设置"裕元创新创业公益基金""中国青年体育创新创业基金"等专项基金，共青团中共还组织开展创新创业赛事及活动，助推青年创新创业发展。此外，一些非官方的创新创业联盟也设立了相关基金，为高校学生创新创业提供资金支持。

在高校层面，各体育院校也设立了校级的创新创业基金，鼓励和帮助学生开展双创实践活动。高校双创基金主要有企业合作、政府支持两种途径，高校与相关企业建立合作关系，设立创业基金，支持学校创业工作的开展，如北京体育大学与赫石体育文化公司在学校设立的"赫石创业基金"、上海体育学院由创业校友捐赠的"励攀"创业基金。政府支持也是高校创业资金的重要来源，如武汉市推行"青桐计划"，为优秀创业项目提供资金扶持，黑龙江省设立大学生创新创业投资引导基金，支持省内优秀大学生双创项目（见表9、表10）。

表9 我国主要大学生创新创业基金概况

大学生创业基金成立机构	基金相关内容
中国青年创业就业基金会	2009年,共青团中央发起成立中国青年创业就业基金会。中国青年创业就业基金会是民政部登记管理的全国性公募基金会,以"创青春·中国青年创业行动"为统领,努力打造新时代共青团服务青年创业就业的基础性平台,帮助青年创业就业,促进青年发展。基金会成立以来,累计实现公益收入9.8亿元,公益支出7.3亿元,资助实施公益项目167个,覆盖青年创新创业、就业见习等领域 **裕元创新创业公益基金** 由中国青年创业就业基金会和宝成国际集团联合设立,总规模1亿元人民币。基金将在各有关机构和组织的支持下,在帮扶体育人才创业就业、支持体育公益创业项目、促进体育产业创新发展等方面开展系列活动,如开展中国青年体育产业创新创业特训营、乐冠军公益项目等。 **中国青年体育创新创业基金** 为有效集聚多方资源优势,进一步促进青年就业创业,中国青年创业就业基金会联合北京博众天承文化体育发展有限公司、北京盈博讯彩网络科技有限公司共同发起设立"中国青年体育创新创业"专项基金
中国教育发展基金会	是2003年在民政部登记成立的全国性公募基金会,于2006年3月30日正式挂牌运行。基金开展经常性的全国助学、助教、改善办学条件及其他有关活动,促进教育及其他有关事业的健康发展,被民政部评为5A级基金会和全国先进社会组织
全国高校创新创业投资服务联盟	2016年3月9日,"全国高校创新创业投资服务联盟"成立大会在北京隆重举行,标志着国内首个公益性质辅助大学生创新创业的投资服务联盟正式成立
中关村百人会天使投资联盟	中关村天使投资联盟由国内知名天使投资机构、创投机构、担保机构、创业服务机构等共同发起成立。发起机构和个人会员近200人,是中国规模最大的天使投资组织。联盟积极推动、配合落实政府主管部门对天使投资行业、创业企业的风险补贴和相关支持政策,是中国"互联网+"大学生创新创业大赛的重要协作单位
中国高校创新创业孵化器联盟	中国高校创新创业孵化器联盟成立于2016年9月,在教育部高教司指导下开展业务。联盟主要为中国"互联网+"大学生创新创业大赛项目提供对接联盟成员单位的服务,为中国高校创新创业者提供落地支撑和平台服务支撑

表10 部分体育高校双创资金保障情况

体育高校	双创资金保障情况
北京体育大学	2018年学校通过决议,将每年的创业扶持资金额度提高到50万元,成功吸纳北京赫石体育文化发展有限公司在学校设立"赫石创业基金",连续三年每年投入10万元,用于对学校创业工作的支持
上海体育学院	由创业校友捐赠50万元,设立"励攀"创业基金,以无偿资助和投资资助两种形式,资助符合条件的创业项目;成立创投基金联盟,对接优质创业项目
武汉体育学院	2015年11月,全面实施"青桐计划",设立大学生创业特区,孵化优质项目,开展创业讲座、论坛和考察系列活动,学校学生申报的9项创业项目获省级创业项目扶持资金,共计42万元

续表

体育高校	双创资金保障情况
首都体育学院	设立大学生专项创业基金
广州体育学院	开展"攀登计划",成立大学生创新创业中心,开展创业指导和创业培训,遴选校内优秀创业项目入驻创业园孵化
山东体育学院	举办"乐体杯"体育产业创新创业大赛,评定优秀创业项目颁发奖金,并提供资金支持和技术指导,免费入驻创业基地进行培育和孵化
哈尔滨体育学院	设立黑龙江省大学生创新创业投资引导基金,省财政安排专项经费,与创投基金签署合作协议,用于支持省内优秀大学生双创项目

2. 政策保障

为保障大学生进行创新创业活动,教育部及其他部门推动制定了涉及行政手续、金融优惠、教学制度等方面政策文件(见表11),从不同维度提供了切实的保障。税费、贷款利息等费用的优惠,减少了创业初期的资金负担,管理制度改革为高校学生创新创业提供了更为宽松的氛围,学籍管理、课程学分认证等工作都有了更为灵活的管理方式。

表11 创新创业主要优惠政策

优惠政策	相关内容
税收优惠	2014年,财政部等部门颁布《关于继续实施支持和促进重点群体创业就业有关税收政策的通知》,规定持人社部门核发《就业创业证》(注明"毕业年度内自主创业税收政策")的高校毕业生在毕业年度创办个体工商户、个人独资企业的,享有专门的税收优惠
创业担保贷款和贴息	对符合条件的大学生自主创业,可在创业地按规定申请创业担保贷款,贷款额度为10万元,鼓励金融机构参照贷款基础利率,结合风险分担情况,合理确定贷款利率水平
免收有关行政事业性收费	毕业2年以内的普通高校学生从事个体经营(除国家限制的行业外)的,自其在工商部门首次注册登记之日起3年内,免收管理类、登记类和证照类等有关行政事业性收费
创新人才培养	创业大学生可享受各地高校实施的系列"卓越计划"、科教结合协同育人行动计划等,同时享受跨学科专业开设的交叉课程、创新创业教育实验班等,以及探索建立的跨院系、跨学科、跨专业交叉培养创新创业人才的新机制

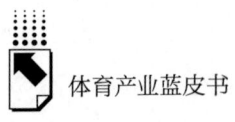

续表

优惠政策	相关内容
改革教学制度	自主创业大学生可享受各高校建立的自主创业大学生创新创业学分累计与转换制度,还可享受学生开展创新实验、发表论文、获得专利和自主创业等情况折算为学分,将学生参与课题研究、项目实验等活动认定为课堂学习的新探索。同时享受为有意愿有潜质的学生制定的创新创业能力培养计划,以及创新创业档案和成绩单等系列客观记录并量化评价学生开展创新创业活动情况的教学实践活动。优先支持参与创业的学生转入相关专业学习
完善学籍管理规定	有自主创业意愿的大学生,可享受高校实施的弹性学制,放宽学生修业年限,允许调整学业进程、保留学籍休学创新创业

(三)宣传机制

1. 荣誉评选

教育部从2016年开始了创新创业示范高校的各项评选活动。荣誉评比从组织领导、创新创业教育和创新创业实践等维度对各高校双创教育开展状况进行全面评估,详细考察人才培养方案、双创课程设置、教学管理制度、师资队伍建设及实践平台建设情况,深入挖掘并推广宣传高校在深化教育改革和促进创新创业工作方面的成功做法,发挥典型经验高校的示范带动作用。荣誉评选项目包括大众创业万众创新示范基地、全国创新创业典型经验高校、深化创新创业教育改革示范高校、全国高校实践育人创新创业基地等(见表12)。

表12 双创类主要荣誉评选介绍

荣誉	相关内容
大众创业万众创新示范基地	2016年5月,国务院办公厅发布《关于建设大众创业万众创新示范基地的实施意见》,围绕创新创业重点改革领域开展试点示范。通过建设一批双创示范基地、支撑平台,形成一批可复制可推广的双创模式和典型经验
全国创新创业典型经验高校	从2016年起,教育部开始启动年度全国高校创新创业总结宣传工作。经过学校总结、推荐申报、专家初选、社会调查和实地调研等环节,推选产生了年度50所全国创新创业典型经验高校。典型经验高校积极发挥典型引领作用,推动全国高校进一步深化创新创业教育改革,不断提升创业指导服务工作质量和水平

续表

荣誉	相关内容
深化创新创业教育改革示范高校	教育部从2016年开始启动"深化创新创业教育改革示范高校"（以下简称"示范高校"）建设工作。在高校自主申报、省级教育行政部门遴选推荐、教育部组织专家审核认定的基础上，认定"深化创新创业教育改革示范高校"。发挥"示范高校"示范引领作用，推动各省级教育行政部门和各高等学校学习借鉴"示范高校"的做法
全国高校实践育人创新创业基地	教育部从2015年开始"全国高校实践育人创新创业基地"的评选，积极推动高校实践育人深入开展，发挥入选基地在组织管理、联动对接、基地建设、项目平台、人才培养等方面的示范引领作用

2. 宣传引导

教育部积极开展双创政策解读和典型宣传，通过创办就业创业类杂志、印发双创政策宣传手册等方式，多渠道介绍和引导大学生创新创业。

《中国大学生就业》开辟创新创业专栏，介绍大学生就业创业各项政策，交流大学生就业创业工作经验。此外，还组织开展与创新创业相关的优秀论文评选活动，论文涉及大学生创新创业的基础理论研究、创新创业教育研究、创新创业指导与服务研究和创新创业实践研究等方面，展现了创新创业一线工作人员的研究成果，为大学生就业指导及创新工作提供了借鉴，推动了大学生就业创业理论研究。

为了使高校学生充分了解大学生创新创业优惠政策及流程手续，2015年11月，教育部高校学生司、国家工商总局个体司联合发布《大学生自主创业宣传手册》，对大学生自主创办企业流程、创业扶持政策等各项各级文件进行了系统梳理。《手册》分为两部分，一是介绍了个体工商户、个人独资企业等5种市场主体类型，二是对国家制定的大学生创业可享受的包含税收优惠、创业担保贷款和贴息等12项优惠政策进行了汇编，大学生创业还可享受培训补贴、免费创业服务、取消高校毕业生落户限制等。此外，教育部还编发了《高校毕业生就业创业政策百问》《大学生创业典型人物事迹汇编》等读物，宣传创新创业政策典型和事迹，营造了创新创业的浓厚氛围。

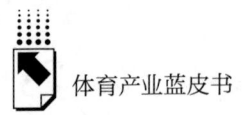
体育产业蓝皮书

三 中国高校体育产业创新创业教育制度

深化高校创新创业教育改革,是实施创新驱动发展战略、促进高等教育综合改革的迫切需要。为了更好地保障高校创新创业活动的开展,教育部等部委不断完善相关政策,提供良好的制度保障。我们以创新创业教育的不同主体为出发点,整理分析与之相适应的政策制度,尝试探求创新创业教育在人才培养、教学队伍建设及协同合作层面上的制度安排和发展方向,以此探讨整个创新创业教育的运行方式。

(一)双创人才培养制度

1. 普通高等学校学生管理规定

《普通高等学校学生管理规定》是规范引导普通高校学生管理的重要文件,对高校人才培养方式具有风向标的作用。随着高等教育综合改革的不断深化,原有的一些内容和条款需要进行相关调整,以更好地适应经济社会的发展。教育部于2017年2月4日发布新版《普通高等学校学生管理规定》(以下简称《规定》),并于2017年9月1日起施行。

新《规定》鼓励学生创新创业,为高校学生创新创业提供制度和改革支持,着力强化高校自我监督机制,要求高校建立更为灵活的学习制度和适应自身特点与需要的学生管理制度,支持学生投入创新创业实践活动当中(见表13)。

表13 新《规定》双创教育相关条目

相关条目	具体内容
第六条	学生在校期间依法享有参加社会实践、志愿服务、勤工助学、文娱体育及科技文化创新等活动,获得就业创业指导和服务的权利
第十六条	学生根据学校有关规定,可以申请辅修校内其他专业或者选修其他专业课程;可以申请跨校辅修专业或者修读课程,参加学校认可的开放式网络课程学习。学生修读的课程成绩(学分),学校审核同意后,予以承认

续表

相关条目	具体内容
第十七条	学生参加社会实践、志愿服务、勤工助学、创新实验等活动以及自主创业、发表论文、获得专利等可折算为学分,计入学习成绩,具体办法由学校制定。学校应当鼓励、支持和指导学生参加社会实践、志愿服务和开展勤工助学活动,可以建立创新创业档案、设置创新创业学分
第二十一条	休学创业或退役后复学的学生,因自身情况需要转专业的,学校应当优先考虑
第二十六条	学校可以根据情况建立并实行灵活的学习制度,对休学创业的学生,可以单独规定最长学习年限,并简化休学批准程序

2. 本科专业类教学质量国家标准

2018 年初,教育部发布《本科专业类教学质量国家标准》(以下简称《标准》),明确了各专业类创新创业教育目标要求及课程要求,为继续深化高校创新创业教育改革提供了工作指南。

《标准》对各院校有关创新创业教育的具体开展制定了相应的规范,包括双创教师资质的要求、创业实践平台的建设情况。《标准》要求承担创新创业教育课程的教师,应具有相关的体育教学能力和行业企业工作经验。高校应借助社会资源,加强创业教育实践平台建设,有条件的高校和院(系)要建设专门的创业实验室和训练中心。

高等学校体育学类本科专业教学质量国家标准作为集中制定的 92 个本科专业类教学质量国家标准之一,明确了体育学类本科专业内涵、学科基础、人才培养方向,对规范专业准入、建设和评估,全面深化体育学类本科专业综合改革,进一步提高体育人才培养质量具有重要的意义。体育学类专业国家标准中创新创业相关条目介绍见表 14。

表 14 体育学类专业国家标准节选

国家标准类型	相关内容
培养目标与规格	在对创新创业能力要求方面指出:就体育学类本科专业的 5 个基本专业和 2 个特设专业而言,应培养学生的创新创业能力,并结合各专业的特点,做到分类实施、有的放矢
学制、学分与学位	学制一般为 4 年,实施学分制的学校,根据学分获取情况,允许学生提前或者延迟毕业,学习年限原则上为 3~5 年,总学分为 140~170 学分,各高校可根据实际情况做适当调整

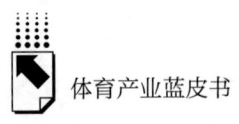

续表

国家标准类型	相关内容
课程体系	课程设置注重培养规格中的素质、知识和能力,体育学类本科课程体系主要由通识教育课程、专业教育课程和实践课程组成,实践课程应涵盖创新创业实践
专业师资	承担创新创业教育课程的教师,应具有相关的教育教学能力和行业企业工作经验
教学条件	各高校应借助社会资源,加强创业教育实践平台建设,有条件的高校和院(系)要建设专门的创新实验室和训练中心
质量管理	围绕各质量保障目标要求,制定质量保障实施意见,建立信息反馈机制和调控改进机制

（二）教学队伍建设制度

双创教师队伍向高校学生输出双创知识并提供指导,其知识储备、教学水平等都对双创教育开展有显著影响。教育部通过一系列的制度助推教师投身到双创教育的研究工作中,并提供相应的政策保障。

为深化高等教育领域综合改革,破除束缚高校教师发展的体制机制障碍,教育部先后印发了《教育部关于深化高校教师考核评价制度改革的指导意见》（以下简称《意见》）等多项制度,从教师年度考核制度、科技成果转移转化制度、双创教师队伍培养制度等进行更新完善。

《意见》强调了科技成果转移转化中对教师权益的认定,从教师人事管理指导、科技成果利益分配制度等多方面进行完善,认可高校教师在创新创业中的付出,规范了以往创新创业成果权属不清、利益分配不均的情况,保护了高校教师正当权益,对高校教师参与双创教学起到了激励作用（见表15）。

表 15 双创教师队伍建设相关制度梳理

政策文件	相关内容
《教育部关于深化高校教师考核评价制度改革的指导意见》	建立健全教学工作量评价标准,将教师开展创新创业教育指导工作计入教育教学工作量,并纳入年度考核内容
	完善对科研成果转化业绩的考核,落实高校教师离岗创业的各项政策,鼓励教师参与产品、技术创新,推动科研成果转化,保护教师在科技成果转化中的合法权益

续表

政策文件	相关内容
《关于加强高等学校科技成果转移转化工作的若干意见》	完善有利于科技成果转移转化的人事管理制度。允许教师在完成既定工作后前往企业兼职或自主创业,建立和完善科技人员在岗兼职、离岗创业和返岗任职制度,鼓励高校聘请实践经验丰富的课外导师从事教学科研工作
	鼓励国家大学科技园组织有创业实践经验的企业家、高校科技人员和天使投资人开展志愿者行动,为学生提供创业辅导和相关技术支持,组织编写高校师生创新创业教辅材料,宣传成功案例
《促进高等学校科技成果转移转化行动计划》的通知	创新科技成果转移转化新型孵化模式,建立各种形式的"创新创业俱乐部",发挥创新资源聚集优势,为师生创新创业提供各项支持和配套服务
	推动创新创业实践活动开展,组织高校青年教师和高年级研究生深入地方、企业一线,开展创新创业活动,探索并打造具有高校特色的"师徒创新创业"新模式

(三)产学合作项目制度

创新创业教育的开展需要多方的广泛参与,高校、政府、企业协同合作,才能不断提高创新创业教育质量和人才的综合素质。《关于深化高等学校创新创业教育改革的实施意见》对创新人才培养机制提出明确的指示意见,提出要推动校校、校企、校地、校政及国际合作,建立各方协同育人机制,完善人才培育。2017年12月,国务院办公厅印发《关于深化产教融合的若干意见》,以国务院办公厅名义发布关于产教融合的纲领性文件,推动教育综合改革。

为贯彻落实发展方针,自2014年起,教育部高等教育司积极组织国内外知名企业与高校合作,开展产学合作育人项目,2015年项目更名为"产学合作专业综合改革项目",其成为国家大学生创新创业训练计划联合基金项目。从2016年开始,"产学合作专业综合改革项目"实施周期由一年一批次变更为一年两批次,使更多大学生可以获得项目红利。从2017年开始,项目更名为"产学合作协同育人项目",其影响力持续增大。在不断探索中,高校和企业之间的合作项目也日益深入,已涵盖教学内容和课程体系改革、新工科建设、创新创业教育改革、大学生实习实训、师资培训、校外实践基地建设以及创新创业联合基金等多个领域。2020年1月,《教育部产学

合作协同育人项目管理办法》发布,进一步加强和规范项目管理,指导各级教育行政部门、高校、企业等机构参与项目,提升立项质量,实现高校人才培养与企业发展的合作共赢。

在国务院印发的有关我国体育产业发展的指导意见中,同样强调了加强多方协作的重要性,鼓励高校、政府和企业加强在人才培育、技术研发、双创服务等方面的协同合作,多渠道培养复合型人才,助推体育产业的创新发展(见表16)。

表16 关于推进体育产业协同创新的有关要求汇总

政策文件	相关内容
《国务院办公厅关于加快发展体育产业的指导意见》(国办发〔2010〕22号)	鼓励多方投入,开展各类体育教育培训,多渠道培养既懂经济又懂体育的复合型体育产业管理人才。有关高等院校要积极推进教育教学改革,优化专业和课程设置,培养适应体育产业发展需要的专门人才
《国务院关于加快发展体育产业促进体育消费的若干意见》(国发〔2014〕46号)	完善政府、用人单位和社会互为补充的多层次人才奖励体系,对创意设计、自主研发、经营管理等人才进行奖励和资助。加强创业孵化,研究对创新创业人才的扶持政策。鼓励退役运动员从事体育产业工作
《国务院办公厅关于加快发展健身休闲产业的指导意见》(国办发〔2016〕77号)	充分利用运动员创业扶持基金,鼓励退役运动员创业创新,投身健身休闲产业。大力推进商事制度改革,为健身休闲产业提供良好的准入环境。开展体育产业创新创业教育服务平台建设,帮助企业、高校、金融机构有效对接。鼓励各地成立健身休闲产业孵化平台,为健身休闲领域大众创业、万众创新提供支持
《国务院办公厅关于加快发展体育竞赛表演产业的指导意见》(国办发〔2018〕121号)	加强体育产业创新创业教育服务,帮助企业、高校等有效对接。创新人才培养机制,支持有条件的高等院校设置相关专业和课程。鼓励退役运动员投身体育竞赛表演产业。重视和鼓励新型转播技术、安全监控技术、人工智能等高新技术在体育竞赛表演产业中的应用
《国务院办公厅关于促进全民健身和体育消费推动体育产业高质量发展的意见》(国办发〔2019〕43号)	推动智能制造、大数据、人工智能等新兴技术在体育制造领域应用。鼓励体育企业与高校、科研院所联合创建体育用品研发制造中心

结束语

通过对我国高校创新创业教育工作开展状况的梳理总结，我们可以明显看到相关组织机构、运作机制及各项配套设施的不断完善，我国全面深化教育改革的路径日趋明晰。但同样应注意，各高校层面创新创业教育的开展较为缺乏规范性，创新创业教育实践工作有着较大的提升空间，各体育高校应结合自身办学特点和产业发展状况，持续探索高校体育产业创新创业工作的发展之道。

参考文献

黄汉升、陈作松、王家宏、季浏、方千华、贾明学：《我国体育学类本科专业人才培养研究——〈高等学校体育学类本科专业教学质量国家标准〉研制与解读》，《体育科学》2016年第8期。

杨柳青：《协同创新视阈下大学生创业资金保障体系的构建策略》，《中国大学生就业》2020年第14期。

梅伟惠、孟莹：《中国高校创新创业教育：政府、高校和社会的角色定位与行动策略》，《高等教育研究》2016年第8期。

吴玉剑：《高校创新创业教育改革的困境与路径选择》，《教育探索》2015年第11期。

田贤鹏：《教育生态理论视域下创新创业教育共同体构建》，《教育发展研究》2016年第7期。

谢幼如、黄瑜玲、黎佳、赖慧语、邱艺：《融合创新，有效提升"金课"建设质量》，《中国电化教育》2019年第11期。

谢和平：《以创新创业教育为引导 全面深化教育教学改革》，《中国高教研究》2017年第3期。

高志刚、战燕、王刚：《论高校创新创业教育课程教学体系构建》，《黑龙江高教研究》2016年第3期。

王焰新：《高校创新创业教育的反思与模式构建》，《中国大学教学》2015年第4期。

B.4
中国高校大学生体育产业创新创业实践平台状况

温 蕾 佟海威*

摘 要： 实践平台是大学生在体育产业领域开展创新创业的必要保障。中国"互联网+"创新创业大赛、全国体育院校体育产业创新创业服务平台以及各高校成立的众创空间等为中国高校大学生体育产业创新创业人才培养发挥了重要作用。各类"双创"大赛和培训等活动吸引了大量有志于在体育产业领域开辟一片新天地的大学生参与，但同时也暴露出发展中的一些不足。本报告对中国高校大学生体育产业创新创业实践平台状况进行了分析，以期不断推进高校构建良好的创新创业教育生态，培养更多体育产业创新创业人才，进一步推动我国体育产业发展。

关键词： 大学生 体育产业 创新创业 平台建设

当前，"创新创业"已成为我国经济转型的必然抉择。2015年国务院颁布《关于大力推进大众创业万众创新若干政策措施的意见》（国发〔2015〕32号），创新创业被上升为国家战略。《国务院关于加快发展体育产业促进体育消费的若干意见》（国发〔2014〕46号）将体育产业发展以及体育产

---

* 温蕾，天津体育学院体育经济与管理学院教师，研究方向为高校创新创业教育；佟海威，天津体育学院体育经济与管理学院教师，研究方向为体育管理学、高校创新创业教育。

业创新创业工作再次推向新高度，以众创空间、孵化器、创新创业大赛、实习实训、论坛交流等为主题的各种活动是体育产业创新创业的重要实践平台。基于此，本文拟就"互联网＋大学生创新创业大赛"、高校众创空间、中国高校大学生体育产业创新创业训练项目和全国体育院校体育产业创新创业服务平台为研究对象进行介绍。

一 中国"互联网＋大学生创新创业大赛"开展概况

（一）中国"互联网＋大学生创新创业大赛"概况

"互联网＋"是近年来兴起的一个重要概念，"互联网＋"行动计划由国务院总理李克强于2015年3月在政府工作报告中首次提出，2015年5月，《国务院办公厅关于深化高等学校创新创业教育改革的实施意见》（国办发〔2015〕36号）提出全面深化高校创新创业教育改革，2015年7月，《国务院关于积极推进"互联网＋"行动的指导意见》（国发〔2015〕40号）将"互联网＋"称为"是把互联网的创新成果与经济社会各领域深度融合，推动技术进步、效率提升和组织变革，提升实体经济创新力和生产力，形成更广泛的以互联网为基础设施和创新要素的经济社会发展新形态"。随后出台的各类文件明确了全面深化高校双创教育改革的目标，要求加快推动各领域与互联网的融合与发展。为深入贯彻落实相关文件精神，推进高校创新创业发展，在教育部统筹下，自2015年至今，已开展5届中国"互联网＋"大学生创新创业大赛（以下简称"大赛"），吸引了947万名大学生、230万个团队参赛。大赛已经成为覆盖全国所有高校、面向全体大学生、影响最大的高校双创盛会。

1. 大赛的基本情况

中国"互联网＋"大学生创新创业大赛由教育部统筹，会同各有关部委、省、市人民政府主办，省、市政府所在当地高校承办，以一年一届的形式开展。如2015年大赛由教育部与有关部委和吉林省人民政府共

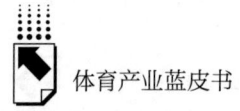

同主办，吉林大学承办；2016年大赛由教育部、中央网络安全和信息化领导小组办公室、国家发展和改革委员会、工业和信息化部、人力资源和社会保障部、国家知识产权局、中国科学院、中国工程院、共青团中央和湖北省人民政府共同主办，华中科技大学承办，此形式可更好地发挥各省市及高校资源优势，提升部校、校校、校企等各种渠道的协同育人成效。

按照大赛通知要求，第一届大赛①（2015年）、第二届大赛②（2016年）及第三届大赛③（2017年）赛制均采用校级初赛、省级复赛、全国总决赛三级赛制。第四届大赛④（2018年）及第五届大赛⑤（2019年）在三级赛制基础上，港澳台地区参赛名额单列，增设"青年红色筑梦之旅"赛道及国际赛道。

"互联网+"大赛的赛制包含了各高校自己组织的校赛、各省（区、市）组织的省级复赛和最终由教育部主办的全国总决赛，根据大赛官网公布的信息，大赛从初赛到决赛经历近6个月的时间，涉及数百万大学生（见表1）。

---

① 教育部：《教育部关于举办首届中国"互联网+"大学生创新创业大赛的通知》，http://www.moe.gov.cn/srcsite/A08/s5672/201506/t20150602_189532.html，2015-06-02，最后检索时间：2020年9月30日。

② 教育部：《教育部关于举办第二届中国"互联网+"大学生创新创业大赛的通知》，http://www.moe.gov.cn/srcsite/A08/s5672/201603/t20160323_234807.html，2016-03-14，最后检索时间：2020年9月30日。

③ 教育部：《教育部关于举办第三届中国"互联网+"大学生创新创业大赛的通知》，http://www.moe.gov.cn/srcsite/A08/s5672/201703/t20170316_299808.html，2017-03-08，最后检索时间：2020年9月30日。

④ 教育部：《教育部关于举办第四届中国"互联网+"大学生创新创业大赛的通知》，http://www.moe.gov.cn/srcsite/A08/s5672/201803/t20180309_329447.html，2018-03-09，最后检索时间：2020年9月30日。

⑤ 教育部：《教育部关于举办第五届中国"互联网+"大学生创新创业大赛的通知》，http://www.moe.gov.cn/srcsite/A08/s5672/201904/t20190408_376995.html，2019-03-27，最后检索时间：2020年9月30日。

表1 中国"互联网+"大学生创新创业大赛举办时间及大赛主题

举办时间	大赛主题
2015年5~10月	"互联网+"成就梦想 创新创业开辟未来
2016年3~10月	拥抱"互联网+"时代 共筑创新创业梦想
2017年3~9月	搏击"互联网+"新时代 壮大创新创业生力军
2018年3~10月	勇立时代潮头敢闯会创 扎根中国大地书写人生华章
2019年3~10月	敢为人先放飞青春梦 勇立潮头建功新时代

资料来源：2015~2019年中国"互联网+"大学生创新创业大赛通知。

2. 大赛参赛项目要求

根据大赛官网公布的信息，2015~2016年参赛项目主要集中于"互联网+"同传统产业、新兴产业、技术型产业及服务业相结合；2017年增设文化创意服务，其中包括体育竞技服务；2018~2019年大赛总体安排进行更全面的调整，增设"青年红色筑梦之旅"赛道、职教赛道、国际赛道及相关系列活动，实现区域、学校、学生类型全覆盖（见表2）。

表2 2015~2019年中国"互联网+"大学生创新创业大赛参赛项目要求

时间	项目要求
2015年	"互联网+"传统产业、"互联网+"新业态、"互联网+"公共服务、"互联网+"技术支撑平台
2016年	"互联网+"现代农业、"互联网+"制造业、"互联网+"信息技术服务、"互联网+"商务服务、"互联网+"公共服务、"互联网+"公益创业
2017年	在2016年参赛项目基础上增设："互联网+"文化创意服务,包括体育竞技等
2018年	举办"1+5"系列活动，在三级赛制基础上增加5项同期活动；参赛项目将不只限于"互联网+"项目,各类项目可自主选择参加"青年红色筑梦之旅"活动
2019年	举办"1+6"系列活动，"1"是主体赛事，"6"是6项同期活动；主赛道参赛项目类型与2018年相同

资料来源：2015~2019年中国"互联网+"大学生创新创业大赛通知。

3. 参赛项目数量及获奖数量

随着大赛规模不断扩大，影响力逐步提升，大赛的参赛院校及参赛项目数量逐步增加，从大赛入围总决赛参赛项目数量来看（数据统计不含优秀组织奖、单项奖项目及国际赛道项目等），2015年共入围300个团队[1]，2016~2018年均设置入围总决赛团队数量为600个[2]，一方面是由于赛事影响扩大参赛团队数量的增多，另一方面是2017年、2018年均增设了不同赛道，参赛数量相对增加[3][4]，2019年参赛项目分组更加清晰，参赛队伍总数不断增长[5]，其设置入围总决赛团队为1200个，其获奖项目数量按比例增设（见表3）。

表3　2015年~2019年中国"互联网+"大学生创新创业大赛入围及获奖团队数量

年份	预计入围数量	获奖数量
2015	全国共产生300个团队入围全国总决赛，其中创意组100个团队，实践组200个团队	金奖项目34个、银奖项目82个、铜奖项目184个、单项奖项目4个、优秀组织奖9个、集体奖20个
2016	600个项目入围全国总决赛，120个项目经过网上评审后进入全国总决赛现场比赛	金奖项目32个、银奖项目115个、铜奖项目448个、单项奖项目4个、参赛鼓励奖项目24个
2017	情况同2016年	金奖项目35个、银奖项目110个、铜奖项目481个、参赛鼓励奖项目20个
2018	600个项目入围全国总决赛，150个项目经过网上评审后进入全国总决赛现场比赛。200个项目入围全国总决赛"青年红色筑梦之旅"赛道，40个项目经过网上评审后进入全国总决赛现场比赛	● 主赛道金奖项目58个，银奖项目130个，铜奖项目465个 ● "青年红色筑梦之旅"赛道金奖项目18个、银奖项目42个、铜奖项目143个

[1] 教育部：《教育部关于公布首届中国"互联网+"大学生创新创业大赛获奖名单的通知》，http://www.moe.gov.cn/srcsite/A08/s5672/201512/t20151218_225415.html，2015-12-09，最后检索时间：2020年9月30日。

[2] 教育部：《教育部关于公布第二届中国"互联网+"大学生创新创业大赛获奖名单的通知》，http://www.moe.gov.cn/srcsite/A08/s5672/201612/t20161219_292365.html，2016-12-05，最后检索时间：2020年9月30日。

[3] 教育部：《教育部关于公布第三届中国"互联网+"大学生创新创业大赛获奖名单的通知》，http://www.moe.gov.cn/srcsite/A08/s5672/201711/t20171114_319143.html，2017-11-06，最后检索时间：2020年9月30日。

[4] 教育部：《教育部关于公布第四届中国"互联网+"大学生创新创业大赛获奖名单的通知》，http://www.moe.gov.cn/srcsite/A08/s5672/201901/t20190110_366515.html，2019-01-03，最后检索时间：2020年9月30日。

[5] 教育部：《教育部关于公布第五届中国"互联网+"大学生创新创业大赛获奖名单的通知》，http://www.moe.gov.cn/srcsite/A08/s5672/202001/t20200102_414284.html，2019-12-24，最后检索时间：2020年9月30日。

续表

年份	预计入围数量	获奖数量
2019	全国共产生1200个项目入围全国总决赛	• 高教主赛道金奖项目67个、银奖项目140个、铜奖项目439个。 • "青年红色筑梦之旅"赛道金奖项目18个、银奖项目51个、铜奖项目134个。 • 职教赛道金奖项目18个、银奖项目50个、铜奖项目133个。

资料来源：2015~2019年中国"互联网+"大学生创新创业大赛获奖名单。

（二）中国"互联网+"大学生创新创业大赛体育产业创新创业项目概况

从2015年至2019年大赛情况可以看出，大赛体系愈加完善，参赛项目类别更加具体，尤其自2017年以来，大赛增设了包括体育竞技等在内的文化创意服务项目分类，吸引了越来越多的体育产业相关项目参赛。以2017~2019年三年大赛获奖项目为主要研究范围，从获奖团队参赛项目名称与体育产业相关性来看，2017年第三届大赛共有5个体育产业类项目获奖，2018年第四届大赛共有8个体育产业类项目获奖，2019年第五届大赛共有13个体育产业类项目获奖。从获奖团队所属院校来看，2017年共有2个项目来自体育院校，2018年共有1个项目来自体育院校，2019年共有7个项目来自体育院校（见图1）。

从图1可以看出，体育产业类创业项目虽然逐步增多，但是仅占全部项目的1%左右。体育院校理论上应当凭借其专业性成为体育产业项目参赛的主体，但是其参赛获奖项目少之又少，由此可见，体育产业的创新创业项目发展空间以及发展潜力具有较大的提升空间。

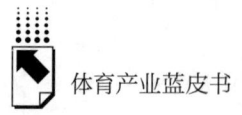

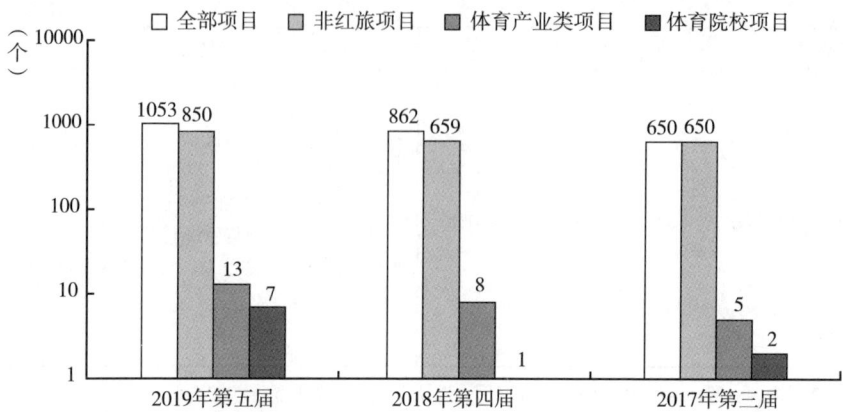

图1　2017~2019年"互联网+"大赛获奖项目情况

资料来源：2017~2019年"互联网+"大赛获奖项目名单。

二　中国高校众创空间发展概况

2015年1月，李克强总理提出"构建面向人人的众创空间等创业服务平台""培育包括大学生在内的各类青年创新人才和创新团队"等支持发展众创空间的政策要求，随后的2年时间里，国家出台了相关推进建设众创空间的政策文件，并提出鼓励高校开展众创空间建设，开发开设创新创业课程，凝聚社会资源力量，推进大学生创业就业（见表4）。

表4　国家层面众创空间相关政策

时间	相关政策	内容
2015年3月	国务院办公厅印发《关于发展众创空间推进大众创新创业的指导意见》（国办发〔2015〕9号）	首次在国家层面提出"构建众创空间平台,支持大众创新创业"。提出"推进实施大学生创业引领计划,鼓励高校开发开设创新创业教育课程,建立健全大学生创业指导服务专门机构,加强大学生创业培训,整合发展中国家和省级高校毕业生就业创业基金,为大学生创业提供场所、公共服务和资金支持,以创业带动就业"

续表

时间	相关政策	内容
2015年6月	国务院发布《关于大力推进大众创业万众创新若干政策措施意见》（国发〔2015〕32号）	提出"深入实施大学生创业引领计划，整合发展高校毕业生就业创业基金。引导和鼓励高校统筹资源，抓紧落实大学生创业指导服务机构、人员、场地、经费等"
2015年9月	国务院印发《关于加快构建大众创业万众创新支撑平台的指导意见》（国发〔2015〕53号）	提出"众创，汇众智搞创新，通过创业创新服务平台聚集全社会各类创新资源，大幅降低创业创新成本，使每一个具有科学思维和创新能力的人都可参与创新，形成大众创造、释放众智的新局面"
2016年2月	国务院办公厅颁布《关于加快众创空间发展服务实体经济转型升级的指导意见》（国办发〔2016〕7号）	提出"通过龙头企业、中小微企业、科研院所、高校、创客等多方协同，打造产学研用紧密结合的众创空间，吸引更多科技人员投身科技型创新创业，促进人才、技术、资本等各类创新要素的高效配置和有效集成，推进产业链创新链深度融合，不断提升服务创新创业的能力和水平"

（一）高校众创空间内涵

自国务院提出鼓励科研院所、高校围绕优势专业领域建设众创空间以来，全国各省市人民政府积极落实推进高校众创空间建设，高校众创空间建设经历了从无到有、从基础到全面、从大众到特色的发展转变。

2017年10月，科技部火炬中心印发《国家众创空间备案暂行规定》的通知（国科火〔2017〕120号），明确众创空间是指为满足大众创新创业需求提供的工作空间、网络空间、社交空间和资源共享空间，提出积极利用众筹、众扶、众包等新手段，以社会化、专业化、市场化、网络化为服务特色，实现低成本、便利化、全要素、开放式运营的创新创业平台。高校作为培养人才、服务社会的重要平台，参与众创空间建设将推进高校教育体制改革，对培养一大批体育专业人才、培养一大批创新人才，促进科技创新、文化创新，促进社会进步及经济发展有着重要意义。

（二）高校众创空间功能特征

1. 高校众创空间具有低成本、便利化、全要素、开放性的基本功能特征

低成本是指众创空间可以为大学生提供价格低廉甚至完全免费的工作区域及配套的社交、网络等资源共享设施；便利化是指通过高校众创空间提供的场地、活动等形式，能为大学生创业初期提供产品展示、项目路演等环境；全要素是指在创业初期所需要的工商、财税、法律、政策补贴等各方面的服务及创业企业初期所需要的基本办公设施材料等；开放性是指其面向所有专业、年龄的大学生开放，包括该众创空间组织开展的各类活动。高校众创空间一方面为大学生初创提供了一个可行的实践平台，降低了大学生创新创业的试错成本；而另一方面也提升了大学生创业成功的概率。

2. 高校众创空间具有整合资源的功能特征

我国高校的基本发展目标是培养社会所需要的专业人才，高校本身就是一个资源的集合，如设备资源、智力资源等，高校众创空间更是可以将高校资源、政府资源及社会资源整合。高校资源可为大学生创业提供智力支持，以高校为主体举办相关创新创业培训、大赛、讲座等培养创新思维及创业能力；政府资源可为大学生提供政策、资金扶持；社会资源最为广泛，可以是企业、社会组织、投资机构，是推进大学生创业项目孵化的重要一环。高校众创空间整合资源的功能特征，为大学生创业营造了积极的氛围及环境，高校双创平台搭建了同市场的对接渠道，促进了创意想法向创业项目的转变，同时为企业投资、招聘搭建了平台。

（三）体育院校众创空间事例

1. 北京体育大学 – 创客空间①

2018年10月24日，为深入推进高校创新创业教育，推进大学生创业

---

① 北京体育大学招生与就业工作处：《我校大学生创新创业中心正式揭牌》，https：//www.bsu.edu.cn/xyyw/bc35e3c70f9f43bdaa10658dbc8df033.htm，2018 - 10 - 30，最后检索时间：2020年9月30日。

就业，北体创客空间（大学生创新创业中心）正式揭牌，创客空间办公场地200余平方米，工位43个，会议室、洽谈室3个，同期已选拔出入驻项目18个（均为体育类项目），创客空间以服务孵化在校生或毕业生（毕业两年内）的苗圃期大学生创业项目为主。

北体创客空间为入驻团队提供全方位的创业指导和服务，包括创业资源对接、专家咨询、法务财务服务等，并举办创业训练营、创业沙龙、创业讲座等创业活动。

2. 上海体育国家大学科技园－众创坊①

上海体育国家大学科技园于2009年11月正式挂牌成立，2013年1月被科技部、教育部批准为"国家大学科技园"。上海体育国家大学科技园本部园区位于上海市杨浦区恒仁路350号、清源环路588号，属于上海杨浦知识创新区内，毗邻五角场商业中心，占地面积5661平方米，建筑面积5300平方米。科技园区包括注册企业600余家，其中80%为体育类服务企业，70%为校友创业企业，在科技园区就业的上海体育学院学生超过500人。

科技园区依托上海体育学院，整合政府、高校、企业三方资源，以"体育强国纲要"为指导，将学院综合智力资源优势与其他社会资源优势相结合，紧扣"高校产学研合作综合性平台"这个功能定位，面向竞技体育和全民健身、健康管理，建设全国体育产业聚集高地，着力打造推动高等学校产学研结合、企业孵化、科技成果转化、人才培养、服务区域经济的体育行业"产学研用"一体化的优质创新服务平台，共同推进体育科技成果转化为体育服务品牌，实现体育与健康知识、体育与健康科技产品、体育与健康专家（人才）的三大配送体系建设。

科技园本部－众创坊是上海体育学院大学生创业见习基地，免费向大学生创业见习、大学生初创企业开放，提供公共接待、项目展示等配套服务场地和办公设施，办公面积230平方米，提供30个标准工位和一个可用于会

---

① 上海体育国家大学科技园：《科技园本部－众创坊》，http://nustps.sus.edu.cn/gywm1.htm，2019－11，最后检索时间：2020年9月30日。

议或路演的可转换空间。

3. 广州体育学院-广体信息科技众创空间①

"广体信息科技"众创空间是一个专业性的体育创业平台，是广州体育学院科技成果交易平台的一部分，地点位于广州体育学院东门体育馆。该平台前期以广州体育学院运动与健康科技发展中心、团委大学生创新创业中心为主体，致力于运动促进健康的服务体系研究及科技成果转化等多个方面的创新创业活动。

"广体信息科技"众创空间已经成功孵化了"Armed Body青少年运动俱乐部""来动科学指导平台"等项目。众创空间向广州体育学院教师及学生免费开放，进驻者可享受公共技术平台建设、减免租金、成本补贴、担保费用补贴、购买服务补贴、大学生创新创业服务、引入社会资本资助等多项贴心服务，以帮助他们顺利实现项目的孵化和落地。"广体信息科技"众创空间的成功落地有效提升了大学生创业创新中心的工作内涵，对促进中心拓展有着重要意义。

（四）众创空间在体育院校创新创业教育中的作用

就学生而言，大学生是体育院校众创空间主要的服务对象，作为初创的大学生，可以通过体育院校众创空间获得创业初期所需要的办公场地、企业培训、项目孵化等相关服务，同时通过参与相关大赛、讲座、培训等活动，进一步掌握创业所需要企业战略管理、财务分析、市场营销、人力资源管理等相关创业理论知识，有利于学生有效打破体育专业学生所学专业的界限，从不同视角、不同层次结合自身体育专业优势，不断完善创业项目计划。在此过程中，体育院校众创空间有效地降低了大学生创业成本，高校教师对大学生创业项目进行全过程指导，也可以帮助学生培养创新思维、提升创业能力，从而大幅度提升其创业成功的概率。

---

① 广州体育学院科研处团委：《"广体信息科技"体育创业平台获批为广州市众创空间》，http://news.gipe.edu.cn/news/hotnews/2016-12-19/4879115143.html，2016-12-12，最后检索时间：2020年9月30日。

就高校而言，众创空间的建设，直接推进了我国体育院校教育体制改革。我国教育体制改革中要求高校应融入创新创业教育，设置创新创业教育通识课程，明确创新创业教育的培养目标、人才培养质量标准和人才评价体系，建立跨学科跨专业的人才培养体制机制，进而培养更符合社会需要的创新型人才。另外，体育院校众创空间的建设是为大学生搭建的最直接的实践平台，高校大学生创业更多的是一群志同道合的学生为实现同一理想目标而以团队形式开展实践探索的行为，结合体育产业发展特点，体育院校众创空间建设依托校内资源，同时联合校外资源建立协同育人机制，探索校校、校企、校所等合作模式，深入推进产学研发展。

就企业而言，体育院校众创空间建设将为企业带来智力支持、人力支持甚至是政府资源支持。体育产业企业对体育专业化人才的要求相对较高，通过体育院校众创空间，企业可以参与者、投资者等多种角色参与到体育院校众创空间的建设发展中，一方面，可以挖掘企业所需要的体育专业人才，高校师资智力资源也可以为企业建设发展提供专业的咨询建议；另一方面，企业可以挖掘体育院校优秀创业项目，并与项目进行深入合作或对其投资等，这也可使企业能更准确地把握体育产业发展方向，使其始终走在体育产业市场发展的前端。

三 中国高校大学生体育产业创新创业训练项目开展情况

（一）国家级大学生创新创业训练计划

2012年，根据《教育部 财政部关于"十二五"期间实施"高等学校本科教学质量与教学改革工程"的意见》（教高〔2011〕6号）和《教育部关于批准实施"十二五"期间"高等学校本科教学质量与教学改革工程"2012年建设项目的通知》（教高函〔2012〕2号）文件精神，教育部开展实施国家级大学生创新创业训练计划（以下简称"国创计划"）。国创计划的原则为"兴趣驱动、自主实践、重在过程",旨在促进我国各高校改革教育思想与理念,创新人才培养方式,通过强化创新创业能力的训练来提升大学生的创新创业能力,培养创新创业人才,以适应创新型国家建设和发展的需要。

国创计划的内容包括3类:创新训练项目、创业训练项目和创业实践项目。教育部高教司发布的国家级大学生创新创业训练计划项目名单显示:2017年计划项目名单共计36000项(其中创新训练项目29878项、创业训练项目4124项、创业实践项目1998项),2018年39575项(其中创新训练项目32807项、创业训练项目4769项、创业实践项目1999项),2019年38447项(其中创新训练项目32171项、创业训练项目4508项、创业实践项目1768项)(见图2)。

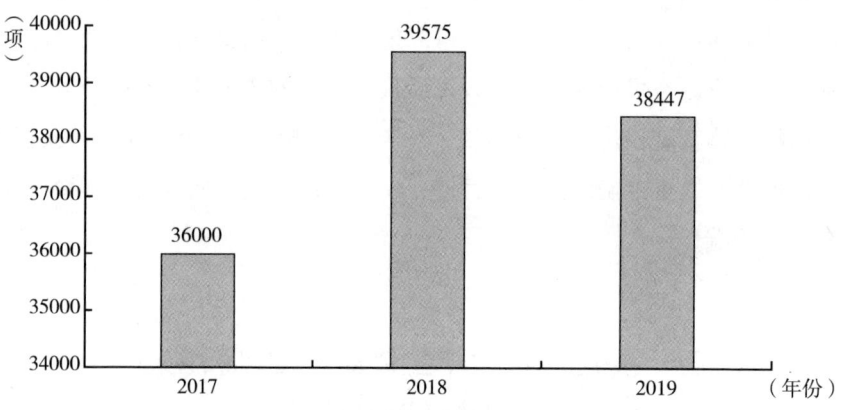

图2　2017~2019年国家级大学生创新创业训练计划项目数

资料来源:2017~2019年国家级大学生创新创业训练计划项目名单。

(二)中国高校大学生体育产业创新创业训练计划

2017年,习近平总书记在张家口崇礼考察时指出,"中国是一个近14亿人口的大国,体育是重要的社会事业,也是前景十分广阔的朝阳产业"。近年来,体育产业与创新创业教育的融合成为高校教育改革发展的重要途径之一,从全国体育院校体育产业创新创业服务平台开展的大学生体育产业创新创业支持活动的实践来看,我国大学生对于从事体育产业创新创业活动的热情很高。但从项目数量的对比来看,从事体育产业创新创业的学生数量在我国大学生创新创业活动的汹涌浪潮中仍然只能算作"小众"。受制于内外部多种原因,目前我国各地区大学生体育产业创新创业的情况差别巨大。在此背景下,建立高校大学生体育产业创新创业训练计划,有利于促进体育产业和双创教育的深度融合,还有利于培养大学生在体育产业从事创业活动的能力,更有利于创新高校的人才培养方式。

1. 以培养体育行业双创人才为目标

中国高校大学生体育产业创新训练计划,旨在建立高校人才培养模式,促进高校学生的全面发展,为体育产业输送合格的双创人才。中国高校大学生体育产业创新训练计划强调,高校教育不仅要培养学生理论学习能力,同时也要努力培养大学生的创新意识和创业实践能力,培养适应国家发展战略和体育行业需要的高素质人才,并不断推动体育产业发展。

2. 建立完善的体育产业双创课程体系

体育产业双创课程包括理论课程及实践课程。建立体育产业双创课程,一方面可以启发高校学生自主创业思想,培养大学生创新精神,了解创业基本知识和相关程序,另一方面可以培养创新创业意识,培养创造能力、洞察力、管理能力及自身抗压能力等。

理论课程旨在为学生提供体育基本知识、产业发展趋势、创新创业知识等课程,为学生的体育产业创新奠定智力基础。课程设置是以高校创新创业通识课程为基础,结合国家体育发展战略及体育产业发展方向,构建科学完整的体育领域创新发展及创业实践指导课程,并纳入高校教育课程中,可设必修课及选修课等。

实践课程旨在提升学生对体育产业和创新创业的认知,锻炼学生从事体育产业创新创业活动时的实践能力,创新意识和创业能力的培养需要理论和实际相结合。高校可探索建立体育产业创新创业实践基地,联合体育产业领域创业企业,创新学习方式增加学生校企交流机会;鼓励学生参与到各类创

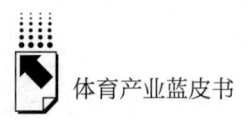

新创业大赛、创新方法大赛、沙盘模拟经营大赛等多层级多类别的创新创业竞赛平台中，为学生提供优质实践机会，切实培养大学生的体育产业创新创业的实操能力；组建师生共创团队，以创业项目任务制的形式进行教学实践，使学生在实践中思索，并拓展学生的创业思路等。

3. 建立完整有效的管理监督机制

随着高校创新创业训练计划的开展，双创教育覆盖的学生范围越来越广，高校需增加对体育产业双创项目管理的维度，建立完整有效的高校体育产业双创管理监督体制，通过明确各方职责、确定训练计划管理流程、制定激励政策等方式，指导各项业务的具体实施，为训练计划提供强有力的制度保障。

高校需加强对学生项目申请的流程管理，积极引导学生参与项目的申请阶段，提供项目申请流程的技术指导，对项目实施过程进行必要的了解和监督，鼓励学生进行项目成果转化并提供一定的帮助；建立体育产业双创项目保障体系，为优质的项目提供一定的项目经费，并保证项目的实施完成，同时建立适合的成果激励制度；加强体育产业创新创业师资团队建设，要充分重视教师在体育产业创新创业培养中的重要作用，加强体育产业领域企业同高校的联系，引入优秀创业企业家，建立体育产业创业导师资源库。

四 全国体育院校体育产业创新创业服务平台开展概况

自2014年9月李克强总理在天津夏季达沃斯论坛上首次提出"大众创业，万众创新"的号召以来，"双创"已成为我国经济转型的必然抉择。2015年，国家体育总局科教司批复天津体育学院筹建"体育产业创新创业服务平台"的申请，经过多方考察和系统论证，服务平台的管理体制基本理顺，功能不断完善。2016年6月在国家体育总局科教司的指导下，由天津体育学院发起，联合30余家体育学院、体育职业学院共同成立了"全国体育院校体育产业创新创业服务平台"（以下简称"服务平台"）。

（一）服务平台发展目标

服务平台是在整合各类优势资源基础上，面向我国大学生系统化开展体育产业创新创业服务的公益性平台。服务平台旨在凝聚社会各界的力量，共同研讨、引领和服务我国体育产业创新创业，充分发挥高校的人才和智力优势，为企业开创投资渠道以及吸纳优秀专业人才加盟的渠道，为高校构建良好的创新创业教育生态，培养更多创新创业人才，为全社会提供优质的创新创业教育资源，为国家实施创新驱动发展战略做贡献，最终促进"政、产、学、研、用"的有力结合（见图3）。

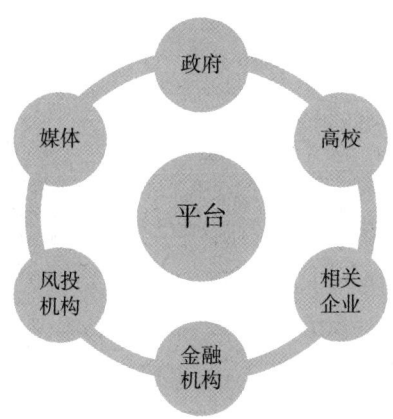

图3　平台发展结构

（二）服务平台内容功能

服务平台作为一个交互式平台，采用线上网站（门户网站＋微信公众号）和线下活动为一体的运行模式，服务于体育产业创新创业活动，平台门户网站（体创网）及平台官方微信公众号由天津体育学院负责建设及运营。

平台内容功能设置包含：政策法规、培训、赛事、成果展示、双创孵化、智库及就业等（服务平台部分功能内容仍在建设中）。

1. 政策法规和专家智库

服务平台通过提供最新的政府政策、行业动态以及权威的专家政策解读，为各方提供了解体育产业相关政策和互动交流的机会，进而满足人们的信息需求。国家及地方政策举措一是发布中央、国家体育总局、教育部等政策性文件；二是发布全国各地地方政府出台的相关支持性政策；三是发布行业和各高校创新创业动态；四是提供专家创新创业活动政策法规解读。

2. 双创培训

双创培训的目标是培养和选拔优秀的体育产业创业人才，筛选有潜力有价值的创业项目。培训师资包括体育院校优秀教师、资深专家、企业资深管理者以及各行业的明星创业者等。培训对象，既包括全国体育院校、体育职业院校和全国普通高等院校在校大学生、运动员、教练员，也包括有志于参与体育事业和体育产业的创业人员。

3. 双创赛事

双创赛事是指以体育产业创新创业为目的的各种赛事及同期配套活动等，如退役运动员创新创业成果展示、论坛、行业沙龙、体育产业年度峰会、体育产业人才聚集地沙龙等。双创赛事活动不仅能够定期选拔优秀创新创业项目和激发体育产业发展活力，而且能够使得平台建立以赛事为依托的运行策略，吸引大学生、运动员等服务对象和体育产业创新创业各方参与主体的持续关注（见图4）。

图4 全国大学生体育产业创新创业大赛官方网站截图

4. 双创孵化

实现双创项目孵化就要联合政府、企业以及全国体育院校的优势资源，建立一个具有体育产业属性的独特的、专业的孵化中心，保证优秀创新创业项目在转化初期节省时间和费用、少走弯路，并营造体育创业者聚集效应、提高创业项目的成功率。服务平台将逐步引进投资机构作为合作伙伴，对优质项目进行展示和推介，搭建对接平台，让优质项目与市场资本直接对接。同时建立创新创业项目产权交易平台，对优质体育产业创新创业项目进行评估，保证项目价值，双创项目产权交易平台将吸引包括银行、天使投资、创业投资等金融机构和创业者在内的社会各方力量参与交易，并以各种形式支持体育创业项目的发展。

5. 人才招聘

服务平台的建设发展中，首先要把各体育院校大学生实习就业和退役运动员就业作为工作的发力点，在解决在校大学生实践、毕业生就业以及退役运动员再就业的同时，为企业提供专业人才。通过搭建专业的体育产业人才招聘平台，实现大学生、退役运动员与人才需求企业的精准对接。

（三）平台价值体系

1. 实现多方利益主体的共赢

从服务平台所关联的广度看，服务平台所涉及的相关利益主体主要包括政府、企业、高校、金融投资机构以及横向机构。政府包括与体育产业创新创业密切相关的国家行政机构，如国家体育总局与地方体育局、教育部与地方教育局等；企业包括参与体育产业创新创业的所有企业，既有体育类企业，也有非体育类企业；高校包括参与体育创新创业的各类高校，重点是体育类高校、体育职业学院和综合类高校的体育院系；金融投资机构包括各类专注于体育产业创新创业投资的银行、基金等机构；横向机构包括与该平台方面功能相似的非体育类服务平台。

就政府而言，在平台运行过程中，政府机构可以通过平台整合学术界和产业界的相关资源，建立健全相关制度，落实相关政策法规，进而促进中国

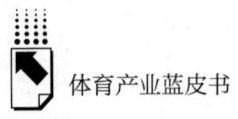

体育事业的良性发展。

就企业而言，有意愿参与体育创新创业的企业，服务平台都将为其培训和输送体育产业创新创业的智力、知识、人才、信息和创意，实现企业内部创新与创业者优势互补，促进体育产业转型升级，打造体育行业品牌和提升竞争力。

就高校而言，服务平台是各级各类高校沟通交流的窗口，不仅提供创新创业空间搭建、创新创业融资、创新创业实训等共享资源，而且可以为大学生、运动员提供实习、就业服务，逆向促进教学改革和培养目标的转变。

就金融投资机构而言，通过平台设立的有资质、有信用的担保体系，完整的培养、孵化与加速体系，金融投资机构可找到合适的投资端口，从而达到金融机构的价值升值。

就横向机构而言，服务平台是一个开放包容的交流平台，将与任何横向机构，如高校创新创业教育联盟等产业孵化器以及咨询公司紧密沟通，信息共享，拓宽体育产业创新创业空间和渠道。

2. 培养创新人才和孵化创业项目

服务平台通过整合体育产业资源，构建体育产业创新创业教育系统和培养模式，与政府和企业共同解决创新创业人才的系统性教育问题。以创新创业实践来推进全国体育院校开展多样化、多层次的创新创业教育合作，实现资源共享、协调发展、共同提高，提升高校的体育产业人才培养质量，为实现我国2025年体育产业总规模50000亿元的目标而努力。

平台联合企业资深管理者、全国体育院校资深专家开展体育产业创新创业培训及大赛等活动，以大学生和运动员为服务对象构建创新创业培训体系和培养模式，在全国体育院校范围内（不限于体育院校）培养和选拔优秀的体育产业创新人才和创业项目，筛选有潜力、有价值的创业项目，实现与资本方的精准对接，并通过系统化创业辅导，打造体育产业创业圈的明星企业。

3. 搭建体育产业创新创业投融资平台

在体育产业不断发展的背景下，投资公司纷纷拓展各自的体育版图，体育领域社会资本涌动，体育产业领域的投融资产生许多新的形式，例如基金、股权众筹等。体育投融资在国外已经数见不鲜，但在国内却是初显端倪。随着体育改革的锐意推进以及政策红利的逐步释放，投资界相关人士已经将目光聚焦于体育产业，中国的体育金融将在未来实现更大的跨越和突破。服务平台将着力于搭建体育产业创新创业投融资平台，在大资本力量的持续注入下，体育将会出现产业与资本联动的局面。

4. 促进体育产业内涵式发展

目前，随着体育产业不断深入发展，我国体育市场也具有了一定的规模，但是体育产业仍然处于初级发展的阶段，存在各种各样的问题。服务平台拟通过整合全国体育产业的优势资源，从实践层面对体育产业创新创业教育发展的内容和发展路径进行探讨，使体育学术界和产业界、学校和企业联合更加紧密，培养目标更加明确。双创平台要以市场有效需求为导向，站在体育产业创新的最前沿，持续为中国体育产业界发现和培养创新创业者、持续宣传中国体育产业、持续为中国体育产业注入活力。在发挥区域特点、取长补短、资源共享的基础上，让体育产业和市场前沿中最新的体育产品、服务或商业模式，形成整体体育产业链的优势和商业化运作，促进中国体育产业内涵式发展升级。如在"互联网＋体育"概念下，实现传统体育产业与现代科学技术融合，形成新的体育产业经营服务模式等。

（四）平台实践探索

服务平台是一个双边市场下的公益平台，一边是知识、创新人才、创业项目，另一边是企业、资金和市场。服务平台一边要打造一流的创新人才和创业项目来吸引另一边的市场资本，另一边引进知名企业，为其提供创新创业项目和高端人才，二者形成正反馈效应。具体运行机制：一是通过平台的培训和赛事活动，吸引双边人群的共同关注；二是提供相互吸引和对接的服务，满足利益需求；三是实现"项目"与"资本"的有效对接，为资本向体育产业最有效率的地方流动创造条件。

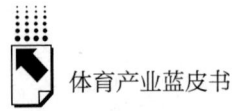

自 2015 年国家体育总局科教司批复天津体育学院筹建服务平台以来，服务平台不断推进全国体育院校开展多样化、多层次的创新创业教育合作，开展了多项创新创业相关活动，以期实现资源共享、协调发展、共同提高，平台服务于广大高校中有志于在体育产业从事创新创业活动的大学生。服务平台开展的主要活动有：

2015 年 10 月，全国体育院校大学生体育产业创新创业策划大赛；

2016 年，"繁星计划"推介暨运动员就业创业创新成果展示；

2018 年 6 月，首届全国大学生体育产业创新创业大赛；

2018 年 10 月，中国体育产业创新创业高端论坛；

2019 年 3 月，首届全国大学生体育产业创新创业培训；

2019 年 10~12 月，第二届全国大学生体育产业创新创业大赛分赛区比赛。

五 全国大学生体育产业创新创业大赛开展概况

（一）首届全国体育院校体育产业创新创业策划大赛

服务平台筹划建立初期，天津体育学院作为服务平台筹划单位承办了 2015 年 10 月由中国体育科学学会体育产业分会与中国体育科学学会管理分会主办的"全国体育院校大学生体育产业创新创业策划大赛"，共吸引了来自全国 20 个省份 49 所高校的 100 余支代表队参赛，多所高校代表出席观摩，包括多家知名创业公司在内的近 30 名企业家代表、资深媒体人、知名律师等作为嘉宾或评委出席大赛及相关活动。

1. 大赛参与情况

根据大赛通知要求，参赛形式是以院校为单位，每个院校参赛项目不超过 3 个，每个参赛项目要以团队形式报名，每个团队人数不超过 5 个人，各团队只能提交一项参赛项目，并以院校为单位申报，这一方面可以推进更多体育类项目在院校内进行初次选拔，选拔过程对参赛学生而言，既可以提前感受并适应比赛的紧张气氛，又可以同更多参赛项目进行交流学习；另一方面经过院校初步选拔推荐的项目可以保证其基本项目水平，保证大赛参赛项目质量水平。

大赛的参赛对象是全国高等体育院校、体育职业技术院校、综合性大学体育院（系、部）的在读学生，参赛内容分为创新设计类及创业实践类。在参赛对象设置方面，大赛首次以体育专业学生为对象，以体育产业创新创业为主题，为体育专业学生搭建一个体育领域更具专业性的展示、实践和交流的平台。

大赛得到了全国高等体育院校及综合性大学体育学院（系、部）的参与和关注，根据大赛参赛数据统计，大赛吸引了15所高等体育院校、34所综合性大学的学生参与，大赛还受到了政府、企业、高校、媒体以及社会各界的广泛关注，中国体育报、天津日报、天津电视台、天津广播电台、新华网、新浪网、华奥星空、北方网等众多媒体对大赛进行了专题报道。

2. 大赛相关活动

在大赛举办期间，开展了"体育产业创新创业企业家论坛"、"体育产业创新创业教育改革院校专家论坛"和"体育与知识产权保护专家讲座"三个专题活动。企业家论坛气氛热烈，业界精英就"体育产业创新创业的机遇"、"体育产业创新创业的挑战"和"体育产业创新创业的未来"三个议题展开讨论，企业家与参赛队伍的精彩交流与互动，激发了大学生"创客"队伍的无限激情与梦想，为大学生"创客"提供了后续指导与对接；院校专家论坛吸引了我国体育领域知名专家、学者参加，论坛采用沙龙形式，与会专家与大学生创客就我国体育产业创新创业教育进行了深入探讨、交流与互动，中国版权保护中心政府合作办公室专家为参赛师生进行了知识版权保护方面的专题报告，并表示将继续为大学生创客的创新创业项目版权登记等方面的活动提供后续指导与服务。

大赛同期召开了"体育产业创新创业服务平台建设研讨会"，国家体育总局科教司领导及来自全国各独立建制的体育高等院校与体育职业院校主管创新创业工作的校领导到场参会，各参会人员围绕服务平台建设方案进行了

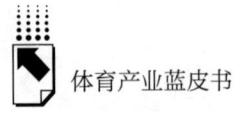

广泛而深入的研讨与交流,同时肯定了体育产业创新创业大赛线下开展的必要性,双创平台以高校创新创业课程为输入,以竞赛为输出,对提升学生的创新能力、创业意识以及各种基础能力具有重要意义。

(二)首届全国大学生体育产业创新创业大赛

2016年服务平台正式成立后,经过两年策划筹备,2018年6月服务平台举办首届全国大学生体育产业创新创业大赛,此赛事由天津体育学院承办,大赛共有来自全国30个省、自治区、直辖市的68所高校近160支参赛队伍,600多名参赛学生参赛。来自学界及业界的专家评委参与评审、多家孵化器公司以及数十家社会企业到现场观赛,为参赛团队及社会企业搭建了资源共享的平台。大赛还举办了专家论坛、项目路演、企业沙龙等一系列活动,使参赛学生学到了更多书本以外的知识,促进体育产业创新创业人才全方位知识体系的构建。

1. 大赛参与情况

根据大赛通知要求,参赛对象主要分为两类,一是全国体育院校、全国普通高等院校、全国职业技术院校的在籍本(专)科生及研究生,其专业不限;二是具有一级以上运动员等级证书的高校在籍优秀运动员。同首届全国体育院校体育产业创新创业策划大赛不同,此次大赛在参赛对象中增加优秀运动员主体,同时对在校大学生不再进行专业限制。其变化一方面为优秀运动员提供展示平台,更好地使其融入体育产业市场,另一方面,鼓励有志于体育产业的大学生参与,鼓励不同专业学生将自身专业与体育产业结合,并突破创新。

在参赛形式上,大赛延续2015年以院校单位进行参赛报名的形式,由院校组织初赛,择优推选进入复赛团队,大学生双创项目以团队形式参赛,每个团队不超过3人,同时每个院校推荐参加复赛项目不超过3个(含本专科生、研究生);运动员双创项目可独立参赛,推荐参赛数量不占所在院校参赛名额。

根据大赛报名数据统计,全国共68所高校参与大赛复赛报名,按照我国地理分区划分,华北地区及华东地区参赛院校均为14所,共占全国参赛高校总数的41.2%;其次为华南地区,参赛院校为12所,占总数的17.6%;华中地区参赛院校为10所,占总数的14.7%;西南地区参赛院校为8所,占总数的11.8%;东北地区和西北地区参赛院校较少,均为5所,共占总数的14.7%(见图5)。从地理分布情况看,各地区参赛院校数量与区域内高校分布数量及其经济发展水平相关,同时也与当前高校创新创业热情相关联。如华北及华东地区是全国高校较为集中地区,在区域经济发展的影响下,其高校及学生对双创关注度相对较高。

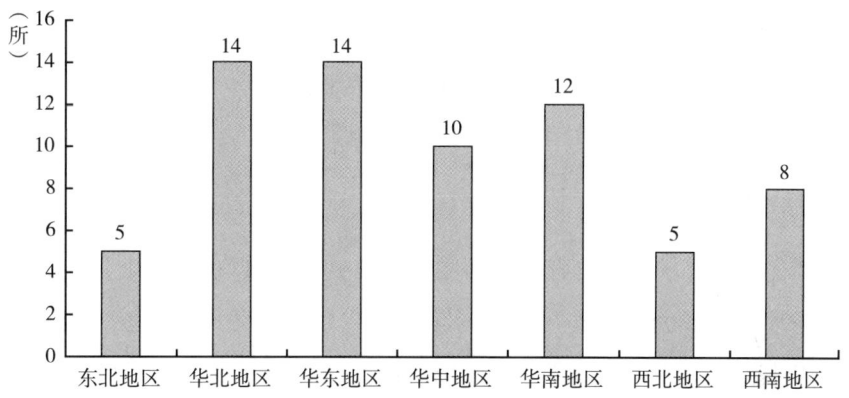

图5 按地理分区显示参赛院校分布情况

资料来源:全国体育院校体育产业创新创业服务平台。

根据大赛院校参赛数据,全国68所高校参与到此次大赛中,其中全国15所体育院校(大学,其中包括独立建制的高等体育院校14所,及1所体育学院独立学院)参与其中,占参赛院校总数的22.1%;8所体育职业院校参与其中,占参赛院校总数的11.7%;45所全国普通高等院校参与其中,占参赛院校总数的66.2%(见图6)。

从整体参赛数据可以看出,经济较发达地区,高校参与相对较为积极,这与其地区体育产业发展有直接关系。

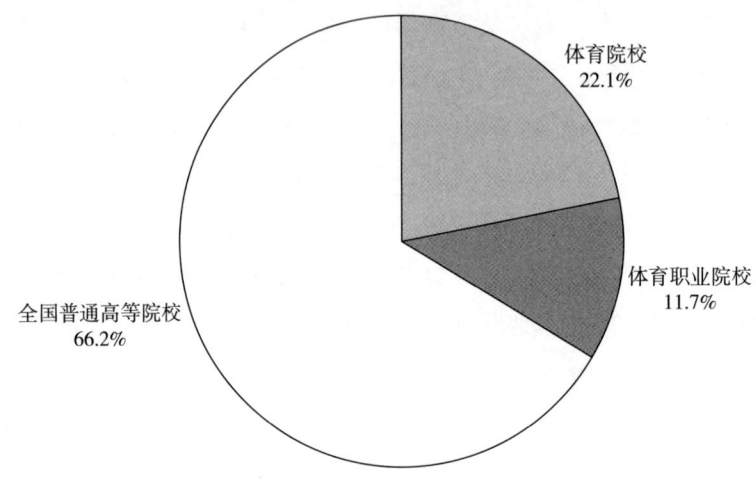

图 6　参赛院校分布情况

资料来源：全国体育院校体育产业创新创业服务平台。

2. 参赛项目情况

参赛项目要求围绕体育产业为主题，以创意设计（本专科生、研究生、优秀运动员）及创业实践（本专科生、研究生、优秀运动员）为分组。同2015年相比，大赛项目分类更加清晰明确，更进一步规范了创意设计及创业实践项目的具体范围及要求，使参赛项目参赛组别分类更加明确，提高比赛的公平公正性。

大赛参赛数据显示，创意设计及创业实践项目参赛项目总数为160项，其中创意设计项目，指相关新产品的研发、新服务的设计等项目，共有129项参赛项目，占参赛项目总数的80.6%；创业实践项目，指已取得营业执照，并进行生产经营的项目，共有31项参赛项目，占参赛项目总数的19.4%（见图7）。

参赛学生分组数据显示，本专科生参赛项目总和为114项，其中创意设计项目94项，创业实践项目20项；研究生参赛项目总和为26项，其中创意设计项目20项，创业实践项目6项；优秀运动员参赛项目总和为20项，其中创意设计项目15项，创业实践项目5项。整体数据显示，本专科生参与体育产业创新创业项目较多，参赛项目以创意设计类为主（见图8）。

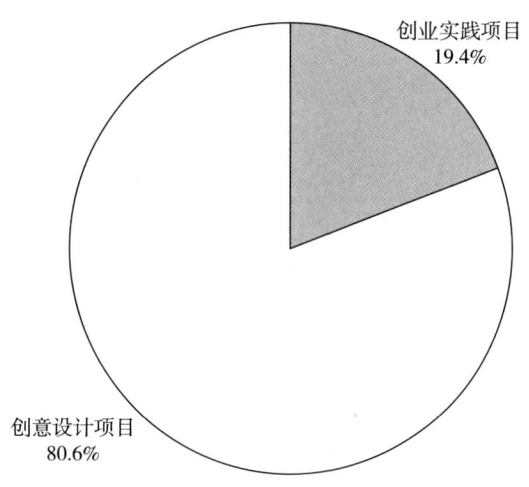

图 7　参赛项目分布情况

资料来源：全国体育院校体育产业创新创业服务平台。

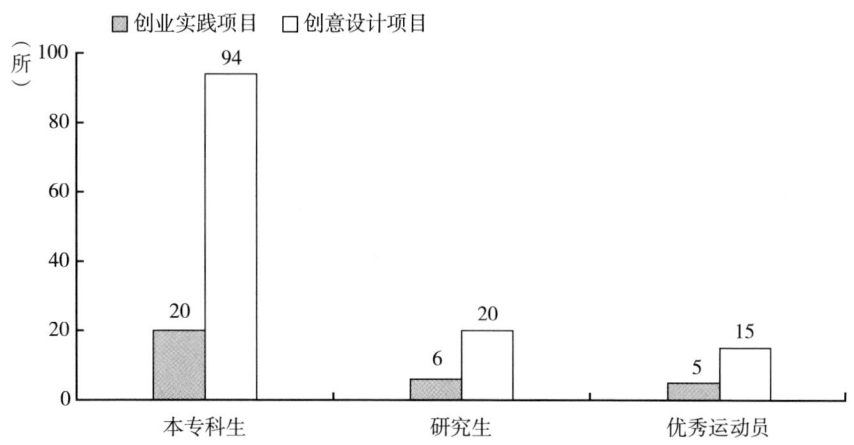

图 8　参赛项目分组情况

资料来源：全国体育院校体育产业创新创业服务平台。

参赛学生专业学科数据显示，部分参赛学生其学科背景以管理学、经济学、体育教育、运动训练等专业为主，其专业相关性较大，如体育教育、运动训练等，其创业技术转化更高效，部分管理学和经济学专业的学生则创新创业理论知识更丰富，该专业中包含更多创新创业相关案例，对学生影响较其他专业更为广泛。

大赛的参赛项目对于我国体育产业各类别均有涉及。第一类是体育主体产业类，此类参赛项目占总数的85%。此类别主要是指发挥体育自身的经济功能和价值的体育经营活动内容，如健身、运动训练、体育培训、竞赛表演等。第二类是为体育活动提供服务的体育相关产业类（如体育用品生产经营），此类参赛项目占总数的10%。第三类是其他类，是指体育部门开展的、旨在帮助体育事业发展的其他产业活动，其参赛项目占比最少，为5%（见图9）。

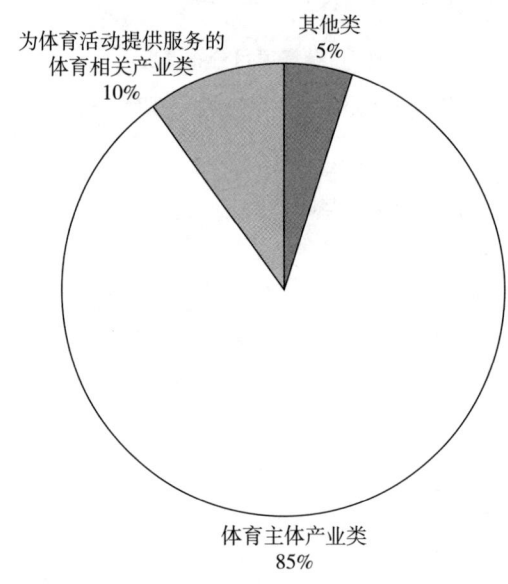

图9　参赛项目内容分布情况

资料来源：全国体育院校体育产业创新创业服务平台。

结合我国体育产业三大分类及大赛参赛项目数据可以看出，涉及体育经营方向的相关参赛项目较多，这类项目可操作性强，投入后收益实现较快，需要有体育、教育、运营背景的人员参与。体育产品研发方向的参赛项目数量相对较少，一方面在于目前国内体育设施、体育产品的发展处于较为前沿行列，技术创新难度相较于体育服务类难度更大；另一方面，产品技术项目的创新研发更多需要多学科背景的学生或团队进行合作，如对训练仪器产品的研发既需要有运动背景的参与者提出产品需求和创意想法，还需要具有计算机、工学背景的学生将想法转化为产品设计，无形中增加了创意难度，但这类项目一旦推广上市，其产品收益往往更高，实用性更强；而第三类活动更依赖于资源的发展，因此参与学生人数及参赛项目相对较少，但这类项目也是不可或缺的，这类项目的转化对于我国体育事业的发展是必要的支持和补充。

3. 大赛相关活动

大赛除赛程环节外，赛事组委会根据体育产业当下发展问题及形势，邀请体育产业领域专家学者及国内数十家创业企业家，以企业家论坛、沙龙、产品展示、项目路演等活动形式（见表5），从不同领域、不同层面剖析体育产业发展状况，为参赛学生及体育创业者带来启发，此系列活动也为创新创业团队展示交流、企业对接大学生团队提供了平台，为大学生投身体育产业、实现创新创业提供了新的有效途径。

表5　大赛组织活动情况

活动形式	活动内容
沙龙	探讨未来体育产业发展方向、中国体育产业未来发展模式及体育产业企业发展机会、健身俱乐部发展机遇与挑战
产品展示、项目路演	参赛队伍项目路演；企业项目展示
企业家论坛	体育产业助力城市发展新高度、创新体育的投资新风向、体育产业资本风向剖析、体育生活×科技创新=无限可能、穿越窄门——体育创业正当时

资料来源：全国体育院校体育产业创新创业服务平台。

（三）第二届全国大学生体育产业创新创业大赛分赛区比赛

2019年服务平台继续延续首届大赛精神，参考首届大赛开展情况，首次尝试探索设置分赛区比赛的形式，大赛旨在推动区域体育产业发展，联合各地方政府、高校、企业及社会市场资源，为体育产业创新创业参与者提供更多展示交流平台。经过多方研讨及专家论证，第二届全国大学生体育产业创新创业大赛分赛区比赛于2019年10～12月在全国九大赛区举行，计划2020年开展第二届全国大学生体育产业创新创业大赛总决赛。

1. 分赛区设置情况

为进一步扩大赛事的覆盖面、影响力，方便全国各地大学生参赛，第二届全国大学生体育产业创新创业大赛开展赛区制改革，先期开展了全国赛区选拔工作，为保证入围承办单位遴选工作公平、公开、公正，组委会以务实高效、优化流程、节省时间、节约经费的原则，利用新媒体技术，通过网络视频答辩形式考核评价承办单位的综合实力。

2019年5月服务平台发布"第二届全国大学生体育产业创新创业服务平台分赛区招募通知"，在全国范围内设置九大分赛区，其承办招募范围为具有法人资格的高校、企业、社会组织、孵化器及创业园等。2019年6月，大赛组委会举办第二届全国大学生体育产业创新创业大赛分赛区专家评审会（线上答辩），对申请承办各分赛区比赛的单位进行遴选。各承办单位负责人通过网络实时连线，向评委们介绍了场地设施、执行团队、运营经费、宣传推广、应急预案、赛事经验、主要工作方案、存在的困惑和困难，并回答了评委的提问。评委们根据各赛区承办单位提交的书面申请材料、网络连线答辩情况综合评分、反复论证分析，最终确定了八家分赛区承办单位（见表6）。

表6 第二届全国大学生体育产业创新创业大赛分赛区承办单位

序号	赛区	省份分布	承办单位	比赛方式
1	华东第一赛区	上海市、浙江省、福建省	温州大学	线下比赛
2	华东第二赛区	江苏省、安徽省、江西省	安徽师范大学	
3	华东第三赛区	山东省	山东永旭体育科技有限公司	
4	华中赛区	河南省、湖北省、湖南省	武汉华夏理工学院	
5	华南赛区	广东省、广西壮族自治区、海南省	华南理工大学	
6	华北赛区	北京市、天津市、山西省、河北省、内蒙古自治区	天津众信行健康信息咨询有限公司	

续表

序号	赛区	省份分布	承办单位	比赛方式
7	西北赛区	陕西省、甘肃省、青海省、宁夏回族自治区、新疆维吾尔自治区	宁夏墨蓝文化科技有限公司	线下比赛
8	东北赛区	辽宁省、黑龙江省、吉林省	天津水滴互联信息技术有限公司	线上比赛
9	西南赛区	四川省、贵州省、云南省、重庆市、西藏自治区		

资料来源：第二届全国大学生体育产业创新创业大赛分赛区名单公示。

分赛区比赛于 2019 年 9 月正式启动，全国体育院校体育产业创新创业服务平台向 8 家承办单位发布了《第二届全国大学生体育产业创新创业大赛分赛区工作推进提示》，明确了各分赛区的办赛原则、工作的进度等，并发布了大赛法律声明、竞赛规程模板等文件。2019 年 10 月，各分赛区承办单位开始陆续发布分赛区大赛通知，确定大赛时间地点等，随后各地参赛学生开始在大赛报名系统内报名，其间，西北赛区、华东第三赛区承办单位因自身原因分别于 10 月底、11 月底放弃承办，两大赛区的比赛由线下转为线上举办（见表 7）。

表 7　第二届全国大学生体育产业创新创业大赛分赛区比赛时间及形式

序号	赛区	实际承办单位	举办时间	比赛方式
1	华东第一赛区	温州大学	2019 年 11 月 23 日至 12 月 24 日	现场评审
2	华东第二赛区	安徽师范大学	2019 年 11 月 29 日至 12 月 1 日	
3	华中赛区	武汉华夏理工学院	2019 年 12 月 7~8 日	
4	华南赛区	华南理工大学	2019 年 12 月 14~15 日	
5	华北赛区	天津众信行健康信息咨询有限公司	2019 年 11 月 27 日至 12 月 29 日	
6	华东第三赛区	天津水滴互联信息技术有限公司	2019 年 12 月 24~25 日	线上评审
7	西北赛区			
8	东北赛区			
9	西南赛区			

资料来源：全国体育院校体育产业创新创业服务平台。

此次大赛线上比赛是采用远程评审系统进行评审，参赛选手通过大赛组委会的资格审查后，在规定的时间内登录本次大赛专用的视频录制系统，通过该系统实时录制项目展示视频,2019年12月25~26日,大赛组委会召集专家评审,在天津体育学院集中审议参赛学生的参赛视频,现场进行评审和打分。

2. 大赛参与情况

第二届全国大学生体育产业创新创业大赛九大分赛区比赛共吸引了来自全国26个省区市127所高校的500支参赛队伍,参赛组别及参赛对象设置与第一届大赛相同,优秀运动员组别不参与九大分赛区比赛,直接进入总决赛。

同第一届大赛不同,分赛区比赛为促进更多体育产业创新创业项目参与到大赛的展示和实践中,赛事组委会对院校推荐参赛项目数量未做限制。九大分赛区参赛数据显示,2019年分赛区赛事较第一届大赛参赛高校和参赛项目数量有明显提高,一方面是近几年高校创新创业教育不断推进发展,院校参与重视程度提高,学生的参与意愿也有明显提升;另一方面往届大赛的开展,加深了院校及学生对服务平台及大赛的认识和了解,使其愿意参与到大赛中并通过大赛的展示平台学习交流(见图10、图11)。

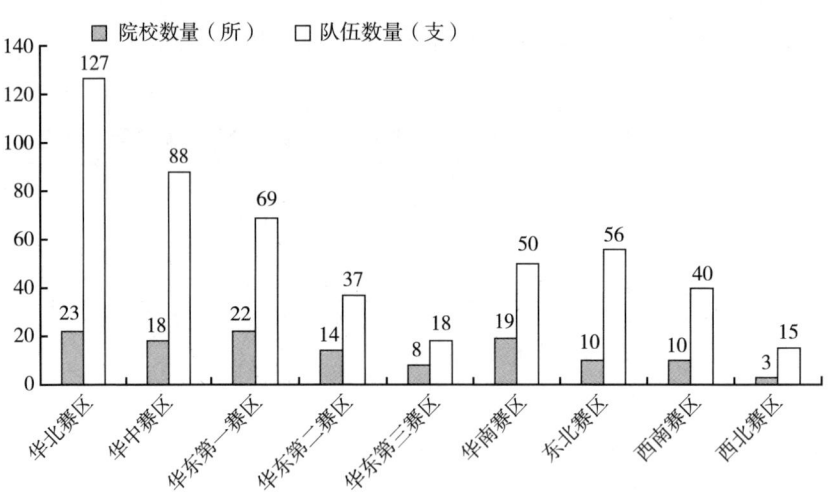

图10 各分赛区参赛院校及参赛队伍情况

资料来源:全国体育院校体育产业创新创业服务平台。

根据分赛区数据统计,华北赛区的参赛学校和参赛项目的数量最多,赛区内省份较多且体育产业发展状况较好。

中国高校大学生体育产业创新创业实践平台状况

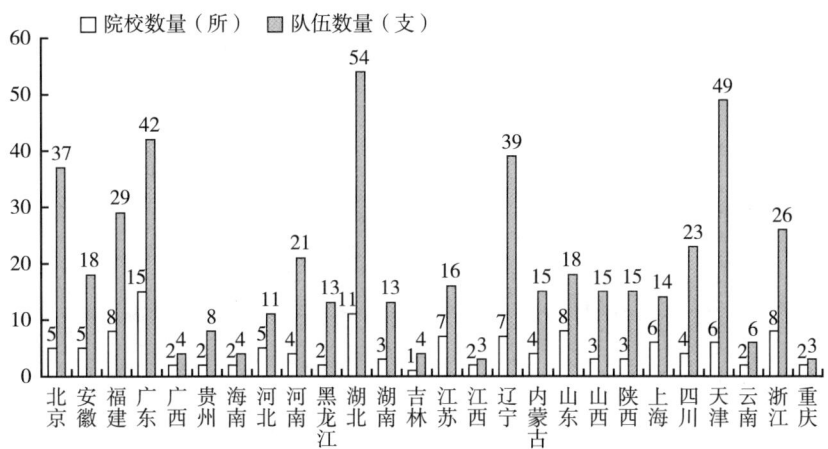

图11　各省份参赛学校和参赛队伍情况

资料来源：全国体育院校体育产业创新创业服务平台。

华中赛区的参赛学校数量、参赛项目数量都比较多，涵盖豫、鄂、湘三地，教育资源相对丰富、人口基数很大，同时湖北省也是全国各省区市中参赛项目数量最多的省份。

华东赛区划分为三大赛区，各自参赛队伍数量有限，但总数蔚为可观，共有124支参赛队伍，仅次于华北赛区，三大赛区共计44所高校参赛，规模较2019年有所增加。

华南赛区参赛队伍主要来自广东，占赛区全部参赛队伍的84%，广东省参赛高校数量居全国各省市中的首位，共15所高校组织参赛，参赛队伍数量居全国各省区市中的第三位。

东北赛区、西南赛区教育资源丰富，但参赛的高校数量和队伍数量并不突出。西北赛区无论参赛高校数量还是参赛队伍都偏少，尤其是西北赛区涵盖陕、甘、宁、青、新五省自治区，最后只能陕西一省参赛。究其原因一方面是我国西北地区整体经济发展水平较低，另一方面是西北赛区临时更换承办单位，赛事在当地也缺乏宣传。

从院校类别的视角来看，198支参赛队伍来自12所体育学院（大学）、1所体育学院独立学院、6所体育职业学院，占全部参赛队伍数量的

39.6%；302支参赛队伍来自108所综合院校，占全部参赛队伍数量的60.4%，由此可见，体育院校仍然是参加本大赛的主力军（见图12）。

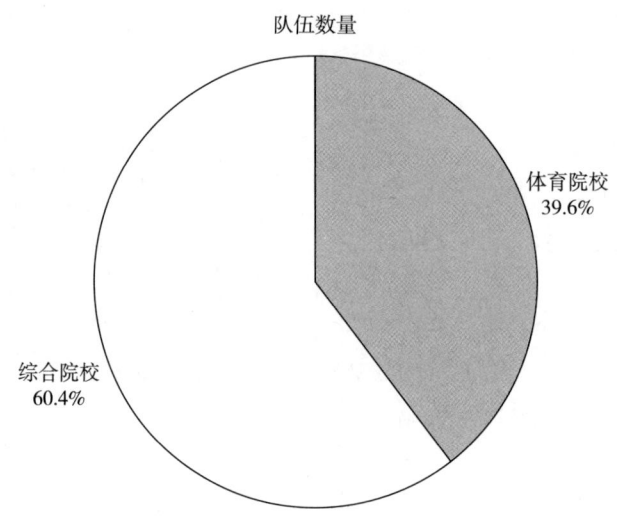

图 12　参与院校情况

资料来源：全国体育院校体育产业创新创业服务平台。

2019年赛事较上年参与学校数量和队伍数量的增加，一方面得益于赛事组织模式的转变，分赛区模式和互联网模式的结合节约了各支参赛队伍的时间和经济成本；另一方面得益于对2018年赛事的思考和总结，增加了2019年赛事的宣传力度，增加了赛事的影响力，加大了对此项赛事的投入，引入了社会资本对赛事的支持。参赛队伍的增加一方面有益于赛事规模的扩大，增加了本项赛事的影响力；另一方面增加了项目的竞争力度，为项目参与者提供了一个更加广阔的竞争和学习的机会，有利于推动项目转化。

3. 参赛项目情况

分赛区比赛参赛对象及参赛组别与第一届大赛基本相同。参赛对象为全国体育院校、全国普通高等院校、全国职业技术院校的在籍本（专）科生及研究生，其专业不限，参赛组别为创意设计项目和创业实践项目（未注册实体法人的为创意设计项目、已注册实体法人的为创业实践项目)。通过参赛项目内容和参赛队伍组成发现,2019 年参赛队伍内部成员组成更加多元化,队伍内成员背景更加丰富,这样的趋势更有利于创新创业项目科学化、产业化的推进和转化(见图13)。

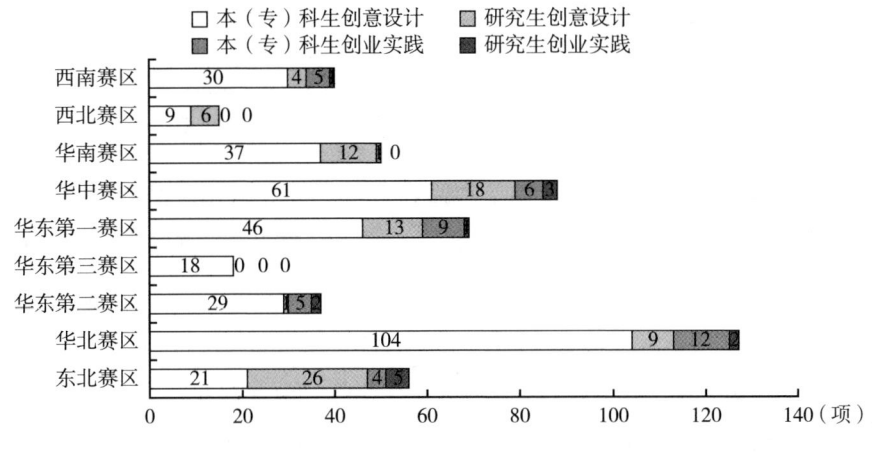

图 13 第二届大赛分赛区参赛项目情况

资料来源:全国体育院校体育产业创新创业服务平台。

本次分赛区比赛中的参赛项目仍以创意设计类项目为主,除东北赛区外,其他赛区创意设计类项目的本(专)科生队伍数量普遍高于研究生队伍数量,华东第三赛区全部参赛队伍均为本(专)科生队伍,华东第三赛区、西北赛区没有创业实践项目参赛。东北赛区情况有所不同,无论是创意设计项目还是创业实践项目,研究生参赛队伍数量均多于本(专)科生参赛队伍数量。

六 全国大学生体育产业创新创业培训

服务平台以提高创新型人才培养质量为核心,以创新人才培养机制、深入开展学生创新创业教育、强化体育产业创新创业教育为理念,2019 年 3 月举办了为期五天的"首届全国大学生体育产业创新创业培训"(以下简称双创培训),双创培训遵循公益性的原则,紧密围绕"国家体育产业创新创业"主题,试图通过整合政府、高等院校、相关企业、金融机构、投资机构、媒体等资源,加快培养规模宏大、富有创新精神、勇于投身实践的创新创业人才队伍。

(一)培训参与情况

培训对象为参与体育产业创新创业且具备一定创业基础知识的在校大学生,其参与形式是由学生所在高校负责组织、筛选及推荐报名,最终由组委会确定参与培训学生。参加培训学生需具备一定的创新创业基础理论知识,包括高校本(专)科生、研究生。数据显示,全国24个省区市55所院校的201名学生参与此次培训。

在参与培训的55所高校中,独立建制高等体育院校(大学)共10所,体育职业院校3所,综合院校42所(见图14)。由此可见,体育产业创新创业的需求,不仅存在于体育院校中,还广泛存在于综合院校中。

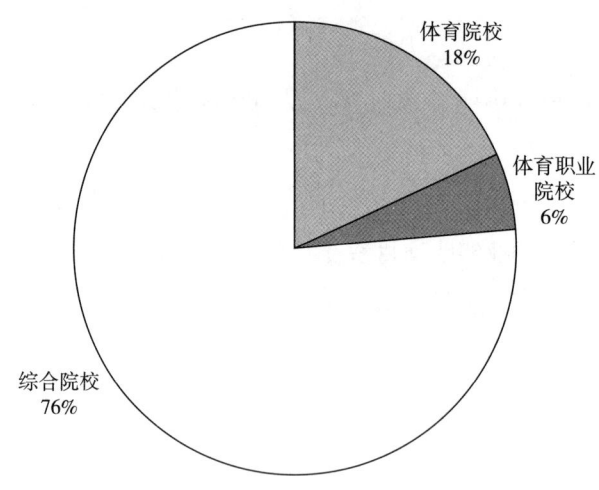

图14 参与培训院校情况

资料来源:全国体育院校体育产业创新创业服务平台。

数据显示，在201名参与培训的学生中，独立建制的高等体育院校（大学）参训人数为71人，占参训总人数的35%，体育职业院校参训人数为12人，占参训总人数的6%，综合院校参训人数为118人，占参训总人数的59%（见图15）。

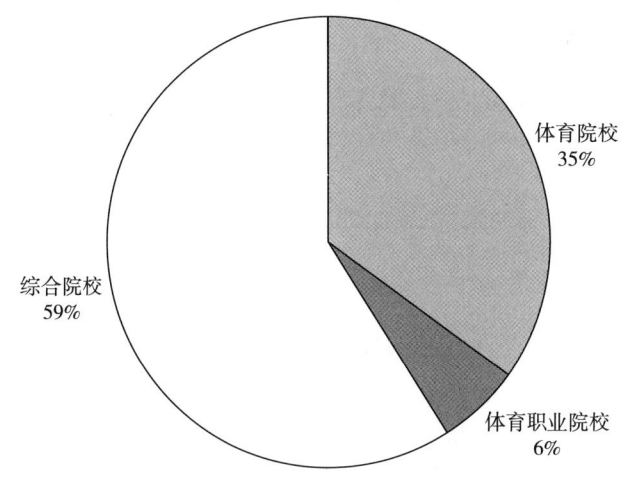

图15 参与培训学生分布情况

资料来源：全国体育院校体育产业创新创业服务平台。

（二）课程设置情况

培养课程设置是创新创业教育中最基本的教育模式，双创培训的课程与教育设置以培养创新精神、创业意识和创业能力为目标，以开放、多维、学科交叉式的课程组合为载体，以体验式教学为手段，在充分整合政府、社会和高校多主体投入资源的基础上，构建符合体育产业创新创业需求的培养体系，在双创培训中，教师采用将学生交叉分组的方式，以团队小组为单位进行学习和实践活动（见表8）。

表8 双创培训课程设置情况

课程分类	开设课程
通识课程(3门)	体育产业创新创业的形势与政策、体育产业创新创业的机会选择、体育产业创新创业计划

续表

课程分类	开设课程
创业技能课程(9门)	细分领域中体育产业的机会选择、体育产业创新创业团队管理、体育企业如何拥抱资本市场、知识型创业组织关键成功因素 企业家案例分享:细分领域中体育产业的机会选择、从学习人到经营者、知识型创业组织关键成功因素、5G人才和人工智能在体育产业中的应用、互联网体育企业的创建与管理
创业实践课程(5门)	创新创业孵化园区实践学习:天津凌奥创意产业园、萨马兰奇纪念馆 体育产业创新创业论坛; 主题演讲:高校体育产业创新创业人才培养的思考、创意迸发之源; 体育产业创新创业对话:创新铸就梦想

资料来源:首届全国大学生体育产业创新创业培训手册资料。

在双创培训课程设置方面,课程培训群体为有志于体育产业创新创业且具备一定创业基础知识的学生,课程设置以创新创业通识课程、创业技能课程和创业实践课程三个模块为支撑进行构建。通识课程主要涉及创新创业原理、基本商业知识、企业运营管理流程等;创业技能课程侧重于创业战略管理、融资管理、风险管理和市场战略管理等综合技能训练;创业实践课程主要以创新创业孵化中心、孵化产业园区等实践平台为载体进行创业知识的转化和提升学习。培训课程安排显示,在为期五天的双创培训课程中,共开设通识课程、创业技能课程及创业实践课程17门,其中创业技能课程(创业理论课程及企业家案例分享课程)共9门,其次为创业实践课程,包括创新创业孵化园区实践学习及体育产业创新创业对话论坛活动共5门,通识课程设置3门。

双创培训在理论与实践教学基础上,采用小组协同学习模式,以不同院校、不同专业、不同年龄学生随机分配的方式,建立学生学习小组,在学习过程中开展户外拓展、才艺展示等多样化团队训练,并以小组为单位、以创业策划书答辩的形式进行培训考核。

(三)培训师资情况

创新创业教育师资能力有着很高的要求,既要具备一定的理论知识,还应具有一定创新创业教育实践经验,才能启发学生创新创业思维,指导学生开展创新创业活动。培训数据显示,参与双创培训的导师(包括体育产业对话论坛讲师)共20人,其中具有创业经历且创业成功的导师10人;高校专家学者7人;具有政府或企事业单位工作经验,现已成功创业的导师3人。双创培训师资构成多元,双创教师具备一定专业能力(见图16)。

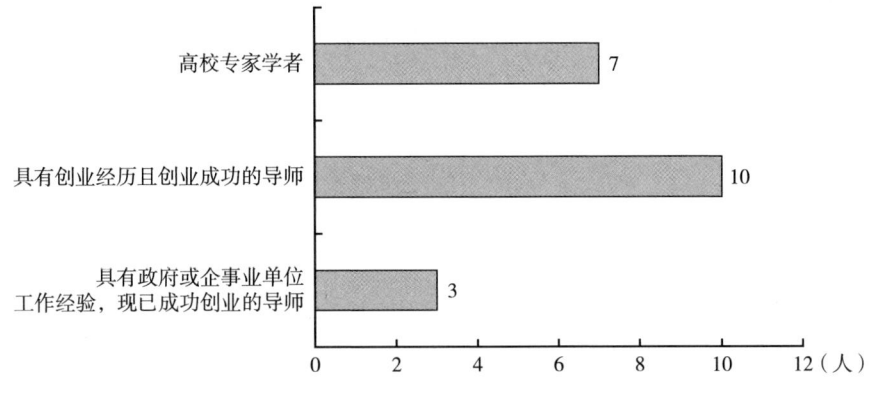

图16 双创培训师资情况

资料来源:全国体育院校体育产业创新创业服务平台。

参考文献

王焰新:《高校创新创业教育的反思与模式构建》,《中国大学教学》2015年第4期。
黄崴:《20世纪西方教育管理理论及其模式的发展》,《华东师范大学学报》(教育科学版)2001年第1期。
孙绵涛、康翠萍:《关于西方科学主义和人文主义教育管理观的探讨》,《教育理论与实践》2003年第21期。
卓雄、项传军:《浅议人本理论在高校学生工作中的运用》,《高教探索》2003年第4期。
张伟坤、黄崴:《近十年我国教育管理理论研究的进展与反思》,《中国高教研究》2013年第2期。
陈文、蒲清平、邹放鸣:《大数据时代的高校学生教育管理模式转变与应对策略》,

《江苏高教》2017年第1期。

王周红：《"互联网+"背景下高校教育管理模式创新与启示》，《中国成人教育》2017年第8期。

蔡克勇：《迈向知识经济时代 培养持续创新人才》，《高等教育研究》2000年第1期。

高晓杰、曹胜利：《创新创业教育——培养新时代事业的开拓者——中国高等教育学会创新创业教育研讨会综述》，《中国高教研究》2007年第7期。

王革、曹胜利、刘乔斐：《深化高等教育改革 大力推动创新创业教育的发展——全国高校创新创业教育高峰论坛综述》，《中国高教研究》2009年第6期。

调 研 篇

Research Reports

B.5
中国高校体育产业创新创业需求调研报告

王 超 苏子豪*

摘 要： 在当前社会"创新"热情高涨、"创业"氛围良好的背景下，如何有效推进体育产业创新创业、满足各主体进行体育产业创新创业的需求，已成为全社会关心的重要话题。本报告以体育产业创新创业的重要主体——高校为切入点，基于2019年和2020年两次全国体育产业创新创业调查数据，分别从需求强度、需求内容、需求目的三大方面对高校教师、大学生、管理者的体育产业创新创业需求进行了分析。通过分析发现，大学生、教师、管理者均具有较高的体育产业创新创业需求，在社会各界的共同支持下，高校体育产业创新创业得到蓬勃发展，但不同属性、不同省份高校之间仍存在明显差异，高

---

* 王超，上海财经大学商学院博士研究生在读，主要研究方向为产业结构与政策、创新经济学。苏子豪，中国铁路总公司党校教师，主要研究方向为创新创业教育、体育俱乐部管理。

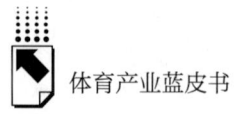

校体育产业创新创业教育质量评价普遍不高，师资来源单一，各项问题仍然有待解决。

关键词： 体育产业　创新创业需求　大学生　管理者

现阶段，我国社会主要矛盾已经转化为人民日益增长的美好生活需要和不平衡不充分的发展之间的矛盾。随着国民收入的增长，享受型消费、娱乐型消费在居民消费总额中的比例不断提高。未来一段时间内，体育消费需求将呈现从追求量的提升到谋求高质量供给的转变，体育产业创新创业在这一进程中扮演着重要角色，高校作为我国经济发展的重要智库，在体育产业创新创业中能够进一步发挥引领作用。为全面了解高校体育产业创新创业的现状，2020年5月15～27日，课题组对高校体育产业创新创业情况进行了调查。调查共回收问卷715份，其中经过系统筛查、人工筛查和二次复查获取有效问卷513份，无效问卷202份，问卷有效回收率71.75%。

调研报告分为高校教师、高校大学生、高校管理者创新创业需求调研三个小节，分别从需求强度、需求内容和需求目的三个角度对高校体育产业创新创业需求状况进行介绍。在上述主要分析角度之外，本文在各创新创业主体的介绍中针对性地增加了是否指导创新创业（教师和管理者）、体育产业创新创业概率和意愿（大学生）、体育产业创新创业影响因素等变量。

一　中国高校体育产业创新创业总体需求调研

高校在推动体育产业创新创业过程中发挥着重要作用，高校既是开展体育产业创新创业教育和相关活动的重要场所，也是体育产业创新创业活动的主要参与者。考虑到在分析高校体育产业创新创业需求时，单纯分割各创新创业主体可能缺乏整体性把握，本部分从需求强度、需求内容和需求目的角度结合高校特征对总体需求情况进行了分析。

（一）需求强度分析

体育产业创新创业属于创新创业的一部分，二者具有密切的相关关系。一方面，高校创新创业的蓬勃发展能够为体育产业创新创业营造良好的外部氛围；另一方面，体育产业创新创业自身得到发展后也会推动高校创新创业工作的开展。统计结果表明，在受访的513名个体中，295名有过创新创业相关经历，占比达到57.51%，其中正在创业的比例为16.96%，曾经创业的比例为40.55%，这说明当前高校创新创业氛围良好。另外，78.56%的受访者具有教育、指导学生创新创业活动的经历。如果按照"高度相关、比较相关、一般、不太相关、根本不相关"将高校从事的创新创业活动与体育产业创新创业相关程度进行划分，则有16.96%的受访者从事的创新创业活动与体育产业高度相关，46.59%的受访者从事的创新创业活动与体育产业比较相关，合计占比达到63.55%（见图1）。

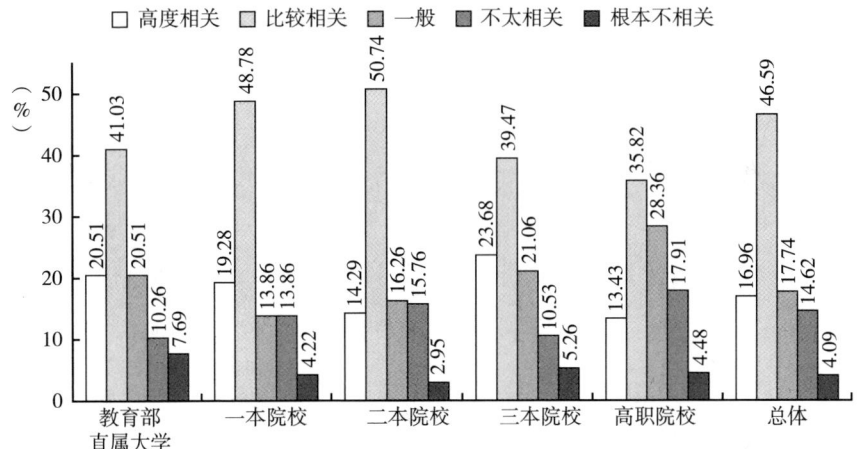

图1　不同高校属性①受访者创新创业活动与体育产业相关度

资料来源：中国高校体育产业创新创业教育现状调查问卷。

---

① 为了解不同高校体育产业创新创业相关度，本研究将高校按照学校属性划分为教育部直属大学、一本院校、二本院校、三本院校、高职院校，并将体育院校划分为独立建制的体育院校、综合性大学的体育院系部、其他体育院校三类。

从图1中可以发现，不同学校属性之间受访者创新创业活动与体育产业相关度呈现大致相同的分布趋势，"比较相关"的比例在各属性学校中均为最高。除高职院校外，"高度相关"和"比较相关"的合计占比在各属性学校中均超过60%。二本院校中受访者从事的创新创业活动与体育产业双创为"比较相关"的比例在各属性高校中位居第一，达到50.74%；其次是一本院校，占比为48.78%。而从体育院校类型看，综合性大学的体育院系部受访者从事的创新创业活动与体育产业高度相关的比例最高，达到30.43%；其次是独立建制的体育院校，占比为27.91%。而从"高度相关"和"比较相关"的合计占比看，独立建制的体育院校比例最高，达到93.03%（见图2），这意味着来自独立建制的体育院校受访者具有很高的体育产业双创潜在需求。

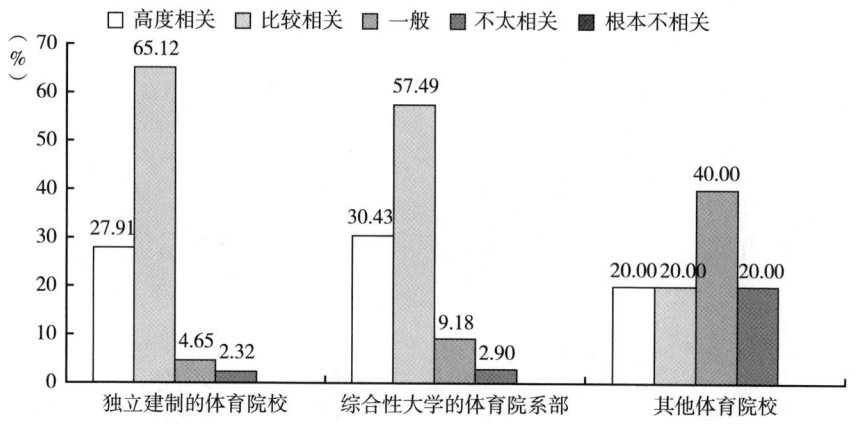

图2　不同类型的体育院校受访者创新创业活动与体育产业相关度

资料来源：中国高校体育产业创新创业教育现状调查问卷。

相比非体育院校而言，体育院校的受访者从事的创新创业活动与体育产业相关度更高，体育院校受访者回答"高度相关"和"比较相关"的比例为87.84%，而非体育院校仅为39.53%，体育院校潜在体育产业创新创业需求强度要高出非体育院校（见图3）。

在从事创新创业活动与体育产业创新创业活动相关的受访者中，参加过

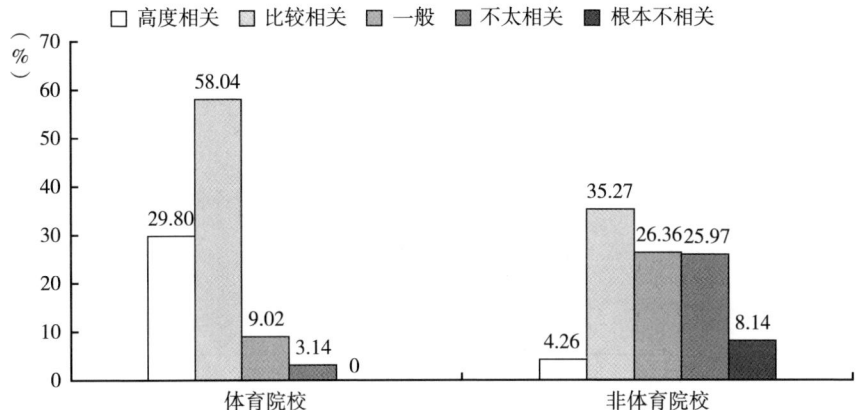

图3 体育院校与非体育院校受访者创新创业活动与体育产业相关度

资料来源：中国高校体育产业创新创业教育现状调查问卷。

体育产业双创论坛、交流、研讨的受访者最多，59.47%的受访者有过此类体育产业创新创业活动经历；其次是体育产业双创课程教学（58.03%）和体育产业双创教师培训（50.84%），仅有16.31%的受访者有过体育法人实体经营运作的经历。

创新创业教育是促进高校体育产业创新创业的重要渠道，其完善程度、供给状况在相当程度上影响着高校体育产业创新创业活动的开展。从受访者对所在高校开展体育产业创新创业教育的总体评价情况看，按"非常完善、比较完善、一般、不太完善、根本不完善"分为五级，受访者回答占比分别为8.38%、46.78%、31.97%、12.28%、0.59%。如果按照4、3、2、1、0分别赋权重，则受访者对所在高校的体育产业创新创业教育总体评价为2.50分，处于比较完善和一般水平之间。结合高校属性和体育院校类型看，教育部直属大学体育产业创新创业教育得分最高，达到2.72分；其次是一本院校，达到2.70分，由此可见，高校体育产业创新创业教育的评价基本和高校综合水平相关（见图4）。从不同体育院校类型看，综合性大学的体育院系部与独立建制的体育院校得分持平，并无差异（见图5）。而在体育院校与非体育院校的对比中，体育院校平均得分为2.83分，远高出非体育院校（2.17分）。

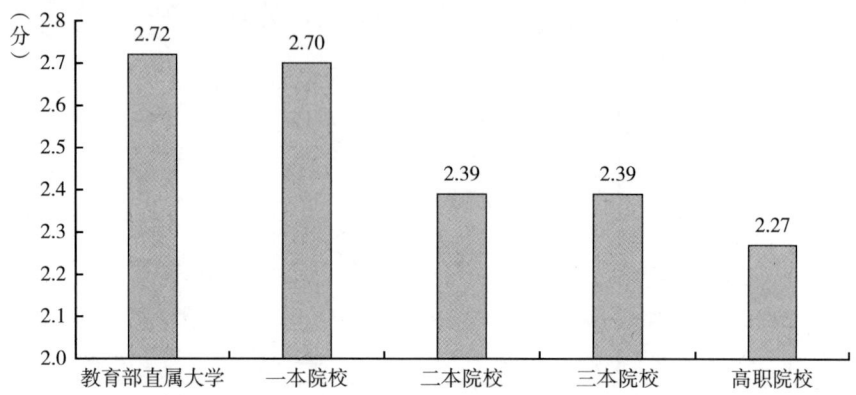

图 4　不同高校属性体育产业创新创业教育平均得分

资料来源：中国高校体育产业创新创业教育现状调查问卷。

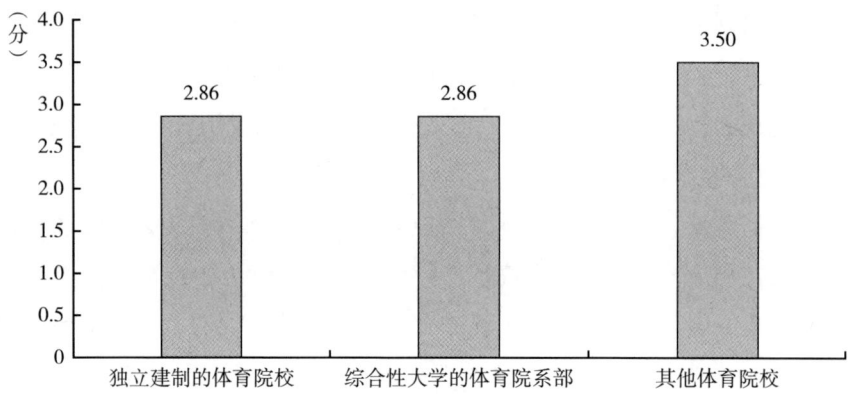

图 5　不同类型体育院校体育产业创新创业教育平均得分

资料来源：中国高校体育产业创新创业教育现状调查问卷。

从区域角度看，按照学校所在位置划分，东北高校得分最高，为2.61分，其次是华北高校，华中高校得分最低。从省份差异上看，黑龙江省和云南省高校体育产业创新创业教育得分最高，达到3.00分，青海省、山东省、安徽省高校体育产业创新创业教育得分较低，分别为2.00分、2.04分、2.17分（见图6）。

从受访者对高校开设体育产业创新创业教育的必要性回答看，以"非

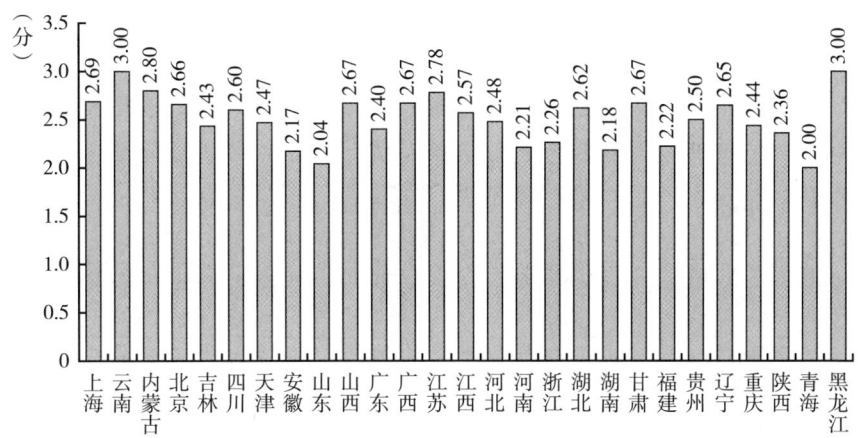

图6　不同省份高校体育产业创新创业教育平均得分

资料来源：中国高校体育产业创新创业教育现状调查问卷。

常有必要、比较有必要、有必要、没有必要、完全没有必要"五档进行划分，并赋值4、3、2、1、0，选项占比分别为37.23%、36.84%、23.59%、2.34%、0%，平均得分为3.09分。没有受访者认为高校开设体育产业创新创业教育是"完全没有必要"，这反映了受访者对体育双创教育的较高认可。

结合高校属性和体育院校类型看，来自教育部直属大学的受访者对高校开设体育产业双创教育必要性的打分最高，为3.33分，其余类型高校平均得分无较大差异（见图7）。而从体育院校类型看，各高校之间均无较大差异（独立建制的体育院校、综合性大学的体育院系部、其他体育院校平均得分分别为3.21分、3.32分、3.20分），可见体育院校内部对于开设体育产业创新创业教育必要性的认识大致相同。

从区域角度看，按照学校所在位置划分，西北高校得分最高，平均得分为3.2分；其次是华北高校，西南高校得分最低。就省份而言，陕西省、安徽省和山西省高校的受访者对体育产业创新创业教育的必要性平均打分较高，分别为3.36分、3.33分和3.33分。此外，云南省高校的受访者评分最低，仅为2.00分（见图8）。

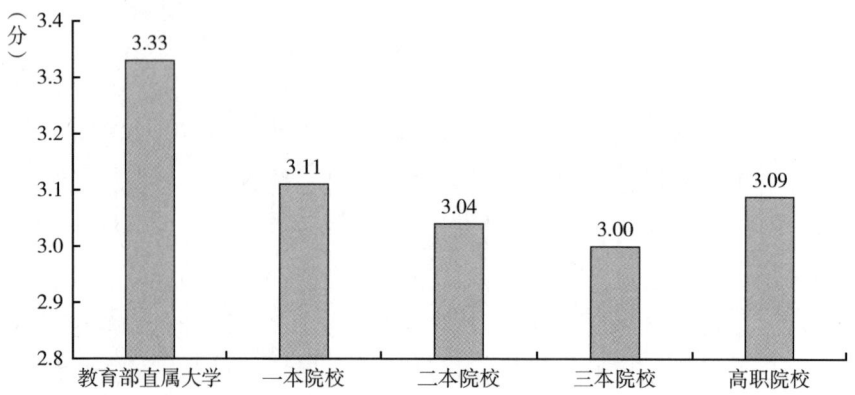

图 7　不同高校属性体育产业创新创业教育必要性平均得分

资料来源：中国高校体育产业创新创业教育现状调查问卷。

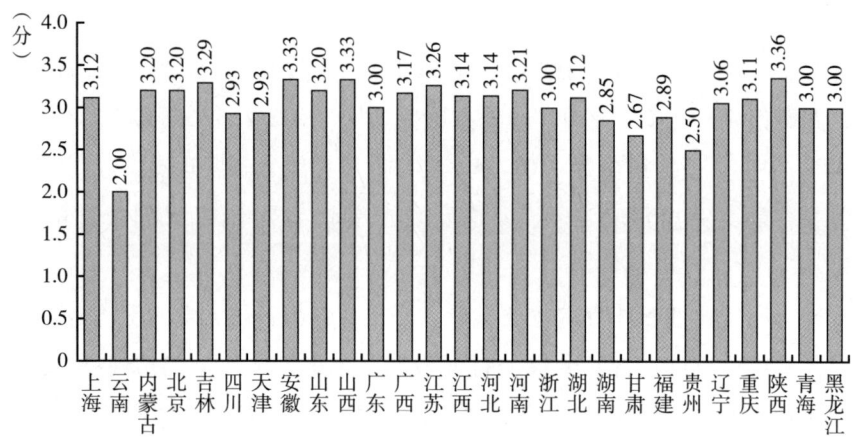

图 8　不同省份高校体育产业创新创业教育必要性平均得分

资料来源：中国高校体育产业创新创业教育现状调查问卷。

如果以"高校体育产业双创教育开展必要性"得分表征高校对体育产业双创教育的需求，开展的总体情况评价表征体育产业双创教育的供给，并用需求减去供给，由此得到的差额如果为正则说明所在高校存在对体育产业双创教育的超额需求，如果为0则供求出清，如果为负则存在超额供给。从整体上看，高校体育产业双创教育供给平均得分为2.50分，需求平均得分为3.09分，差额为0.59分，说明存在超额需求。这意味着高校体育产业创新创业教育仍然有待进一步增加供给，以满足高校日益增长的需求。结合高校属性、体育院校类型和区域分布看，高职院校体育产业创新创业教育超额需求在各属性高校中位居第一，达到0.82分；一本院校超额需求得分最低，仅为0.41分（见图9）。而在体育院校内部，其他类型的体育院校超额需求得分最高，为1.20分；独立建制的体育院校、综合性大学的体育院系部得分为0.35分和0.46分。显然，其他院校（理工类、财经类、医科类等）的体育院系部体育产业双创应得到更多重视。

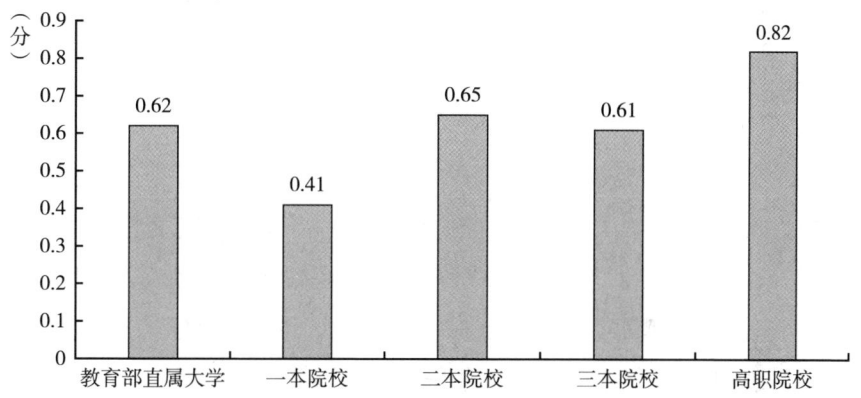

图9 不同属性高校体育产业双创教育超额需求状况

资料来源：中国高校体育产业创新创业教育现状调查问卷。

在区域分布方面，西南地区高校体育产业双创教育超额需求最低，仅为0.33分；西北地区最高，为0.80分。从省份来看，黑龙江省、甘肃省、贵州省处于供求平衡状态，安徽省、山东省、河南省、陕西省、青海省高校超额需求较大，分别为1.17分、1.16分、1.00分、1.00分、1.00分（见图10）。另外，从高校是否有体育产业创新创业教育归口管理部门看，69.01%的受访者所在高校有体育产业创新创业教育归口管理部门。从高校属性、体育院校类型和区域分布看，一本院校设有体育产业双创教育归口管理部门的比例最高，为75.90%；三本院校最低，仅为57.89%。在三本院校体育产

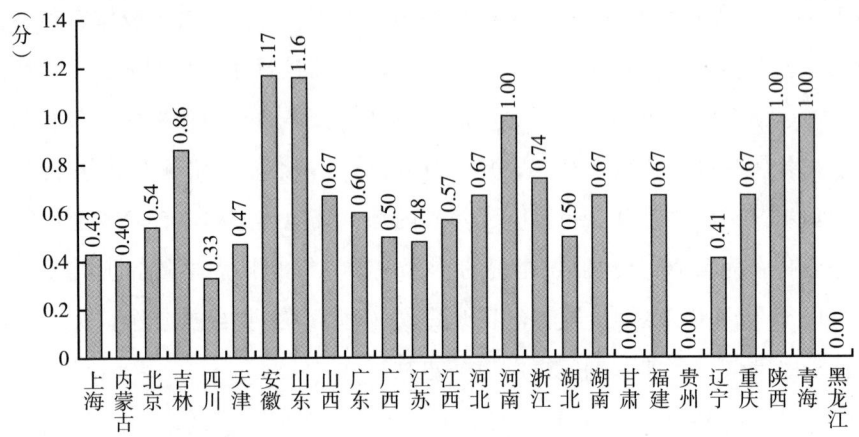

图 10　不同省份高校体育产业双创教育超额需求状况

资料来源：中国高校体育产业创新创业教育现状调查问卷。

业创新创业教育超额需求得分较高的背景下，三本院校体育产业双创供给有待加强。此外，在体育院校内部，独立建制的体育院校和综合性大学的体育院系部开设体育产业双创教育课程占比均超过85%，分别为88.37%、86.47%，其他类型仅为60%；区域分布方面，西南地区高校开设占比最高，达到81.48%；西北地区高校最低，仅为60%。

（二）需求内容分析

首先，由于高校体育产业创新创业开展的一个重要方式就是教育，因此高校必然会对教授这一课程的老师产生需求。从高校体育产业创新创业指导教师的来源看，73.49%为教学教辅人员，64.72%为专职教师，51.85%为企业管理专家，27.68%为社会组织管理者，21.83%为政府行政管理人员，20.08%为风险投资或银行管理人员。另外，从受访者对体育产业创新创业教师应具备的条件回答来看，63.54%的受访者认为应当接受专门创新创业教育培训，62.50%的受访者认为"有思想、肯钻研、积极向上、热衷创新创业教育事业的任何教师均可胜任"，59.03%的受访者认为应当具有创新创业经历，仅有18.75%的受访者认为体育产业创新创业教师应当从事过学校就业管理工作。师资作为影响高校体育参与创新创业的重要因素，对高校创新创业的发展有直接影响。调查结果表明，目前教学辅助人员仍然是主要的师资来源，显然这一情况亟待改善，高校体育产业创新创业教育课程大多是从事经济、管理教学和相关就业部门的教师讲授，这些教师尽管理论丰富，但在高校工作往往缺乏最新的创新创业经历。教授的课程往往偏重理论，使得学生学习热情不高。当然，有51.85%的师资是企业管理专家，但大多停留在教授课程、开设讲座的阶段，实际指导学生创业的少。

其次，从高校开展体育产业双创教育的目标来看，85.19%的受访者认为高校进行体育产业双创的目标在于培养创新创业能力，79.92%的受访者认为其目标在于培养创新创业精神，接下来是培养创新创业意识（77.00%）。从高校开展创新创业教育面临的问题看，61.40%的受访者认为"具有创新创业课程教学经验的教师不足，师资力量匮乏"是高校双创教育的最大问题，其次是"学生能力及创业意愿不足""高校内创新创业教育管理制度建设缓慢，导致创业工作进展缓慢""创业教育硬件设施无法满足教学需求"。而从对高校开展体育产业创新创业教育的建议看，66.86%的受访者认为高校应当"完善创新创业教育的管理体制与运行机制"，54.58%的受访者认为应当"建立创新创业教育教学实践培训体系"，52.44%的受访者认为应当"完善创新创业教育的管理制度"，50.29%的受访者认为应当"优化创新创业教育生态环境"，48.15%的受访者认为应当"提高教师创新创业教育意识，加强专业教学与创新创业能力培养的互融促进性研究"。创新创业教育涉及多学科知识，尤其是在体育产业领域，融合了管理、金融、工程、教育等多方面知识，这对教师的知识结构提出了很高的要求。最后，结合各要素在高校体育产业创新创业教育中发挥的作用看，受访者认为"制度政策"和"实践实训演练"要素更为重要，平均得分为3.32分和3.40分，比赛交流、宣传教育、绩效评价要素得分较低，分别为2.84分、2.87分、2.76分。

（三）需求目的分析

在介绍高校体育产业创新创业的总体需求强度和内容后，人们自然会产生一个疑问：为什么高校会产生对体育产业创新创业的需求？从受访者对高校体育产业创新创业教育的价值回答来看，71.35%的受访者认为高校体育产业创新创业教育的价值在于"培养体育产业创新创业人才"，69.01%的受访者认为其价值在于"培养激发学生创新创业精神"，61.01%的受访者认为其价值在于"促进高校产学研用一体化发展"。高校开设创新创业教育的目的主要是培养相关人才，其次是激发创新创业精神，最后是实现与高校科学研究的融合发展。

二 中国高校教师体育产业创新创业需求调研

高校教师在我国体育产业创新创业中扮演重要角色。高校教师有能力，有丰富的社会资源，直接参与高校体育产业创新创业实践、指导、评价等多个环节，在带动大学生开展体育产业创新创业活动、引领高校创新创业方向方面具有重要作用。

（一）需求强度分析

从调查数据看，受访的307名高校教师中，170名有过创新创业相关经历，占比达到55.37%，其中正在创业的比例为17.26%，曾经创业的比例为38.11%，这说明当前高校教师创新创业氛围良好。另外，75.24%的受访高校教师具有教育、指导学生创新创业活动的经历。进一步来看，如果按照"高度相关、比较相关、一般、不太相关、根本不相关"将高校从事的创新创业活动与体育产业创新创业相关程度进行划分，则有17.92%的受访高校教师从事的创新创业活动与体育产业高度相关，43.00%的受访高校教师从事的创新创业活动与体育产业比较相关，合计占比达到60.92%。为了解不同高校体育产业创新创业相关度，本研究将高校划分为体育院校与非体育院校，又将体育院校划分为独立建制的体育院校、综合性大学的体育院系部、其他体育院校三类，分别绘制五类属性高校创新创业活动与体育产业相关度示意图（见图11）。

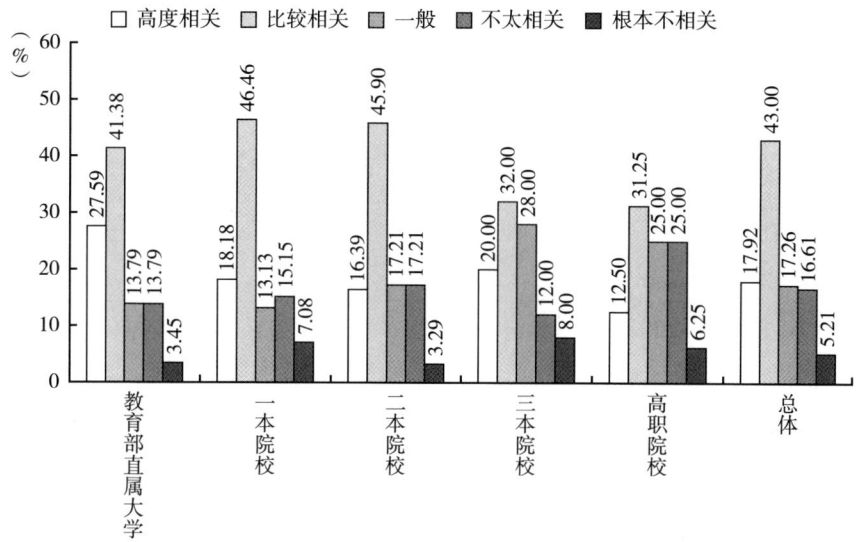

图 11　不同属性的高校受访教师创新创业活动与体育产业相关度

资料来源：中国高校体育产业创新创业教育现状调查问卷。

从图 11 中可以发现，一本院校和二本院校受访教师参与的创新创业活动与体育产业比较相关的比例较高，分别为 46.46% 和 45.90%。三本院校和高职院校这一比重仅为 32.00% 和 31.25%。总体来看，高校教师参与的创新创业活动与体育产业为"高度相关"和"比较相关"的合计比重为 60.92%。此外，独立建制的体育院校受访教师参与的创新创业活动与体育产业"高度相关"和"比较相关"的比例位居第一，达到 91.67%（见图 12）。体育院校受访教师创新创业活动与体育产业相关度也明显高于非体育院校（见图 13）。具体来看，在从事创新创业活动与体育产业创新创业活动相关的受访者中，60.83% 的受访教师有过体育产业创新创业课程教学经历，54.58% 的教师有过体育产业双创论坛、交流、研讨经历，仅有 12.08% 的教师有过体育法人实体经营运作经历。从受访高校教师对所在高校开展体育产业创新创业教育的总体评价情况看，按非常完善、比较完善、一般、不太完善、根本不完善分为五级，受访高校教师回答情况占比分别为 9.77%、42.67%、32.90%、14.33%、0.33%，如果按照 4、3、2、1、0 分别赋权重,则受访高校教师对所在高校的体育产业创新创业教育总体评价为2.47分,介于一般和比较完善之间。结合高校属性和体育院校类型看,教育部直属大学体育产业创新创业教育的总体评价得分最高,达到2.83分,高职院校最低,仅为2.13分(见图14)。此外,相比非体育院校,体育院校体育产业创新创业教育评价明显更高,约为2.84分,前者为2.16分。在体育院校内部,独立建制的体育院校体育产业平均得分为2.88分,高于其他两类体育院校,其他体育院校得分仅为2.00分(见图15)。

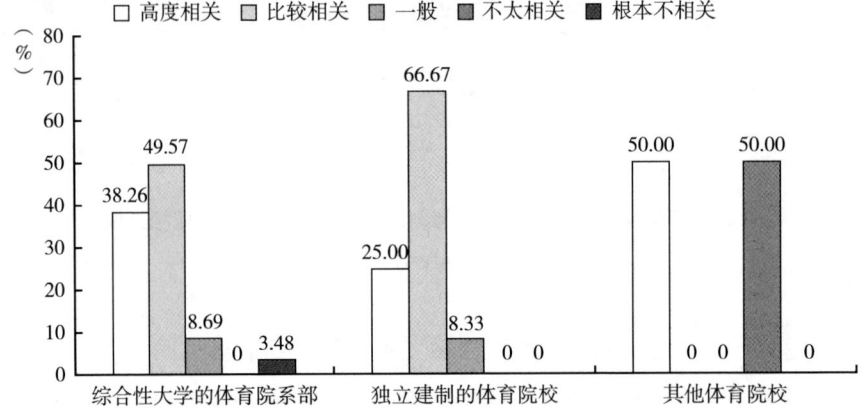

图12 不同类型体育院校的受访教师创新创业活动与体育产业相关度

资料来源:中国高校体育产业创新创业教育现状调查问卷。

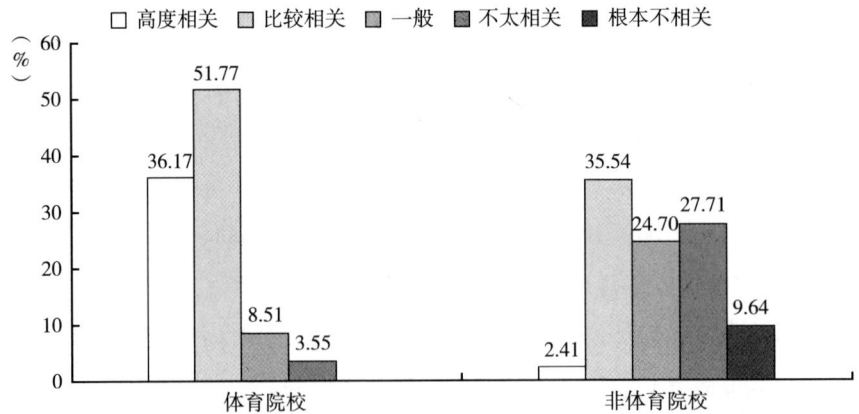

图13 体育院校与非体育院校受访教师创新创业活动与体育产业相关度

资料来源:中国高校体育产业创新创业教育现状调查问卷。

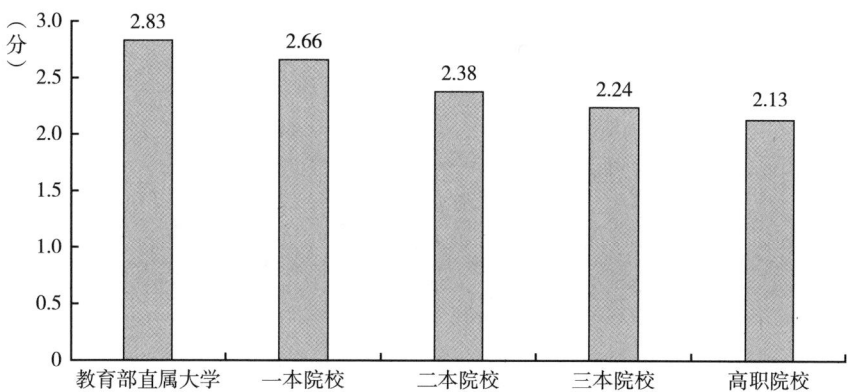

图 14　不同属性高校的教师对体育产业创新创业教育平均评价得分

资料来源：中国高校体育产业创新创业教育现状调查问卷。

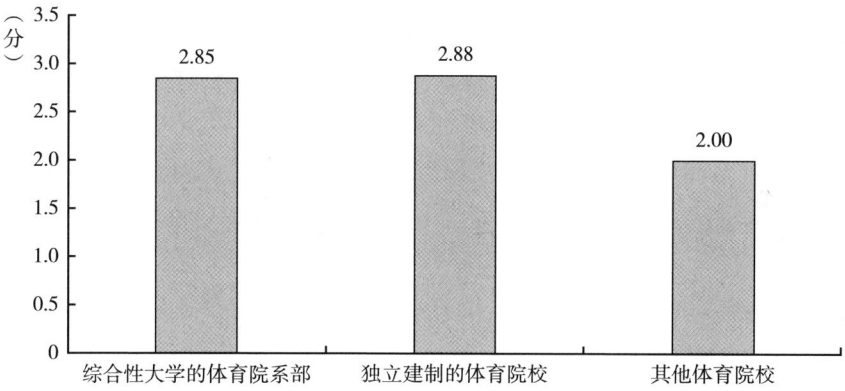

图 15　不同类型体育院校的教师对体育产业创新创业教育平均评价得分

资料来源：中国高校体育产业创新创业教育现状调查问卷。

按照学校所在区域位置划分，黑龙江省和云南省体育产业双创教育评价位居前列，均为 3.00 分；湖南省和贵州省高校评分最低，仅为 1.73 分和 1.00 分（见图 16）。

另外，从受访高校教师对高校开设体育产业创新创业教育的必要性回答看，以非常有必要、比较有必要、有必要、没有必要、完全没有必要五档进

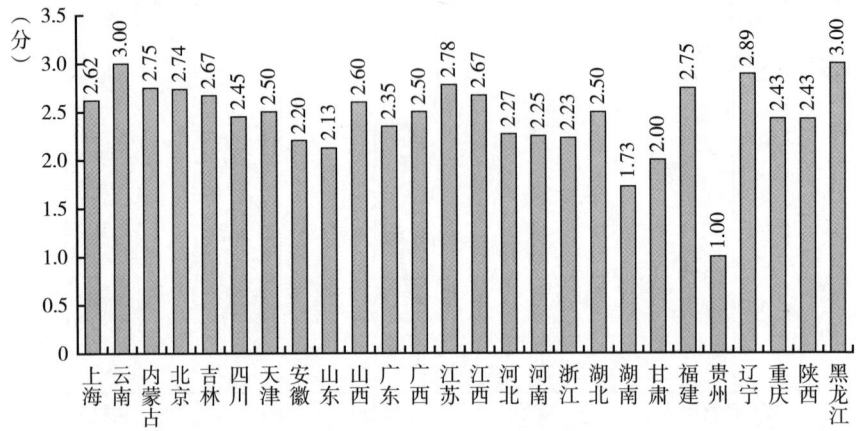

图 16　不同省份高校的教师对体育产业创新创业教育平均评价得分

资料来源：中国高校体育产业创新创业教育现状调查问卷。

行划分，并赋值 4、3、2、1、0，其占比分别为 40.39%、31.60%、25.08%、2.93% 和 0，平均得分为 3.09 分。结合高校属性和体育院校类型看，来自教育部直属大学的受访教师对高校开展体育产业创新创业教育的必要性评分最高，为 3.28 分（见图 17）；体育院校中综合性大学的体育院系部必要性评价最高，为 3.39 分；独立建制的体育院校得分为 3.29 分。

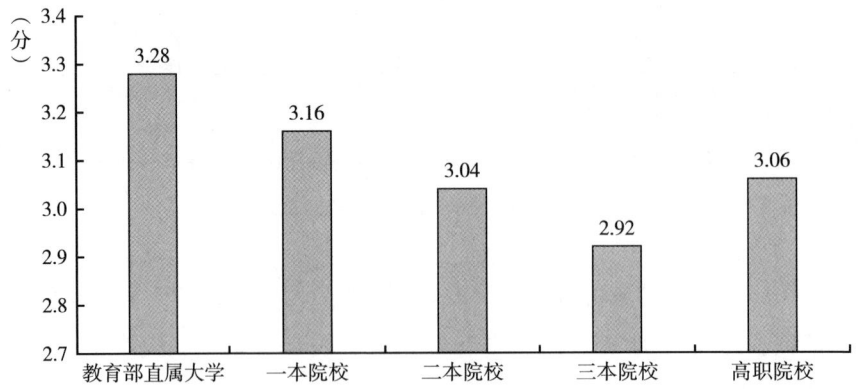

图 17　不同属性高校的教师对体育产业创新创业教育必要性平均评价得分

资料来源：中国高校体育产业创新创业教育现状调查问卷。

从区域角度看,东北地区高校得分最高(3.27分),其次是华北地区高校,西南地区高校得分最低。而在省级层面,来自吉林省高校的教师对体育产业创新创业教育开展必要性的评价最高,平均得分为4.00分;其次是安徽省、山东省和山西省,得分为3.60分、3.44分、3.40分(见图18)。

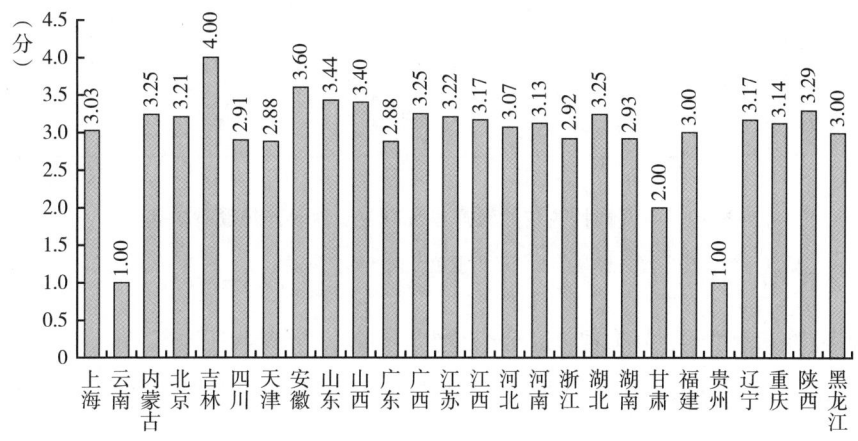

图18 不同省份高校的教师对体育产业创新创业教育必要性平均评价得分

资料来源:中国高校体育产业创新创业教育现状调查问卷。

如果将高校教师对体育产业创新创业教育必要性的评价视为其对体育产业双创的需求,而对高校开展体育产业创新创业情况的评价视为供给,需求与供给之差可以视为"超额需求"。从整体上看,高校教师对高校体育产业双创教育供给情况平均打分为2.47分,高校教师对体育产业创新创业的需求情况平均打分为3.09分,二者差额为0.62分,说明高校教师存在超额需求。就不同属性高校而言,来自高职院校的教师具有更高的体育产业创新创业超额需求,超额得分为0.94分;其次是三本院校和二本院校,得分为0.68分和0.66分(见图19)。另外,相比于体育院校,非体育院校的高校教师体育产业创新创业超额需求更大,超额得分为0.71分,高于体育院校的0.52分。在体育院校中,综合性大学的体育院系部超额需求得分最高,为0.54分;其次是其他体育院校,得分为0.50分;独立建制的体育院校超额需求得分仅为0.42分。

从省份差异看,云南省受访高校教师对体育产业创新创业的超额需求为负,

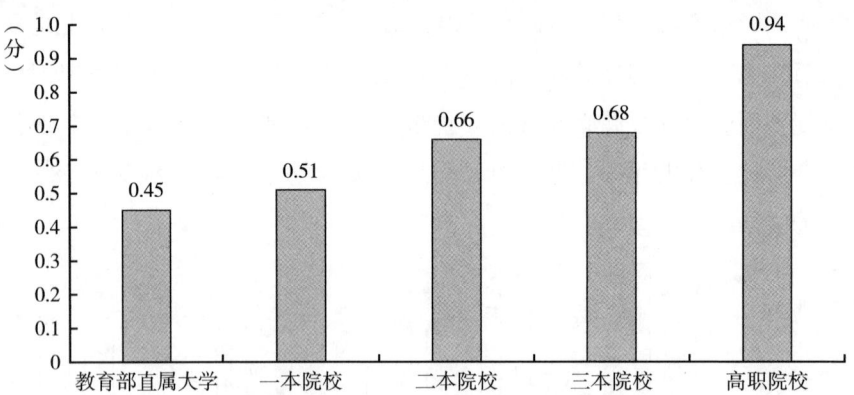

图 19　不同属性高校的教师体育产业双创教育超额需求状况

资料来源：中国高校体育产业创新创业教育现状调查问卷。

说明存在超额供给；甘肃省、贵州省和黑龙江省的高校教师对体育产业创新创业的超额需求为0；安徽省、吉林省、山东省高校教师对体育产业创新创业的超额需求较大，得分为1.40分、1.33分和1.31分。高校教师参与体育产业创新创业的一个重要方面就是教授体育产业创新创业课程，受访的高校教师中，54.40%承担了体育产业双创课程任务，从事相关课程教授的高校教师，可能会在课堂准备、讲解过程中涉及体育产业双创的诸多方面，由此产生直接需求（见图20）。

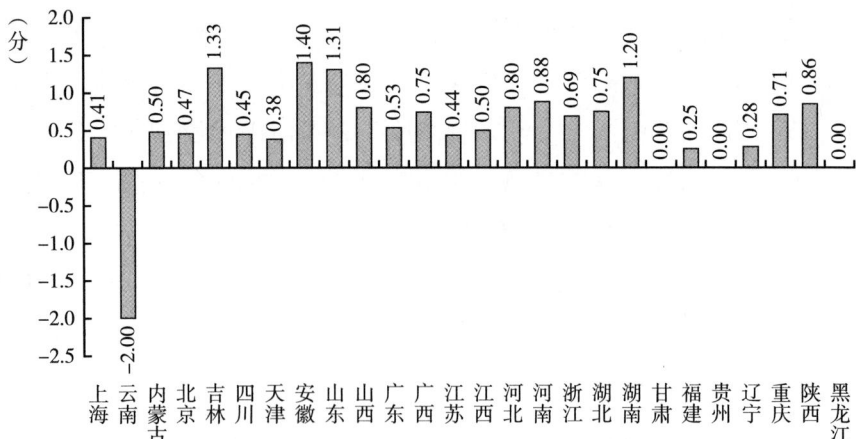

图 20　不同省份高校教师体育产业双创教育超额需求状况

资料来源：中国高校体育产业创新创业教育现状调查问卷。

（二）需求内容分析

高校教师在体育产业创新创业中既扮演着实践者角色，又是带动大学生投身体育产业双创实践的重要指导者。那么，高校教师在指导体育产业创新创业实践和教授课程时应当具备怎样的条件？调研结果表明，64.67%的受访教师认为体育产业双创教师应当"接受过专门创新创业教育培训"，其次是"有过创新创业经历"，仅有19.16%的受访教师认为体育产业双创教师应当"具有发明专利"。受访的高校教师认为高校体育产业创新创业教育的目的主要是"培养创新创业能力"（81.76%），其次是"培养创新创业意识"（77.52%）。从高校开展创新创业教育面临的问题看，60.26%的受访高校教师认为"高校具有创新创业课程教学经验的教师不足，师资力量匮乏"是目前存在的最大问题，其次是"学生能力及创业意愿不足"（46.58%）。而从对高校开展体育产业创新创业教育的建议看，66.12%的受访教师认为高校应当"完善创新创业教育的管理体制与运行机制"，其次是"建立创新创业教育教学实践培训体系"（52.44%）和"完善创新创业教育的管理制度"（51.14%）。从受访教师对各要素在高校体育产业双创教育中的作用来看，"实践实训演练"和"制度政策"得分最高，分别为3.40分和3.29分，"比赛交流""宣传教育""绩效评价"的得分较低，分别为2.81分、2.82分、2.70分。

三 中国高校大学生体育产业创新创业需求调研

高校大学生是高校体育产业创新创业活动的重要参与者。高校大学生思维灵活，能够敏锐地把握社会当中最新的体育产业发展需求，有着勇于探索和不怕困难的冒险精神，是高校体育产业创新创业重要的需求主体。

（一）需求强度分析

大学生对高校体育产业创新创业教育的重视程度从侧面反映了高校

大学生对体育产业创新创业的需求强度。从调研数据看，16.18%的受访者认为大学生对体育产业创新创业非常乐观，46.20%的受访者认为大学生对体育产业创新创业比较乐观，27.49%的受访者认为大学生对体育产业创新创业持一般态度，8.38%的受访者表示大学生对体育产业创新创业不太乐观，1.75%的受访者表示根本不乐观。如果按照4、3、2、1、0分别对"非常乐观、比较乐观、一般、不太乐观、根本不乐观"进行赋值，则大学生对体育产业创新创业教育的乐观程度平均得分为2.67分。从高校属性来看，各类属性高校大学生对体育产业创新创业乐观程度无较大差异，教育部直属大学的学生对体育产业创新创业乐观程度最高，平均得分为2.72分，高职院校最低，得分仅为2.54分（见图21）。体育院校中，综合性大学的体育院系部乐观程度得分最高，为2.89分；其次是独立建制的体育院校；其他体育院校得分最低，仅为1.80分（见图22）。

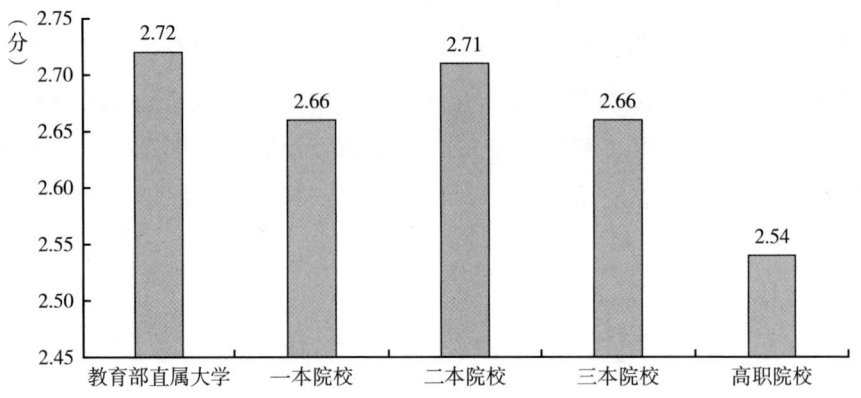

图21　不同属性高校大学生对体育产业创新创业的乐观程度得分

资料来源：中国高校体育产业创新创业教育现状调查问卷。

就区域分布而言，东北地区高校大学生对体育产业创新创业乐观程度得分最高，为2.86分；其次是华东地区高校，得分为2.68分；西北地区高校大学生对体育产业创新创业乐观程度得分最低，仅为2.33分。具体到省份而言，内蒙古高校大学生乐观程度得分最高，达到3.20分，云南省和辽宁

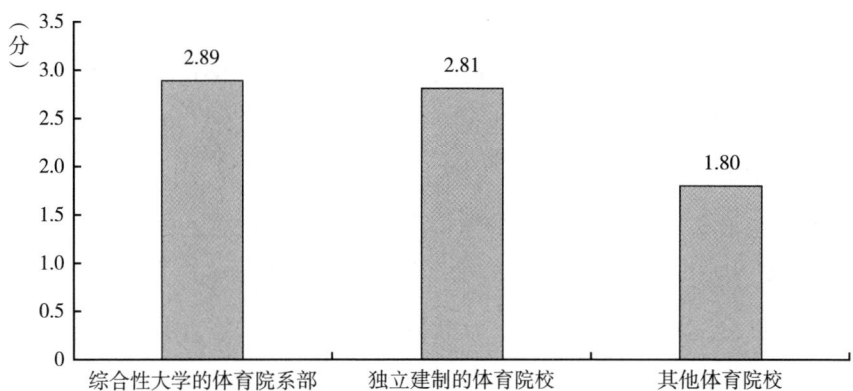

图 22　不同类型体育院校大学生对体育产业创新创业的乐观程度得分

资料来源：中国高校体育产业创新创业教育现状调查问卷。

省、黑龙江省得分为 3.00 分，青海省高校大学生对体育产业创新创业乐观程度评价最低，仅为 1.00 分（见图 23）。

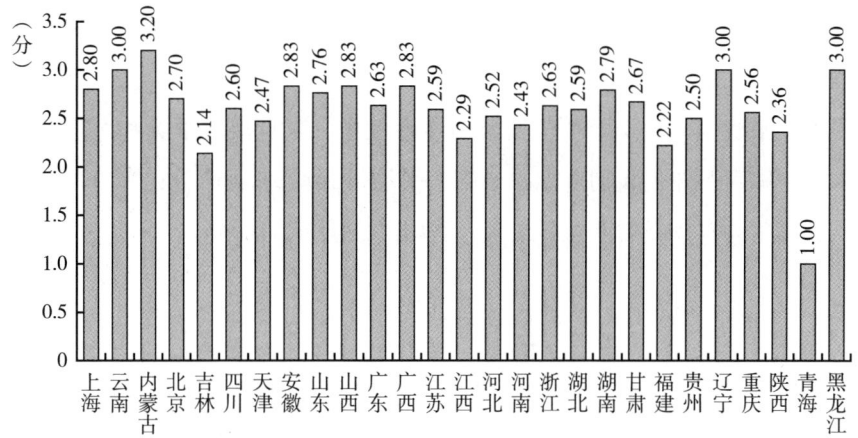

图 23　不同省份高校大学生对体育产业创新创业乐观程度的平均得分

资料来源：中国高校体育产业创新创业教育现状调查问卷。

从大学生体育产业创新创业意愿来看，如果按照"非常有兴趣"、"比较感兴趣"、"一般"、"不太感兴趣"和"根本没兴趣"将意愿划分为五级，那么受访大学生选择"非常有兴趣"的比例为 57.93%，"比较感兴趣"的比例为35.37%，合计占比为93.30%。如果按照4、3、2、1、0分别对"非常有兴趣"、"比较感兴趣"、"一般"、"不太感兴趣"和"根本没兴趣"进行赋值，那么男大学生的平均得分为3.49分，女大学生为3.54分。而从学生受教育层次来看，专科生平均得分为3.36分，本科生为3.55分，研究生为3.43分，本科生的体育产业创新创业意愿更高。

图24给出了不同属性高校大学生的体育产业双创意愿情况。如果按照4、3、2、1、0分别对"非常需要""比较需要""一般""不太需要""根本不需求"进行赋值，可以发现，来自独立学院的高校大学生具有更高的体育产业创新创业意愿，平均得分为3.67分；其次是公办本科大学，平均得分为3.51分；来自高等专科学校的大学生体育产业创新创业意愿最低，平均得分仅为3.33分。另外，按照是否为双一流高校划分，来自双一流高校的大学生具有更高的体育产业创新创业意愿，平均得分为3.58分；而非双一流高校的大学生体育产业创新创业意愿平均得分为3.48分。从专业角度来看，体育类专业中体育教育专业的创新创业意愿最高，平均得分为3.61分；其次是武术和民族传统体育，平均得分为3.6分；来自运动人体科学专业的大学生创新创业意愿最低，平均得分为3.25分。非体育类专业中，来自教育学类和医学类专业的大学生体育产业创新创业意愿最高，平均得分均为3.67分；来自理学类专业的大学生体育创新创业意愿最低，平均得分仅为2.00分。

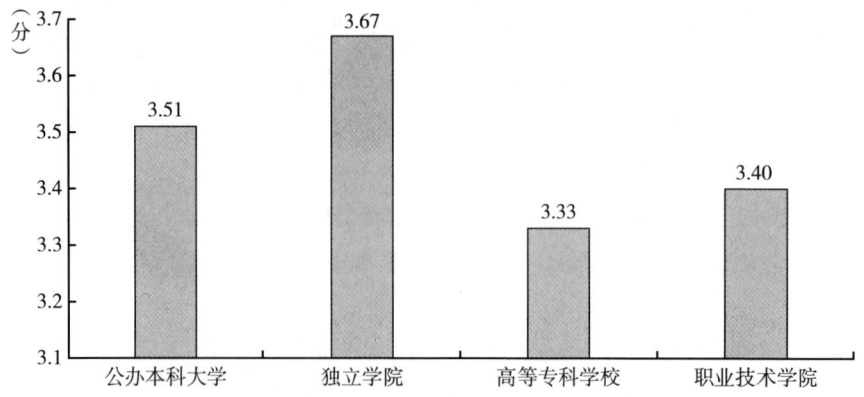

图24　不同属性高校大学生体育产业创新创业意愿平均得分

在高校体育产业创新创业教育发展现状调查中，受访者对体育产业创新创业教育的需求进行了回答，调查将需求分为"非常需要"、"比较需要"、"一般"、"不太需要"和"根本不需要"，受访大学生选择"非常需要"的比例为50.62%，"比较需要"的比例为41.36%，合计占比为91.98%。另外，如果按照4、3、2、1、0分别对"非常需要"、"比较需要"、"一般"、"不太需要"和"根本不需要"进行赋值，那么男大学生的平均得分为3.39分，女大学生为3.50分。而从学生受教育层次来看，专科生平均得分为3.27分，本科生为3.46分，研究生为3.39分，本科生的体育产业创新创业教育需求更高。

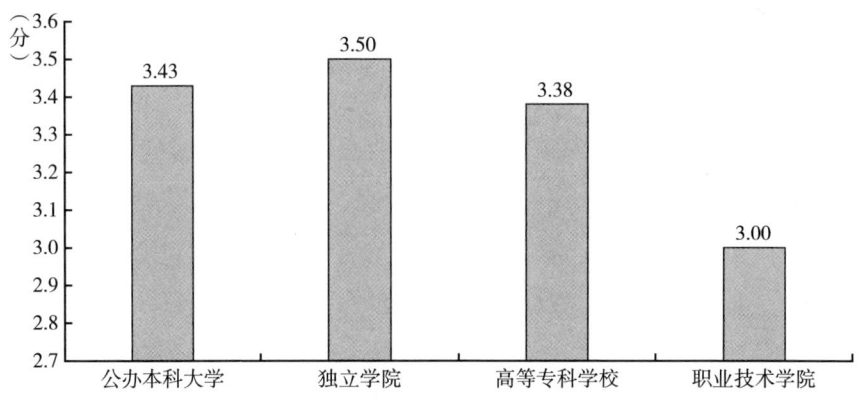

图25 不同属性高校大学生体育产业创新创业教育需求

图25给出了不同属性高校大学生的体育产业双创教育需求情况。可以看出，来自独立学院的高校大学生具有更高的体育产业创新创业教育需求，平均得分为3.50分；其次是公办本科大学，平均得分为3.43分；来自职业技术学院的大学生体育产业创新创业教育需求最低，平均得分仅为3.00分。另外，按照是否为双一流高校划分，来自双一流高校的大学生具有更高的体育产业创新创业教育需求，平均得分为3.42分；而非双一流高校的大学生体育产业创新创业教育需求平均得分为3.41分，二者差异不大。从专业角度来看，体育类专业中武术和民族传统体育专业大学生体育产业创新创业教

育需求最高,平均得分为3.60分;其次是运动人体科学专业,平均得分为3.50分;运动训练专业大学生体育产业创新创业教育需求最低,平均得分为3.24分。非体育类专业中,教育学类和医学类体育产业创新创业教育需求最高,平均得分为3.67分;理学类和文学类最低,平均得分仅为3.00分。

从受访高校大学生对开展体育产业创新创业教育必要性的回答来看,将回答划分为"非常必要"、"比较必要"、"一般"、"不太必要"和"根本不必要",选择"非常必要"的比例为55.00%,选择"比较必要"的比例为38.75%,合计占比为93.75%。另外,如果按照4、3、2、1、0分别对"非常必要"、"比较必要"、"一般"、"不太必要"和"根本不必要"进行赋值,那么男大学生的平均得分为3.47分,女大学生为3.52分。而从学生受教育层次来看,专科生平均得分为3.36分,本科生为3.51分,研究生为3.45分。从学校属性来看,来自公立本科大学的学生对体育产业创新创业教育必要性的评价更高,平均得分为3.51分;其次是独立学院,平均得分为3.50分;职业技术学院的大学生对体育产业创新创业教育的必要性评价最低,平均得分仅为3.20分。来自双一流高校与非双一流高校的学生对体育产业创新创业教育必要性的评价基本持平,分别为3.42分和3.41分。就专业而言,体育类专业中武术和民族传统体育专业大学生对体育产业创新创业教育必要性评价最高,得分为3.60分;运动训练专业学生对此评价最低,得分仅为3.23分。非体育类专业中教育学类和医学类评价最高,得分均为3.67分;理学类和文学类专业大学生对此评价最低,得分仅为3.00分。

从大学生体育产业创业的概率来看,将回答分为"非常高"、"比较高"、"一般"、"不太高"和"根本没有",受访大学生选择"非常高"的比例为27.78%,选择"比较高"的比例为53.70%,合计占比为81.48%。另外,如果按照4、3、2、1、0分别对"非常高"、"比较高"、"一般"、"不太高"和"根本没有"进行赋值,那么男大学生的平均得分为3.01分,女大学生为3.17分,女大学生的体育产业创业意愿更高。而从学生受教育层次来看,专科生平均得分为3.00分,本科生为3.06分,研究生为3.09分。

从学校属性来看,来自独立学院的大学生参加体育产业创业工作的概率最高,平均得分为3.67分;其次是职业技术学院,平均得分为3.20分;高等专科学校的学生参与体育产业创业工作的概率最低,平均得分仅为2.75分(见图26)。来自双一流高校的学生参与体育产业创业工作的概率平均得分为3.18分,非双一流高校为3.02分。就专业而言,体育类专业中武术和民族传统体育专业的学生参与体育产业创业工作的概率最高,平均得分为3.6分;其次是运动训练,平均得分为3.33分。非体育专业中医学类专业学生参与体育产业创业工作的概率最高,平均得分为3.33分;理学类学生最低,得分仅为2.00分。

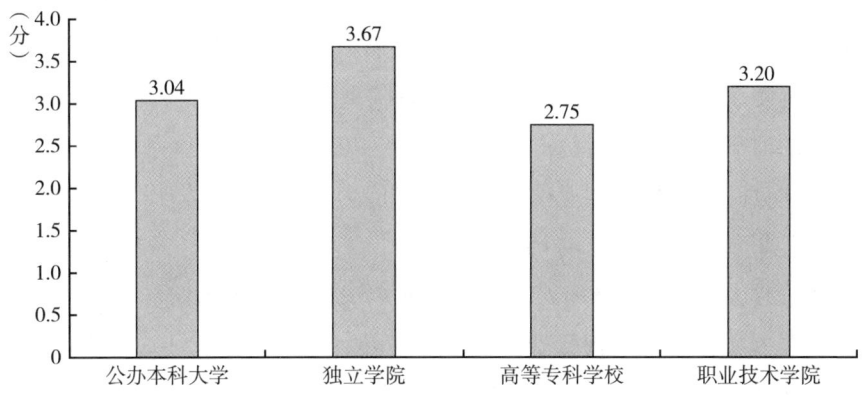

图26 不同属性高校大学生体育产业创业概率

(二)需求内容分析

从高校教师和管理者对"大学生体育产业创新创业存在的问题"的回答看,61.79%的受访者认为"缺少经验"是阻碍大学生体育产业创新创业的因素,其次是"缺少资金"(57.89%),"缺少知识、技能与方法"(54.58%)和"缺少指导"(53.61%),仅有12.28%的受访者认为"缺少

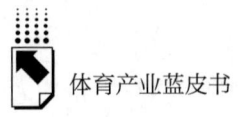

时间"是阻碍大学生体育产业创新创业的因素。结合高校属性看,各属性高校大学生体育产业创新创业存在的问题并无较大差异,体育院校内部差异也较小。

从理论上而言,教师、管理者以及大学生本人对于影响大学生体育产业创新创业的因素认识可能存在差异。从大学生对"影响体育产业创业的因素"回答来看,受访大学生认为个人能力是影响体育产业创业的首要因素,选择占比为68.52%;其次是市场环境,选择占比为62.35%;选择社会氛围、创业的熟悉程度、创业风险的大学生最少,占比分别为20.37%、30.86%、29.63%。从高校教师和管理者对"影响大学生体育产业创新创业的因素"的回答看,71.93%的受访者认为"素质和能力"是影响大学生体育产业创新创业的首要因素,其次是"市场环境"(54.19%),仅有17.54%的受访者认为"社会关系"会影响大学生进行体育产业创新创业。研究发现,不同属性高校大学生体育产业创新创业影响因素并无较大差异,但从体育院校类型看,综合性大学的体育院系部影响大学生进行体育产业创新创业的前三位因素分别是"素质和能力、市场环境、资金条件",而独立建制的体育院校则是"创业项目、素质和能力、专业技术知识",其他体育院校在各影响因素之间无较大差异。

高校是大学生获取体育产业创新创业知识技能的重要场所,从受访者对于"希望获取途径"的回答看,"学校举办创新创业活动"是首要途径,选择占比为64.29%;其次是"学生社团举办创新创业活动""孵化器、众创空间提供服务""实习实训基地提供服务"选择占比分别为55.84%、46.10%和45.45%。而从学校体育产业创新创业教育存在的问题来看,受访大学生认为经费投入不足是首要问题,选择占比为51.63%;其次是学校重视不够、实习实训基地缺乏、师资缺乏和创新创业指导不够,选择占比分别为39.87%、38.56%、35.29%、34.64%;选择评价方法不合理的人最少,仅占13.07%。从受访大学生对体育产业创新创业教育的希望和建议看,68.83%的受访者希望能够提供经费;其次是配备有胜任力的师资,选择占比为59.09%;以及完善课程设置(46.10%)和提供高质量的课程内容（44.81%）；选择"提供更多接触社会的机会""搭建线上学习平台"的受访者最少，占比分别为30.52%和29.87%。

（三）需求目的分析

受访者认为大学生进行体育产业创新创业的前三大目的分别是"积累经验，提升自己的能力和素质"（69.40%）、"成才的一种方式，实现个人理想和自我价值"（64.52%）以及"开创自己的事业"（62.18%），选择"就业艰难、解决就业"和"当老板"的受访者分别仅为19.30%和6.63%。结合高校属性看，来自教育部直属大学的大学生进行体育产业创新创业的目的更多是"积累经验、方便就业"和"开创自己的事业"，其他属性高校大学生与总体情况无较大差异。另外，从体育院校类型看，各高校之间无明显差异。从大学生对于体育产业创新创业的认识来看，70.66%的受访大学生认为体育产业创新创业是一种"从思维到行为的培养方式"，居各选项首位，其次是"新时代大学教育的必要形式"和"开店办企业"，占比分别为36.53%和35.93%。

四 中国高校管理者体育产业创新创业需求调研

高校管理者既是高校各项政策的制定者，也肩负着指导体育产业创新创业的任务。相比于教师，高校管理者具有不同的资源禀赋，社会网络更加复杂，接触各类体育产业创新创业资源的机会也更多。然而，相比大学生和教师，管理者的时间约束更紧，可能无法抽出过多的时间参与体育产业创新创业。高校管理者与教师、大学生的体育产业创新创业需求可能存在差异，高校管理者在体育产业创新创业中的需求直接关系着未来相关鼓励措施的施行。

（一）需求强度分析

从调查数据看，受访的151名高校管理者中，89名有过创新创业相关经历，占比达到58.94%，其中正在创业的比例为17.88%，曾经创业的比例为41.06%。82.12%的受访高校管理者具有教育、指导学生创新创业活动的经历。进一步来看,如果按照"高度相关、比较相关、一般、不太相关、根本不相关"将高校管理者从事的创新创业活动与体育产业创新创业相关程度进行划分,则有11.26%的受访高校管理者从事的创新创业活动与体育产业高度相关,52.98%的受访高校管理者从事的创新创业活动与体育产业比较相关,合计占比达到64.24%。为了解不同高校管理者体育产业创新创业相关度,本研究将高校划分为五类,将体育院校划分为独立建制的体育院校、综合性大学的体育院系部、其他体育院校三类,分别绘制五类属性高校与体育院校创新创业活动与体育产业相关度示意图。从图27中可以发现,不同属性学校之间管理者体育产业创新创业相关度存在差异。三本院校的高校管理者创新创业与体育产业双创"高度相关"和"比较相关"的比例最高,合计占比为80.00%;教育部直属大学管理者创新创业与体育产业双创"根本不相关"的比例最高,达到22.23%(见图27)。

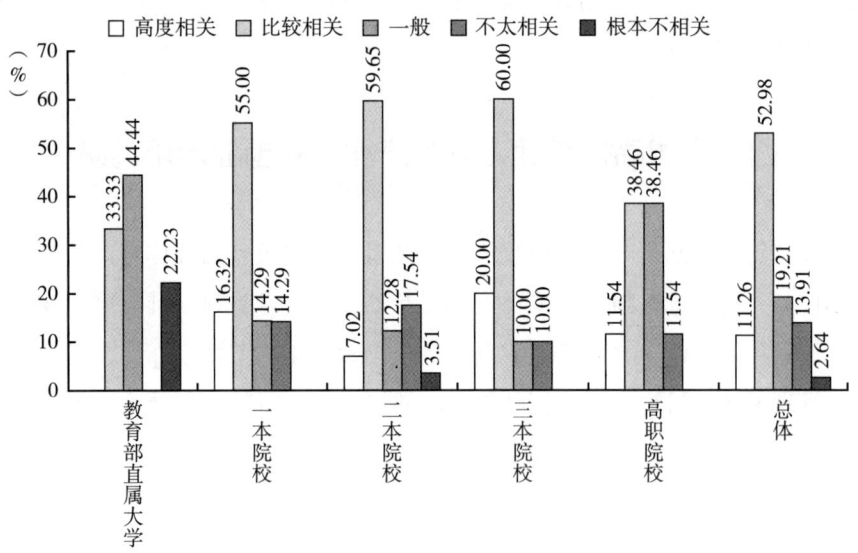

图27 不同属性高校受访管理者创新创业活动与体育产业相关度

资料来源:中国高校体育产业创新创业教育现状调查问卷。

从图 28 可以看出，体育院校的管理者创新创业活动与体育产业为"高度相关"和"比较相关"的比例明显高出非体育院校，合计占比分别为 84.21% 和 44.00%（见图 28）。而在体育院校中，独立建制的体育院校管理者创新创业与体育产业双创相关度明显高出综合性大学的体育院系部和其他体育院校，"高度相关"和"比较相关"的合计占比分别为 92.86%、84.74% 和 33.33%（见图 29）。

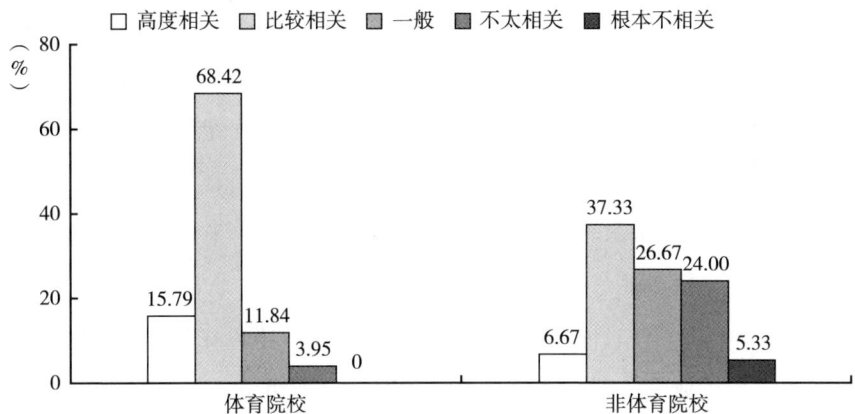

图 28　体育院校与非体育院校受访管理者创新创业活动与体育产业相关度

资料来源：中国高校体育产业创新创业教育现状调查问卷。

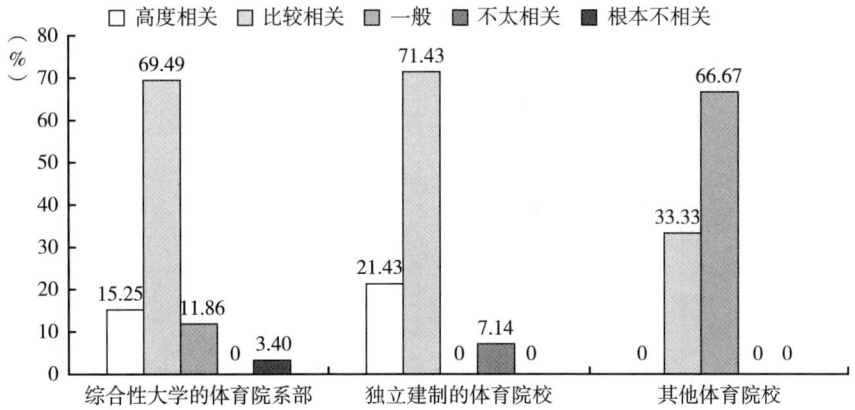

图 29　不同类型体育院校受访管理者创新创业活动与体育产业相关度

资料来源：中国高校体育产业创新创业教育现状调查问卷。

具体来看，在从事创新创业活动与体育产业创新创业活动相关的受访管理者中，"体育产业双创论坛、交流、研讨"的占比最高，达到67.46%；其次是"体育产业双创展示活动"和"体育产业双创教师培训"，占比分别为52.38%和50.79%。从受访高校管理者对所在高校开展体育产业创新创业教育的总体情况评价看，按"非常完善、比较完善、一般、不太完善、根本不完善"分为五级，受访者回答占比分别为3.31%、53.64%、33.11%、9.27%和0.67%。如果按照4、3、2、1、0分别赋权重，则受访者对所在高校的体育产业创新创业教育总体评价为2.50分，介于一般和比较完善之间。

结合高校属性和体育院校类型看，三本院校的高校管理者对所在高校体育产业创新创业教育的评价最高，平均得分为2.80分；其次是一本院校，平均得分为2.67分（见图30）。另外，相比非体育院校，来自体育院校的高校管理者对所在高校体育产业创新创业教育的评价更高，平均得分为2.79分和2.2分。就不同类型体育院校而言，来自独立建制的体育院校的高校管理者对所在高校体育产业创新创业教育有更高的评价，平均得分为2.86分；其次是综合性大学的体育院系部，平均得分为2.81分，其他体育院校的得分仅为2.00分（见图31）。按照学校所在位置划分，来自贵州省的高校管理者对所在高校体育产业创新创业教育的评价最高，其次是四川、山西、广西和甘肃。

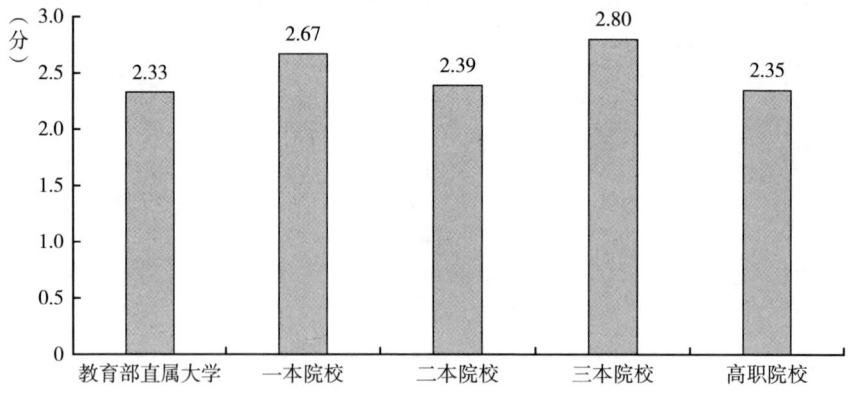

图30　不同属性高校体育产业创新创业教育平均得分

资料来源：中国高校体育产业创新创业教育现状调查问卷。

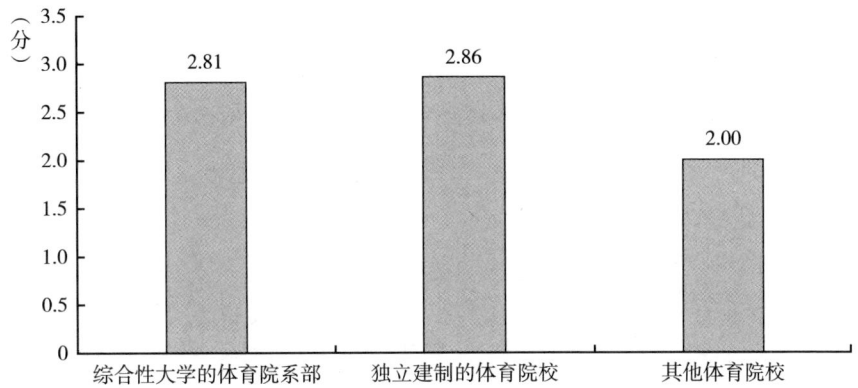

图 31　不同类型体育院校体育产业创新创业教育平均得分

资料来源：中国高校体育产业创新创业教育现状调查问卷。

另外，从受访高校管理者对高校开设体育产业创新创业教育的必要性回答来看，以"非常有必要""比较有必要""有必要""没有必要""完全没有必要"五档进行划分，并赋值4、3、2、1、0，占比分别为30.46%、43.05%、24.50%、1.99%和0%，平均得分为3.02分。结合高校属性和体育院校类型来看，教育部直属大学的高校管理者对体育产业创新创业教育必要性的评价更高，平均得分为3.44分，其他属性的高校必要性得分基本持平（见图32）。就不同体育院校类型看，来自其他类型体育院校的高校管理者对体育产业创新创业教育必要性的打分更高，平均得分为3.67分；其次

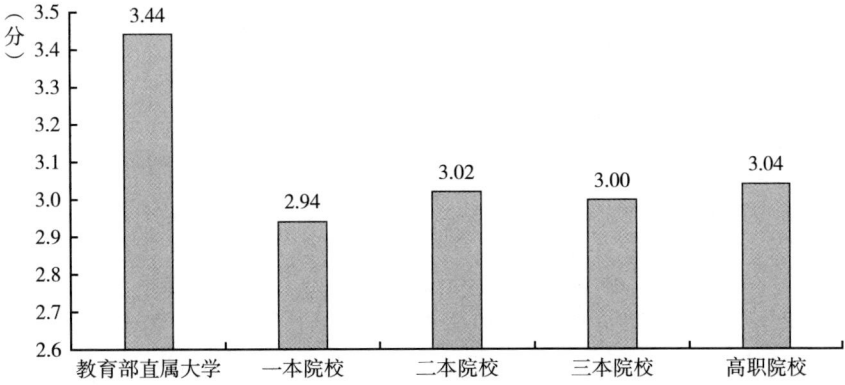

图 32　不同属性高校管理者对体育产业创新创业教育必要性平均评价得分

资料来源：中国高校体育产业创新创业教育现状调查问卷。

是综合性大学的体育院系部，平均得分为3.17分。

结合高校所在的省份看，来自贵州省、陕西省和河北省的受访者对体育产业双创教育必要性的评价最高，得分为4.00分、3.67分和3.5分（见图33）。

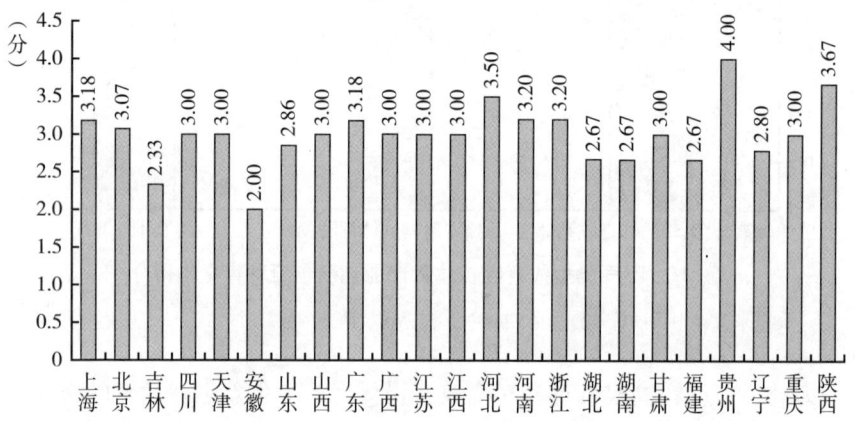

图33 不同省份高校管理者对体育产业创新创业教育必要性平均评价得分

资料来源：中国高校体育产业创新创业教育现状调查问卷。

如果以高校管理者对体育产业双创教育开展必要性得分表征高校管理者对体育产业双创教育的需求，开展的总体评价情况表征体育产业双创教育的供给，并用需求减去供给，由此得到的差额如果为正则说明所在高校管理者存在对体育产业双创教育的超额需求，如果为0则供求出清，如果为负则存在超额供给。从整体上看，高校管理者对高校体育产业双创教育供给平均打分为2.50分，高校管理者对体育产业创新创业的需求平均打分为3.02分，差额为0.52分，说明存在超额需求。

结合高校属性、体育院校类型和省份分布来看，来自教育部直属大学的管理者体育产业创新创业超额需求最大，平均得分为1.11分，说明高校管理者体育产业创新创业需求有待满足。另外，来自高职院校和二本院校的管理者也具有较高的体育产业创新创业超额需求，平均得分为0.69分和0.63分（见图34）。

相比体育院校，非体育院校的体育产业创新创业超额需求得分为0.68分，高于体育院校的0.37分。此外，体育院校中其他类型的管理者具有更高的体育产业创新创业超额需求，平均得分为1.67分，独立建制的体育院

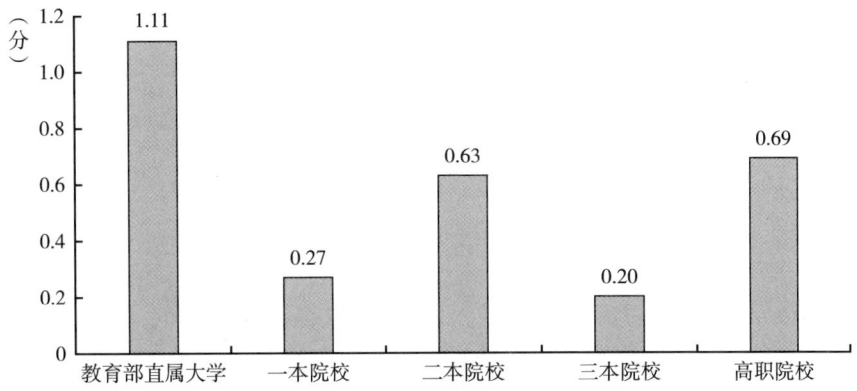

图34 不同属性高校管理者体育产业双创教育超额需求状况

资料来源：中国高校体育产业创新创业教育现状调查问卷。

校超额需求平均得分为1.14分，综合性大学的体育院系部超额需求平均得分为0.36分。从省份分布来看，来自江西省、浙江省、福建省和陕西省的高校管理者具有更高的体育产业创新创业超额需求，平均得分均为1.00分，而湖北省高校的管理者出现超额供给的状况，超额需求得分为 -0.22分，吉林省、四川省、安徽省、山西省、广西壮族自治区、甘肃省和贵州省的高校管理者体育产业创新创业需求得分为0分（见图35）。高校管理者参与体

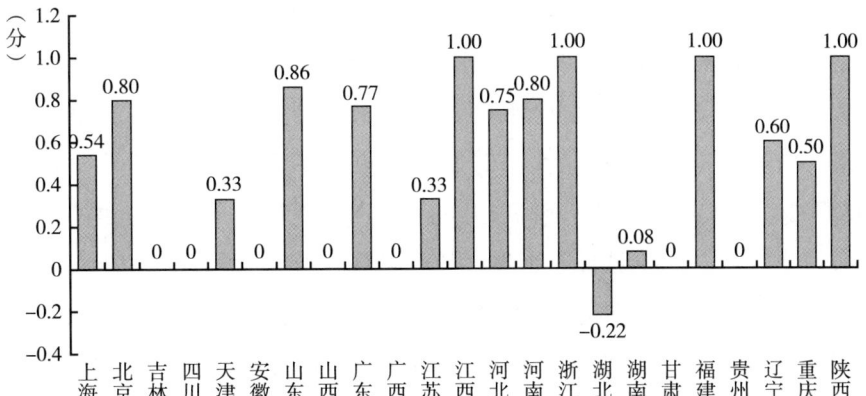

图35 不同省份高校管理者体育产业双创教育超额需求状况

资料来源：中国高校体育产业创新创业教育现状调查问卷。

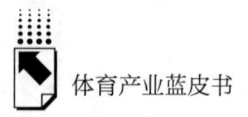

育产业创新创业的一个重要方面就是教授体育产业创新创业课程，受访的高校管理者中，53.64%的高校管理者承担了体育产业双创课程任务，从事相关课程教授的高校管理者，可能会在课堂准备、讲解过程中涉及体育产业双创的诸多方面，由此产生直接需求。

（二）需求内容分析

高校管理者在体育产业创新创业中既扮演着实践者角色，又是带动大学生投身体育产业双创实践的重要指导者。调研结果表明，70.37%的受访高校管理者认为体育产业创新创业指导只要是"有思想、肯钻研，积极向上、热衷创新创业教育事业的任何教师均可胜任"，位居各项条件之首；其次是"高校教师应从事过学校就业管理工作经历"（66.67%）、"教师应接受过专门创新创业教育培训"（64.20%）；另有17.28%的受访高校管理者认为高校体育产业创新创业教师应当"具有发明专利"。从受访高校管理者对高校进行体育产业创新创业教育的目标回答看，90.73%的受访者认为"培养创新创业能力"是高校进行体育产业创新创业教育的首要目标，其次是"培养创新创业精神"（84.11%）和"培养创新创业意识"（70.20%）。

从高校开展创新创业教育面临的问题看，受访的高校管理者认为"具有创新创业课程教学经验的教师不足，师资力量匮乏"居各项问题首位（63.58%）；其次是"高校内创新创业教育管理制度建设缓慢，导致创业工作进展缓慢"（47.68%）和"创业教育硬件设施无法满足教学需求"（45.70%）。从高校管理者对高校开展体育产业创新创业教育的建议看，高校教师认为应"完善创新创业教育的管理体制与运行机制"（66.89%）、"建立创新创业教育教学实践培训体系"（58.28%）、"完善创新创业教育的管理制度"（52.98%）。最后，就影响高校体育产业创新创业教育的要素而言，受访的高校管理者认为"经费投入"（54.42%）、"实践实训演练"（52.38%）、"制度政策"（47.62%）、"师资队伍"（46.26%）、"教学课程体系"（44.90%）是影响双创教育的重要因素。

五 问题与建议

在新冠肺炎疫情"黑天鹅"事件冲击、逆全球化趋势不断加速的背景下,各国正在加快推进产业回流和产业链的本地化、区域化,以求最大限度地降低未来经济发展的风险。2020年5月14日,中共中央政治局常委会会议首次提出"构建国内国际双循环相互促进的新发展格局",2020年"两会"期间,习近平总书记再次强调要"逐步形成以国内大循环为主体、国内国际双循环相互促进的新发展格局"。在此背景下,推动高校体育产业创新创业具有重要现实意义。一方面,高校体育产业创新创业的发展有助于解决大学生就业,增加就业机会,更好地缓解因疫情造成的就业问题;另一方面,高校体育产业创新创业的发展,对积极培育新的经济增长点,拉动内需、实现创新型发展,催生新业态具有重要作用。

(一)高校体育产业创新创业需求存在的问题

无论是从高校还是个人层面,体育产业创新创业工作都受到高度重视。高校体育产业创新创业需求旺盛,这意味着未来一段时间体育产业创新创业将会有较大的发展,也为各级部门出台相关政策措施、推动高校体育产业创新创业提出了要求。总的来看,高校体育产业创新创业需求面临以下问题。

一是高校体育产业创新创业参与积极性较高,但呈现出差异化特点。无论是高校整体还是各创新创业主体,都表现出较高的创新创业参与率和体育产业相关度。但在不同属性高校之间,参与积极性存在差异,非体育院校和体育院校中不属于独立建制和综合性大学下设体育院系的高校主体参与率明显偏低。考虑到体育产业创新创业过程中,涉及诸多专业领域,不同专业背景的融合有利于推动创新创业高质量发展。本研究发现,部分非体育类专业(教育、医学)的学生体育产业创新创业需求高于体育类专业学生,这反映出高校开展体育产业创新创业的潜在需求。此外,即使在体育类专业中,创新创业需求也呈现出较大差异,运动训练专业学生创新创业需求相对而言偏低。随着未来健身培训市场的发展，这一领域的创新创业需求将明显增加，对相关专业人才的培养需要加强。

二是高校体育产业创新创业师资来源单一，资源配置亟须合理化。高校体育产业创新创业教育发展目前处于中等偏上水平，且供给水平与高校层次直接相关，高职院校、二本院校、三本院校体育产业创新创业教育水平较低，存在较高的体育产业创新创业教育超额需求，为了实现均衡化发展，相关部门有必要加大对二、三本院校尤其是高职院校体育产业创新创业的支持力度。另外，目前高校体育产业创新创业教师来源多为教辅人员，专职教师、企业管理人员、具有创新创业经历的人员比例偏低，高校体育产业双创师资力量匮乏、质量不高，部分高校虽然有引入校外企业人员进行授课，但多为短期性质，缺乏能够长期指导的师资力量。

三是提升能力素质仍是高校大学生体育产业创新创业的主要目的，创新创业实效需要提高。尽管大学生表现出较高的体育产业创新创业参与率，但多为参加相关比赛和培训活动，更多的学生将体育产业创新创业经历作为增强自身能力、提升综合素质的重要途径，综合来看，高校体育产业创新创业教育大多具有普及教育、素质教育特征，学生将体育产业创新创业活动的参与作为能力经验提升的"跳板"。因此，高校应加强体育产业创新创业的针对性施策，真正选拔出愿意参与创新创业的学生、推动创新创业项目落地应当成为重要关注点。

（二）促进高校体育产业创新创业的建议

为了更好地推进高校体育产业创新创业，在综合调研数据和相关经验的基础上，提出下述对策建议以供参考。

一是优化政策布局，避免大水漫灌。从数据统计结果来看，高校体育产业创新创业工作在过去一段时间取得了较好的效果，参与积极性和比例明显提高。非独立建制和综合性大学的体育院校（财经类、外语类、理工类）创新创业活动应当得到重视，这类学校具有鲜明的专业特色，学生接受的更多是交叉学科教育，创新创业思维活跃。但囿于所在高校特征，管理者对体育产业创新创业关注度不高，供给水平有限，未来应当精准施策，努力推动这类高校学生、教师、管理者的体育产业创新创业参与。

二是提升供给质量，破解发展短板。在已有政策和各级部门、高校的共同努力下，高校体育产业创新创业教育水平已经有明显提升。但各类型高校之间创新创业教育供给质量存在较大差异，高职院校、三本院校供给水平普遍不高。在目前的课程设置中，师资来源多为教辅人员、企业管理人员，针对性不够强，与创新创业主体诉求存在不匹配问题。未来应当增加校外指导教师，尤其是体育产业领域创新创业成功的人员进入师资候选队列。在选取授课师资时，不应局限于对课程内容的要求，而要给予教师一定自主权，灵活开展教学活动。同时，可以邀请在本校或外校体育产业创新创业成功的学生担任授课教师，这样有助于传授最新的创新创业经验，提升课程质量。

三是强化工作实效，推动双创升级。高校体育产业创新创业活动的开展，在相当程度上提高了各创新创业主体的参与积极性和未来开展体育产业创新创业的素质和能力。但大学生参与相关赛事和活动的主要目的仍然集中在提高自身能力上，而并非创业本身，现有的高校体育产业创新创业政策措施直接推动、孵化创新创业项目的效果仍然有限。在下一阶段的工作当中，高校应当更加注重各项措施的现实效果，促使大学生创新创业意愿落地，将提升落地质量作为重点考核标准，推动体育产业创新创业的升级。

参考文献

江小涓：《体育产业发展：新的机遇与挑战》，《体育科学》2019 年第 7 期。

马永斌、柏喆：《大学创新创业教育的实践模式研究与探索》，《清华大学教育研究》2015 年第 6 期。

刘伟、邓志超：《我国大学创新创业教育的现状调查与政策建议——基于 8 所大学的抽样分析》，《教育科学》2014 年第 6 期。

张翔、杨川：《高校创新创业教师的素质要求及培育路径》，《教育研究》2018 年第 5 期。

王焰新：《高校创新创业教育的反思与模式构建》，《中国大学教学》2015年第4期。

谢和平：《以创新创业教育为引导 全面深化教育教学改革》，《中国高教研究》2017年第3期。

李辉：《内涵发展视界下的大学生创新创业教育路向》，《高教探索》2013年第4期。

吕吉勇、刘宇飞、陈德明、刘继志、李晓琳：《基于社会需求视角下的大学生创新创业能力培养的探索与实践——以哈尔滨体育学院运动科学与健康系为例》，《哈尔滨体育学院学报》2015年第2期。

齐昕、曹新安、张萌：《基于需求分析视角的科技人才创新创业激励机制研究》，《科学管理研究》2013年第2期。

朱静然：《"广谱式"创新创业教育发展的重要途径：嵌入专业教育》，《中国成人教育》2017年6月。

张宝君：《"精准供给"视域下高校创新创业教育的现实反思与应对策略》，《高校教育管理》2017年第1期。

B.6
中国高校大学生体育产业创新创业行为调研报告

潘泓宇 靳天佑*

摘　要： 基于体育产业迅猛发展和国家大力提倡"大众创业、万众创新"战略的背景，关于中国高校大学生体育产业创新创业行为研究成为一项重要课题。本报告以高校大学生、高校教师以及管理者为调研对象，对中国高校大学生体育产业创新创业课程学习情况、讲座培训情况、比赛交流情况、实习实训情况、自主创业情况等进行调查分析和研究，发现中国高校大学生创新创业行为存在的问题是整体教育参与度不高、教育形式可选择性少、培训实践性低以及实体转换率低等，并提出针对中国高校大学生体育产业创新创业行为的对策建议，主要包括：推动体育产业创新创业教育全面覆盖、丰富高校体育产业创新创业教育形式、增强创新创业教育培训实践性、加大项目孵化力度等。

关键词： 体育产业　创新创业　创新创业行为

自2014年10月国务院颁布46号文件以来，体育产业进入了一个快速上升期，此后相继出台了《体育强国建设纲要》《关于促进全民健身和体育

---

* 潘泓宇，中央财经大学体育经济与管理学院在读，主要研究方向为职业体育、体育经济与管理。靳天佑，墨尔本皇家理工大学硕士，主要研究方向为创新创业教育、体育信息资源管理。

消费推动体育产业高质量发展的意见》等一系列政策文件，明确了各个阶段体育产业发展目标，从国家层面强调要将体育发展成为中华民族伟大复兴的标志性事业，将体育产业发展成为国民经济的支柱产业。然而就目前体育产业的发展现状来说，体育产业结构发展不均衡，体育产业从业人才稀缺的情况依旧存在。2020年初，国家体育总局和国家统计局联合发布的统计数据显示，2018年体育用品及相关产品制造所占体育产业总产出比重为49.7%，作为头部体育产业的体育竞赛表演活动和体育休闲健身活动所占体育产业总产出比重分别为2.8%和1.1%，体育产业法人单位23.8万个，从业人员443.9万人，占全部二、三产业比重分别为1.1%和1.2%①，距离成熟发达的体育产业结构还有很长的一段路要走，距我国体育产业"十三五"规划中所提出的到2020年体育产业从业人口要达到600万的目标，还存在超过150万的人才缺口，只有很好地填充这个缺口才能助力体育产业继续大步前进。

公开资料显示，我国独立建制体育类院校达15所，另外还有包含公办、民办独立以及专科院校的30余所"体育类院校"，每年从这类院校中可输出3万~4万毕业生，加之非体育类院校输出的8万名左右的体育专业毕业生，共计约12万人，即使所有毕业生都进入体育行业，仍然难以弥补体育产业人才匮乏的现状，要满足体育产业人才需求，需要所有高校共同发力，而中国高校大学生体育产业创新创业正是弥补缺口的关键一环。自2015年"大众创业、万众创新"国家战略提出以来，全国范围内开启了一轮创新创业热潮，各地相应出台政策和措施贯彻落实党和国家关于创新创业的系列国策。然而对于全国2688所各类高等教育学校的4002万名在校学生来说，体育产业创新创业正处于起步阶段。

本文对中国高校大学生体育产业创新创业行为现状进行阐述和分析，以探究目前中国高校大学生体育产业创新创业行为面临的问题，并提出针对中国大学生体育产业创新创业行为的对策建议。

---

① 《2018年全国体育产业总规模和增加值数据公告》，http：//www.stats.gov.cn/statsinfo/auto2074/202001/t20200120_1724151.html。

一 中国高校大学生体育产业创新创业行为现状

（一）高校大学生体育产业创新创业行为涵义

经济学家熊彼特认为创新是在生产体系中引入一种包含生产要素和生产条件组合的新的生产函数，而创业则是这种生产函数的实现。心理学家班杜拉关于人行为的三元交互决定论中认为个体、行为、环境三者彼此相互联结、相互决定，他将行为分为潜在行为和实际行为。大学生体育产业创新创业行为的本质是体育产业内部的生产要素和生产条件的新组合，以及由此新组合构成的生产函数在体育产业领域的实现。狭义的大学生体育产业创新创业行为是指创造关于体育产业的新观点、新方法、新技术的过程及运用，如体育领域的相关发明创造、创办和运营体育企业等。广义的大学生体育产业创新创业行为还包括大学生参与相关体育产业创新创业教育、活动、实习实训等行为。本文中所研究的中国高校大学生体育产业创新创业行为是立足于广义的大学生体育产业创新创业行为，主要包括高校大学生体育产业创新创业课程学习、讲座培训、比赛交流、实习实训和创业实践等。

（二）高校大学生体育产业创新创业课程学习情况

彼得·德鲁克曾谈到"创业不是神奇的魔法，也没有所谓的神秘，创业是可被教授的，是可以通过学习所掌握的"，虽然高校大学生在进行体育产业创新创业时所面临的环境是多元的、复杂的，但高校这只"看得见的手"通过开展体育产业创新创业活动影响着在校大学生体育产业创新创业行为。可以说，高校大学生在校期间参与的相关体育产业创新创业活动，决定了高校大学生体育产业创新创业行为的变化和发展。近年来，随着体育产业的迅速发展，体育产业创新创业也开始在我国各高校有了一定的发展，相应的体育产业创新创业教育形式也多起来。调研结果显示，有大致八种不同类型的体育产业创新创业教育形式在各高校中开展，排名前五的分别是举办创新创业活动、开设创新创业课程、建立孵化基地或众创空间、举办讲座论坛以及建立创新创业指导机构，占比分别为18.6%、17.0%、13.5%、13.3%、11.2%。排名靠后的体育产业创新创业教育形式分别是创建学生社团组织、搭建信息平台以及资金支持，占比分别为10.4%、8.1%、6.8%（见图1）。

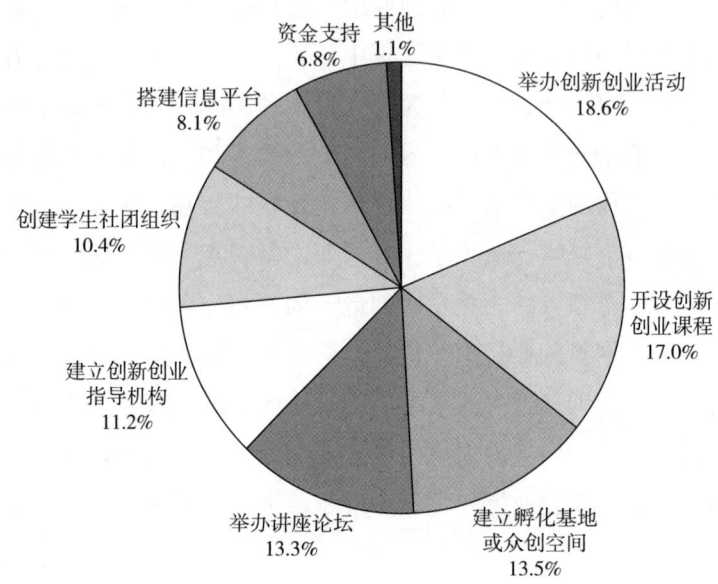

图1　高校培养大学生体育产业创新创业行为的方式

资料来源：我国高校体育产业创新创业教育发展现状调查问卷。

高校开展体育产业创新创业教育对于高校大学生进行体育产业创新创业行为能够起到关键的作用，良好的体育产业创新创业教育可以激发高校大学生体育产业创新创业的热情，启迪大学生在体育产业创新创业领域的智慧和推动大学生投身于体育产业创新创业。调研结果显示，在高校大学生参与的体育产业创新创业教育开展情况反馈中，"已经开展"的占比为57%，"即将开展"和"还没开展"的分别占比23%、14%（见图2）。总体来看，超过半数的学校体育产业创新创业教育已经开展，但有三成多的学校处于即将开展和还没开展的状态，说明后者体育产业创新创业教育工作还存在改善和提升的空间。

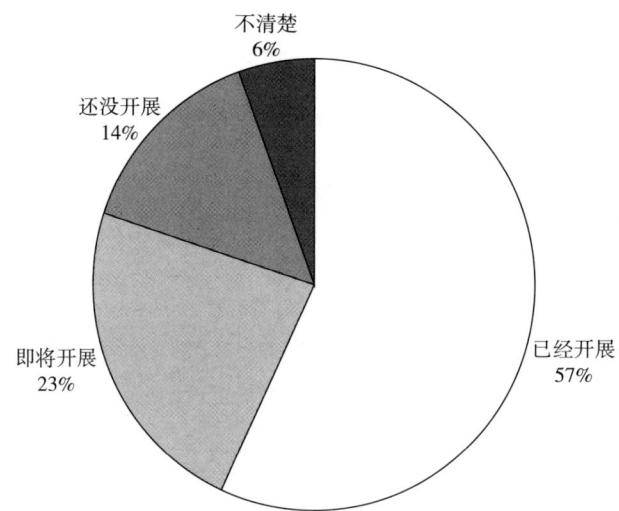

图 2　高校大学生参与的体育产业创新创业教育开展情况

资料来源：我国高校体育产业创新创业教育发展现状调查问卷。

我们再看一下双一流院校体育产业创新创业教育的开展情况，"已经开展"的占比为65.0%，"即将开展"和"还没开展"分别占比20.0%、12.5%。双一流院校体育产业创新创业教育开展情况略微优于整体高校的情况，有超过六成的双一流院校体育产业创新创业教育已经开展，同样也说明大部分双一流院校对于体育产业创新创业的重视程度较高、开展执行力度也较大，但同时也有三成多的双一流院校仍处于即将开展和还没开展的状况。关于非双一流院校体育产业创新创业教育的开展情况，"已经开展"的占比为54.4%，低于双一流院校已经开展的占比，"即将开展"和"还没开展"分别占比24.0%、15.2%。非双一流院校体育产业创新创业教育开展程度略低于整体高校，但也有超过半数的非双一流院校已经开展体育产业创新创业教育，这说明非双一流院校对于体育产业创新创业也很重视。非双一流院校体育产业创新创业教育中即将开展和还没开展状况的将近四成（见图3）。

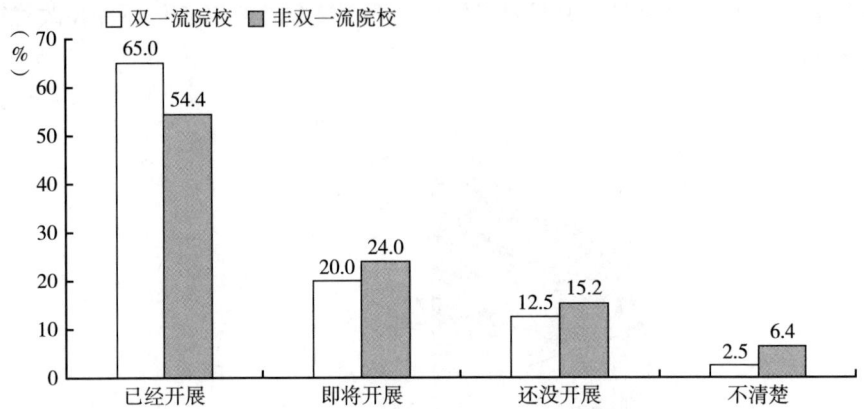

图3 双一流与非双一流院校大学生参与的体育产业创新创业教育开展情况

资料来源：我国高校体育产业创新创业教育发展现状调查问卷。

大学生所学专业分为体育类和非体育类，其中体育类指的是体育教育、运动训练、社会体育指导与管理、武术和民族传统体育以及运动人体科学这五大专业，非体育类专业包括了经济学类、管理学类、教育学类、理学类、文学类、农学类、艺术学类、法学类、医学类以及其他专业。体育类专业大学生参与体育产业创新创业教育情况并不很乐观，"已经开展"创新创业教育的高校数量不到五成，占比为49.0%，"即将开展"和"还没开展"创新创业教育的高校分别占比26.5%、20.4%。相反，非体育类专业大学生参与的高校体育产业创新创业教育开展情况要明显优于体育类专业大学生所在高校开展的情况，"已经开展"创新创业教育的高校数量占比达到了79.9%（见图4），这表明，体育产业是一个学科交叉的领域，非体育类专业大学生所在院校的创新创业教育开展得相对更好。

体育产业创新创业教育是近些年各高校新开展的教育内容，高校大学生体育产业创新创业教育任务由不同的部门负责承担，不同部门负责的体育产业创新创业教育环境不尽相同，相应地对于高校大学生体育产业创新创业行为的影响必然也不相同。调研结果显示，在众多高校中最主要负责体育产业创新创业教育的部门是"就业指导中心"，其占比为24.0%，其次几个主要负责体育

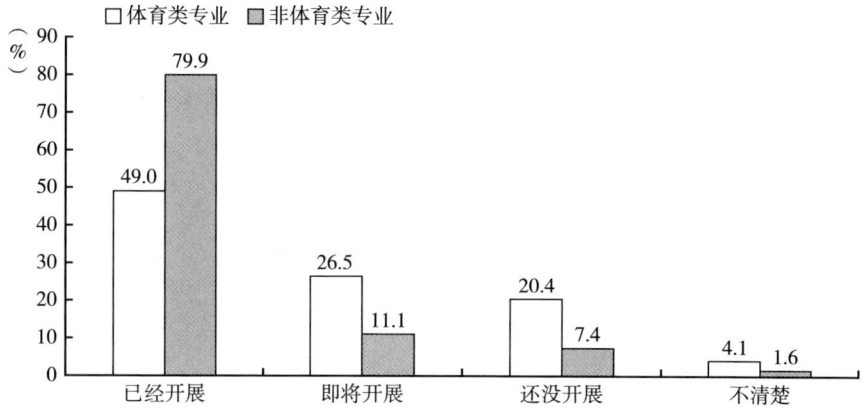

图 4　体育类专业与非体育类专业大学生参与的体育产业创新创业教育开展情况

资料来源：我国高校体育产业创新创业教育发展现状调查问卷。

产业创新创业教育的部门分别是"二级学院"、"专门的创新创业学院中心基地"、"教务处"、"学生处"等部门，占比分别为19.9%、17.4%、16.7%、11.5%（见图5）。

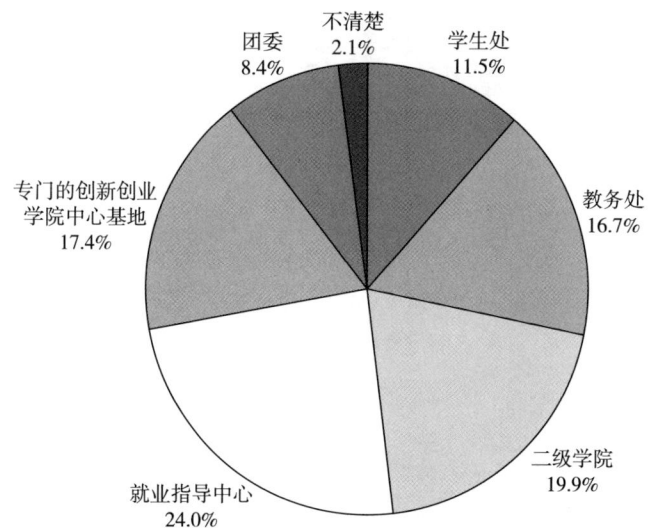

图 5　负责高校大学生体育产业创新创业教育的具体部门

资料来源：我国高校体育产业创新创业教育发展现状调查问卷。

高校体育产业创新创业课程授课教师源对高校大学生体育产业创新创业行为也至关重要，教师是高校大学生在体育产业创新创业道路上的引路人，体育产业创新创业授课教师能够带领高校大学生走入体育产业创新创业的领域、给高校大学生指引体育产业创新创业未来发展的方向、传递体育产业创新创业的前沿观点和传授体育产业创新创业实用的方法等。调研结果显示，高校体育产业创新创业教师中最主要的是"专业授课老师"，占比为35%，从数据可以看出专业授课老师承担了超过三成的体育产业创新创业教学任务；另外两类占比较大的体育产业创新创业授课老师是"外聘人员"和"负责学生工作的教师"，分别占比为29%、28%（见图6），外聘体育产业领域的专家或者企业家对高校大学生进行指导也是较为常见的一种教育方式，而负责学生工作的教师更多的是从就业指导方面对于高校大学生进行引导。

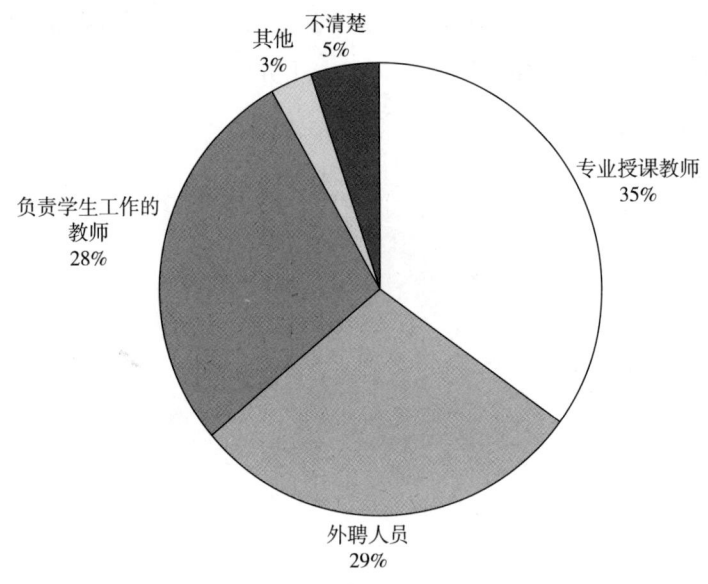

图6　高校体育产业创新创业授课教师来源

资料来源：我国高校体育产业创新创业教育发展现状调查问卷。

关于体育产业创新创业教师来源。调研结果显示，双一流院校体育产业创新创业教师主要是"专业授课老师"，占比为37.5%，其他来源是"外聘人员"和"负责学生工作的教师",分别占比为32.8%、23.4%。非双一流院校中体育产业创新创业教师最主要的同样是"专业授课老师",占比为32.8%,其他来源是"外聘人员"和"负责学生工作的教师",分别占比为27.7%、30.3%(见图7)。从数据中可以看出,非双一流院校中"负责学生工作的老师"参与体育产业创新创业教育的占比明显多于双一流院校,而非双一流院校中负责体育产业创新创业的"专业授课老师"和"外聘人员"的占比皆低于双一流院校,这体现出双一流院校和非双一流院校在教师安排上的差异。

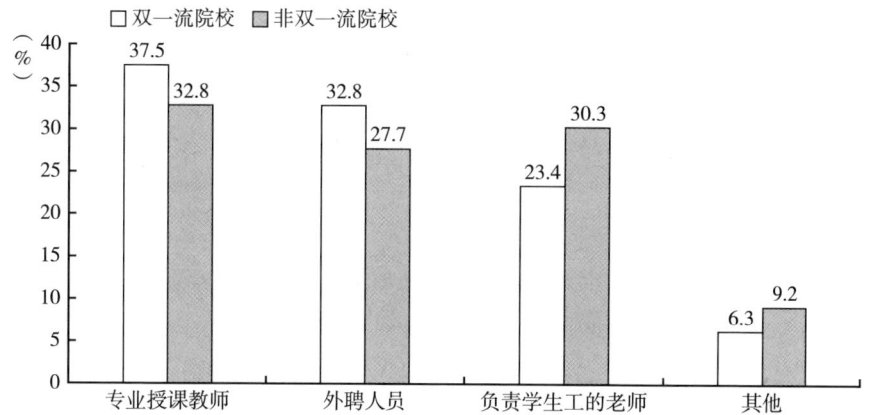

图7 双一流院校与非双一流院校体育产业创新创业教育授课教师来源

资料来源:我国高校体育产业创新创业教育发展现状调查问卷。

高校大学生作为体育产业创新创业的主体,接受体育产业创新创业教育是其在校期间体育产业创新创业行为的重要组成部分,而高校大学生对于体育产业创新创业授课教师的评价一定程度上反映了体育产业创新创业教育的质量,也从侧面衡量了高校大学生体育产业创新创业行为。调查结果显示,大部分高校大学生认为其教师"基本胜任"体育产业创新创业教育课程,其占比为76%,这说明高校大学生对于参与体育产业创新创业课程的感受较好,能够通过教师的授课收获体育产业创新创业相关的知识和技能。认为其教师"不能完全胜任"和"根本不胜任"的高校大学生占比为12%和2%(见图8),即有超过一成的高校大学生认为参与体育产业创新创业课程感受不好，这部分高校大学生不能通过教师的授课获得期望的关于体育产业创新创业的知识和技能。

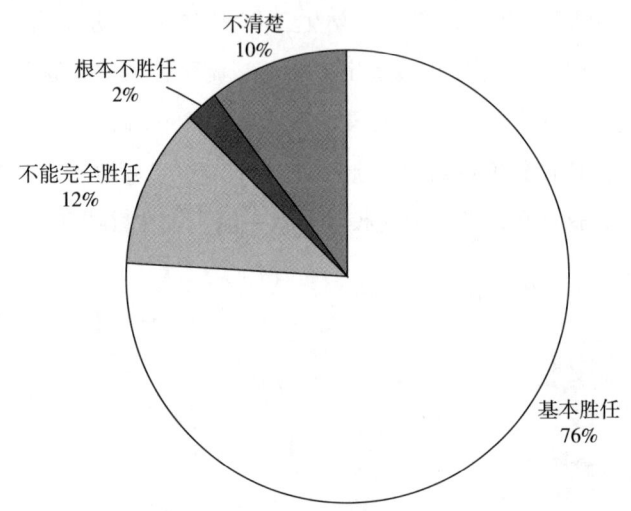

图 8　大学生对其所在高校体育产业创新创业教师授课能力评价

资料来源：我国高校体育产业创新创业教育发展现状调查问卷。

关于大学生对高校体育产业创新创业教师授课能力的评价，可对比双一流院校和非双一流院校大学生参与体育产业创新创业课程后的评价，进一步探究不同院校大学生体育产业创新创业行为差异。调查结果显示，双一流院校体育产业创新创业授课教师能力的评价较整体高校的评价更高，双一流院校大学生中有更高占比的人认为其教师"基本胜任"体育产业创新创业教育课程，其占比为82.5%；而认为其教师"不能完全胜任"和"根本不胜任"的双一流院校大学生占比均为2.5%。另外，大学生对其所在非双一流院校体育产业创新创业授课教师的能力评价低于双一流院校，非双一流院校大学生中认为其教师"基本胜任"体育产业创新创业教育课程的占比为73.6%，而认为其教师"不能完全胜任"的占比达到了14.4%（见图9），远高于双一流院校大学生在此项上的占比。从数据可以看出，在大学生参与体育产业创新创业课程后的评价中，双一流院校大学生参与课程后的感受更好。

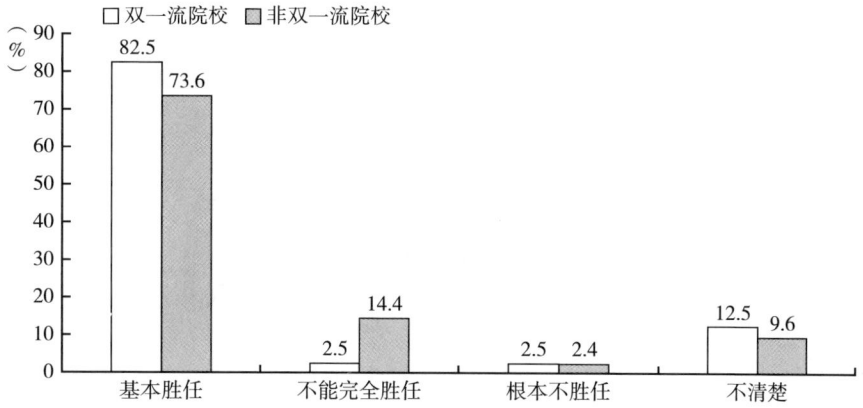

图9 双一流院校和非双一流院校大学生参与体育产业创新创业课程后的评价
资料来源：我国高校体育产业创新创业教育发展现状调查问卷。

高校大学生参与体育产业创新创业教育的形式和其他学科的学习类似，主要方式之一都是以课程的形式进行学习。高校大学生体育产业创新创业课程学习为其进行体育产业创新创业奠定了理论基础，良好的体育产业创新创业教育环境起到了指引方向的关键作用，是高校培养体育产业创新创业人才的基础。体育产业创新创业课程形式的设置同样影响着高校大学生对于体育产业创新创业的态度，进而影响着其体育产业创新创业行为。例如，有的高校将体育产业创新创业课程设置为必修课，那么其在校大学生对课程的重视程度和课堂投入度就会高于将其设置为选修课的高校。而将课程设置为选修课的模式会使得课堂环境相对自由，在某种程度上更易激发高校大学生的创新思维。除此之外，有的课程还以讲座等其他方式呈现。调研结果显示，高校大学生所参与的体育产业创新创业课程，主要以"讲座"和"选修课"的形式来开展，其占比分别为32.1%、31.2%，同时还有一部分课程被设置为"必修课"，其占比相对低于前两种形式，占27.4%（见图10）。

同时，我们可针对不同专业类别的高校大学生考察其课程设置上的区别，这里将体育学类专业和非体育学类专业大学生所参与的体育产业创新创业课程进行对比。其中体育学类专业大学生的体育产业创新创业课程中

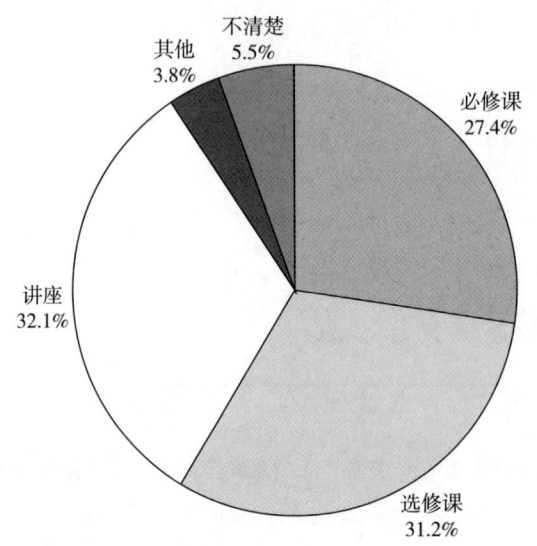

图10　高校大学生所参与体育产业创新创业课程的设置

资料来源：我国高校体育产业创新创业教育发展现状调查问卷。

"必修课"占比为28.6%，可以看出体育学类专业大学生的体育产业创新创业课程并没有因为专业是体育学类专业而设置更多比例的必修课，其比例反而低于非体育学类专业大学生体育产业创新创业课程中33.3%的"必修课"占比。在"选修课"方面，体育学类专业占比较非体育学类专业高一些，为30.2%，而非体育学类专业占比为25.0%。无论是体育学类专业还是非体育学类专业，在体育产业创新创业课程设置中，占比最高的形式是"讲座"，各自占比为30.2%和33.3%（见图11），"讲座"形式是高校大学生所参与的体育产业创新创业教育中最主要的形式，可以看出体育产业创新创业教育处在一个较为初级的起步阶段。

（三）高校大学生体育产业创新创业讲座培训情况

在高校大学生体育产业创新创业课程设置中，"讲座"作为占比最高的形式，通常是作为体育产业创新创业培训中的一个重要环节出现的。高校大学生体育产业创新创业培训形式一般是讲座，在讲座中让学生了解体育产业

中国高校大学生体育产业创新创业行为调研报告

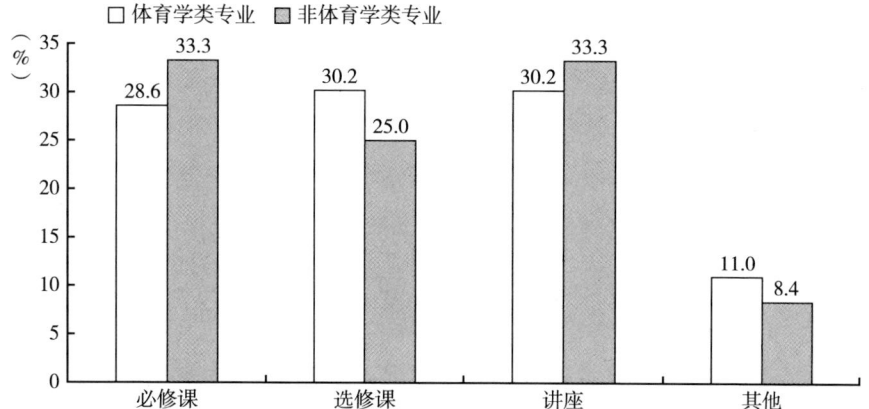

图11 体育学类专业和非体育学类专业高校大学生所参与体育产业创新创业课程的设置

资料来源：我国高校体育产业创新创业教育发展现状调查问卷。

创新创业形式、政策及创业领域，学习体育产业创新创业商业规划、团队管理，掌握体育产业创新创业方法技能。除此之外，还会进行小组内和小组间的研讨学习，组织观看创新创业相关图片视频资料以及展演等，授课教师会就相关体育产业创新创业话题与参训学员进行深入交流探讨，并选取代表进行交流发言，随后以小组为单位合作完成体育产业创新创业商业计划书的撰写等任务。调研结果显示，在高校大学生参加体育产业创新创业讲座培训中，参与程度最高的是体育产业创新创业讲座论坛，"经常参加"的占29.5%，"一般参加"的占35.5%；其次是体育产业创新创业研讨学习，"经常参加"的占比为29.4%，而"一般参加"的占比为35.6%，其中体育产业创新创业研讨学习普及程度最高，仅有5.0%的高校大学生从未参加过体育产业创新创业研讨学习（见图12）。整体看来，高校大学生经常参加体育产业创新创业讲座论坛和研讨学习的占比约在三成，一般参加的占比超过了六成。

（四）高校大学生体育产业创新创业比赛交流情况

高校大学生体育产业创新创业行为除参与课程学习、讲座培训之外，还有参加体育产业创新创业比赛、体育产业创新创业展示交流、体育产业创新创业观摩和考察等形式。高校大学生通过参与相应的体育产业创新创业比赛

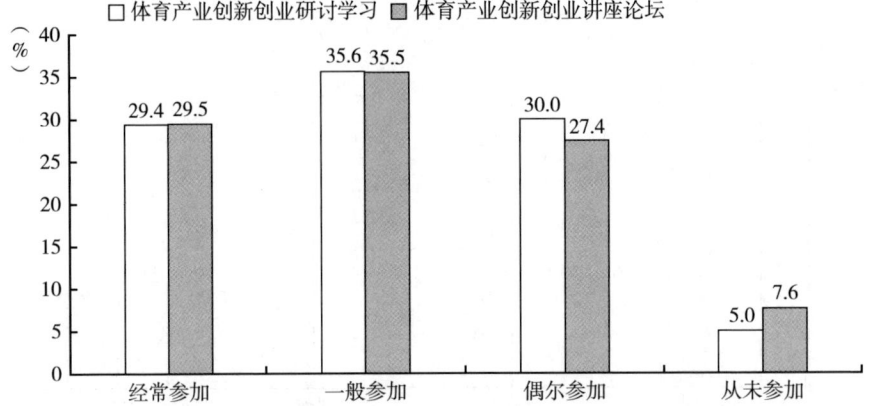

图12 高校大学生参加体育产业创新创业讲座培训情况

资料来源：我国高校体育产业创新创业教育发展现状调查问卷。

活动，以及高校大学通过展示交流等体育产业创新创业行为，训练和培养高校大学生自身在体育产业领域的创新精神、创业意识和创新创业能力，提升高校大学生对体育产业领域中诸如新赛事新载体、新产品新技术以及休闲服务业等方面的创新创业能力。另外，高校大学生还有体育产业创新创业观摩和观摩考察等行为，高校大学生到体育产业创新创业相关实习实践基地进行现场观摩，了解园区税收政策、资金扶持条件、人才引进政策以及土地租赁优惠等创业相关信息，提升创新创业实操意识。这些行为始终围绕体育产业创新创业，高校大学生在参与过程中培养了自身在体育产业领域创新创业中的意识和素质，同时也搭建了展示青春、碰撞灵感、放飞梦想的平台。

调研结果显示，在高校大学生参加体育产业创新创业比赛交流的情况中，参与程度最高的是体育产业创新创业比赛活动，"经常参加"的占比为30.4%，"一般参加"的占比为35.3%。相对参加程度较低一点的是体育产业创新创业展示交流，"经常参加"的占比为28.4%，"一般参加"的占比为34.3%（见图13）。

调研结果显示，在高校大学生参与体育产业创新创业观摩和观摩考察活动中，"经常参加"体育产业创新创业观摩的占比为23.3%，而高校大学生中参加过体育产业创新创业观摩的占比为93.1%，普及程度最高；"从未参加"体育产业创新创业观摩的高校大学生占比仅为6.9%。在高校大学生体育

中国高校大学生体育产业创新创业行为调研报告

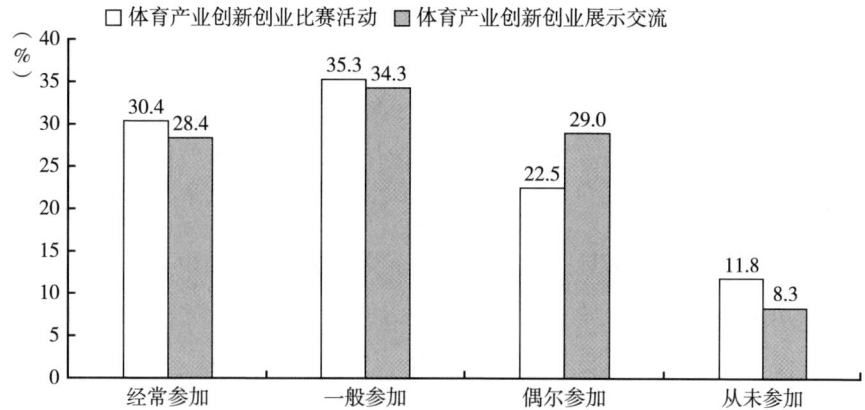

图 13　高校大学生参加体育产业创新创业比赛交流情况

资料来源：我国高校体育产业创新创业教育发展现状调查问卷。

产业创新创业观摩考察中，高校大学生"经常参与"参与体育产业创新创业观摩考察的占比为26.2%，"一般参加"的占比为36.5%（见图14）。

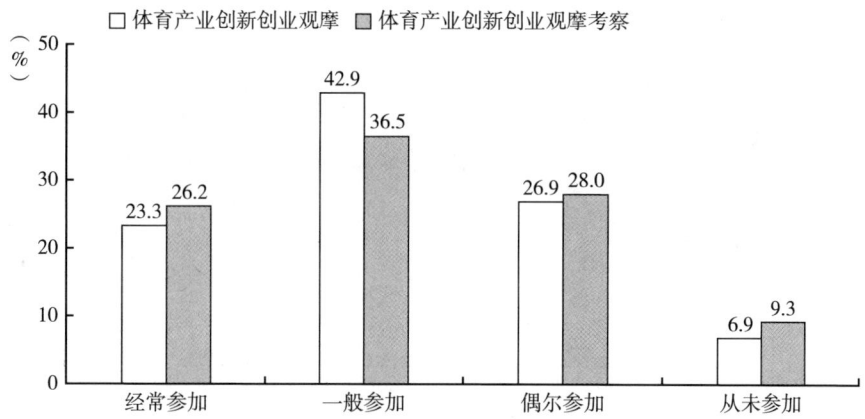

图 14　高校大学生参加体育产业创新创业观摩和观摩考察情况

资料来源：我国高校体育产业创新创业教育发展现状调查问卷。

（五）高校大学生体育产业创新创业实习实训情况

2015年国务院办公厅印发《关于深化高等学校创新创业教育改革的实

施意见》中指出完善国家、地方、高校三级创新创业实训教学体系，切实落实大学生创新创业训练计划，全面推进项目的转化落地①。国创计划是实现目标的重要举措，在高校创新创业教育体系中起着关键的作用，促进创新创业教育的深化改革。自2012年以来，各地各高校按照教育部《国家级大学生创新创业训练计划管理办法》中的核心原则，秉承"兴趣驱动、自主实践、重在过程"的理念，各高校不断提高大创项目建设质量，不断加快高校创新创业教育教学的改革，专注于大学生创新创业能力的培养，提高了人才培养的质量。历年资料显示，国家级大学生创新训练项目从2013年的19741项增长到了2020年的31845项，增长幅度约为61.3%；国家级大学生创业训练项目从2013年的2587项增长到了2020年的4734项，增长幅度约为83.0%；而在国家级大学生创业实践项目上，数量从2013年的977项增长到了2020年的1628项，增长幅度约为66.6%；2013年国家级大学生创新创业训练计划项目合计23305项，到2020年增长到了38207项，增长幅度约为63.9%②（见图15）。

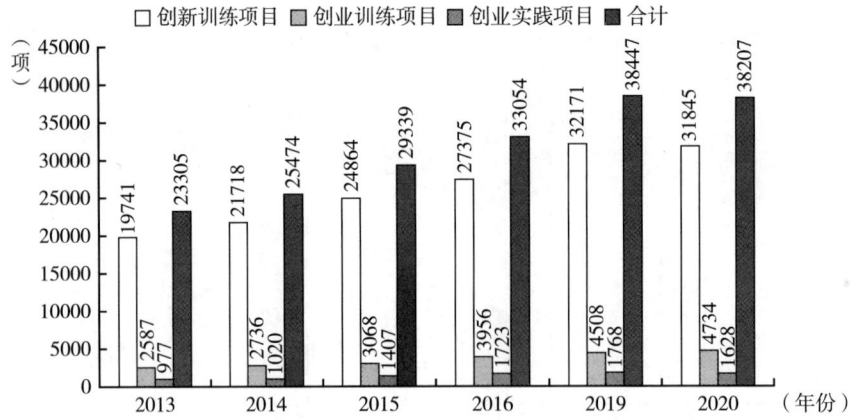

图15　2013~2016年、2019~2020年国家级大学生创新创业训练计划项目

资料来源：国家级大学生创新创业训练计划平台。

---

① 《国务院办公厅关于深化高等学校创新创业教育改革的实施意见-政府信息公开专栏》，http://www.gov.cn/zhengce/content/2015-05/13/content_9740.htm。
② 《通知公告-国家级大学生创新创业训练计划平台》，http://gjcxcy.bjtu.edu.cn/NoticeBulletinList.aspx。

高校大学生体育产业创新创业的行为离不开体育产业创新创业实习实训。体育产业创新创业实习实训的价值在于其现实意义，能够让高校大学生对于体育产业有进一步的了解，加深其对体育产业创新创业的认识和丰富其实践经历。调研结果显示，在高校大学生体育产业创新创业实习方面，高校大学生中"经常参加"体育产业创新创业实习的占比为23.5%，有17.1%的高校大学生"从未参加"过体育产业创新创业实习，普及程度较低；在高校大学生体育产业创新创业实训方面，"经常参加"的高校大学生占比为22.5%，同样存在占比为14.2%的高校大学生从未参加体育产业创新创业实训（见图16）。

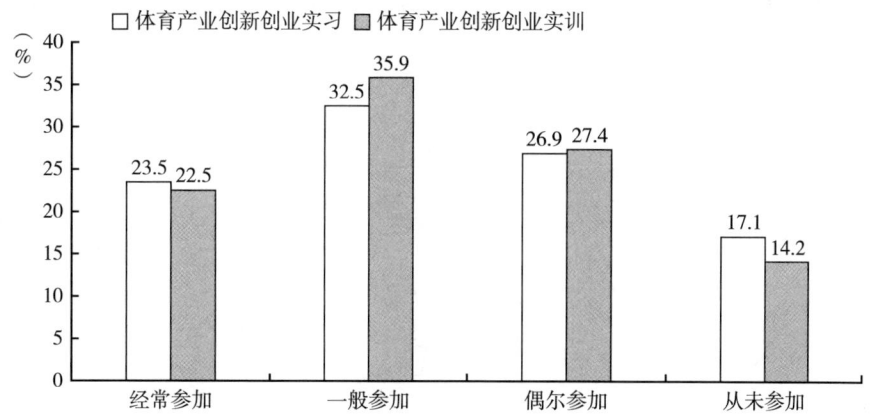

图16　高校大学生参与体育产业创新创业实习实训情况

资料来源：我国高校体育产业创新创业教育发展现状调查问卷。

（六）高校大学生体育产业自主创业情况

《2020年中国本科生就业报告》（就业蓝皮书）中显示2019届本科毕业生自主创业占比为1.6%，高职毕业生自主创业占比为3.4%。随着毕业时间的延长，毕业生自主创业比例呈现不断上升趋势，在毕业三年内上升至8.1%。在2019届毕业生自主创业的领域中，最主要的领域是"教育业"，"教育业"细分下来是教育及职业培训、中小学教育、文学艺术、设计、体育等方面，这其中就涉及了体育产业创业。其中，占比为15.8%的本科毕业生和占比为6.9%的高职毕业生选择了到"文化、体育和娱乐业"进行创业[①]。从《2020年中国本科生就业报告》（就业蓝皮书）中可以看出，体育产业受到自主创业毕业生的青睐，高校大学生对于体育产业创业的态度，就代表了高校大学生体育产业创新创业的潜在行为，通过研究高校大学生对于体育产业创业的态度，可分析其潜在行为。调查结果显示，就体育产业领域创业的想法上，肯定去体育产业领域创业的高校大学生占比为32.7%，认为有机会就去体育领域创业的高校大学生占比为50.0%，从调查数据中可以看出超过八成的高校大学生对于体育产业创业持有积极态度，不太会去体育产业领域创业的高校大学生占比为12.3%，仅有占比为1.2%的高校大学生表示肯定不会去体育产业领域创业（见图17）。

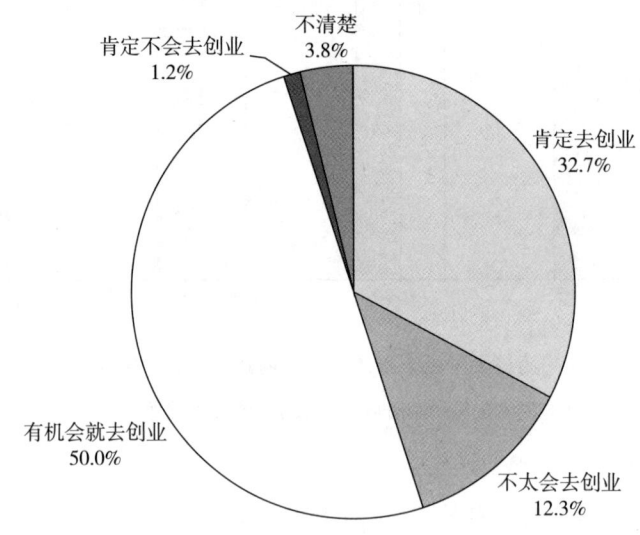

图17 高校大学生对体育产业领域创业的想法

资料来源：我国高校体育产业创新创业教育发展现状调查问卷。

---

① 《2020年中国本科生就业报告》（就业蓝皮书）发布，https：//baijiahao.baidu.com/s？id＝1671802138576313420&wfr＝spider&for＝pc。

除了从想法上探究高校大学生对于体育产业领域创业的态度外,也可以相应地从概率上调查高校大学生是否选择在体育产业领域创业。调查结果显示,认为自身在体育产业领域创业的概率"非常高"的高校大学生占比为27.7%,认为去体育产业领域创业概率"比较高"的高校大学生占比为53.7%,从这组数据中同样可以看出,概率上有超过八成的高校大学生认为自身是积极主动地选择去体育产业领域创业。而在概率上完全否定选择体育产业领域创业的高校大学生极少,数据显示仅有占比为0.8%的高校大学生"根本没有"去体育产业领域创业的想法(见图18)。可见,在选择体育产业领域创业上,完全持有消极态度的高校大学生的比例很低,这说明了在高校大学生体育产业创新创业潜在行为中,较高占比的高校大学生对于体育产业创业是有意愿的,情况较为乐观。

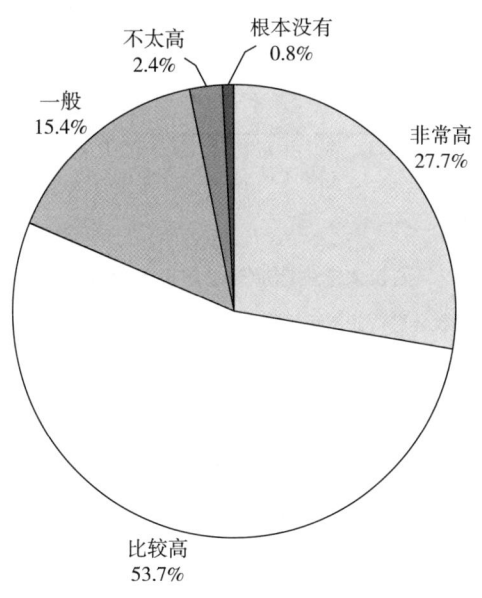

图18 高校大学生选择体育产业领域创业的概率

资料来源:我国高校体育产业创新创业教育发展现状调查问卷。

高校大学生选择体育产业创业的时机呈现多元化的时机选择。调查结果显示,有占比为41.3%的高校大学生选择了"大学期间"进行体育产业创业,这是高校大学生选择开始体育产业创业最主要的时机；占比为16.1%的高校大学生选择"大学刚毕业"作为开始体育产业创业的时机，从数据看高校大学生选择开始体育产业创业的时机，和大学密切相关的选项超过了五成，足以说明大学对于高校大学生进行体育产业创业的影响之大；而选择"先工作几年，积累了经验之后再创业"的高校大学生占比为24.7%，还有占比为14.8%的高校大学生选择"说不好，主要看机会"（见图19）。

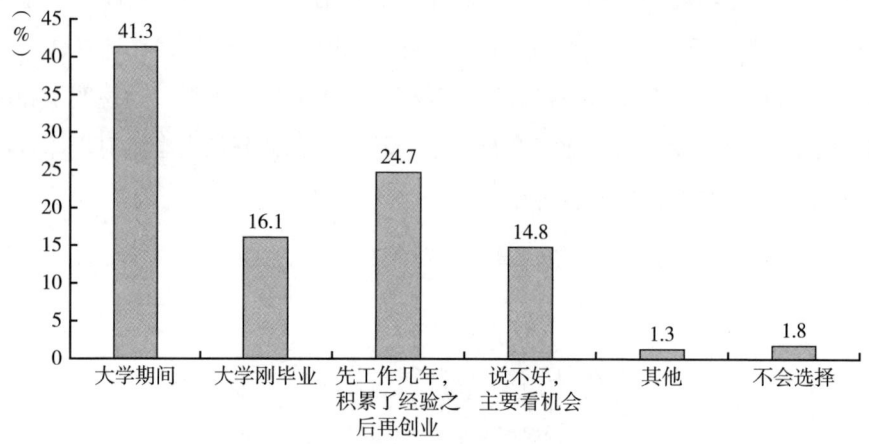

图19　高校大学生选择开始体育产业创业的时机

资料来源：我国高校体育产业创新创业教育发展现状调查问卷。

关于高校大学生在体育产业创业的合作方式调查结果显示，高校大学生选择的最主要方式是"合伙创业"，占比为61%；其次是"自主创业"，其占比为31%；另外，还有占比为6%的高校大学生选了"家庭创业"作为体育产业创业的合作方式（见图20）。

高校大学生体育产业创业行为，除了体现在以其想法、态度为核心的体育产业创业潜在行为外，还体现在高校大学生以新观点、新方法、新技术付诸体育产业领域实践为基础的实际体育产业创新创业行为上，调查结果显示，有占比为27.6%的高校大学生拥有"兼职"的体育产业创新创业经历，这是高校大学生体育产业创新创业中最主要的经历；占比为16.6%的高校大学生曾

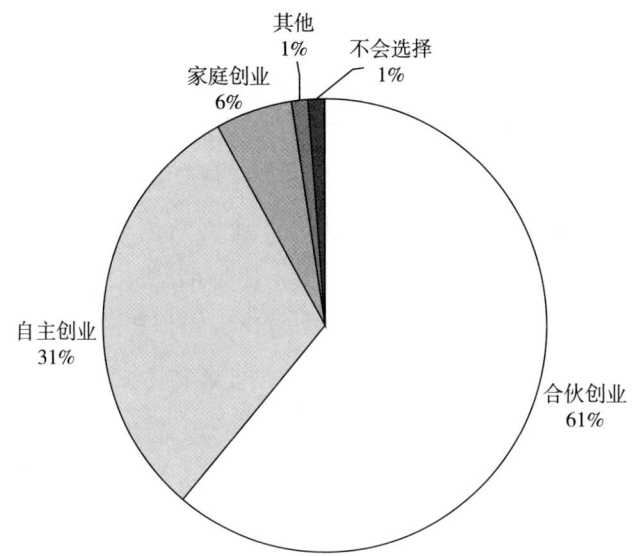

图20 高校大学生选择体育产业创业的合作方式

资料来源：我国高校体育产业创新创业教育发展现状调查问卷。

在体育产业创新创业中"合伙创业"；占比为16.3%高校大学生拥有"实习实训"的体育产业创新创业经历；占比为13.9%的高校大学生曾有"自主创业"的体育产业创新创业经历；另外"家教"、"发表论著"和"发明创造"这三项体育产业创新创业经历分别占比6.0%、5.7%和5.4%（见图21）。

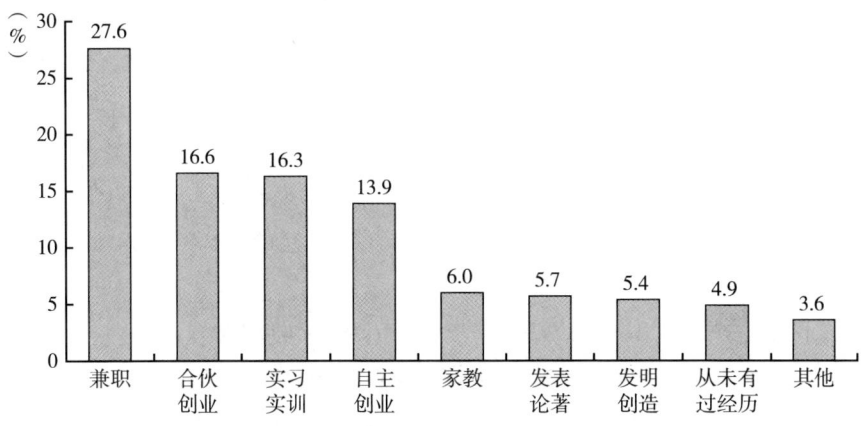

图21 高校大学生体育产业创新创业经历

资料来源：我国高校体育产业创新创业教育发展现状调查问卷。

高校大学生体育产业创新创业实际行为离不开实体孵化的过程,实体孵化是以合作创新、协同创新为核心的创新生态系统中关键的环节。高校大学生体育产业创新创业者普遍具备勤奋肯干、志存高远、不怕犯错的先天优势,而生态型众创空间是最适合大学生进行体育产业创新创业的环境。调查结果显示,占比最高的高校大学生体育产业创新创业实体孵化的方式是"学校与企业孵化器/众创空间合作",其占比为42.7%;其次是"校内孵化器/众创空间"的体育产业创新创业实体孵化方式,其占比为31.5%;还有占比为21.1%的高校大学生体育产业创新创业孵化方式为在"企业孵化器/众创空间"中孵化(见图22)。从数据可以看出,高校大学生体育产业创新创业孵化方式与高校相关度高,超过七成的高校大学生体育产业创新创业孵化方式与高校有密切联系。

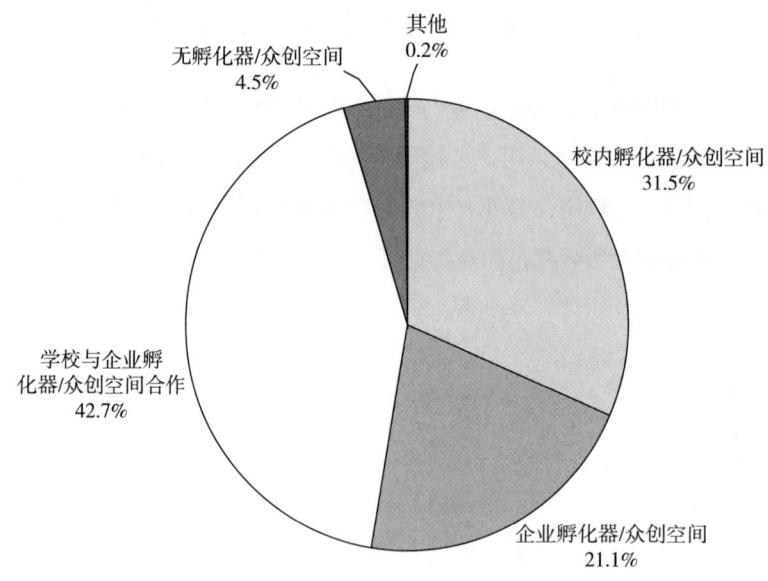

图22 高校大学生体育产业创新创业实体孵化的方式

资料来源:我国高校体育产业创新创业教育发展现状调查问卷。

二 中国高校大学生体育产业创新创业行为存在问题

（一）高校大学生体育产业创新创业整体教育开展度不高

高校大学生体育产业创新创业整体教育开展度不高，体育产业创新创业对于高校大学生来说确实是实现理想的一个途径，但是从调研的情况看，高校体育产业创新创业教育滞后于快速发展的体育产业，表现为高校大学生体育产业创新创业整体教育开展度不高。调研数据显示，高校大学生参与的体育产业创新创业教育开展情况中"已经开展"的占比为57%，从这里可以看出参与体育产业创新创业教育的高校大学生的占比没超过六成。在高校大学生体育产业创新创业行为中，从高校大学生参与度来看，"经常参加"这一项可视为参与度高，而其他选项则是代表该行为高校大学生参与度不高。调研数据显示，在"经常参加"这一选项中，体育产业创新创业比赛活动的占比为30.4%，体育产业创新创业展示交流的占比为28.4%，体育产业创新创业研讨学习的占比为29.4%。体育产业创新创业讲座论坛的占比为29.5%（见图23），体育产业创新创业观摩的占比为23.3%，体育产业创新

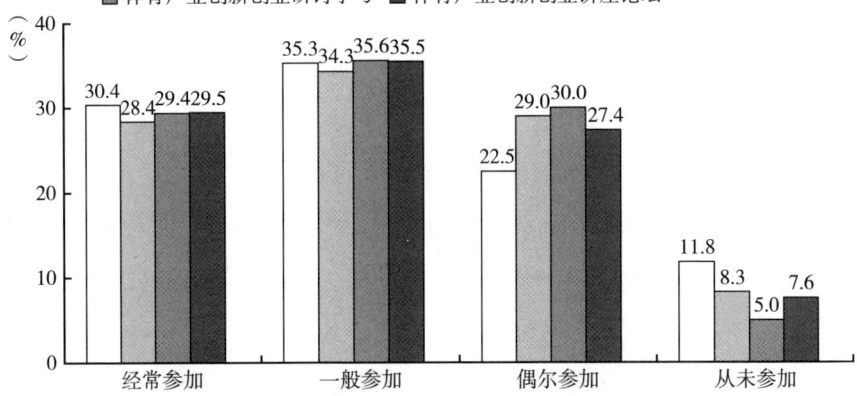

图23 高校大学生体育产业创新创业行为参与度情况

资料来源：我国高校体育产业创新创业教育发展现状调查问卷。

创业实习的占比为23.5%，体育产业创新创业实训的占比为22.5%，体育产业创新创业观摩考察的占比为26.2%（见图24）。

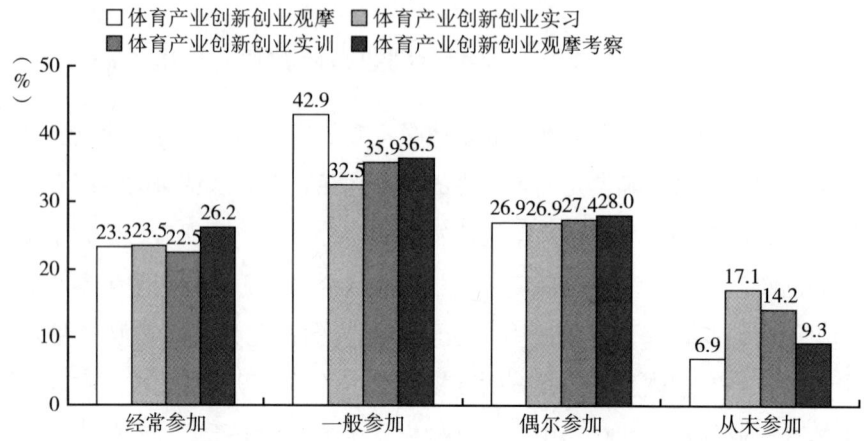

图24　高校大学生体育产业创新创业行为参与度情况

资料来源：我国高校体育产业创新创业教育发展现状调查问卷。

随着体育产业的红利来临，不少学生怀抱着对创新创业的热忱投身于其中，对于还未步入社会的高校大学生来说，高校体育产业创新创业教育非常重要，通过体育产业创新创业经验的传递、创意的激发、相关政策的解读，得到体育产业创新创业教育和锻炼的大学生才能具备投身体育产业创新创业的勇气和信心，才能在条件成熟后走上自主创业的道路。缺乏体育产业创新创业教育，会导致高校大学生在创业过程中对创新创业没有清晰的认识，对前景盲目乐观，一味冒进行事。部分高校大学生在创业后期遭遇困难和挫折，态度和情绪上变得消极，最终不可能有好的创业成效，例如体育培训领域，这是高校大学生体育产业创新创业较为普遍选择的一个领域，有些大学生开办青少年球类培训机构，在创建培训机构前缺乏良好的准备，首先是对于自身所具备的体育产业创新创业能力评估不足，其次是对青少年球类培训市场的竞争环境和发展前景缺乏深入的调研，这样仓促的创业到最后大多是失败。体育产业的创新创业需要高校大学生对于体育产业市场的形势有充分的认识，而这些认识需要大学生在高校体育产业创新创业教育的普及开展中习得。

（二）高校大学生体育产业创新创业教育方式不多

高校大学生体育产业创新创业教育方式可选择性少，体育产业创新创业教育涉及如何培养大学生创新能力的问题，而现有的传统教学模式给予的可选择性少。只有创造新的环境，让高校大学生在老师的指导下试着去面对和解决一些体育产业创新创业中的问题，才有利于大学生进行更多的创新创造。调研结果显示，目前国内高校开展体育产业创新创业教育的方式中，最受青睐的是"大学生创业案例介绍"，其占比为15%，这种方式旨在激发学生的学习热情和创业欲望；其次的两种方式分别是"知识运用能力的培养"和"学科领域的科技成果介绍"，其占比分别为14%和13%，这两种方式旨在激发学生的学习动力（见图25）。可以看出，目前高校进行的体育产业创新创业教育还处于初级阶段，高校对于调动学生的双创积极性还有很多工作要做，高校开展体育产业双创教育的首要目标在于激发大学生对于体育产业创新创业的兴趣，并通过对过往成功案例的介绍激发大学生对于创新创业的信心，并引导其迈出创业第一步。高校教师对于学生理性层面技术性的指导还偏少，更多的是启发性和基础性的教育方式，学生可选择性少。

对于大学生自身而言，体育产业创新创业的参与还处在起步期。大学生自身缺乏创新创业实践，"大学生个性的开发和引导，培养学生创新心理品质"这一体育产业创新创业教育方式采用得最少，造成这种现象的原因一是大学生群体对于体育产业创新创业整体上还没有明显实践意义上的需求，二是个体针对性的教育对于教授体育产业创新创业的教师的要求更高，目前双创师资力量还无法满足这种个体需求。从图12可以看出，高校大学生体育产业创新创业教育方式可选择性少，缺乏更多个性化的体育产业创新创业教育，无法真正带给高校大学生激发和引导。

（三）高校大学生体育产业创新创业培训实践不够

高校大学生体育产业创新创业培训实践性低，高校大学生体育产业创新

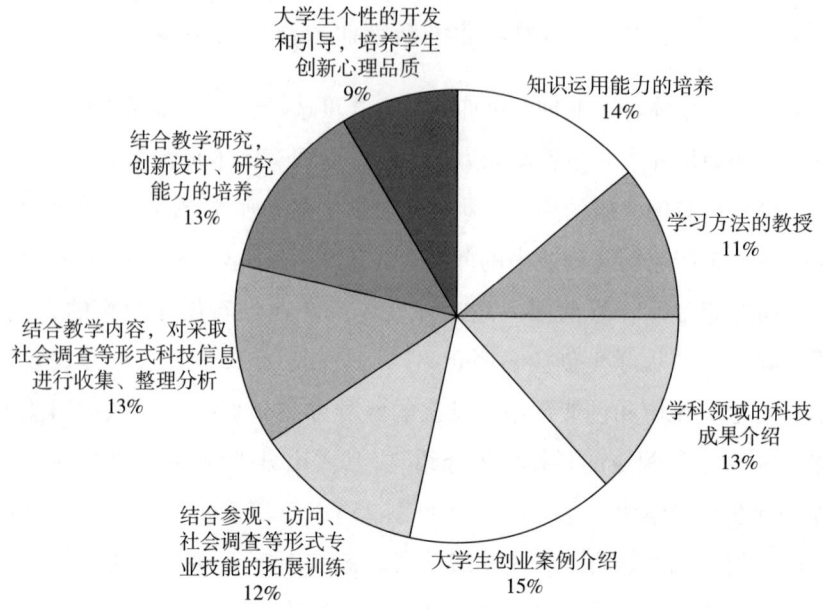

图 25　国内高校开展体育产业创新创业教育的方式

资料来源：中国高校体育产业创新创业师资现状调查问卷。

创业培训需要更多地强调实践性，并在实际应用层面真正融合相应的专业学科特点。当下的高校大学生体育产业创新创业培训易与专业特点脱离，体育产业是一个包容的领域，其上下游产业链涉及各学科领域，体育产业化的本质就是要与其他产业进行融合发展，从而衍生出诸如体育与科技、教育、文化、旅游、医疗、信息等产业的融合发展，这也正需要多学科领域的投入和参与。广大学生在进行体育产业创新创业时容易陷入同质化的状态，缺乏实践性的培训导致他们简单地认为体育产业创新创业就只和体育专业本身相关的领域挂钩，特别是众多其他非体育专业学科的大学生脱离自身的专业特点，一味模仿现有的体育产业创新创业模式，导致其竞争力不足且很容易失败。另外，统计显示，与自己专业不相关的在校学生创业项目占 2/3，大学生并没有利用自己的专业去创业，而是选择其他项目去创业。体育产业创新创业同样如此，部分项目仅仅靠跟随市场上已有的实体模式去创新创业，再加上资金不足、专业水平不高等因素，使得大学生缺少踏上体育产业创新创业征程的信心，其项目缺乏足够的市场竞争力，难以在变幻莫测的市场上获得成功。

高校开展体育产业创新创业培训的内容调研结果显示，体育在培训内容上呈现和其他领域创新创业培训相同的特征，缺乏体育产业创新创业应有的特性。通过占比靠前的几种方式来看，57.1%的高校举办就业专题讲座，这是高校进行体育产业创新创业教育最为普遍的形式，通过专题讲座的形式来普及和宣传体育产业创新创业；有53.2%的高校组织创业计划竞赛，有占比为50.9%的高校请成功人士讲授经验，通过书写创业计划和聆听成功经验让高校大学生对体育产业创新创业有进一步的认识；有占比为48.3%的高校开设就业课程，有占比为47.8%的高校开展专业技能拓展训练，这些都是更深层面的体育产业创新创业培训内容（见图26）。可以看出，在体育产业创新创业教育内容中，创业实操方面的教育内容不多，这再一次印证了高校体育产业创新创业培训实践不足。

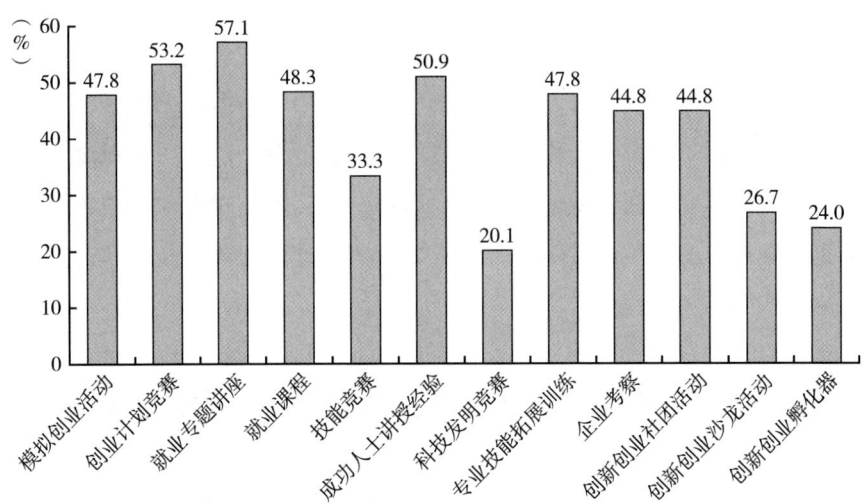

图26 国内高校开展体育产业创新创业培训内容

资料来源：中国高校体育产业创新创业师资现状调查问卷。

（四）高校大学生体育产业创新创业现实转化不高

尽管多数高校大学生对体育产业创新创业的想法持积极的态度，但最终真正拥有体育产业创业实践经历的大学生占比很低。调研数据显示，仅有占比为7%的项目达成了创业项目与孵化器对接，有占比为8%的高校建成了体育产业双创产业园并进行运营，相应的体育产业双创教育园的占比也只有9%，与企业展开产学研交流合作的项目占比为9%（见图27），可以看出高校体育产业创新创业现实转化不高，反映了高校对体育产业创业实践缺乏足够的支持，对于大学生创新创业很多人仍然秉持消极排斥的态度。首先，许多高校仅仅停留在对大学生体育产业创新创业基础理论知识的教学阶段，没有对大学生体育产业创新创业实践进行培训指导以及将体育产业与其他学科知识进行融合，部分高校目前已拥有体育产业创新创业的相应教学体系，但就大学生而言只能获取一些粗浅且实践性较低的体育产业创新创业理论知识，并不足以令其顺利地进入体育产业创新创业实践活动中，他们普遍缺乏体育产业创新创业意识和能力。其次，体育产业是新兴产业，虽然国家层面一直不断推动体育产业的发展，但社会各界的观念仍停留在过去，这就导致不少大学生家长对于体育产业以及体育创新创业在思想上有着诸多顾虑，并不支持大学生放弃相对稳定的工作进行体育产业创新创业，这在一定程度上打击了大学生体育产业创新创业的积极性。最后，社会企业对大学生的体育产业创新创业支持力度不足，对体育产业领域大学生进行创新创业较少有实质性的引导和扶持。

三 中国高校大学生体育产业创新创业行为改进对策

（一）推动体育产业创新创业教育全面覆盖，提高大学生体育产业创新创业教育参与度

2015年国务院办公厅印发《关于深化高等学校创新创业教育改革的实施意见》，全面部署深化高校创新创业教育改革工作。深化高等学校创新创

中国高校大学生体育产业创新创业行为调研报告

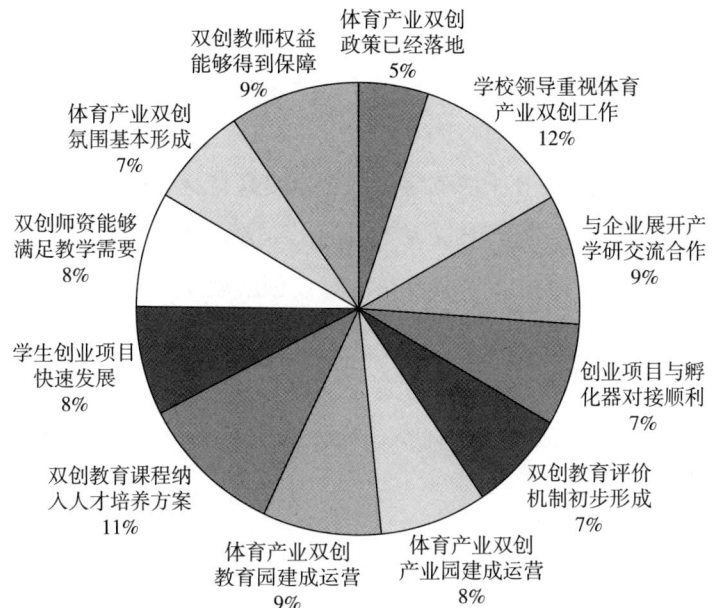

图27 国内高校体育产业创新创业的教育生态环境

资料来源：中国高校体育产业创新创业师资现状调查问卷。

业教育改革是国家实施创新驱动发展战略、促进经济提质增效升级的迫切需要，是推进高等教育综合改革、促进高校毕业生更高质量创业就业的重要举措[1]。在2020年7月29日全国研究生教育大会上，习近平谈到教育问题时一再强调创新创造，习近平强调研究生教育在培养创新人才、提高创新能力上具有重要作用[2]。可以看出，国家层面一再强调高校创新创业教育的重要性，这其中就包括了体育产业创新创业教育。推动体育产业创新创业教育的进一步覆盖，提高大学生体育产业创新创业教育参与度，提高大学生自身综合素养是体育产业双创教育的重要任务。这其中的综合素养就包括了体育领域的专业知识和非体育领域知识技能的交叉融合，大学生在校期间的首要任

---

[1] 国务院办公厅印发《关于深化高等学校创新创业教育改革的实施意见》，滚动新闻－中国政府网，http：//www.gov.cn/xinwen/2015－05/13/content_2861327.htm。
[2] 《习近平对研究生教育工作作出重要指示》，http：//www.gov.cn/xinwen/2020－07/29/content_5531011.htm。

务就是学好过硬的专业知识本领,这是进行体育产业创新创业的基础所在,因此体育产业创新创业教育要尽可能多地覆盖到更多有志于参与体育产业创新创业的大学生或者激发更多潜在的大学生,提高大学生体育产业创新创业教育参与度,让大学生在平时的学习中努力提高自身学科专业水平,并注重培养自身学科专业与体育产业交叉学科的思维方式和能力,只有将自身的学科知识应用于体育产业中,才能在体育产业创新创业中脱颖而出。另外,正确的人生观、价值观以及择业观能帮助大学生在体育产业创新创业中面对各种挑战与挫折,这些都是需要通过良好的体育产业创新创业教育来传递的,拥有了这些大学生才能在这个社会化的领域中,成功地进行人与人之间的交流。

(二)丰富高校体育产业创新创业教育形式,避免与其他教育形式同质化

丰富高校体育产业创新创业教育形式有助于促进高校大学生体育产业创新创业。体育领域创业有其自身的特点,是物质精神两个层面消费的结合,只有更了解体育本身,才能更好地进行创业。在如今"互联网+"体育的背景下,衍生出了体育+教育、体育+科技、体育+医疗、体育+旅游等诸多业态,只有丰富体育产业创新创业教育形式,才能真正激发大学生体育产业创新创业的激情和动力。《国家级大学生创新创业训练计划管理办法》中特别强调了秉承"兴趣驱动、自主实践、重在过程"的原则[1],但是从调研结果来看,高校开展体育产业创新创业教育的形式同日常其他教育的形式没有差别,多为开展讲座、组织研讨和论坛等形式。由于对体育产业创新创业教育同其他教育的区别没有正确的认识,高校在开展体育产业创新创业教育过程中容易有照搬其他教育形式的行为,而体育产业创新创业教育需要多种教学形式,而同质化的教育模式很容易造成高校创新

---

[1] 教育部印发《国家级大学生创新创业训练计划管理办法》,滚动新闻-中国政府网,http://www.gov.cn/xinwen/2019-07/31/content_5417570.htm。

创业教育落入"形式主义"的套路，这种模式对于高校来说只是承担提供教育的责任，而对于学生来说只是做到了参与学习。高校应丰富体育产业创新创业教育形式，例如让高校大学生亲自参与到体育赛事的运营中，身临其境感受体育产业的特点，了解体育产业一线动态，这样才能激发高校大学生体育产业创新创业的灵感和动力，而非只停留在课堂中同质化的教学方式上。

（三）根据体育产业特殊性，增强创新创业培训实践性

体育产业创新创业需要多元化的主体介入，仅仅通过平时课堂、教材课本的学习是无法满足培训需要的。创业需要多种能力的综合，针对创业者的需求进行创业培训，其中包括商业模式与战略管理、市场推广与营销、体育产业发展趋势及机遇、项目分析及商业计划书撰写等内容。

2019年3月22～26日，天津体育学院举办了首届全国大学生体育产业创新创业培训[①]，该培训以"国家体育产业创新创业"为主题，致力于培养体育产业创新创业型人才。来自全国24个省市53所院校的201名高校大学生参加了为期五天的首届全国体育产业创新创业培训班。该培训课程共邀请了20位专家，通过理论与实践、校内与校外、理论导师与企业专家的有机结合，让参加培训的各高校大学生了解掌握了体育产业创新创业的基本流程，学习借鉴了专家、老师的经验，开阔了视野，了解了体育产业创新创业的独特性，从而能准确把握体育产业发展前沿动态。将全国各大院校满怀热忱的大学生汇集到一起，与体育产业内最权威的专家学者和第一线的企业家们进行面对面的头脑风暴和思维碰撞，在这种有别于一般课堂的教学模式中，彼此之间没有身份之别，完全释放了大家的创造力，让高校大学生畅所欲言、直抒己见，开了体育产业创新创业培训领域的先河，此种模式值得之后全国开展体育产业创新创业培训的高校学习借鉴（见表1）。

---

① 全国体育院校体育产业创新创业服务平台，http://tysc.tjus.edu.cn/。

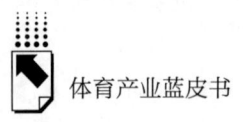

表 1　首届全国大学生体育产业创新创业培训情况

专家数量	培训时间	培训形式		培训内容	考核形式
20 位	5 天	专家讲授		体育产业创新创业的形势政策	创新创业计划书
		课堂研讨		机会选择	
		案例分享		团队管理	
		实践学习		知识产权保护	

资料来源：全国体育院校体育产业创新创业服务平台。

体育产业创新创业培养需要根据体育特殊性，增加相应师资的种类，增强课程内容的实践性。在体育产业创新创业培训中去培养高校大学生的创新创业能力，首先需要去评估所有大学生是否都需要创新能力以及大学生的自身创新能力，因为不是每一个人都适合创业活动，如果方向走偏了，就失去了培训的意义。正因如此，对于培训师资而言，有的教师本身不具备创新能力，所以培养大学生体育产业创新创业能力需要建立一个科学的体系，甚至需要借鉴社会力量，社会环境的复杂性有利于激发大学生的创新创业能力，学校在其中扮演的角色是秩序维持者，而非知识传授者。只有在体育产业创新创业培训中让大学生开展体育产业调研工作和相应的前期准备工作，大学生才可以有计划有目标地开展自己的创新创业活动，从而做到积极从容面对创新创业过程中的挑战与挫折，走上正确的创新创业道路。

（四）加大体育产业创新创业项目孵化力度，催生更多大学生体育产业创新创业实体

加大高校大学生体育产业孵化项目力度，切实提高大学生体育产业创新创业实体转化率，将更多有想法的高校大学生转化为体育产业创新创业中的一员是体育产业创新创业教育发展的重要一环。2015 年国务院印发《关于加快构建大众创业万众创新支撑平台的指导意见》，要求各地区、各部门要加大

对创业创新活动的引导和支持力度①，建立相应的大学生体育产业创新创业支持平台，整合相关资源，串联体育产业创业者，并推动产学研融合发展。

在高校层面，对于体育产业创新创业的支持力度应该紧紧跟随体育产业发展的进程。普及性的讲座、沙龙可以促进高校大学生进行体育产业创新创业，高校应进一步培养体育产业创新创业氛围以及高校的体育文化，让高校大学生真正接触、了解体育和体育产业。在政府层面，应出台具体政策对大学生体育产业创新创业进行扶持，鼓励大学生进行体育产业创新创业。例如政府组织相关创新创业法规政策讲座，或给予大学生体育产业创业项目启动资金或无息贷款。另外，政府就大学生体育产业创新创业给予一定的辅导，如对于其项目进行风险评估或设立体育产业实践培训机构供大学生接触市场。在社会层面，增加对于大学生体育产业创新创业融资方面的支持，体育产业融资上本身就有缺陷，融资难问题困扰着体育产业中众多企业，应完善体育产业创新创业投融资机制，开展"互联网+股权众筹融资"试点，发展众筹、P2P、大数据等创新型互联网金融融资工具。同时构建"政、校、企"多主体协同配合的体育产业创新创业支持平台，体育产业创新创业教育发展离不开政府、学校、企业的协同配合，发掘校外资源，将高校、政府和社会紧密地结合起来，创建一个三方协同育人的平台，弥补高校自身体育产业创新创业教育资源有限、资金不足的短板，从而加大体育产业创新创业孵化项目力度，提高体育产业创新创业实体转化率。只有寻求高校、政府、社会多个层面的支持，才能切实提高高校大学生体育产业创新创业实体转化率，增大高校大学生体育产业孵化项目力度，将更多有创业想法的高校大学生转化为体育产业创新创业中的一员。

四 结束语

创新创业人才是推动经济社会可持续发展的首要资源、是构筑国家核心

---

① 《国务院关于加快构建大众创业万众创新支撑平台的指导意见》，政府信息公开专栏，http：//www.gov.cn/zhengce/content/2015-09/26/content_10183.htm。

竞争力的关键要素，而大学生是最具创新创业潜力的群体之一，同时也是促进大众创业、万众创新的重要力量。中国高校大学生体育产业创新创业，是"大众创业、万众创新"国家战略背景下的重要课题，缓解大学生就业压力将有助于体育产业高质量发展。从中国高校大学生体育产业创新创业行为现状来看，客观上存在整体教育参与度不高、教育可选择少、培训实践性低以及实体转换率低等现实问题，只有针对性地解决这些问题，才能让中国高校大学生体育产业创新创业得到更好的发展。社会、政府、高校应该协同起来，推动体育产业创新创业教育全面覆盖、丰富高校体育产业创新创业教育形式、增强创新创业教育培训实践性、加大项目孵化力度，培养出一批优质的中国高校大学生体育产业创新创业人才。

参考文献

金凌志、王小敏：《基于三元交互决定论的博士生创新能力培养》，《高等教育研究》2011年第4期。

王俊勇、王冀宁：《大学生创新创业行为演化路径研究——基于大众创业、万众创新时代背景》，《企业经济》2016年第5期。

韩华：《中美两国高校创新创业教育体系的对比研究及启示》，《教育现代化》2018年5月。

向辉、雷家骕：《大学生创业教育对其创业意向的影响研究》，《清华大学教育研究》2014年第2期。

张玉利、陈立新：《中小企业创业的核心要素与创业环境分析》，《经济界》2004年第3期。

张玉利、杨俊、任兵：《社会资本、先前经验与创业机会——一个交互效应模型及其启示》，《管理世界》2008年第7期。

闫华飞、胡蓓：《产业集群内创业知识溢出机理研究：创业者的视角》，《科技管理研究》2014年第1期。

傅首清：《区域创新网络与科技产业生态环境互动机制研究——以中关村海淀科技园区为例》，《管理世界》2010年第6期。

周建安：《我国循环经济战略实施与产业生态发展的制度安排》，《宁夏大学学报》（人文社会科学版）2008年第3期。

B.7 中国高校体育产业创新创业师资现状与对策分析

郭鸣明 丁莉红*

摘 要: 高校体育产业创新创业教育的有效推动离不开创新创业师资队伍的建设。本报告通过问卷调查,主要从中国高校体育产业创新创业师资性别、年龄、创业背景、来源结构以及指导现状等方面,对中国高校体育产业创新创业师资概况和发展趋势做出分析。针对目前我国高校体育产业师资队伍建设中数量规模小、结构不合理、专业化水平与创新创业需求不适应、资源分布不均衡的问题,本报告提出加强教师引进与聘任机制、提升教师专业化水平、建立高素质体育产业创新创业教师库以及因地制宜推动各区域高校体育产业创新创业教育发展的观点,以期对我国高校创新创业教育师资队伍建设具有启示和指导价值。

关键词: 师资队伍 体育产业 创新创业教育

百年大计,教育为本;教育大计,教师为本。2018年1月,《中共中央国务院关于全面深化新时代教师队伍建设改革的意见》中提出建设高素质

---

* 郭鸣明,中央财经大学体育经济与管理学院在读,主要研究方向为创新创业教育、体育经济与管理。丁莉红,中央财经大学体育经济与管理学院在读,主要研究方向为创新创业教育、教育经济与管理。

专业化的创新型教师队伍、提高创新创业教育的质量、培养全面发展的祖国接班人。2018年的全国教育大会上,习近平总书记强调教师是人类灵魂的工程师,要把教师队伍建设作为基础工作抓紧抓好。教师是高校学生进行创新创业活动的主导者,教师的教学态度、知识结构、授课技术与方法及其实践经验都对创新创业教育的效果起着决定性作用,可以说,高校创新创业教育成功与否与师资状况息息相关。

当前,体育产业所呈现的旺盛生命力给予了大学生群体尤其是体育类大学生更加多元化的就业路径,越来越多的体育服务领域需要具有创新创业素质的大学生去努力开拓。然而高校教育并没有与体育市场很好地衔接起来,以往的教育模式出现了问题,无法满足体育市场对新型人才的需求,这对我国高校体育专业的大学生以及体育市场都产生了不利影响,迫切需要高质量的师资队伍作为首要突破口。我国体育产业创新创业发展需要建立高水平的体育产业创新创业教育师资队伍,激发大学生将自己的专业知识、新的思想注入体育产业,为体育产业带来新的发展动力。

一 中国高校体育产业创新创业师资调查设计

创新创业教育是一种新兴的教育模式,体育产业作为国家大力发展的新兴产业,有着独特的产业布局和管理经验。因此,高校体育产业创新创业教育具有极强的综合性和专业性,对师资队伍的结构、知识、技能等方面有更加细致和特殊的要求,这需要教师既具备丰厚的知识储备、创新的精神和态度,更要有在创新创业方面的实践基础和经验以及先进的授课技术与方法。为了解现阶段中国高校体育产业创新创业师资情况,通过问卷星样本服务,在2020年5月15~27日,对中国高校体育产业创新创业教育中的高校教师、管理者进行了问卷调查。

调查问卷主要涉及三部分内容:一是对高校体育产业创新创业教师基本情况的调查,分别从性别、年龄、文化程度、从事工作、担任导师情况、创业经历、所属院校属性以及院校所属地区和省份等方面对受访者进行调查。

二是高校体育产业创新创业教师的认知调查,主要是针对高校体育产业创新创业教师对体育双创的态度进行调查,包含对高校开展体育双创教育的支持度、价值、影响双创教育开展的主要因素等进行调查。三是对目前高校体育双创教育情况的调查,涉及双创教学实践情况、教师考核、权益保障、管理机构等进行调查。四是体育产业双创问题与建议进行调查,从体育产业双创教师的角度认识现阶段我国高校体育产业双创教育所遭遇的问题并提出建议。

在本次调查中,49.7%的受调查者来自独立建制的体育院校、综合性大学的体育院系部或其他与体育相关的院校,50.3%的受调查者来自非体育类院校(见图1a)。在体育院校中,17%的受调查者来自独立建制的体育院校,81%的受调查者来自综合性大学的体育院系部,还有2%的受调查者来自其他体育院校(见图1b)。本报告将重点针对调查问卷的第一部分进行数据分析,剖析现阶段中国高校体育产业创新创业师资队伍基本情况,识别发展问题,从而制定发展对策。

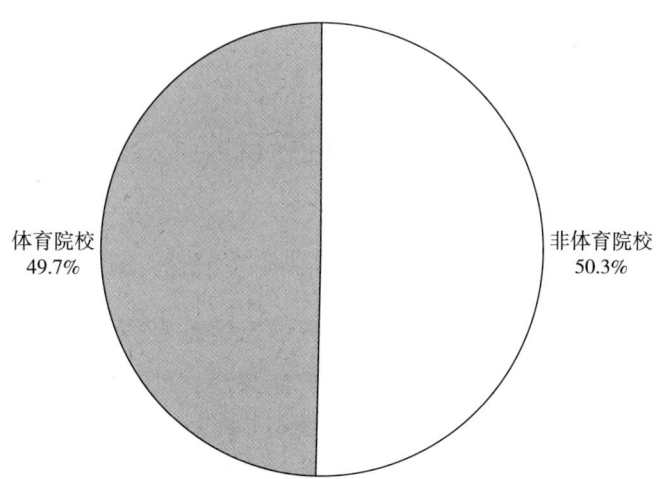

图1a 受调查者是否来自体育院校

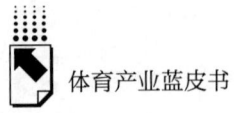

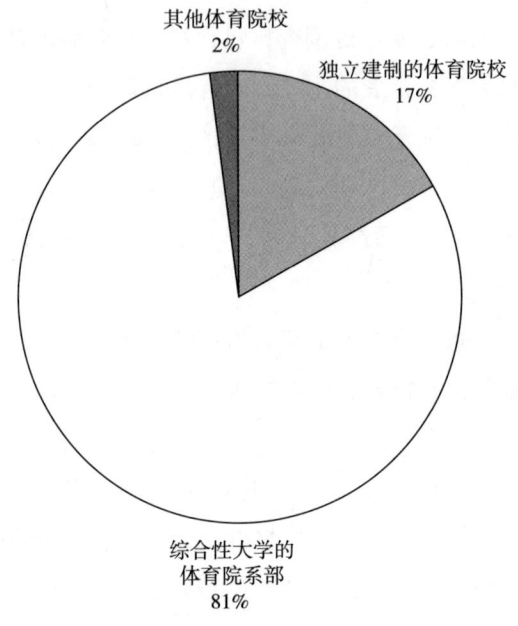

图1b 受调查者所来自体育院校的性质

二 中国高校体育产业创新创业师资现状分析

(一)高校体育产业创新创业教师性别结构

合理的教师性别结构有助于男女教师发挥各自优势,提高创新创业教育活动效益。从性别来看,从事高校体育产业创新创业教育的教师的男性占比为54.6%,女性占比为45.4%,男性教师的比例比女性教师的比例高出9.2个百分点,性别比例基本均衡。而在体育院校中,独立建制的体育院校的男女教师性别比例出现了较大差异,男性教师占60.5%,女性教师占39.5%(见表1),显然,这与体育院校本身所具有的特殊性高度相关。

表1 中国高校体育产业创新创业师资性别结构

单位：%

院校类别		男性占比	女性占比	合计
非体育院校		55.0	45.0	100
体育院校	独立建制的体育院校	60.5	39.5	100
	综合性大学的体育院系部	52.2	47.8	100
	其他体育院校	80.0	20.0	100
总体		54.6	45.4	100

（二）高校体育产业创新创业教师年龄结构

年龄结构反映了教师队伍年龄构成，合理的教师队伍应形成一个有层次的梯形结构，展现出一定的活力和稳定性，年轻教师和年老教师的数量都不宜过多，中年教师应为教师队伍中的主体力量。调查结果显示，目前我国高校体育产业创新创业教师群体集中在26~35岁、36~45岁两个年龄段，分别占比为38.2%、38.0%，46~55岁的教师占比为22.2%，即中青年教师占据了高校体育产业创新创业教师的主要部分。56岁及以上的教师占比为1.2%，25岁及以下的教师占比为0.4%（见表2）。在年龄结构方面，体育院校与非体育院校没有表现出显著差异，两者具有相同结构，现阶段的教师大多为中青年教师，老教师和年轻教师的占比较小，因此，整体教师队伍的稳定性较强。

表2 中国高校体育产业创新创业教师年龄构成

单位：%

教师年龄	非体育院校	体育院校	合计
25岁及以下	0.0	0.8	0.4
26~35岁	38.4	38.0	38.2
36~45岁	40.0	36.0	38.0
46~55岁	21.2	23.3	22.2
56岁及以上	0.4	1.9	1.2
合计	100.0	100.0	100.0

（三）高校体育产业创新创业师资工作情况

1. 高校体育产业创新创业师资所属工作部门

现阶段，我国高校体育产业创新创业师资队伍中，60%为高校教师，29%为高校管理者，11%的受调查者既为高校管理者也为高校教师。其中，大多数的高校管理者在行政部门从事创新创业活动（53.9%），另外24.8%和19.4%的高校管理者来自教辅部门和教学部门（见图2a、图2b）。

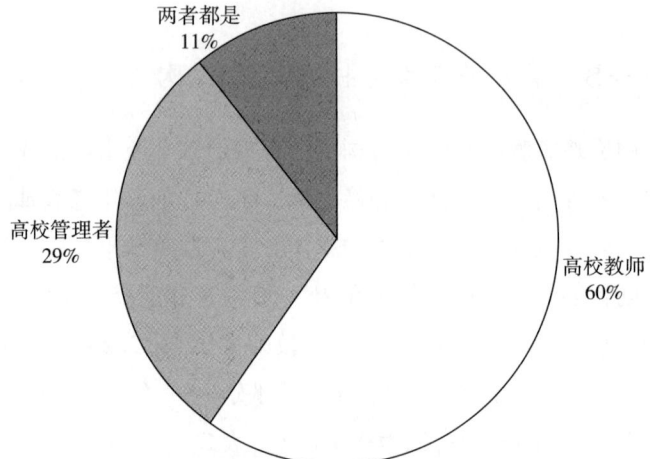

图2a 高校体育产业创新创业教师从事工作

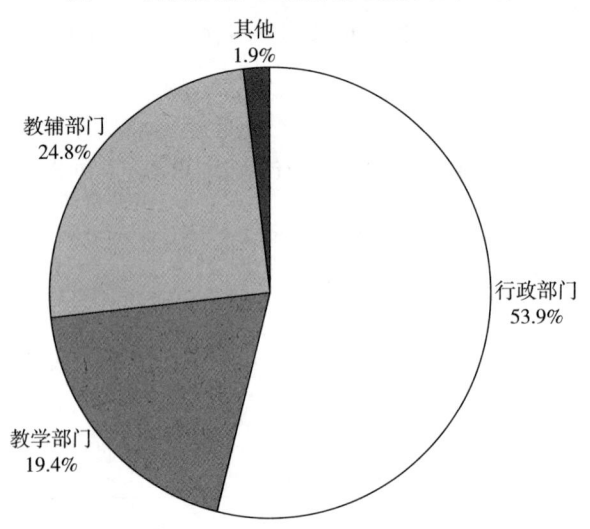

图2b 高校管理者工作部门分布

对比体育院校和非体育院校,非体育院校创新创业师资中高校教师的数量占比(64.3%)显著高于独立建制的体育院校(55.8%)和综合性大学体育院系部(55.6%)。独立建制的体育院校的高校管理者占比(32.6%)高于非体育院校(29.1%)和综合性大学体育院系部(28.5%)(见图2c)。

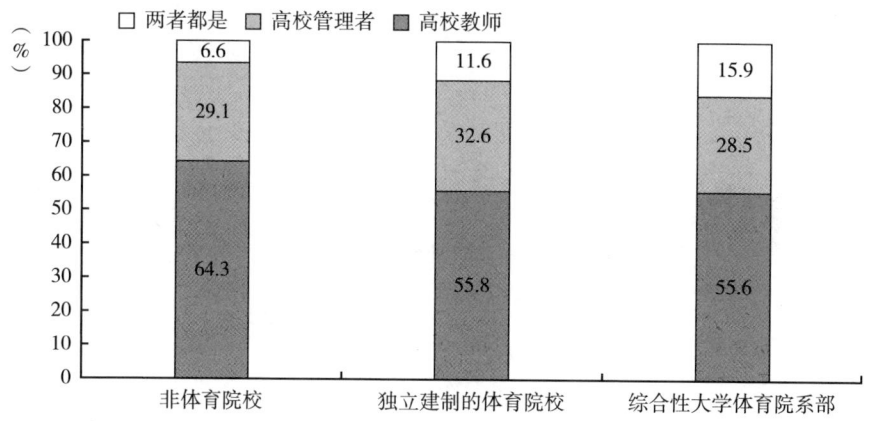

图2c 不同院校创新创业教师从事工作情况对比

2. 高校体育产业创新创业工作年限构成

工作年限反映了教师的教学经验和工作经验,教学经验丰富的教师善于合理运用原本的教学方法以适应创新创业教育的需求,从而提升创新创业教育的质量。这些需要长时间积累才能形成的宝贵资源,对建设高质量体育产业创新创业教师队伍有一定的促进作用。调查结果如图4a所示,高校教师担任创新创业教育工作的经历集中在4~15年,即具有4~15年工作经历的高校教师在体育产业创新创业教育工作中占比最大,共达79.8%。而承担创新创业教育工作的高校管理者的工作经历大多在10年以上,占66.8%。从高校教师和高校管理者的角度来看,工作年限在4~15年的教师为高校体育产业创新创业教育工作的主力军,高校将较为年轻且经验丰富的教师投入了体育产业的双创教学中。

不同类型高校的创新创业教师的工作年限构成分布趋势大致相同,但非体育院校创新创业教师的工作年限分布更加均衡,非体育院校拥有1~3年

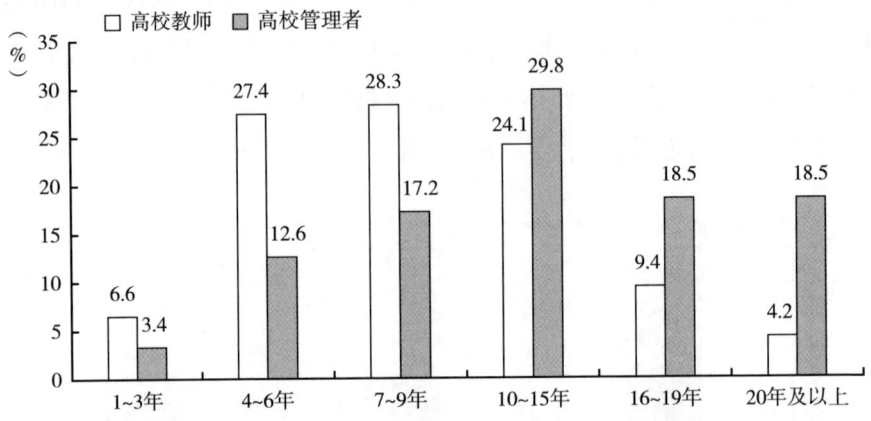

图3a 中国高校体育产业创新创业师资工作年限

工作年限的教师（7.8%）比例大于综合性大学体育院系部（1.4%）及独立建制的体育院校的教师比例（2.3%）（见图3b）。

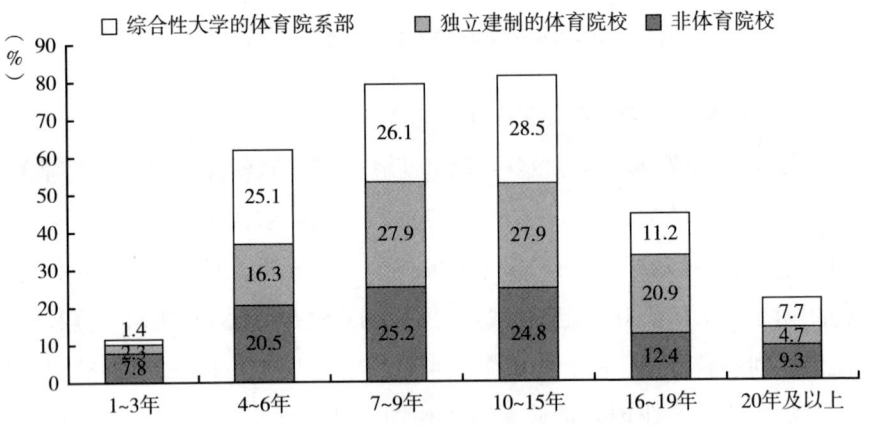

图3b 不同院校创新创业教师工作年限对比

3. 中国高校体育产业创新创业队伍职称职级结构

高校教师队伍的职称结构主要反映了教师和管理者的学术科研水平和工作能力。调查结果表明，在高校创新创业教师队伍中，讲师数量占据整支队伍的一半以上（51.8%），副教授和教授分别占比为28.7%、12.7%，助教仅占6.8%。在高校创新创业管理者队伍中,有高级职称的管理者占比为37.7%;有中级职称的管理者占比为51.0%,超过了半数;有初级职称的管理者只占11.3%(见图4a、图4b)。

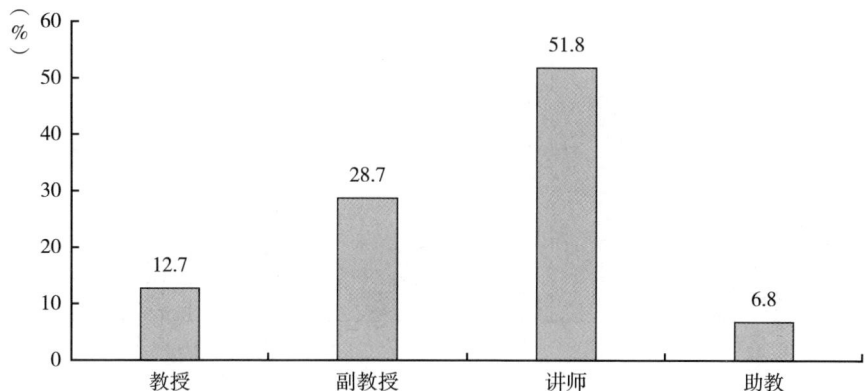

图4a 中国高校体育产业创新创业教师职称职级情况

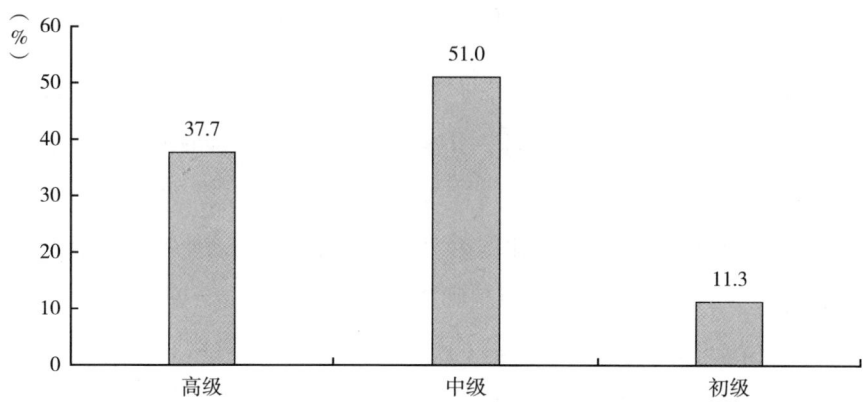

图4b 中国高校体育产业创新创业管理者职称职级情况

在不同院校中,非体育院校创新创业师资队伍中教授、副教授、讲师和助教的比例为1.47∶3.21∶6.28∶1,独立建制的体育院校创新创业师资队伍中教授、副教授、讲师和助教的比例为2.47∶2.98∶6.43∶1,综合性大学体育院系部创新创业师资队伍中教授、副教授、讲师和助教的比例为

2.41∶7.82∶8.68∶1（见图4c）。体育院校师资队伍中教授占比显著高于非体育院校，体育院校的高级管理者比例高于非体育院校的高级管理者。

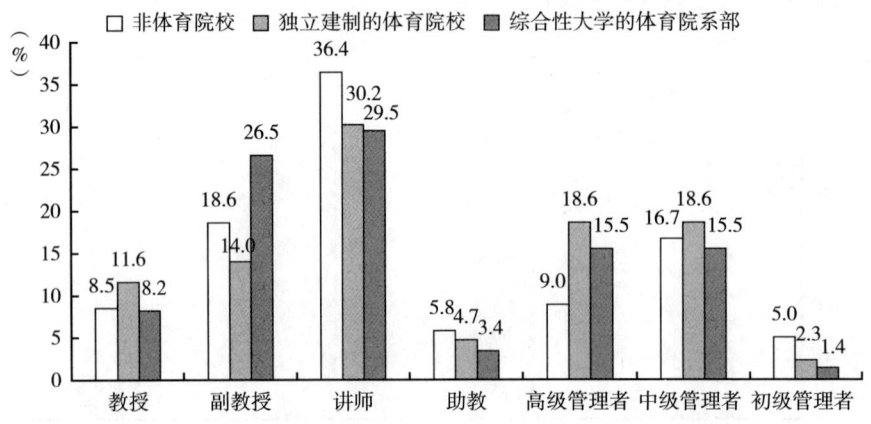

图4c 不同院校创新创业教师职称职级对比

（四）高校体育产业创新创业师资文化程度

文化程度是衡量一个教师的能力和知识的标准之一。文化程度结构体现了创新创业师资队伍中具有不同学历层次人员的比例构成状况。调查结果显示，拥有硕士研究生学历的教师占比最高，为56.1%，但2019年的调查显示，普通高校研究生学位教师比例为75%[1]，表明创新创业师资队伍中高学历教师占比相对较小，本科学历教师占比为27.3%，博士研究生学历的教师比重为16.6%，不存在大专及以下学历的教师，这表明目前高校体育产业创新创业教师的文化程度普遍较高，少有低学历老师。在不同院校中，体育院校创新创业师资队伍中博士研究生的比例（16.9%）与非体育院校（16.3%）基本无异，但其硕士研究生的比例（61.1%）要高出非体育院校近10个百分点（见表3）。

---

[1]《2019年全国教育事业发展情况》。

表3 中国高校体育产业创新创业教师文化程度

单位：%

文化程度	体育院校	非体育院校	合计
博士研究生	16.9	16.3	16.6
硕士研究生	61.1	51.2	56.1
大学本科	22.0	32.5	27.3
合计	100.0	100.0	100.0

文化程度在不同类型的体育院校中再一次出现了显著性差异。独立建制的体育院校创新创业师资队伍中的博士研究生学历占比（20.9%）要高于综合性大学的体育院系部（15.9%），而硕士研究生学历占比（55.8%）明显低于综合性大学的体育院系部（63.8%）（见图5a）。

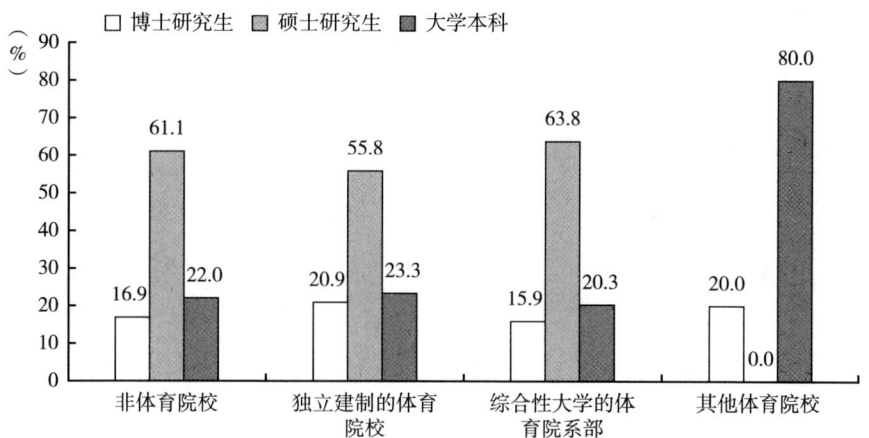

图5a 中国高校不同院校创新创业教师文化程度对比

（五）高校体育产业创新创业师资担任导师情况

担任导师的教师通常具有更加丰富的指导学生经验，更懂得如何指导学生开展创新性的科研项目。调查结果显示，中国高校体育产业创新创业师资队伍中有5.1%的教师和管理者在高校中担任博士生导师，有32.0%担任硕士生导师，有62.9%不担任导师一职。在不同院校中，体育院校中进行创新创业教育活动工作的博导（6.7%）和硕导（39.2%）也显著高于非体育院校（分别为3.5%和24.8%），在非体育院校中，超过七成的双创教师都不担任导师（见表4）。

表4 中国高校体育产业创新创业导师担任情况

单位：%

担任导师	体育院校	非体育院校	合计
博导	6.7	3.5	5.1
硕导	39.2	24.8	32.0
无	54.1	71.7	62.9
合计	100.0	100.0	100.0

在体育院校中，四成以上教师和管理者都担任博导或硕导一职。独立建制的体育院校中参与体育产业双创教育的博导和硕导比例均高于综合性大学的体育院系部（见图5b）。

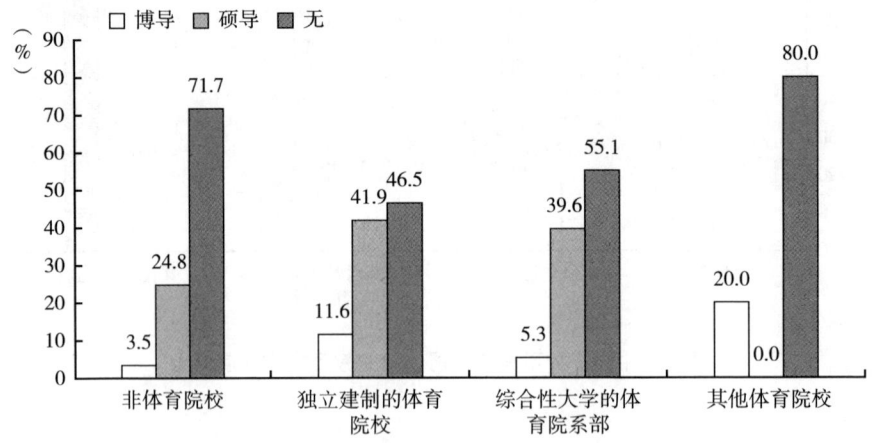

图5b 不同院校创新创业教师担任导师情况对比

（六）中国高校体育产业创新创业师资来源

目前我国高校创新创业教育师资队伍结构呈现专兼结合、校内教师和校外不同行业专家相结合的局面。师资队伍既包括校内的专职教师、教学教辅人员，也包括校外的企业管理专家、政府行政管理人员、风险投资或银行管理人员以及其他社会组织的管理者。如图6所示，专职教师（66.5%）和教学教辅人员（76.4%）是高校体育产业创新创业教师队伍的主要组成部分。此外，企业管理专家（54.3%）也同样扮演着极为重要的角色。相比之下，社会组织管理者、政府行政管理人员、风险投资或银行管理人员占比较少，仅为28.3%、22.3%和20.8%（见图6）。然而在任何创业活动中，创业主体都需要进行科学的财务管理，风投和银行作为市场上的投资主体，是创业主体非常重要的资金来源。同时创业是一种社会化的活动，创业主体需要洞悉社会、市场上的需求，精准挖掘项目机会，并在创业经营过程中接受政府的管控，把握政府的政策方向。因此，高校可多吸引风险投资或银行管理人员、政府行政管理人员和社会组织管理者，使其成为高校体育产业创新创业教师队伍坚实的外部力量。基于院校性质与体育产业双创教师的卡方检验结果可知，P值远大于0.1（见表5）。因此，不同院校之间创新创业教育师资队伍的来源结构没有明显的差异。

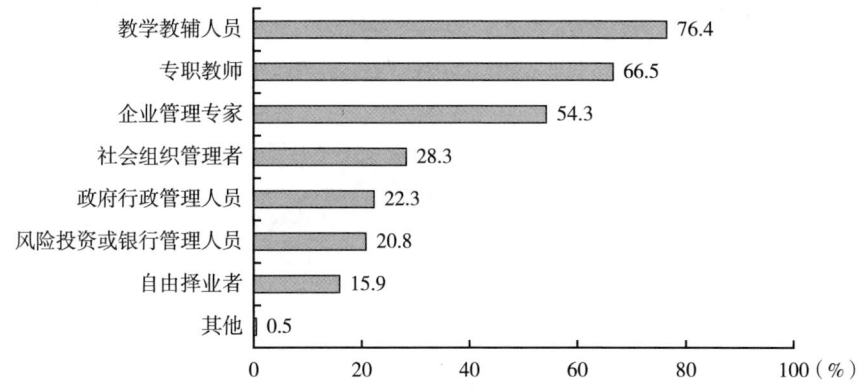

图6 中国高校体育产业创新创业师资来源结构

表5 院校性质与体育产业双创教师来源结构卡方检验

	院校性质		
	卡方值	自由度	显著性
来源结构	4.740[a]	7	0.692
a.12.5%单元格期望计数少于5,最小期望计数为0.94			

（七）中国高校体育产业创新创业师资创业背景

一般来说，具有创业工作经历的教师拥有实际的创业活动经验，他们能够在指导学生进行创新创业活动以及教授创新创业课程的过程中，对于学生所提出的创新创业设想给予精准的项目定位，同时他们能够把握创业工作每个阶段的特性，给予学生更有意义的指导。尤其是正在进行创业工作的教师，他们更加清楚现阶段的市场需求、市场的变化趋势，更能结合实际开展教学，发挥双创教育应有的效果。调查结果表明，2020年我国高校体育产业创新创业教师、管理者大部分正在创业（17.0%）或曾经创业（40.5%），即大多数受调查者都有一定的创新创业工作实践经历，有42.5%的教师和管理者表示没有亲身参与创业活动，不具备创业背景。在拥有创业实践经历的教师中，有70.2%表示他们以合伙企业为创业实体参与到创新创业活动中，创业实体为个人独资企业及公司的分别占创业教师、管理者的10.8%和13.2%。有51.86%的教师、管理者以专职的身份进行创业工作，另外48.14%的教师、管理者以兼职的身份进行创业工作（见图7a、图7b、图7c）。

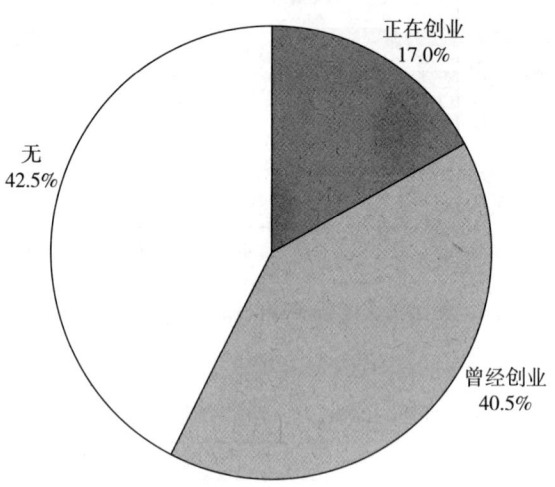

图7a 中国高校体育产业教师创业背景情况

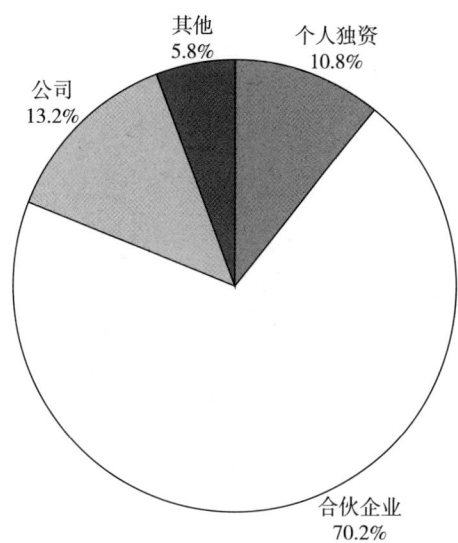

图 7b　中国高校体育产业双创教师创业实体

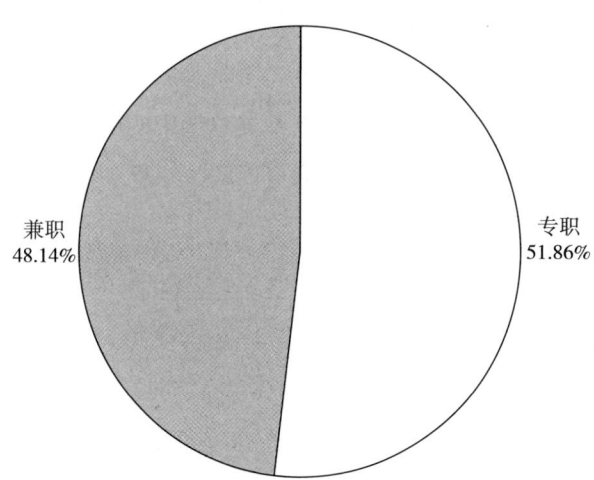

图 7c　中国高校体育产业双创教师创业工作性质

不同类型院校的创新创业教师在创业工作经历中表现出明显差异。非体育院校的创新创业教师仅有46.5%具有创业工作经历，而体育院校的教师（包括独立建制的体育院校和综合性大学的体育院系部）中73%以上的都有曾经创业或正在创业的经历。在体育院校中，不同类型的体育院校的体育产业双创教师在创业背景上没有显著差异（见图7d）。

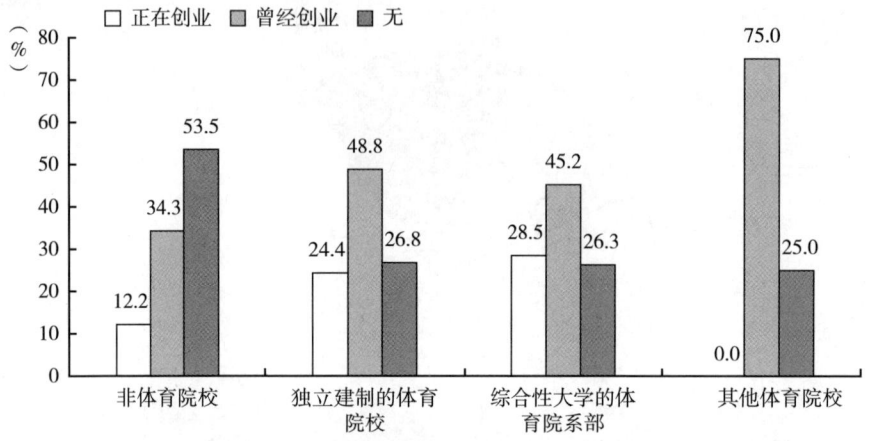

图7d 不同院校创新创业教师创业背景对比

（八）中国高校体育产业创新创业师资区域分布

高校体育产业双创教师所属学校的区域分布展示了我国各个区域的体育产业双创师资数量在全国高校体育产业师资总量中的所占比例，中国高校体育产业创新创业教师的分布呈现从沿海到内陆、东北到西部地区由多到少的局面。

为清晰地展示中国各地区体育产业创新创业教师分布，我们按照华北、华东、华南、华中、西南、西北等七大区域做具体分析。如图8所

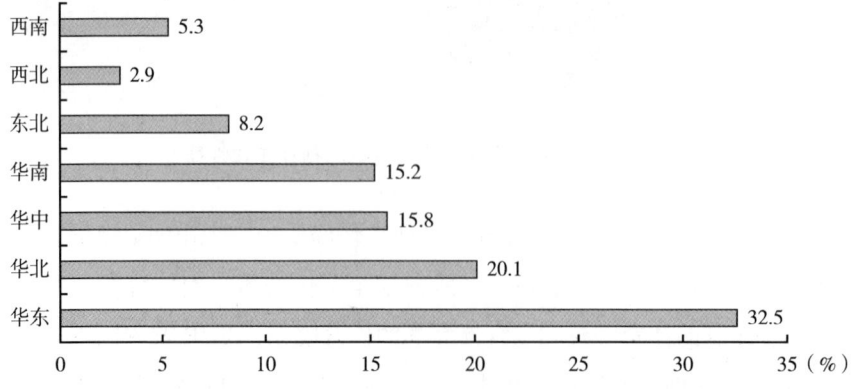

图8 高校体育产业创新创业教师区域分布

示,全国高校体育产业创新创业教师大多分布在东部地区,西部地区占比较少。32.5%的教师所在学院归属于华东地区,华北、华中、华南地区的双创教师占比分别为20.1%、15.8%和15.2%,西北和西南地区占比最少,分别为2.9%和5.3%(见图8),西部地区和东部地区出现了严重不均衡的情况。

(九)中国高校体育产业创新创业师资所在学校层次

调查问卷数据显示,全国高校体育产业创新创业教师和管理者所在院校多数为公办本科大学(69.2%),来自高等专科学校、独立学院、民办高校和职业技术学院的教师和管理者分别占比为10.3%、8.4%、6.8%和5.3%。按学校属性来看,中国高校体育产业创新创业师资队伍多数来自一本院校和二本院校,分别占比32.4%和39.6%,13.0%来自高职院校,而三本院校(7.4%)和教育部直属大学(7.6%)占比最少。按学校划分看,普通高校占比为69.4%,双一流高校占比为22.0%,其他类占比为8.6%。这与参与问卷调查的教师的学校层次分布有关。体育院校与非体育院校的创新创业教师在学校类型、学校属性、学校划分方面没有显著性差异(卡方显著性检验的结果均大于0.1)(见表6、表7)。

表6 高校体育产业双创教师所属院校特征

单位:%

		非体育院校	体育院校	合计
学校类型	公办本科大学	70.5	67.8	69.2
	独立学院	6.6	10.2	8.4
	高等专科学校	9.3	11.4	10.3
	民办高校	7.8	5.9	6.8
	职业技术学院	5.8	4.7	5.3
学校属性	教育部直属大学	8.9	6.3	7.6
	一本院校	29.5	35.3	32.4
	二本院校	40.3	38.8	39.6

续表

		非体育院校	体育院校	合计
学校属性	三本院校	6.6	8.2	7.4
	高职院校	14.7	11.4	13.0
学校划分	普通高校	68.2	70.6	69.4
	双一流高校	21.3	22.7	22.0
	其他	10.5	6.7	8.6

表7　院校性质与体育产业双创教师学校层次卡方检验

	院校性质		
	卡方值	自由度	显著性
学校类型	3.614[a]	4	0.461
学校属性	4.173[b]	4	0.383
学校划分	2.380[c]	2	0.304

a. 0 单元格(.0%)的期望计数少于5。最小期望计数为13.42。
b. 0 单元格(.0%)的期望计数少于5。最小期望计数为18.89。
c. 0 单元格(.0%)的期望计数少于5。最小期望计数为21.87。

（十）中国高校体育产业创新创业指导教师身份结构

调查显示，全国高校78.6%的教师有创新创业指导经历，21.4%的教师无创新创业教育指导经历。在具有创新创业指导经历的教师和管理者中，59.8%的高校双创教师作为学校创新创业导师指导学生创新创业学习，58.6%的高校双创教师作为学校创新创业基地管理者教育指导学生创新创业学习，33.7%的高校双创教师作为校办企业管理者指导学生创新创业学习。以以上三种身份加入体育院校创新创业教学中的受访者明显多于校办企业兼职者（22.1%）、校外企业管理者（12.7%）以及校外企业兼职者（17.1%）（见图9a、图9b）。2020年在我国各高校中，创新创业基地及校办企业已普遍存在，高校给予创新创业基地及校办企业管理者创新创业教学任务，近八成教师参与了高校创新创业导师工作，辅导学生进行项目策划及孵化。

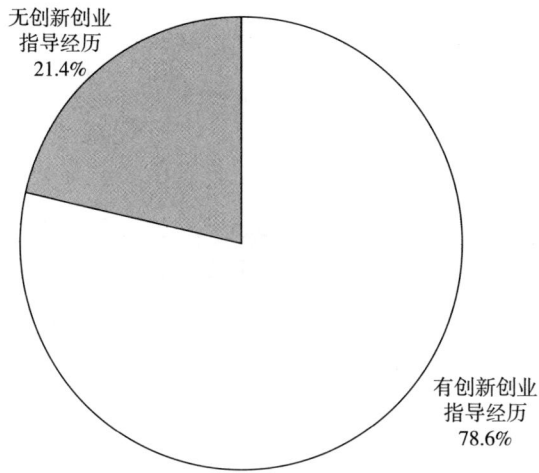

图 9a 中国高校体育产业创新创业教师创新创业指导经历结构

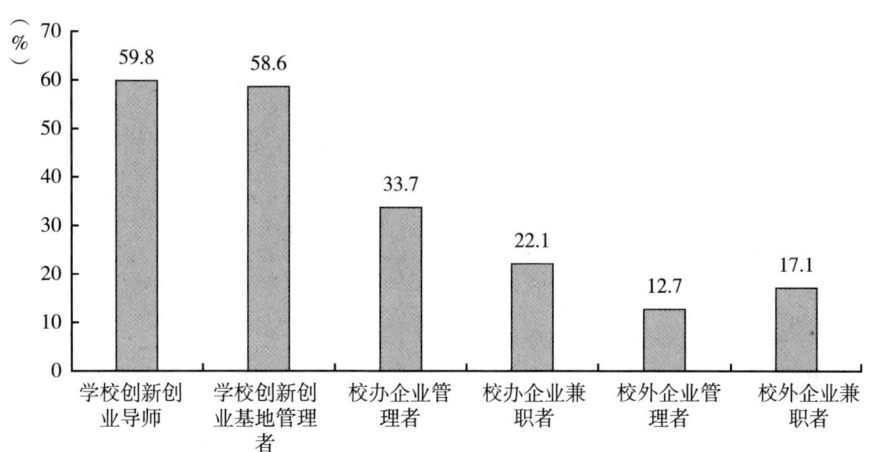

图 9b 中国高校体育产业创新创业教师指导身份分布

（十一）中国高校创新创业教师与体育产业关联度

目前多数高校所开展的创新创业活动都与体育产业具有一定程度的相关性。如图 10a 所示，46.6% 的受调查者表示其所从事的创新创业活动与体育产业创新创业活动比较相关，有 17.0% 的受访者表示高度相关，17.7% 的

229

受调查者认为所从事的创新创业活动与体育产业一般相关，仅有约18.7%的受调查者表示其所从事的创新创业活动与体育产业不太相关（14.6%）或根本不相关（4.1%）（见图10a）。

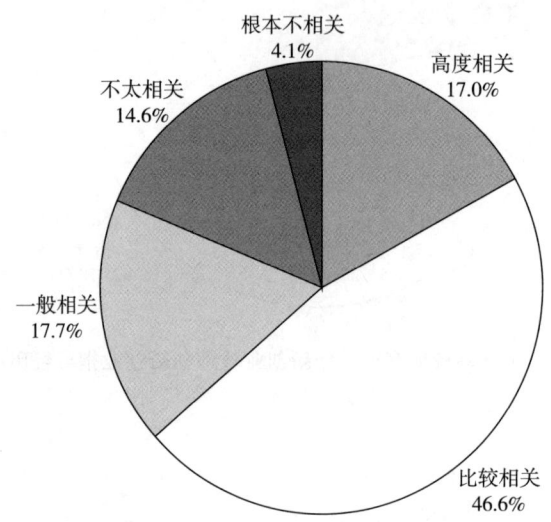

图10a　中国高校创新创业教师从事创新创业活动与体育产业关系

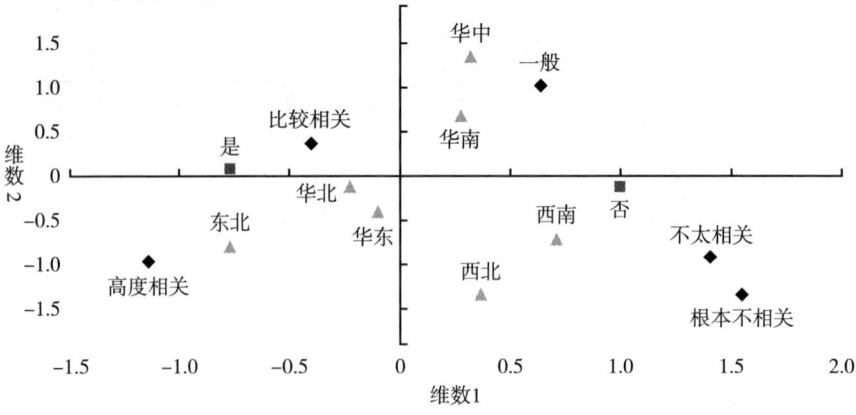

图10b　高校创新创业活动与体育产业相关度的多重对应分布

通过学校所属区域及其开展创新创业活动与体育产业相关度的多重对应分布图，可以分析教师创新创业活动与体育产业创新创业活动相关度之间的倾向性。研究发现，东北地区高校双创教师偏向于从事与体育产业创新创业活动高度相关的创新创业活动，华东和华北地区高校所开展的创新创业教育活动也与体育产业比较相关或高度相关。华南地区高校双创教师较偏爱从事与体育产业关联度一般的创新创业活动，西南和西北地区高校双创教师则偏向于从事与体育产业不太相关或根本不相关的创新创业教育活动。同时，华北、华东以及东北地区较倾向于开展体育产业双创课程，而西南地区和西北地区担任体育产业双创课程的教师较少，华南和华中地区对开展体育产业双创课程没有显示出明显的偏好性（见图10a）。

进一步分析具有双创工作经历的受访教师参与体育产业创新创业活动的形式，可以看出，我国高校双创教师、管理者最常从事的体育产业创新创业活动为体育产业双创论坛交流研讨（59.5%）、体育产业双创课程教学（58.0%）、体育产业双创教师培训（50.8%）。我国体育院校教师管理者还较多地参与体育产业双创展示活动（42.7%）、体育产业双创比赛（36.5%）、体育产业双创课程教材编写（34.1%），仅有少数教师、管理者参与到体育法人实体经营运作（16.3%）的活动中（见图10c）。

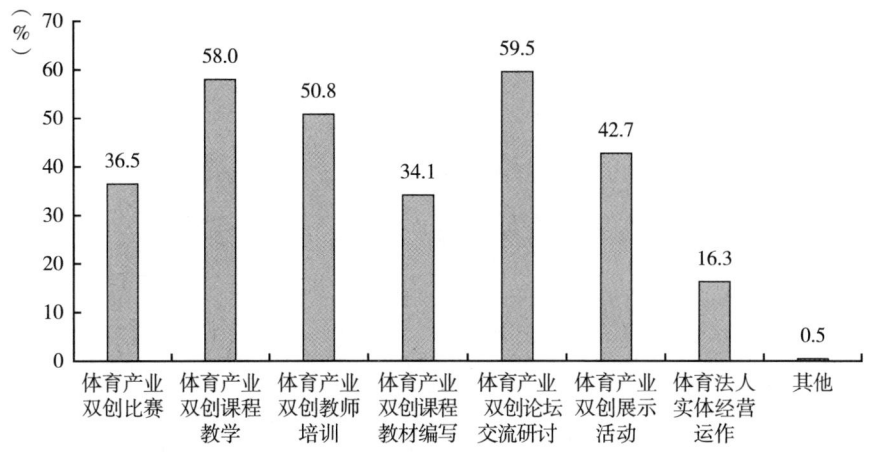

图10c 中国高校教师体育产业创新创业活动经历

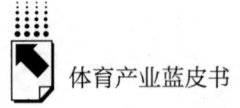

（十二）中国高校体育产业创新创业教师授课情况

体育产业双创课程教学是一种典型的体育产业创新创业教育活动，也是一种较为基础的创新创业教育活动。调查显示，56.1%的教师承担过体育产业双创课程任务，在体育院校中，80.4%的教师或管理者都承担过体育产业双创课程指导任务，显著高于全国体育产业双创课程的平均开展比例（见图11a、图11b）。

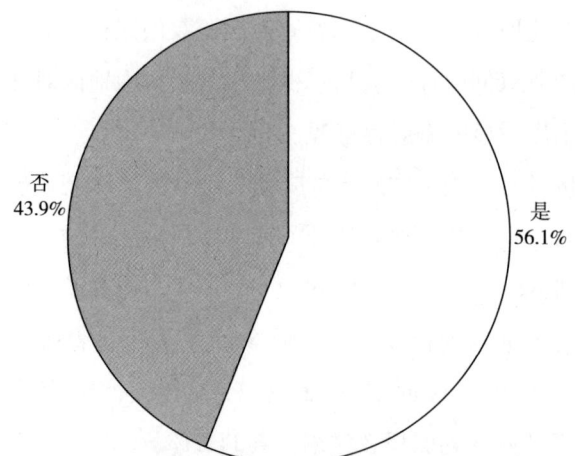

图11a　高校教师双创课程授课情况

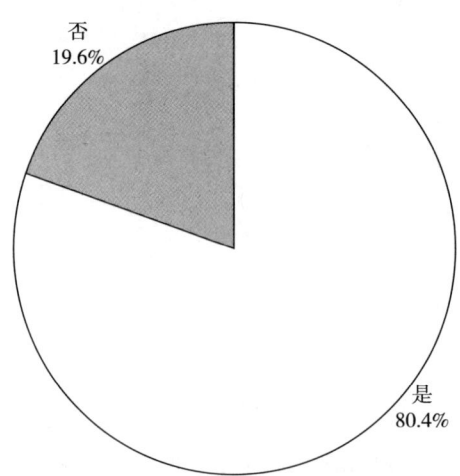

图11b　体育院校教师双创课程授课情况

通过对高校体育产业双创教师教学方法的调查可知,目前高校开展体育产业创新创业教育的教学方式主要是通过介绍大学生创业案例,激发学生的学习热情和创业欲望(62.2%)、注重学生知识运用能力的培养(57.3%)、介绍学科领域的科技成果,激发学生的学习动力(53.8%)。高校教师还结合教学研究和教学内容,注重学生创新设计、研究能力的培养并采取社会调查等形式注重学生科技信息的收集、整理分析(52.4%),以参观访问社会调查等形式拓展学生专业技能(52.8%)以及教授学生学习方法(44.8%),但只有35.1%的高校教师表示他们会注重学生个性的开发和引导(见表8)。

表8 中国高校体育产业创新创业教师教育方式

		百分比(%)
开展体育双创教育方式	学生知识运用能力的培养	57.3
	教授学生学习方法	44.8
	介绍学科领域的科技成果,激发学生的学习动力	53.8
	介绍大学生创业案例,激发学生的学习热情和创业欲望	62.2
	结合参观、访问、社会调查等形式注重专业技能的拓展训练	50.3
	以参观访问社会调查等形式拓展学生专业技能	52.8
	结合教学研究,注重学生创新的设计、研究能力的培养	52.4
	学生个性的开发和引导,培养学生创新的心理品质	35.1

(十三)中国高校体育产业创新创业指导教师理想素质

担任高校体育产业创新创业教师需要具备怎样的基本素质和条件?调查结果显示,受调查者公认的高校体育产业双创教师最应具备的条件有:"接受过专门创新创业教育培训(63.5%)""有思想、肯钻研、积极向上、热衷创新创业教育事业(62.5%)""有过创新创业经历(59.0%)""具有学校就业管理工作经历(53.5%)",此外,受访者还认为高校体育产业双创教师最好是相关课程的专业教师,"有一定的专业知识储备(41.7%)""对体育产业有一定的了解(39.2%)""具有公司、企业经理或管理人员工作经历（33.0%）",相比之下,"具有发明专利（18.8%）"并不十分重要（见图12）。

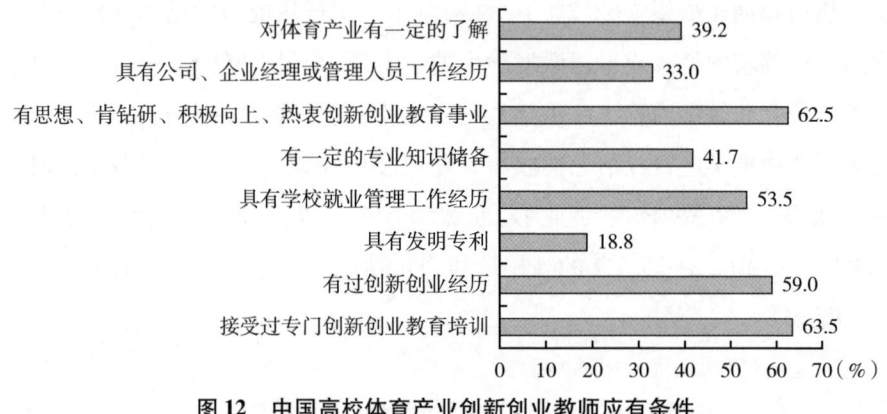

图12 中国高校体育产业创新创业教师应有条件

三 中国高校体育产业创新创业师资队伍存在的问题

（一）体育产业创新创业师资规模偏小

充足的创新创业教师数量是保证高校创新创业教育活动顺利进行的基本前提。教育部在2019年高校创新创业教育改革发展情况的新闻发布会上指出,截至2018年底,全国高校创新创业教育专职教师近2.8万人,此外还有约9.3万名校外各行各业的优秀人才走入校门,成为创新创业教育的兼职导师。尽管这与2016年2.6万教师的数据相比,取得了一定程度的进步,但2019年教育部的统计公报显示全国各类高等教育在校生规模达4002万人[①]（不包括民办高等教育）,创新创业教育师生比不足1∶1500,处于供不应求的状态。调查结果显示,有61%的教师认为高校创新创业教育师资力量匮乏（见图13）。客观看,我国高校创新创业教育起步较晚,尤其是体育产业的创新创业教育近些年才被提上议程,本来高校负责创新创业教

---

① 《2019年全国教育事业发展统计公报》。

育的专职教师较少，而针对体育产业领域的创新创业的专职教师更是少之又少。因此，体育产业创新创业教师尚不能充分满足体育相关专业学生的需求，高校创新创业教师数量不足的现象将影响到我国创新创业教育的整体发展。

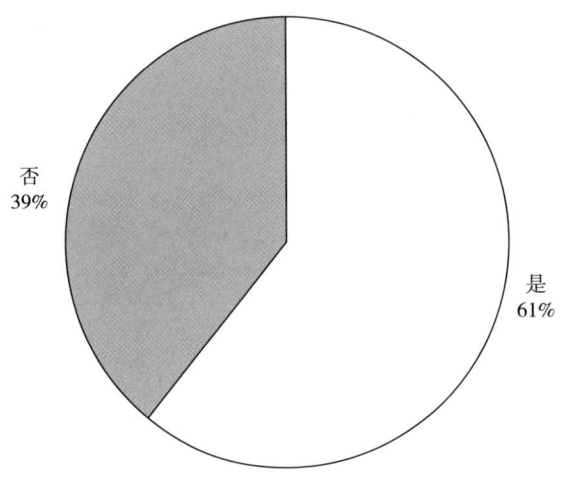

图13 是否存在师资力量匮乏的问题

（二）体育产业创新创业师资队伍结构不合理

研究发现，我国高校体育产业创新创业现有师资队伍在文化程度、担任导师情况、年龄结构和职称职级结构方面都存在问题。从文化程度来说，尽管全国高校体育产业创新创业教师的文化程度整体较高，但仍有许多只具有本科学历的教师（27.3%）。其次，硕导（32.0%）和博导（5.0%）在创新创业师资队伍中的比例过小，超过六成的创新创业教师不担任导师一职。高校应吸收高精尖人才，鼓励硕导和博导积极参与到创新创业教育活动中来。从年龄结构来说，年轻是高校创新创业师资队伍的特点，大多教师都集中在45岁以下，如何让年轻老师快速成长起来、如何使中青年教师发挥出双创带头人的作用是高校管理者需要面对的问题。从职称职级结构角度来看，目前高校体育产业双创教师讲师数量占比过大，教授和副教授的数量明显低于讲师，管理者队伍中中级职称占比依然超过半数，高级职称相对较少（见图14a、图14b）。

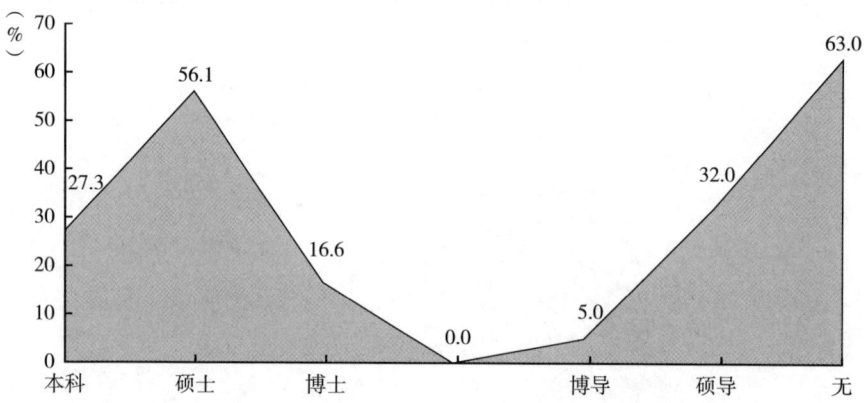

图14a　中国高校体育产业创新创业文化程度及导师担任情况对比

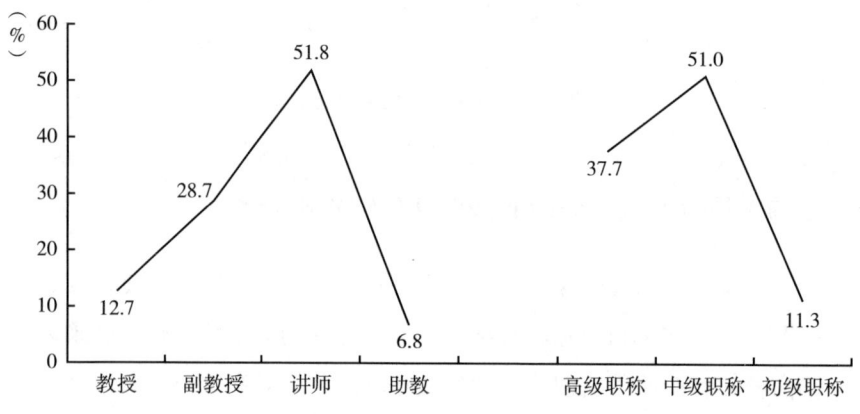

图14b　中国高校体育产业创新创业职称职级情况

（三）体育产业创新创业师资队伍专业化水平不高

体育产业的创新创业教育者不仅需要通晓体育相关专业知识、创新创业知识，拥有一定的理论教学能力，更需要深入市场、了解市场，具备一定的实践能力，单纯高学历和高职称教师并不能满足高校学子对创新创业师资的要求，高校大学生更需要具有能洞悉体育产业发展情况的专业教师队伍。调查数据显示，目前有76.4%的高校创新创业教师来自教学教辅人员，如辅导员、就业指导中心的老师、教务处老师等，只有50.8%的教师和管理者表示接受过体育产业创新创业培训，而高校对具有丰富运营管理经验的企业主管和社会组织管理者以及与创业密切相关的其他行业的优秀人才吸纳较少，校外教师、企业管理者占比较低，仅有29.8%，这反映出高校创新创业师资队伍存在外聘专业人士偏少、专业化水平不高的问题。另外，还有近半数高校双创教师没有实际的创业经历、没有在企业任职的经历，仅有16.3%的教师和管理者参与过体育法人实体运营（见图15a、图15b），由于大多数创新创业教师和管理者不了解企业尤其是体育企业的运行情况和市场发展状况，只能把创新创业指导停留在理论阶段，对于学生想法的实操性和创新性无法给出正确客观的指导意见。此外，目前许多高校体育产业创新创业教育实践活动仍停留在教师参与指导创业训练项目或者是创新创业大赛层面，忽视了对大学生创新创业以及个性化思维的激发培养。

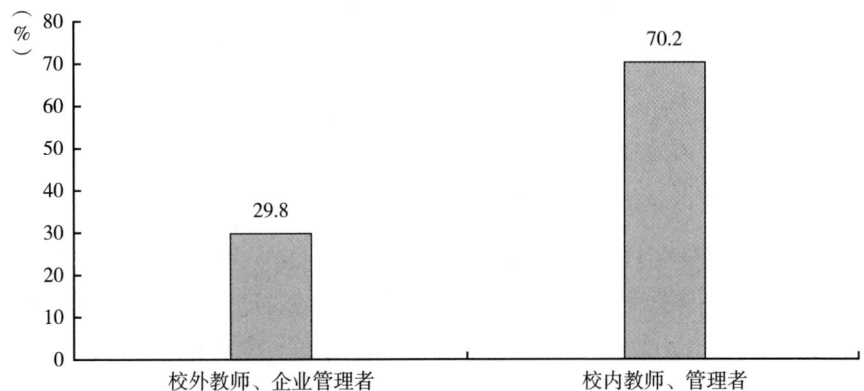

图15a 中国高校体育产业创新创业校内外师资对比

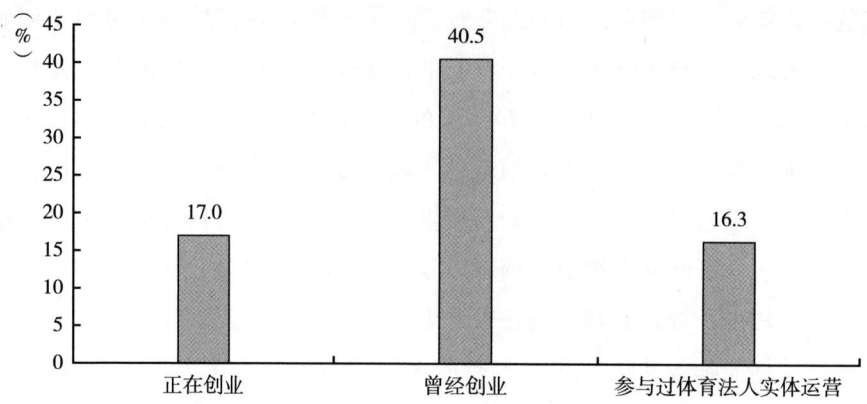

图15b 中国高校体育产业创新创业师资实践经历结构

(四)体育产业创新创业师资分布不均衡

调查数据显示,全国高校体育产业创新创业师资力量分布差异较大。西部地区包括12个省份①,但其高校体育产业创新创业教师数量仅占全国的10.3%,而包含10个省市的东部地区高校创新创业师资力量占全国总数量的比例超过六成。由此可见,东西部地区体育产业创新创业教师分布不均衡,东部地区占明显优势。中部地区和东北地区的师资力量处于一个相对弱势的地位,我国西部地区资源缺乏、经济发展落后于东部地区,体育产业发展相对落后,这导致高校体育产业相关教育投入不够,往往造成西部地区体育产业双创教育人力缺乏的局面。在体育产业双创课程开展方面,西部地区课程开展比例仅占全国总数的8%,显著低于东部地区的65%(见图16a、图16b)。西部地区高校体育产业化发展明显落后于其他地区,高校开展的创新创业活动与体育产业的相关度不高,高校与体育产业的合作较少等问题在很大程度上阻碍了全国高校体育产业创新创业教育多样化发展。

---

① 依据国家统计局的地区划分标准:东部地区包括北京、天津、河北、上海、江苏、浙江、福建、山东、广东、海南10个省(市);中部地区包括山西、安徽、江西、河南、湖北、湖南6个省;西部地区包括内蒙古、广西、重庆、四川、贵州、云南、西藏、陕西、甘肃、青海、宁夏、新疆12个省(区、市);东北地区包括辽宁、吉林、黑龙江3个省。

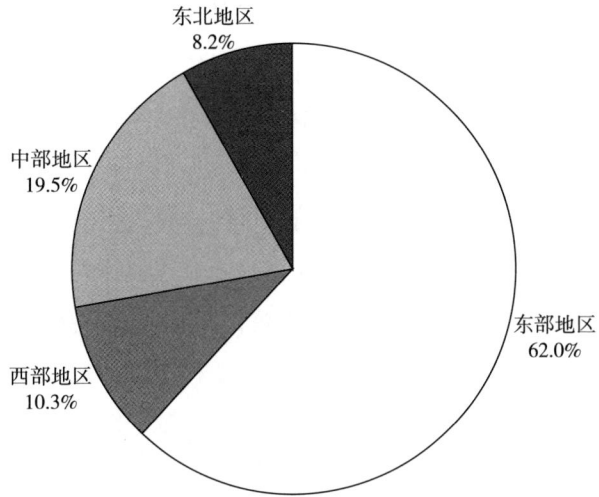

图16a 中国高校体育产业创新创业师资地区分布

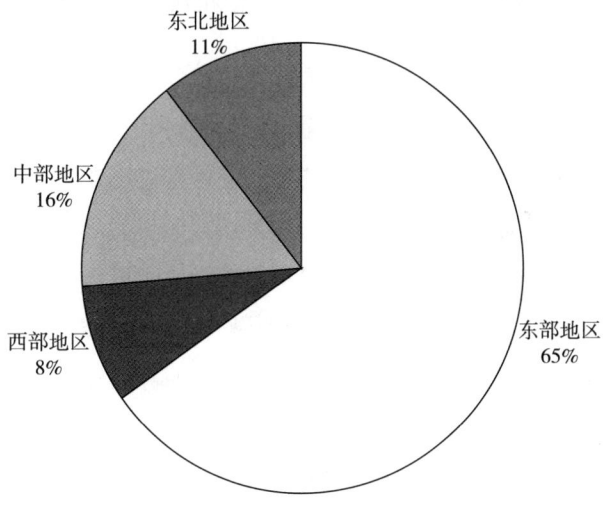

图16b 中国各地区高校开展体育产业创新创业课程情况

四 中国高校体育产业创新创业师资队伍发展对策

(一)完善体育产业双创教师引进与聘任机制

高校体育产业创新创业师资数量匮乏问题的解决方法不是随意地扩充创

新创业教师数量,也不是盲目地从社会上或其他高校引入人才,而是在进行师资队伍建设的前期要先做好顶层设计,针对体育产业相关学科特色,高校要制定科学的教师引进规划以宁缺毋滥的原则引进具有潜质的创新创业后备人才。高校要结合体育的学科特色及其具体发展目标和要求,对体育产业市场需求及高校的学科建设发展要求进行详细的分析,明确人才需求结构,制订出合理的教师引进短期和长期计划,提高专兼职教师的使用效率,有针对性地、战略性地开展体育产业创新创业教育工作。面对高等教育的快速发展,高校应在明确的引进和聘任机制下,盘活存量,扩大增量,拓宽自己的师资来源渠道,努力充实自己的创新创业教师数量,优化师生比,满足学生们日益增长的创新创业活动需求。

(二)提升教师专业化水平,打造专业化创新型师资队伍

高校体育产业创新创业的发展需要一支高素质、专业化、创新型的师资队伍。因此,我们应提高教师培养质量,创新教师培养模式,大力提升教师专业化水平,一方面要提高教师教学能力,使教师能够胜任体育产业创新创业教育工作;另一方面要有助于教师自身发展,激发教师参与体育产业双创教育的意愿。2019年,教育部出台的《教育部关于深化本科教育教学改革全面提高人才培养质量的意见》[①] 明确提出要潜心引导教师育人,完善教师培训与激励体系,推动教师培训常态化,探索实行学分管理,将培训学分作为教师考核和职务聘任的重要依据。高校可通过政府、社会、高校的联合培养构建一套完整的体育产业创新创业师资队伍建设体系,笔者提出三点体系构建的对策,第一,成立校内的体育产业创新创业师资培训中心,实现自我培养,高校以及教师需要从观念上重视体育产业创新创业教育,将其作为学校发展的重要任务,加大对教师培训的专项资金的投入,建立校内的创新创业师资培训中心;第二,强化创新创业师资的校外培训与交流,扩展视野,将创新创业教育活动与市场、

---

① 2019年,教育部发布《教育部关于深化本科教育教学改革全面提高人才培养质量的意见》,教育部官网。

社会紧密相连，教师只有不断与市场接触，才能敏锐察觉到市场动向，把握企业和市场的运行规律，将自己在市场上所学知识传授给难有机会直接接触市场的学生；第三，加强校企合作，提升实践能力，高校可依托校内师资培训中心，与企业联合开展培训服务，建立公共实习基地，教师可到相关企业进行挂职实习，增强教师的实际操作能力。

（三）建立高水平的体育产业创新创业教师库

高素质的创新创业教师是开展创新创业教育的良好保障，创新创业教师的素质和能力直接影响学生在创新创业方面的态度和行为。首先，高校应利用各种资源，按照自身制定的体育产业创新创业工作规划，招募符合高校发展目标并具有较高教学水平的双创教师，创建高质量的体育产业创新创业教师库。在导师来源方面，高校不应过多依赖本校的教师资源，应多从信誉良好的企业、社会组织以及政府中吸纳优秀人才，优化师资结构，使双创教师的知识和能力全方位发展。其次，要招募文化程度高、知识层次丰富的学科带头人参与体育产业双创工作，创新创业导师要有较强的实践能力、丰富的实践经验和创业经历。同时，要建立高校资源联动机制、学科领域联动机制，实现体育产业双创教育跨领域的交叉融合发展。

（四）因地制宜，推动各区域高校体育创新创业特色发展

不同区域有不同的发展特色，高校可针对自己所在区域的体育产业特色相应地开展创新创业教育活动。目前已形成许多成功案例，例如，东北地区独特的自然环境为开展冰雪产业提供了得天独厚的条件，为推动冰雪产业的发展，吉林市与北京体育大学签署战略协议，推动"冰雪+科技"发展；上海作为我国电子竞技发展的超一线城市，有专业的电子竞技公司、电子竞技俱乐部，上海市30余所高等高职院校成立了上海市校园电子竞技协会，西南地区的重庆和成都也是电竞产业的两个闪光点，走出过海量电竞明星选手，因此西南地区高校可针对电竞产业开展丰富多彩的创新创业活动，为该区域电竞发展输送赛事服务类、技术服务类、经营管理类、市场营销类等相关人

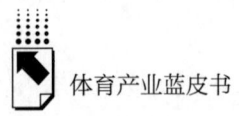

才。西北地区以理工、军工高校著称,企业、政府可以与高校在体育人工智能产品、体育装备制造领域开展全方位的合作,助推西部地区高校开展体育产业创新创业活动,同时,要树立科学的教育资源均衡观,使政策向较为落后的西部地区倾斜以吸引大量人才流入西部,在尽可能保证东西部师资力量均衡的情况下,做到高校体育产业创新创业教育的特色化、多样化发展,不同区域的高校利用自己的区域优势,创造性地开发适合自身发展的体育产业创新创业教育活动。

五 结束语

截至 2020 年 9 月,全国高校体育产业创新创业课程、创新创业竞赛、创新创业训练项目均已相继开展,实现了理论知识教育、创新思维培养、创业能力提升三者的有机结合,有效促进了大学生的全面发展。在推进高校创新创业教育改革的过程中,作为改革主力军的教师队伍也受到了全国上下的高度重视,体育产业双创师资力量不断加强,高校体育产业创新创业师资的性别年龄及职称职级等基本结构趋向合理,双创教育整体呈现均衡发展的趋势。我们期待愈加专业、多元、均衡的创新创业师资队伍助力我国高校体育产业化以及全国体育产业创新创业教育的进一步全面发展。

参考文献

陈春晓:《地方高校创业教育师资队伍建设的困境与机制创新》,《高等工程教育研究》2017 年第 3 期。

蒋德勤:《高校创新创业教育师资队伍建设探析》,《中国高等教育》2011 年第 10 期。

王志鹏、高晟、张启望:《美国高校创新创业师资队伍建设的启示》,《黑龙江高教研究》2017 年第 1 期。

闫永博:《创新创业资金支持和政策保障体系研究》,《科教导刊(上旬刊)》2019

年第 5 期。

杨柳青：《协同创新视域下大学生创业资金保障体系的构建策略》，《中国大学生就业》2020 年第 14 期。

李国强：《创新创业教育师资队伍建设策略探析》，《黑龙江教育（高教研究与评估）》2017 年第 4 期。

王志鹏、高晟、张启望：《美国高校创新创业师资队伍建设的启示》，《黑龙江高教研究》2017 年第 1 期。

张文娣、宋景华、程悦：《加强高校创新创业教育师资队伍建设的途径探析》，《开封大学学报》2016 年第 1 期。

孙桂生：《应用型大学创新型人才培养研究》，《高教学刊》2020 年第 27 期。

张晨阳、梅汉成：《高校创新创业教育：问题、对策及保障措施》，《东南大学学报》（哲学社会科学版）2020 年第 1 期。

马永斌、柏喆：《大学创新创业教育的实践模式研究与探索》，《清华大学教育研究》2015 年第 6 期。

教育部发布《关于深化本科教育教学改革全面提高人才培养质量的意见》，教高〔2019〕6 号，http：//www. moe. gov. cn/srcsite/A08/s7056/201910/t20191011_402759. html，最后检索时间：2020 年 11 月 18 日。

B.8
中国高校体育产业创新创业师资态度调查研究

阎隽豪*

摘　要： 高校师资作为高校体育产业双创教育的主导力量影响到体育产业双创教育进程，其态度是影响体育产业创新创业行为的重要因素之一。本报告对高校师资的态度进行了调研，发现我国高校师资存在对体育产业创新创业教育相关政策研究关注度不高、对我国体育产业创新创业教育体制机制建设不太乐观、对教育整合能力满意度不高等问题。调研发现我国高校师资对高校体育产业创新创业的未来发展持积极态度。我国高校师资的态度转变、参与体育产业创新创业工作的意愿激发与政策、体制机制、资源有强相关性，增加政策供给、优化体制机制、整合资源能够影响我国高校师资对于体育产业创新创业教育的态度转变，推动高校体育产业创新创业教育发展。

关键词： 中国高校　体育产业　创新创业教育　师资态度　教育体制改革

高校师资是高校体育产业创新创业教育的基础，高校师资对体育产业创

---

* 阎隽豪，天津体育学院社会体育与健康科学学院在读，主要研究方向为体育公共政策、体育产业创新创业教育。

新创业教育的态度体现为其对体育产业创新创业教育的认知、感知以及动机，决定了高校师资参与体育产业创新创业教育工作的意愿及行为。高校师资对体育产业创新创业教育的态度与体育产业创新创业教育氛围及环境息息相关——教育氛围及环境影响师资态度，师资态度又是教育氛围及环境的外在反映。关注体育产业创新创业师资态度对激发学生参与体育产业创新创业教育的兴趣，促进体育产业创新创业教育发展都有积极作用。本文通过查阅文献资料对高校体育产业创新创业师资态度进行定性，并借助2020年中国高校体育产业创新创业调查问卷对我国高校体育产业创新创业师资态度的现状及问题进行探究，旨在通过对体育产业创新创业师资态度的研究，明晰影响高校体育产业创新创业师资态度的因素，探寻促进高校师资态度良性发展之策。

一 前言

为进一步明确本文研究对象，本文首先通过问卷调查以及网络数据筛选整理，对高校师资态度进行梳理分析，并查阅大量文献，对我国高校体育产业创新创业师资态度相关概念进行梳理。《大辞海·心理卷》中明确"态度"体现了人的内在心理特征，是人对于某事物的评价和行为倾向。近年来，学界对于高校师资教育态度也进行了全方位多维度的研究。彭聃龄在《普通心理学》（第五版）一书中，肯定了前人的态度构成论，即态度有三种主要成分，包括认知成分、情感成分和行为倾向成分。琚梓薇在研究教师态度的方向上对教师态度进行了进一步分析，认为教师态度包括专业认知、专业情感以及行为意向。向辉和雷家骕在研究个体创业态度的过程中，对创业态度进行了阐释，将创业态度分为创业要素认知、创业环境感知以及创业动机三个方面。国内学者万玺、刘军等在阐述双创教育主体态度的同时，提出了政策、体制、机制及资源是影响双创教育主体态度的重要因素。结合上述观点，本文通过对高校师资双创教育要素的认知、高校师资对双创教育环境的感知、高校师资参与双创教育的动机调查，了解我国高校师资对体育产业双创教育的态度，研究理论模型如图1所示。

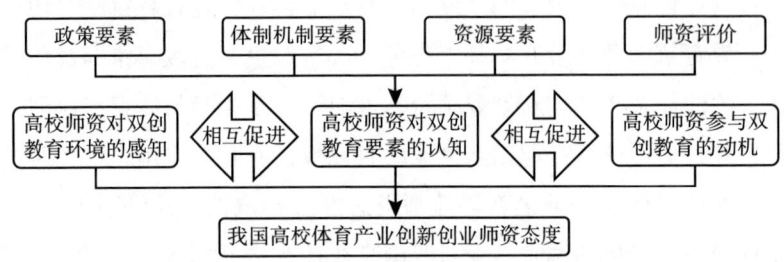

图1 我国高校体育产业创新创业师资态度理论模型

（一）高校师资参与体育产业双创教育的动机

高校师资参与双创教育的动机作为高校教师提高自身教学质量、获取成功感、获取更多收益等内外因素中引导自身行为的意愿，对高校师资进行双创教育工作具有积极的鼓励和驱动作用。双创教育动机一定意义上体现了高校教师的态度，是高校师资双创教育行为的主观倾向。

目前学界对高校教师参与创新创业教育动机研究较少，基于对我国高校教师的调查发现，参与创新创业教师的动机主要是教育工作需要、科研成果转化需要、提高收益、职称评定需要、获得感实现、满足学生需求等。调查结果显示，67.7%的高校师资因教育工作需要参与双创教育，60.2%的高校师资为满足学生需求参与双创教育，52.1%的高校师资因科研成果转化需要参与双创教育，47.2%的高校师资因职称评定需要参与双创教育，41.5%的高校师资因获得感实现参与双创教育，34.4%的高校师资因可提高收益参与双创教育（见图2）。

双创政策、双创体制、双创机制、教师激励政策、双创教育资源、内外部评价、获得感实现、自身能力、高校支持、当地宏观经济文化条件等高校教师双创教育动机各影响因素之间均有正向影响关系。笔者将高校师资参与体育产业创新创业教育动机各影响因素赋值："-5=显著负向影响，0=无

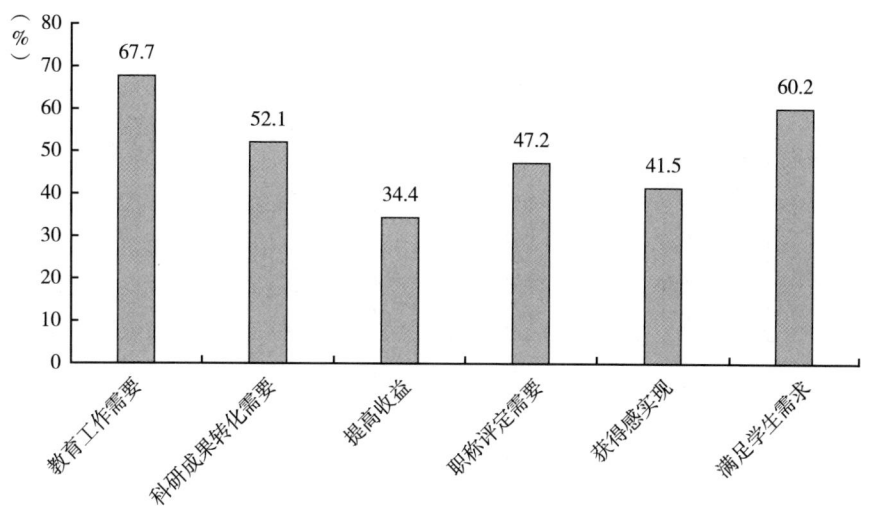

图 2　高校师资参与体育产业创新创业教育动机调查

资料来源：百度指数（2020）。

影响，5＝显著正向影响"。调查结果显示，接受调查的各影响因素符合提出的假设，皆呈现显著正向影响关系，其中教师激励政策、双创政策对于高校师资参与体育产业创新创业教育动机的影响最显著，得分为 3.91 分与 3.86 分。双创体制、双创机制对于高校师资参与体育产业创新创业教育动机的影响也较为显著，得分为 3.72 分与 3.74 分。双创教育资源影响力得分在所列影响因素中排第五，得分为 3.54 分。此外，高校支持（3.40 分）、内外部评价（3.21 分）、自身能力（3.10 分）、获得感实现（2.94 分）、当地宏观经济文化条件（2.90 分）对于高校师资参与体育产业创新创业教育动机也具有正向影响关系（见图 3）。

我国高校师资对于问卷调查中所列双创教育目标都有强烈认同感。总体来看，我国高校师资倾向于先培养学生的双创能力（85.2%）、双创精神（79.9%）、双创意识（77.0%），再对其传授双创知识、技能与方法（66.1%）（见表1）。总体看，我国高校师资对体育产业双创教育评价积极，对未来体育产业创新创业教育发展持乐观态度。

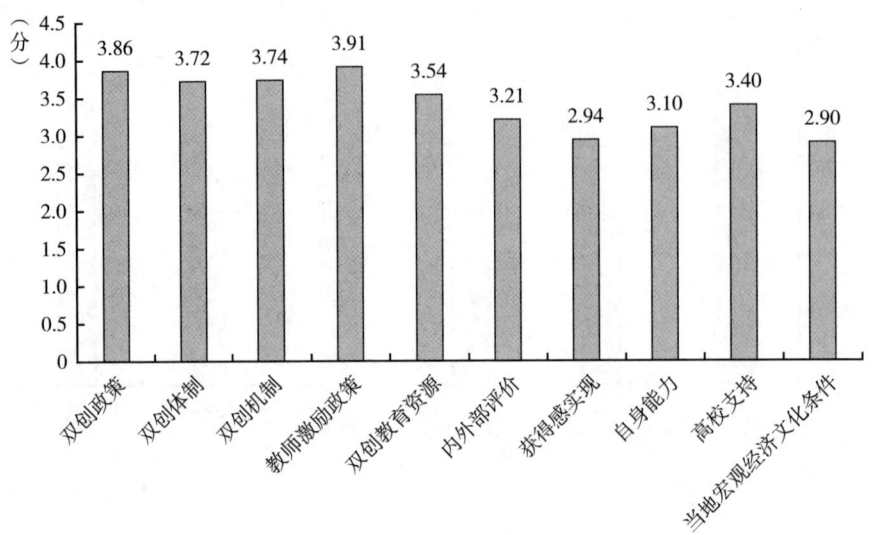

图 3　高校师资参与体育产业创新创业教育动机影响因素调查

资料来源：百度指数（2020）。

表 1　我国高校师资对体育产业双创教育目标认知

序号	高校师资对体育产业双创教育目标认知	认同占比（%）
1	培养双创意识	77.0
2	培养双创精神	79.9
3	培养双创能力	85.2
4	传授双创知识、技能与方法	66.1

（二）高校师资对体育产业双创教育环境的感知

《大辞海·心理卷》中的"感知"是指通过体验感悟获取的是智慧，与认知不同，感知的主要对象（指心理）是非物、非事、非理，它不能被看到、听到、想到，所以在研究中，感知很难用显性指标体现。

感知，即意识对内外界信息的觉察、感觉、注意、知觉的一系列过程。认知是人们在进行日常活动时发生于头脑中的事情，它涉及思维、记忆、学习、幻想、决策、看、读、写和交谈等。感知是认知的基础，认知是将感知获取的信息综合运用。学界往往对研究主体的认知、态度、行为进行科学研究，但对主体的感知鲜有研究，这是因为感知作为一切认识的起源，很难被普通的科学调研所捕获。在本文分析中，我们把感知与认知、动机视为我国体育产业双创教育师资态度的要素，在对高校师资认知的分析中，便可管窥高校师资感知，从而有助于理解我国高校师资参与体育产业双创教育的动机（见图4）。

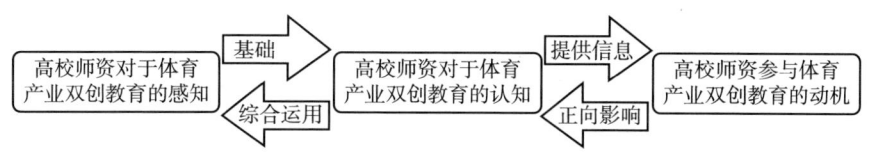

图4　高校师资对体育产业双创教育的感知、认知与参与动机关系

我国体育产业双创教育环境由双创教育政策、双创教育体制、双创教育机制、双创教育资源、内外部评价、双创氛围、产学研合作、高校孵化器状况等多要素组成。调查结果显示，18%的高校师资认为我国高校体育产业创新创业氛围非常好，39%的高校师资认为我国体育产业创新创业氛围比较好，26%的高校师资认为我国高校体育产业创新创业氛围一般，13%的高校师资认为我国高校体育产业创新创业氛围不太好，4%的高校师资认为我国高校体育产业创新创业氛围根本不好（见图5）。另外，有50.29%的高校师资对我国高校体育产业创新创业教育环境不满意，49.71%的高校师资对我国高校体育产业创新创业教育环境满意（见图6）。

双创教育环境及氛围受到多种因素影响，政策因素及体制机制因素是双创教育环境的核心因素。高校双创教育氛围以及教育环境会显著影响我国高校师资对体育产业双创教育的态度，目前高校师资对体育产业双创教育氛围以及环境较为认可。

（三）高校师资对体育产业双创教育要素的认知

《大辞海·心理卷》中的"认知"也被称为认识，是指人认识外界事物

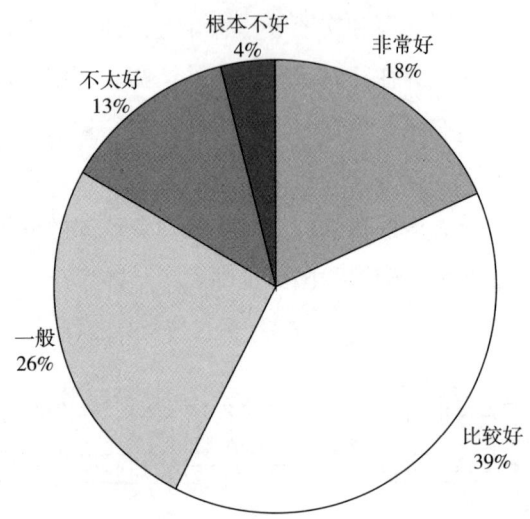

图5　我国高校体育产业创新创业氛围情况

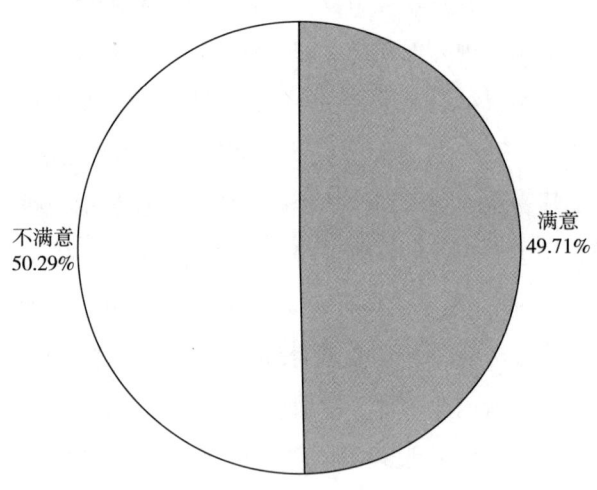

图6　我国高校师资对体育产业创新创业教育环境的态度

的过程或者说是对作用于人的感觉器官的外界事物进行信息加工的过程。陈琦、刘儒德（2019）在《当代教育心理学》（第三版）一书中认为，认知，首先个体要从心理上关注一些刺激从而产生注意，再对接受的刺激进行解释、识别，形成有意义的信息，同时划归为个体某一已知的刺激，最后对认知的信息进行存储和提取。所以，认知过程是一个主动的过程，是在感知接收信息刺激的基础之上对信息进行的主动加工，是将接收到的刺激类化到已知的刺激或者创造成新刺激的过程。

对体育产业双创师资认知的维度划分，国内外学者并没有达成共识，卢瑟杰斯和弗兰克（2003）提出的二要素论，唐仁生（2015）等提出的三要素论，葛建新（2004）提出的四要素论，向辉、雷家骕（2014）以及王心焕（2016）等提出的多要素论皆从自身的研究方向出发，结合数据对要素认知进行研究。结合上述观点，高校师资对体育产业创新创业教育的态度研究将从实际出发，从政策、体制、机制、资源、环境、评价方向等切入，运用多要素论对我国高校体育产业双创教育要素的师资认知进行调查研究。

二 高校师资对体育产业双创教育政策的态度

高校师资对体育产业双创政策的关注度可以反映高校师资对体育产业双创教育的态度。调查结果表明，学界虽然在研究中经常引用大量的双创教育政策以及体育产业政策，但以双创教育政策和体育产业政策为主题的研究却少之又少，对于体育产业双创教育政策的研究与建议几乎没有。以"双创教育政策"及"体育产业政策"为例，2015~2020年，仅有49篇文章以双创教育政策为题、226篇文章以体育产业政策为题进行学术研究。在体育产业政策研究方面，涉及体育产业教育的论述很少，而双创教育政策研究也鲜有涉及体育产业的论述（见图7a、图7b）。

图8为2016年12月至2020年4月高校师资对于体育产业双创教育政策的检索指数趋势，笔者将"体育产业政策""创新创业政策""创新创业教育政策""46号文件""关于大力推进高等学校创新创业教育和大学生自主创业工作的意见"等15个双创教育相关政策数据进行汇总。调查结果显示，我国高校师资对于体育产业双创教育政策的检索量相对较少，2017年月平均检索量约为60次，2018年月平均检索量约为100次，2019年月平均检索量约为60次，2020年以来检索量直线下滑，2020年1月至7月，我国体育产业双创教

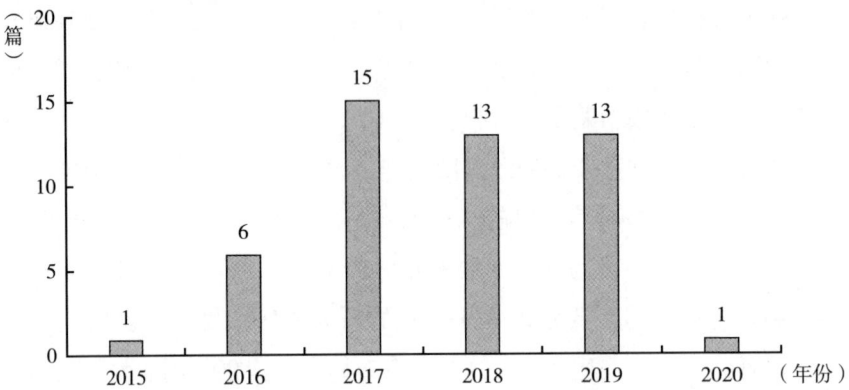

图7a 中国知网创新创业教育政策研究主题检索情况

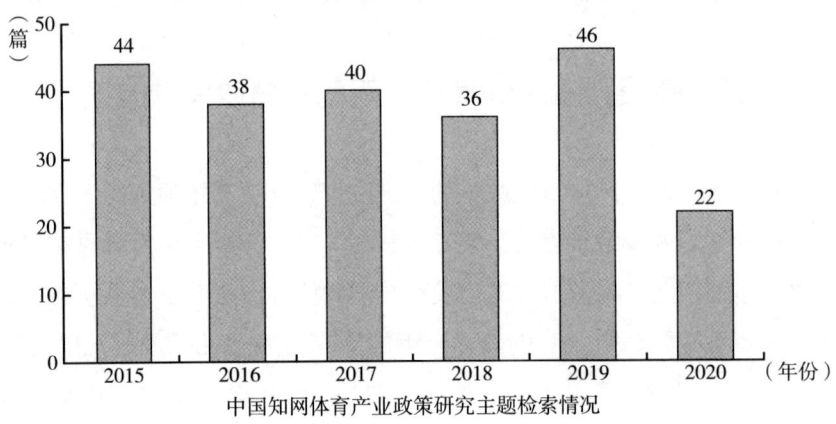

中国知网体育产业政策研究主题检索情况

图7b 双创教育政策及体育产业政策研究情况

资料来源：中国知网（2020年7月制图）。

育相关政策月平均检索量已不足10次（见图8）。虽然政策检索指数不能直接反映我国高校师资的认知状况，但网络搜索引擎作为现阶段公众主动认知事物的重要手段，可以间接反映出我国高校师资对于体育产业双创政策缺乏主动认知的问题。另外，2020年受新冠肺炎疫情影响，体育产业受到冲击，高校师资对于体育产业双创教育的关注程度也大幅下降，从检索指数趋势可以看出，高校师资在2020年对于双创教育的关注程度已不及往年。

调查结果显示，对于创新创业教育政策研究及体育产业政策研究而言，

中国高校体育产业创新创业师资态度调查研究

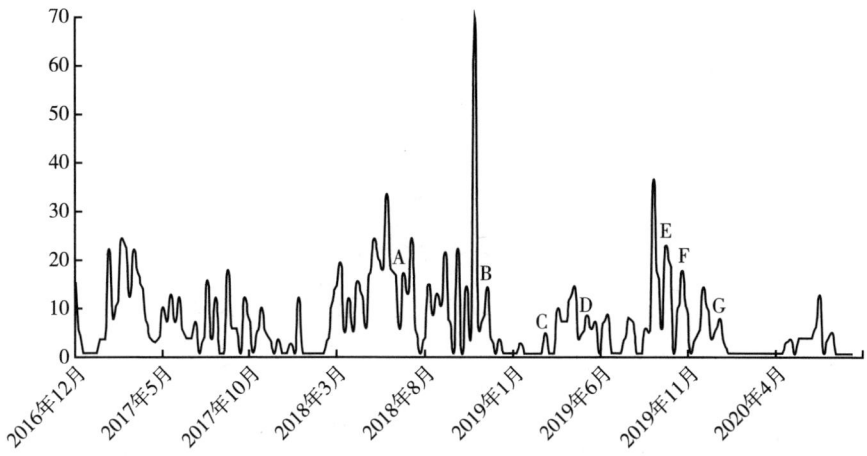

图8　高校师资搜索引擎关键词检索指数趋势

资料来源：百度指数、360指数（2020年7月绘制，图片跨度为2016年12月至2020年7月）。

我国高校教师科研方向及主动认知方向均固化在这两个领域本身，而鲜有两个领域间的交叉研究及延伸研究（见图9、图10）。由于我国体育产业双创教育政策的研究与制定还未成熟，高校教师对于体育产业双创教育政策的认知大多停留在对于我国双创教育的认知层面，对于体育产业双创教育政策、体育产业双创政策的研究与制定工作亟待开展。

图9　中国知网高校教师双创教育政策研究检索情况

图10 中国知网高校教师体育产业政策研究检索情况

资料来源：中国知网（2020）。

本研究对"体育产业双创政策已经落地"这一表述进行赋值（"非常符合=1""比较符合=2""一般=3""比较不符合=4""非常不符合=5"）。后发现，我国高校师资认为"体育产业双创政策已经落地"这一表述比较符合实际情况（2.55分），各工作年限的高校师资对此表述的认知差异不大，基本集中在"比较符合=2"及"一般=3"之间（见图11）。

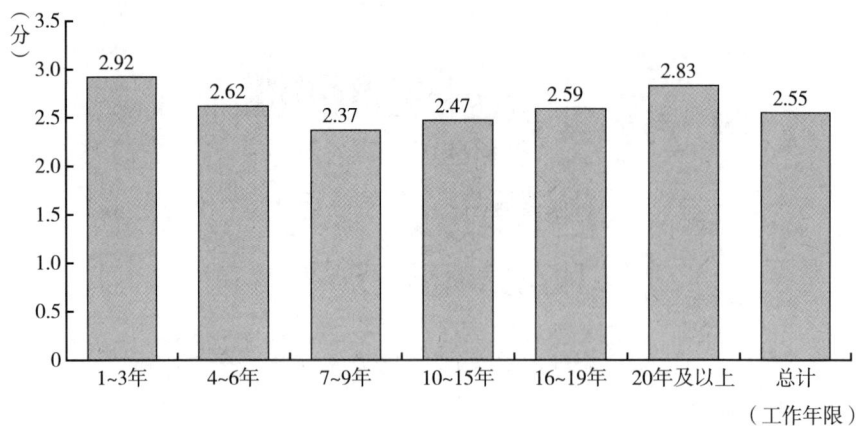

图11 我国高校师资对体育产业双创政策已经落地这一表述的认知情况

三 高校师资对体育产业双创教育体制的态度

（一）高校教师对组织管理机构及制度的态度认知

调查结果显示，我国高校师资对于体育产业双创教育中组织管理机构评分为1.85分，得分介于"非常重要"与"比较重要"之间，对于组织管理机构的重要性持认可态度，其中在高校中兼任高校教师及管理者的师资对于组织管理机构重要性的认可度最高（1.58分），且二者对于组织管理机构重要性认可度相近（1.90分、1.86分）。我国各区域高校师资对于体育产业双创教育中组织管理机构重要性的认知存在显著性差异，华东地区高校师资更认可组织管理机构的重要性（1.74分），西南地区教师对于体育产业双创教育中组织管理机构的重要性认识介于"比较重要"与"一般"之间（2.26分）（见图12a、图12b）。

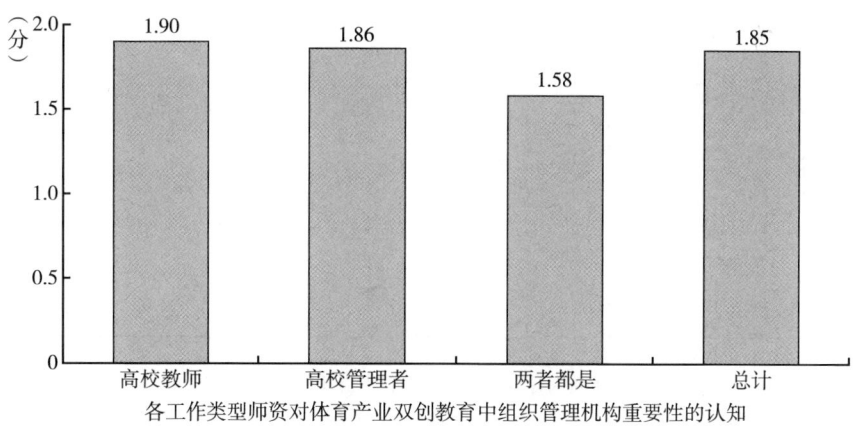

图12a 各工作类型师资对体育产业双创教育中组织管理机构重要性的认知

调查结果显示，高校师资认为管理制度在体育产业双创教育中的重要程度要大于双创课程体系及组织管理机构。有49.5%的高校师资认为管理制度在体

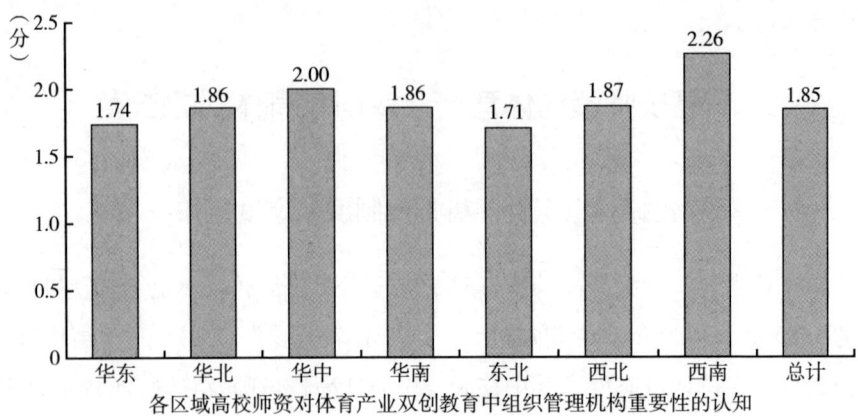

图12b　我国高校师资对于体育产业双创教育中组织管理机构重要性认知

育产业双创教育中非常重要，38.0%的高校师资认为比较重要，8.8%的高校师资认为一般，仅有2.9%的高校师资认为不太重要。高校师资对于体育产业双创教育中管理制度重要性认知在区域间、高校间、不同人群间未见显著性差异，基本上认知处于"非常重要＝1"及"比较重要＝2"之间（图13a，图13b）。

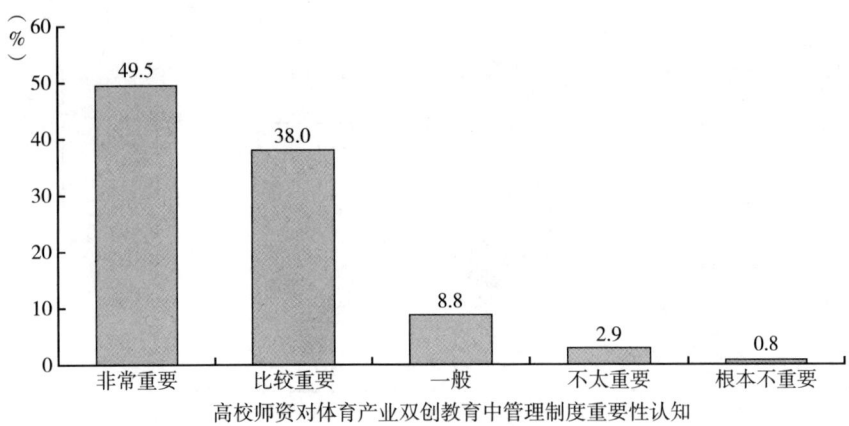

图13a　高校师资对体育产业双创教育中管理制度重要性认知

（二）高校师资对双创教育体制的态度

调查结果显示，近年来，我国高校教师对于创新创业教育的关注度明显

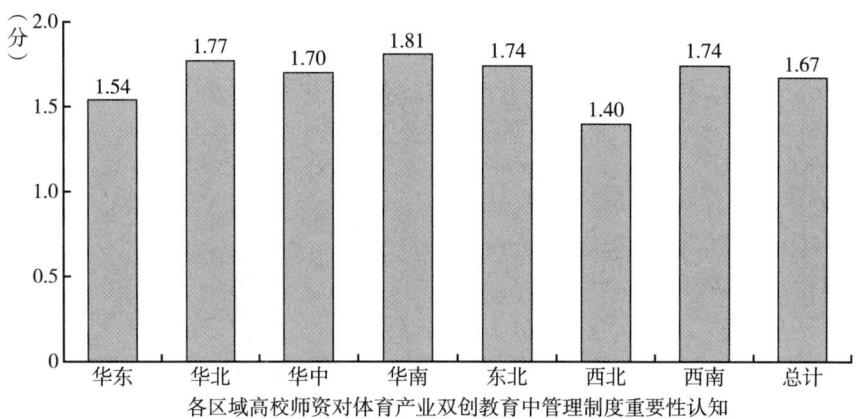

各区域高校师资对体育产业双创教育中管理制度重要性认知

图 13b 我国高校师资对体育产业双创教育中管理制度重要性认知

降低,高校教师对于创新创业教育的关注度自 2018 年以来逐年减少(见图 14)。在对数据进行进一步分析后发现,20~29 岁的年轻人、50 岁及以上的高校教师更关注创新创业教育,华东地区的高校教师对于创新创业教育的检索量最大,西南地区的最小(见图 15)。

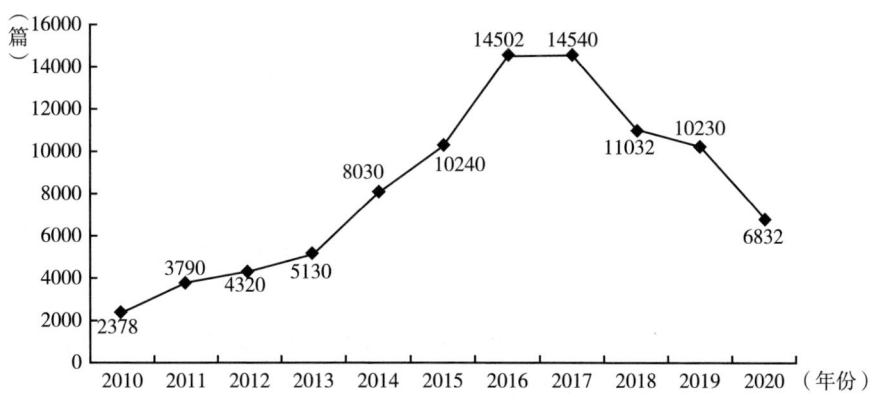

图 14 高校教师对于创新创业教育的检索量(2010~2020 年)

60% 的高校师资认为我国高校体育产业双创教育体制存在双创教育管理制度建设缓慢以及双创管理体制不顺的问题。66.9% 的高校师资认为现阶段

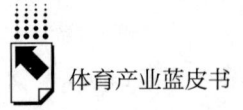

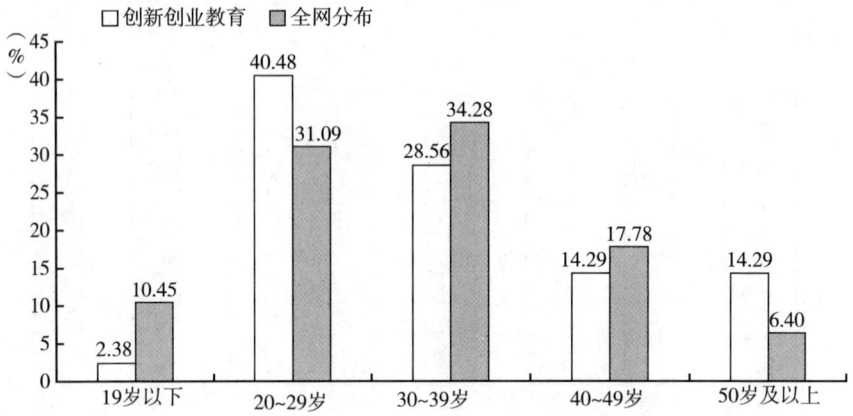

图 15 2020 年高校教师对于创新创业教育的检索年龄分布

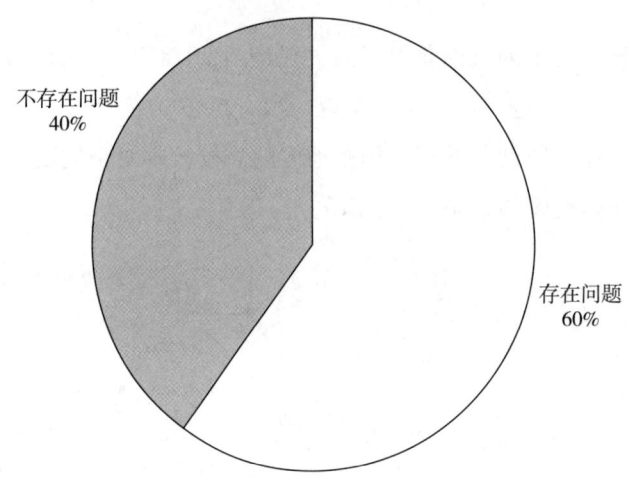

图 16 我国高校师资对现有高校体制是否存在问题的认知

我国应完善体育产业双创教育管理体制，52.4%的高校师资认为我国高校应建立体育产业双创教育管理制度，45.2%的高校师资认为高校应成立专门的体育产业双创教育组织管理机构（见图 16、表 3），我国高校师资认为高校中双创教育体制制度的建设、组织管理机构的设立十分重要，但现阶段我国高校双创教育体制还存在一定问题。

表3 高校师资视角下现阶段体育产业双创教育有待解决的问题

序号	现阶段体育产业双创教育有待解决的问题	符合程度(%)
1	完善体育产业双创教育管理体制	66.9
2	建立体育产业双创教育管理制度	52.4
3	成立专门的体育产业双创教育组织管理机构	45.2

创新创业教育体制改革受到社会需求、政策推动等多方面因素影响，改革在现阶段取得了一定的教学成果，但学界对高校创新创业教育体制改革的关注度还相对较低。我国高校体育产业双创教育体制的逐渐完善会显著改善高校师资对体育产业双创教育的态度。另外，由于地区间经济发展不平衡、体育产业发展情况地区间存在差异，高校教师对体育产业创新创业的关注度在区域间也存在差异。总体而言，我国现阶段教育体制在一定程度上影响到了体育产业双创教育发展，我国高校体育产业创新创业教育体制需要自上而下的改革创新。

四 高校师资对体育产业双创教育机制的态度

（一）高校师资对教育评价体系认知

教育评价体系是双创教育机制的重要组成部分。调查结果显示，18%的高校师资认为我国高校双创教育评价体系非常完善，48%的高校师资认为比较完善，25%的高校师资认为一般，8%的高校师资认为不太完善，仅有1%的高校师资认为根本不完善。虽然我国多数高校教师认为我国高校双创教育评价体系已经初步形成，但从整体而言，仍有55%的高校师资认为我国体育产业双创教育机制存在管理机构不健全、管理机制不完善、双创教育机制不顺的问题（见图17a、图17b）。

调查结果显示，高校师资认为，现阶段我国高校开展的双创教育绩效评价中，多数高校将参与辅导双创项目立项及获奖（63.7%）、在双创教育工作组织机构工作状况（57.9%）纳入高校绩效评价制度中，教师课程考核体系建

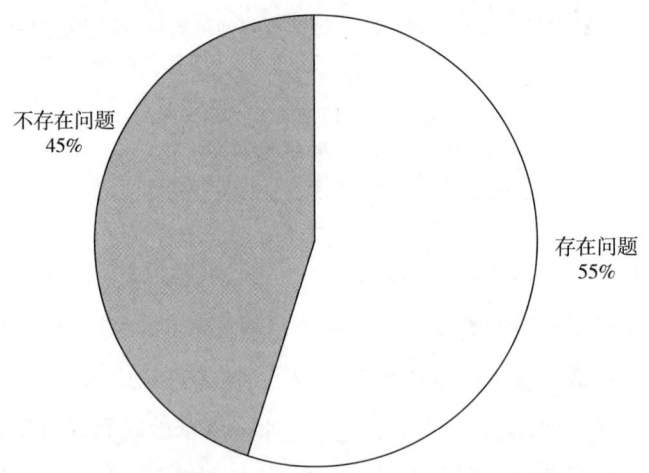

图17a　我国高校师资对体育产业双创教育机制是否存在问题的认知

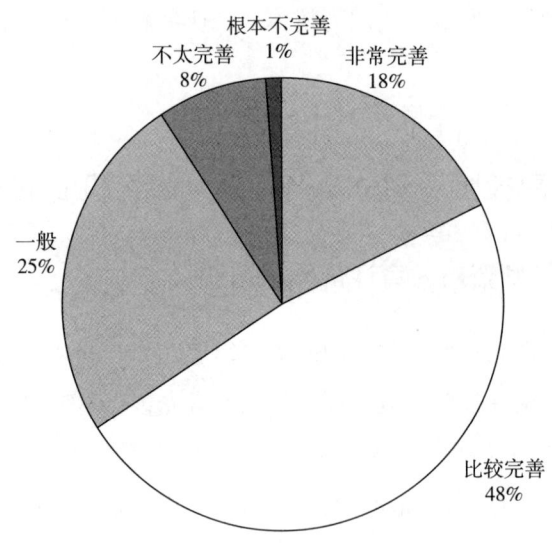

图17b　我国高校师资对于现阶段高校双创
教育评价体系的认知

设（48.5%）、双创教育学生评价方面（39.0%）还有待加强。另外，高校师资认为，我国高校体育产业双创教育教师评价中定性评价与定量评价（42.7%）缺乏融合，过程评价与终结评价缺乏融合（34.9%）（见表4）。结合图20-2可以看出，现阶段我国高校体育产业双创教育评价体系已初步建立，但双创教育评价体系还缺乏专业化、多样化指导，有待进一步成熟、丰富及完善。

表4　高校师资对于现阶段我国体育产业双创教育教师评价形式的态度

序号	现阶段我国体育产业双创教育教师评价形式	认可程度(%)
1	教师课程考核体系建设与教师绩效挂钩	48.5
2	参与辅导双创项目立项及获奖与绩效挂钩	63.7
3	在双创教育工作组织机构工作状况与绩效挂钩	57.9
4	双创教育学生评价与教师绩效挂钩	39.0
5	定性评价与定量评价缺乏结合	42.7
6	过程评价与终结评价缺乏结合	34.9
7	没有评价体系	2.5

（二）高校师资对权益保障认知

调查结果显示，23.5%的高校师资感受到教师的权利主体地位并认为高校加强了对双创教师的权利保护，39.6%的高校师资认为现阶段我国高校的双创教师合同聘任制度、协商制度、仲裁制度等制度建设已经完善，38.5%的高校师资认为现阶段我国高校已经将体育产业双创教师参与活动的成果及课时计入双创教师教学成果的评价体系中，41.2%的高校师资认为现阶段为提高双创教学质量高校加强了体育产业双创教师培训，41.9%的高校师资认为现阶段我国高校加强了体育产业双创机构建设、制度建设。总体而言，我国高校双创师资认为其师资权益得不到全方位保障。从我国高校师资视角看，我国双创师资权益保障还存在制度不成熟、不健全等问题（见表5）。

表5　高校师资对于现阶段我国体育产业双创师资权益保障的认知

序号	现阶段我国体育产业双创师资权益保障	认可程度(%)
1	感受到教师的权利主体地位,高校加强了对双创教师的权利保护	23.5
2	合同聘任制度、协商制度、仲裁制度等制度建设已经完善	39.6
3	将体育产业双创教师参与活动的成果及课时计入双创教师教学成果的评价体系中	38.5
4	加强了体育产业双创教师培训	41.2
5	加强了体育产业双创机构建设、制度建设	41.9

（三）高校师资对产学研合作认知

调查结果显示，我国高校师资参与体育产业双创产学研合作行为意愿较强，我国体育院校师资参与体育产业双创产学研工作行为意愿要优于非体育院校。29.4%的体育院校教师对高校体育产业创新创业产学研交流工作持非常乐观态度，43.1%的体育院校教师对高校体育产业创新创业产学研交流工作持比较乐观的态度，随着高校双创教育工作的不断开展，国家对高校产学研工作支持力度不断增大，我国高校师资更愿意将产学研合作作为科研成果转化的重要途径（见图18）。

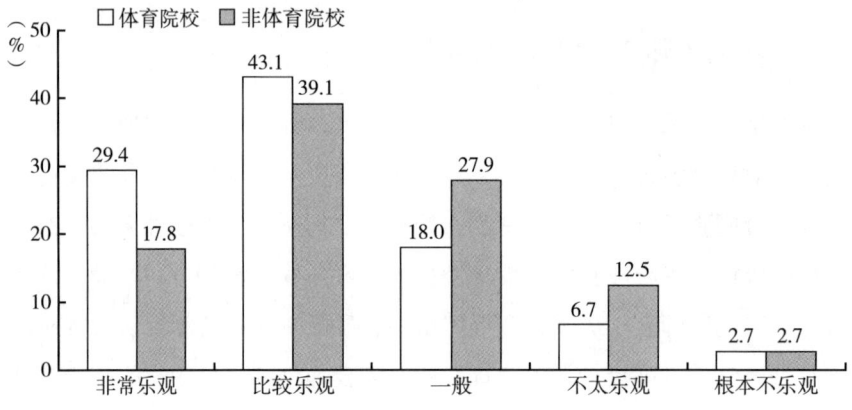

图18 我国高校师资对体育产业双创产学研合作的态度

五 高校师资对体育产业双创教育资源的态度

（一）高校师资对双创师资的态度

调查结果显示，我国高校体育产业双创教育师资要素重要性得分为1.71分，介于"非常重要"与"比较重要"之间。我国高校师资对于其重要性认知在区域间、高校间、不同学历间没有显著性差异，各地区、各属性高校师资对于双创教育重要性的认知评分均在"非常重要"与"比较重要"之间（见图19）。

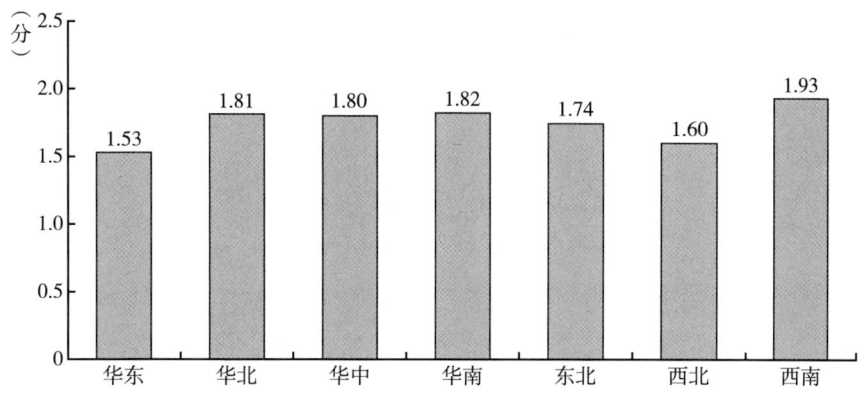

各区域高校师资对于体育产业双创教育中师资要素重要性认知

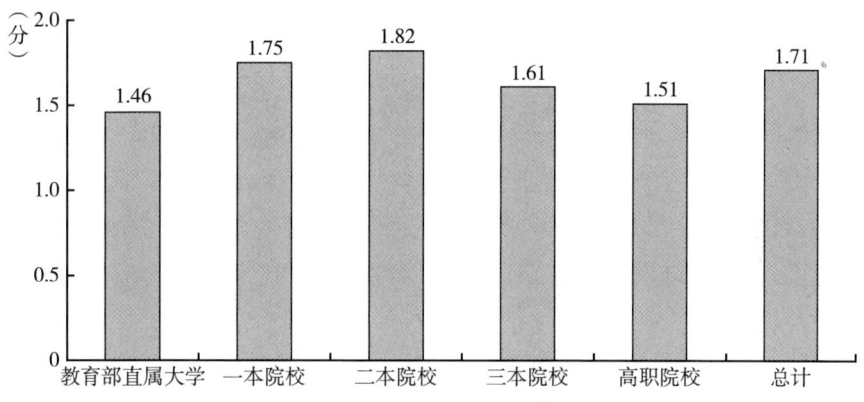

各属性高校师资对于体育产业双创教育中师资要素重要性认知

图19　各区域、各属性高校师资对于体育产业双创教育中师资要素的重要性认知

调查结果显示，61%的高校师资认为现阶段我国高校具有课程教学经验的教师不足，师资力量匮乏（见图20）。20.9%的高校师资认为现有高校双创师资非常能够满足教学需要，38.2%的高校师资认为现有高校双创师资比较能够满足教学需要（见图21）。高校师资对于"双创师资能够满足教学需要"这一表述的平均得分为2.39分，介于"比较能够满足＝2"与"一般＝3"之间。以上表明，我国高校双创师资在现阶段有一定程度的发展，但我国高校双创师资还处于供不应求的状态，高校双创教育师资队伍需要进一步建设，双创师资体系有待构建，双创师资培训、双创师资人才引进等工作也需要进一步开展。

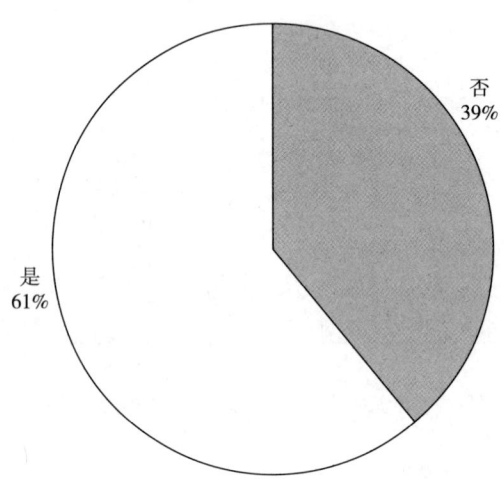

图20 您是否认为现阶段高校具有课程教学经验的教师不足，师资力量匮乏

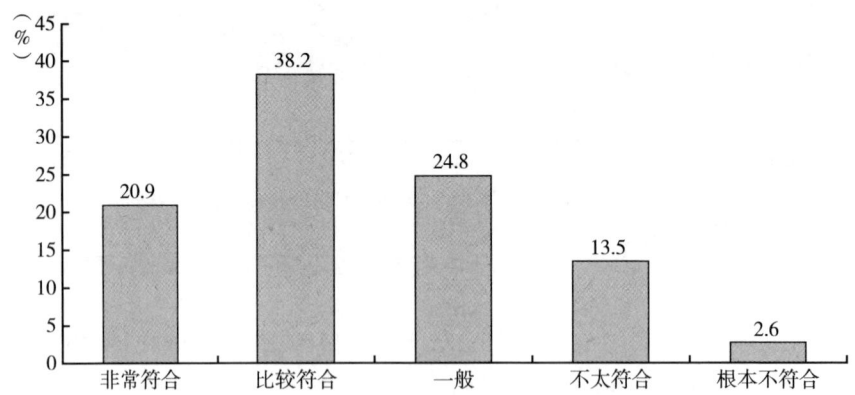

图21 高校师资对于"双创师资能够满足教学需要"这一表述的认知情况

调查结果显示，63.5%的高校师资认为体育产业双创教师应接受过专业的双创教育培训，59.0%的高校师资认为体育产业双创教师应具有创业经历，

53.5%的高校师资认为体育产业双创教师应从事过学校就业管理工作，41.7%的高校教师认为其应是体育产业相关课程专业教师，39.2%的教师认为双创教师应对体育产业相对了解，33.0%的高校师资认为体育产业双创教师应从事过公司、企业经理或管理人员工作，另外，62.5%的高校师资认为，有思想、肯钻研、积极向上、热衷于双创教育事业的教师均可胜任体育产业双创教师工作（见表6）。从调查结果来看，大多数高校师资认为双创教育师资需要有一定的就业创业指导经验、接受过师资培训或需将专业理论与创新创业教育相结合进行课程教学。另外，我国具有双创课程教学经验的教师不足，高校亟须开展双创教师培训工作。

表6 高校师资对体育产业双创师资应具备能力的认知

序号	高校师资认为体育产业创新创业教师应具备的条件	认可程度(%)
1	接受过专业的双创教育培训	63.5
2	具有创业经历	59.0
3	具有发明专利	18.8
4	从事过学校就业管理工作	53.5
5	是体育产业相关课程专业教师	41.7
6	从事过公司、企业经理或管理人员工作	33.0
7	对体育产业相对了解	39.2
8	有思想、肯钻研、积极向上、热衷于双创教育事业的教师均可胜任	62.5

调查结果显示，我国高校现阶段体育产业双创师资队伍主要由专职教师（64.7%）、教学教辅人员（73.5%）以及企业管理专家（51.9%）组成。自由职业者（15.2%）、政府行政管理人员（21.8%）、风险投资或银行管理人员（20.1%）以及社会组织管理者（27.7%）鲜有机会参与到高校体育产业双创工作中（见图22）。

调查结果显示，2016～2020年我国高校师资共发表以体育产业、体育院校双创师资为主题的论文79篇，不难看出，我国体育产业、体育院校师资的相关研究还处于起步阶段。从时间线来看，高校师资对于以双创师资为

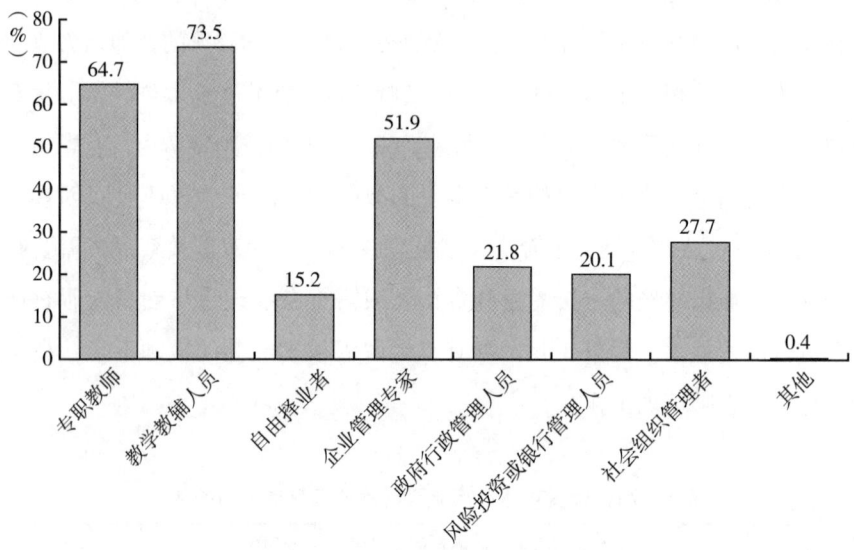

图 22　高校师资视角下我国高校体育产业双创师资来源现状

主题的研究自2016年起数量不断增长,在2019年达到顶峰,2019年以双创师资为主题的论文数量同比增长超过200%。但进入2020年,高校教师的科研意愿以及对于双创教育的主动认知受到一定影响(见图23)。

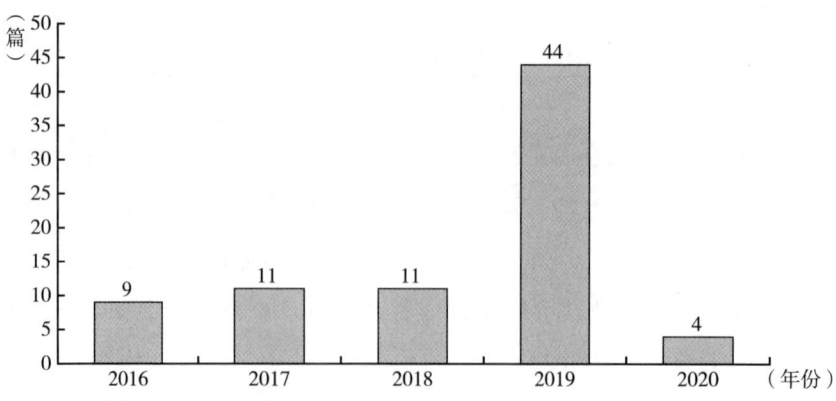

图 23　2016～2020年我国体育领域双创师资论文发表数量调查

（二）高校师资对双创资金的态度

调查结果显示，58%的高校师资认为现阶段高校大学生体育产业创新创业缺少资金，52%的高校师资认为，资金是制约大学生体育产业创新创业发展的重要因素（见图24、图25）。

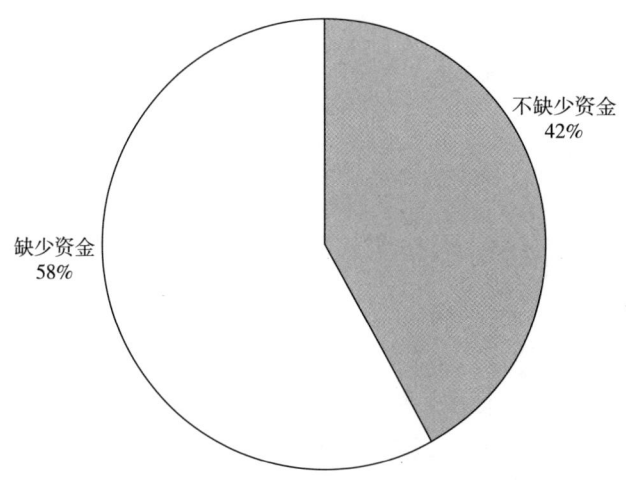

图24　高校师资认为大学生体育产业创新创业是否缺少资金

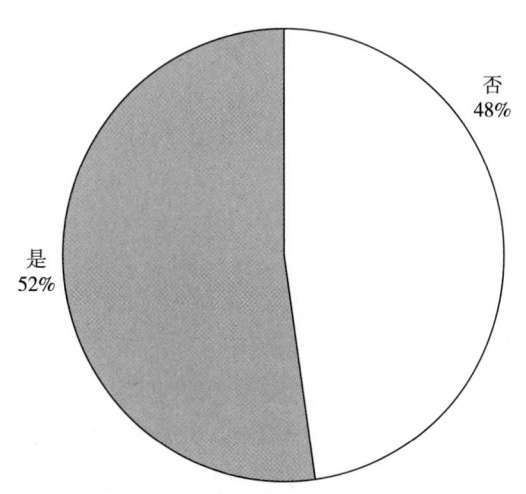

图25　高校师资认为资金是否影响大学生体育产业创业

我国高校师资对于体育产业双创教育中的经费因素重要性评分与师资因素重要性评分基本持平，为1.72分，介于"非常重要"及"比较重要之间"。高校教师对经费投入重要性认知在各区域高校间、各属性高校间未见明显差异，华东地区（1.56分）、东北地区（1.50分）、西北地区（1.53分）的高校师资对于经费投入在体育产业双创教育中重要性认可度较高，华北地区（1.92分）、华中地区（1.84分）、华南地区（1.85分）的高校师资对于经费投入在体育产业双创教育中重要性认可度相对较低（见图26）。

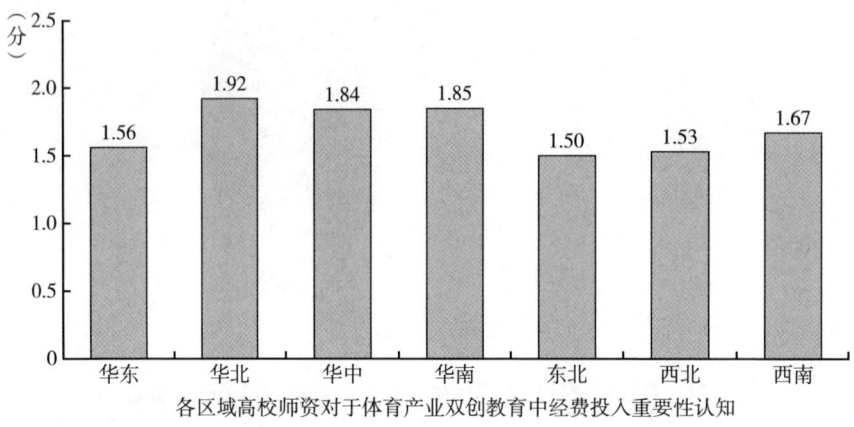

各区域高校师资对于体育产业双创教育中经费投入重要性认知

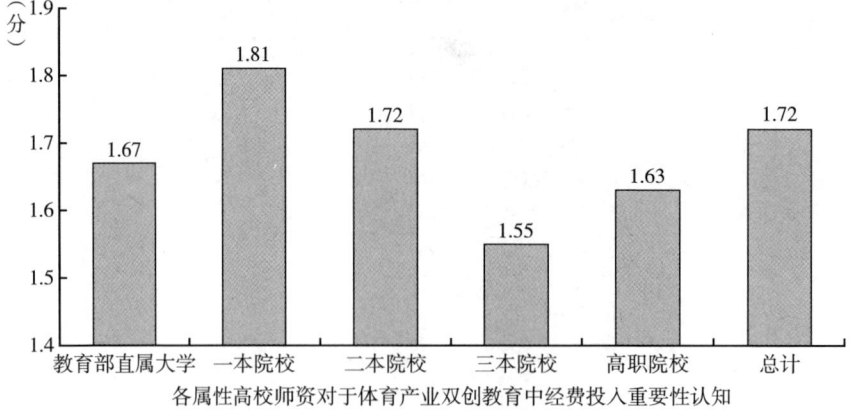

各属性高校师资对于体育产业双创教育中经费投入重要性认知

图26 各区域、各属性高校师资对于体育产业双创教育中经费投入的重要性认知

调查结果显示，现阶段我国对于创新创业资金的相关研究较少，2010年《关于大力推进高等学校创新创业教育和大学生自主创业工作的意见》

发布以来，学界共发表以"创新创业资金"为主题的文章126篇。我国高校教师也在双创实践和教学过程中不断发现双创教育资金问题，各级政府近年来不断完善双创资金体系建设，高校教师对于双创资金认知状况也在不断改善。

2015年之前，高校师资很少对高校双创资金状况进行调查研究，对于创新创业资金的调查分析多存在于创投公司的调研报告以及媒体的报道中。2015年之后，随着学界对体育产业创新创业教育研究的展开，高校创新创业资金逐渐进入高校教师的研究视野。

现阶段，我国创新创业教育依旧存在资金分配不均、参与主体积极性不高、协同主体合作模式有待开发等一系列问题，大学生创新创业教育缺少资金的情况普遍存在。随着我国高校双创教育的不断发展，学界对于高校双创资金的研究也由现状研究过渡到资金保障体系构建中来，这为我国体育产业创新创业教育资金保障体系的构建提供了理论借鉴，也为我国体育产业双创教育工作的开展提供了现实指导。

（三）高校师资对硬件设施的态度

调查结果显示，61%的高校师资认为，我国高校体育产业双创教学硬件设施能满足双创教育需要，22%的高校师资认为我国体育产业双创教育硬件设施非常完善，40%的高校师资认为我国体育产业双创教育硬件设施比较完善，仅有1%的高校师资认为其双创教育硬件设施根本不完善（见图27、图28）。可见，大多数高校师资认为我国体育产业双创教育硬件设施较为完善，高校师资对于我国双创教育硬件设施的态度较为乐观。

高校双创资源对高校体育产业双创师资态度有强正向影响关系，我国高校鼓励将各类资源运用到体育产业双创教育中，但因体育产业双创教育起步较晚，双创资源体系建设仍在摸索中发展、探索中前进。高校体育产业双创教育发展不仅要注重教师培训、优化师资结构、建设资金保障体系等要素，还应改善物资使用环境，使硬件资源成为体育产业双创教育发展的必要保障。

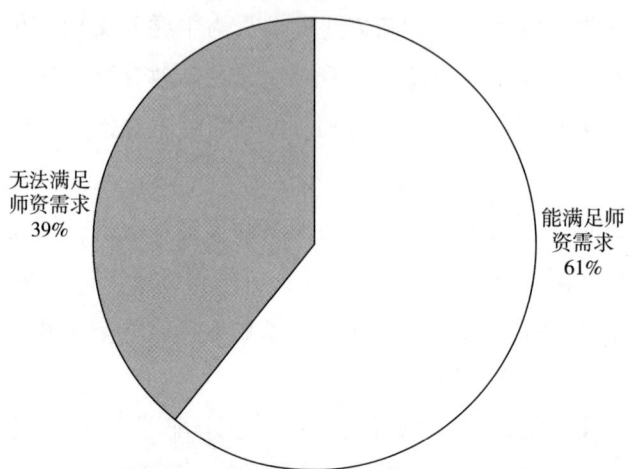

图27　我国高校硬件设施是否能满足高校师资双创教育需求

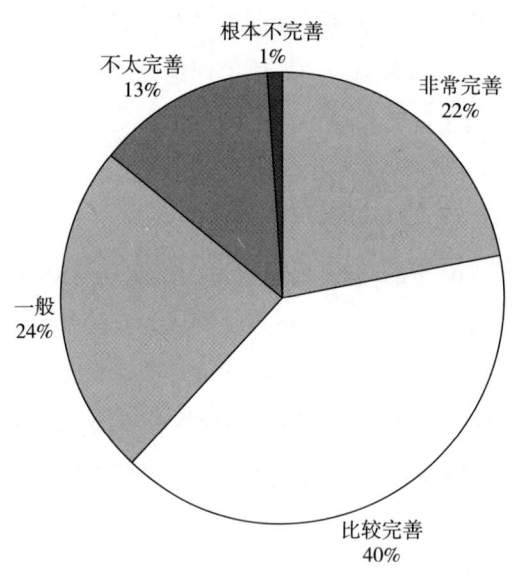

图28　高校师资视角下我国高校体育产业双创教育设施完善情况

（四）高校师资对双创课程体系的态度

调查结果显示，我国高校师资对于体育产业双创课程体系重要性评分为1.83分，得分介于"非常重要"与"比较重要"之间。我国高校师资对于体育产业双创教育中双创课程体系重要性的认知,在高校间有显著性差异。华东地区、西北地区、东北地区的高校师资认为双创课程体系更为重要,评分为1.65分、1.67分及1.69分,西南地区次之,评分为1.81分,华中地区、华北地区、华南地区的评分为1.96分、1.97分、1.97分。各类型高校师资对体育产业双创教育课程体系重要性的认知也存在差异,民办高校教师更注重体育产业双创课程体系的构建(1.74分),高等专科学校(1.79分)、公办本科大学(1.80分)、独立学院(1.93分)师资对于双创课程体系构建的重视程度稍差,职业技术学院对于双创课程体系重要性认可度最低(2.15分),介于"比较重要"与"一般"之间(见图29a、图29b)。

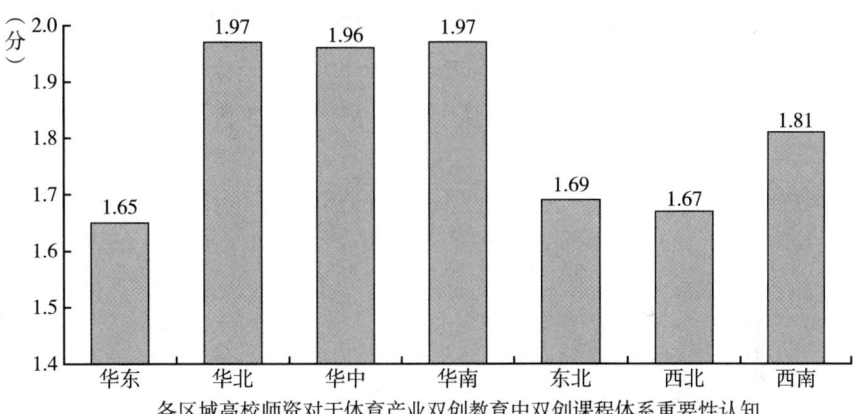

图29a 各区域高校师资对于体育产业双创教育中双创课程体系重要性认知

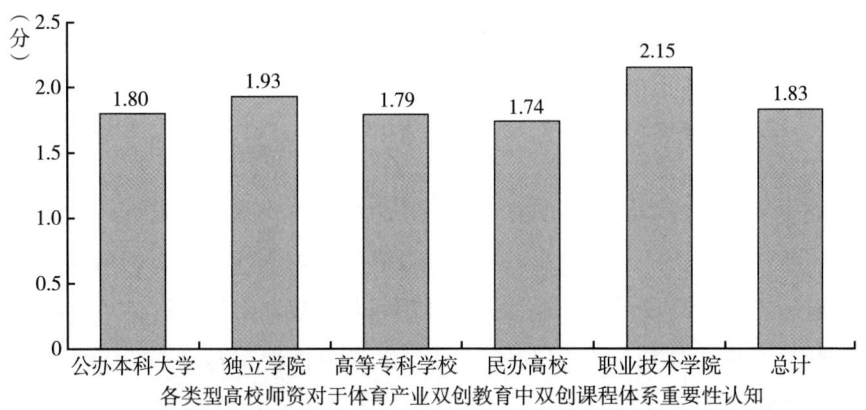

图29b 我国高校师资对于体育产业双创教育中双创课程体系重要性认知

（五）高校师资对高校孵化器/众创空间的态度

高校孵化器及众创空间为优秀创新创业项目的孵化提供了良好环境。调查结果显示，体育产业双创教育中孵化器、众创空间重要性得分为1.85分，介于"非常重要"与"比较重要"之间，体育产业双创教育中绩效评价体系重要性得分为2.24分，介于"比较重要"与"一般"之间。有38.0%的高校师资认为体育产业双创教育中孵化器/众创空间的作用非常重要，44.1%的高校师资认为比较重要，14.4%的高校师资认为一般，2.3%的高校师资认为不太重要，1.2%的高校师资认为根本不重要（见图30a）。有22.2%的高校师资认为体育产业双创教育中绩效评价体系非常重要，43.9%的高校师资认为比较重要，24.2%的高校师资认为一般，7.6%的高校师资认为不太重要，2.1%的高校师资认为根本不重要（见图30b）。

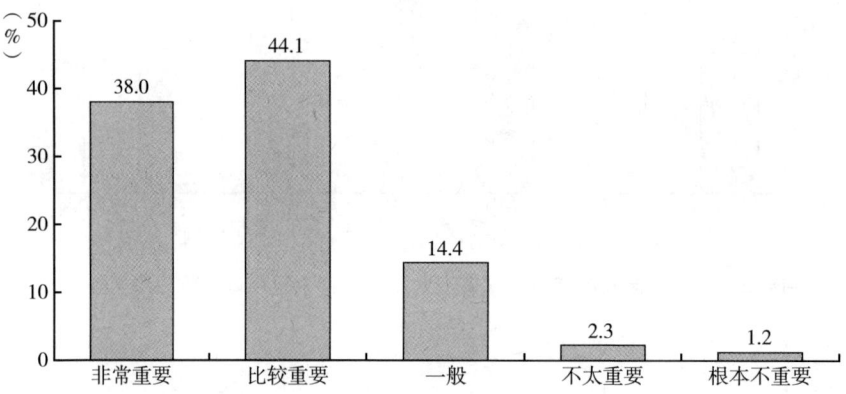

图30a　高校师资对体育产业双创教育中孵化器/众创空间重要性认知

近年来，体育产业产学研合作被高校日渐重视，我国高校师资积极参与产学研合作并实现了科研成果的转化以及高校双创人才及项目的培养。调查结果显示，我国高校体育产业创新创业项目与孵化器对接情况尚可，18%的高校师资对我国高校创新创业项目与孵化器对接情况持非常乐观的态度，39%的高校师资对我国高校创新创业项目与孵化器对接情况持比较乐观态

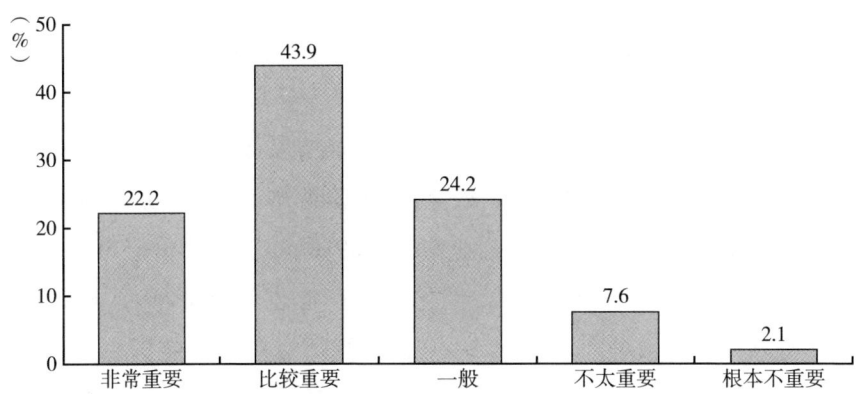

图30b 高校师资对体育产业双创教育中绩效评价体系重要性认知

度,28%的高校师资态度为一般,仅有15%的高校师资认为我国高校创新创业项目与孵化器对接情况不乐观(见图31)。

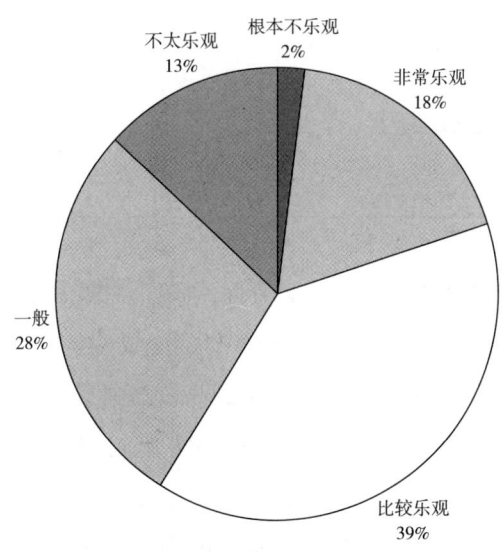

图31 我国高校师资对高校孵化器对接情况的态度

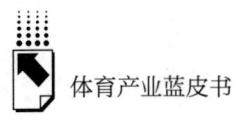

六 高校师资对体育产业双创教育的评价

针对体育产业创新创业教育的价值,调查结果显示,我国高校师资普遍认为体育产业创新创业的首要价值为培养体育产业创新创业人才(71.3%)和培养激发学生创新创业精神(69.0%),次要价值为促进高校产学研用一体化发展(61.0%)、孵化体育产业创新创业项目(60.0%)以及丰富高校教育教学内容(54.0%),高校师资对于响应国家社会创新创业需要(41.9%)、传承大学使命与功能(28.8%)这两个选项认同感最低(见表7)。

表7 我国高校师资对体育产业双创教育价值认知

序号	高校师资对体育产业双创教育价值认知	认同占比(%)
1	培养体育产业创新创业人才	71.3
2	孵化体育产业创新创业项目	60.0
3	丰富高校教育教学内容	54.0
4	促进高校产学研用一体化发展	61.0
5	培养激发学生创新创业精神	69.0
6	传承大学使命与功能	28.8
7	响应国家社会创新创业需要	41.9

针对体育产业创新创业教育的必要性,我国多数高校师资认为高校开展双创教育工作"有必要"。对开展双创教育的必要性认知上,在体育院校教师及其他高校教师间存在差异,37.2%的高校教师认为开展双创教育工作"非常有必要",在体育院校中这一比例为47.0%,36.8%的高校教师认为开展双创教育工作"比较有必要"(见图32)。

针对体育产业创新创业教育的现状,调查结果显示,8.4%的高校教师认为我国体育产业双创教育非常完善,在体育院校中这一比例为15.0%,46.7%的高校教师认为其学校体育产业双创教育比较完善,在体育院校中这一比例为57.6%,32.0%的高校教师认为其学校体育产业双创教育开展情

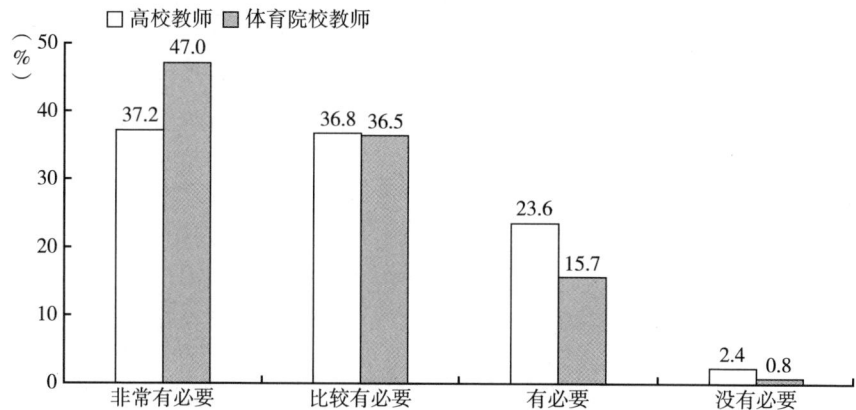

图 32 高校教师及体育院校教师对开展双创教育的必要性认知

况一般,在体育院校中这一比例为 23.9%,12.3% 的高校教师认为其学校体育产业双创教育不太完善,在体育院校中这一比例为 3.5%,与其他高校相比,我国体育院校开展体育产业双创教育情况稍好(见图 33)。

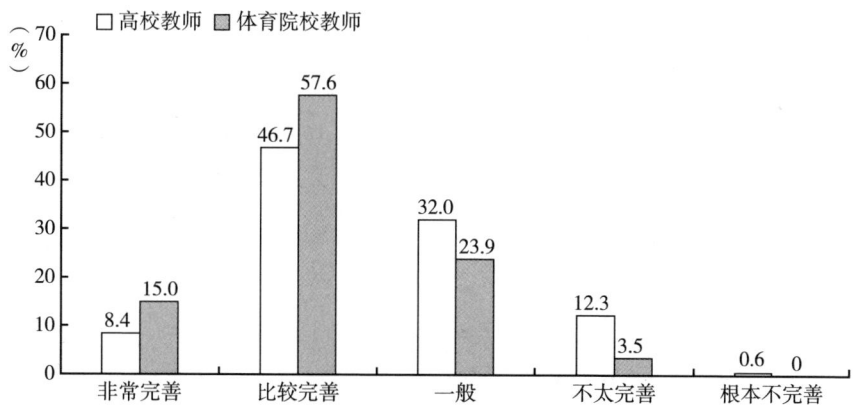

图 33 我国高校及体育院校体育产业双创教育完善情况调查

针对体育产业创新创业教育的未来,我国高校师资对体育产业双创教育发展状况较为乐观,且体育院校教师对体育产业双创教育发展的乐观程度要高于其他高校教师。我国高校教师普遍对体育产业双创教育的发展前景持积极态度,27.9% 的高校师资对未来我国高校体育产业创新创业教育非常乐观，52.0%的高校师资对未来我国高校体育产业创新创业教育比较乐观。在体育院校，34.5%的师资对未来我国体育产业创新创业教育非常乐观，53.7%的师资对未来我国体育产业创新创业教育比较乐观（见图34、图35）。

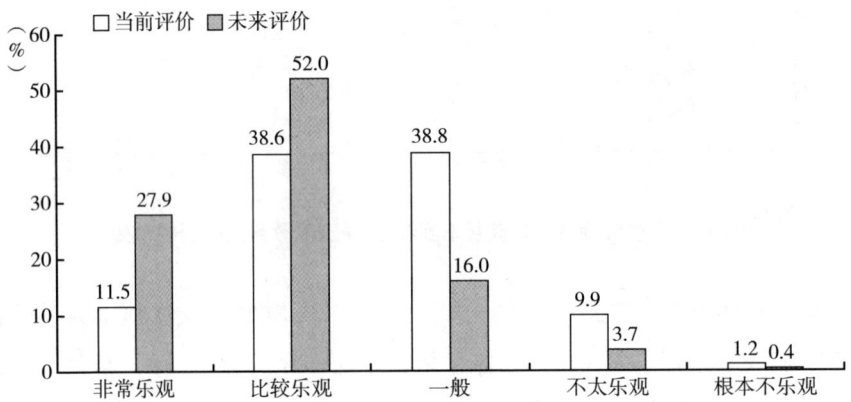

图34 我国高校师资对体育产业双创教育当前及未来发展评价

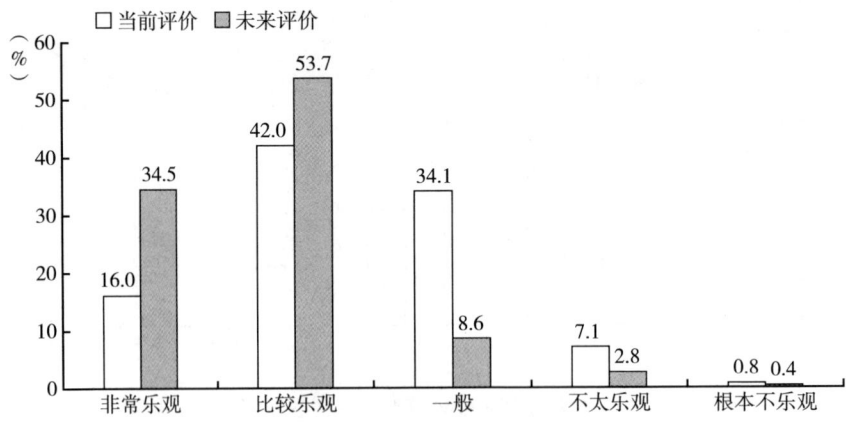

图35 我国体育院校师资对体育产业双创教育当前及未来发展评价

创业氛围的不成熟、双创环境的阻碍繁多，也降低了高校师资参与体育产业创新创业教育意愿。后疫情时代下，高校师资对于体育产业创新创业教育的短期态度会受到影响，但对体育产业长期发展的乐观态度不会改变。

七 结束语

我国高校师资总体而言对体育产业双创教育当下及未来发展持乐观态度，但因现阶段体育产业创新创业教育还存在许多问题，我国高校体育产业创新创业环境及氛围还有很大的提升空间。高校师资态度将随着我国高校体育产业双创教育环境的改善而改善。我国高校应关注高校教师需求，关注高校教师对体育产业创新创业教育的态度，明确高校教师参与体育产业创新创业教育动机，激发高校师资参与体育产业创新创业教育的意愿，发挥高校教师参与体育产业创新创业工作的主观能动性，营造更好的高校体育产业创新创业教育氛围。

参考文献

孙桂生：《应用型大学创新型人才培养研究》，《高教学刊》2020年第27期。
张晨阳、梅汉成：《高校创新创业教育：问题、对策及保障措施》，《东南大学学报》（哲学社会科学版）2020年第1期。
马永斌、柏喆：《大学创新创业教育的实践模式研究与探索》，《清华大学教育研究》2015年第6期。
向辉、雷家骕：《大学生创业教育对其创业意向的影响研究》，《清华大学教育研究》2014年第2期。
万玺：《海归科技人才创业政策吸引度、满意度与忠诚度》，《科学学与科学技术管理》2013年第2期。
刘军：《我国创业政策体系构建的理论探讨》，《山东社会科学》2015年第5期。
郗浩：《创业教育究竟激发了谁的创业意愿？——基于高校创新创业教育政策的实证分析》，《高教探索》2019年第9期。
罗尚忠：《创投资金如何支持学生创业》，《中国科技论坛》2015年第7期。
孙晓雷：《"互联网+"背景下高职院校高水准创新创业资金保障体系的构建》，

《芜湖职业技术学院学报》2018年第4期。

闫永博：《创新创业资金支持和政策保障体系研究》，《科教导刊（上旬刊）》2019年第5期。

杨柳青：《协同创新视域下大学生创业资金保障体系的构建策略》，《中国大学生就业》2020年第14期。

B.9
中国高校体育产业创新创业师资行为调查研究

阎隽豪*

摘　要： 高校师资行为与高校体育产业创新创业教育息息相关，良好的高校师资行为是体育产业创新创业教育的重要推动力之一。研究发现，体育产业双创政策及体制机制、体育产业双创氛围、环境、工作内容、所在地经济社会发展情况、资源等都会对高校师资体育产业双创教育行为产生影响，高校师资的积极行为又会推动高校体育产业创新创业教育各要素发展。近年来我国高校师资为双创教育的发展做出了很多努力，其在课程教学、培训指导、创业实践、科研及教材编写等各个方面都做出了一定尝试，但还需不断加强政策引导、简政放权、完善高校制度，以提高高校师资参与体育产业创新创业教育的积极性，优化高校教育管理效能。

关键词： 创新创业教育　体育产业　师资行为

高校师资是体育产业创新创业教育的主体，一方面高校师资行为反映了高校师资的体育产业创新创业教育意愿，另一方面，高校体育产业创新创业教育的政策、体制机制、环境、资源等要素也时刻影响着高校师资参与体育

---

* 阎隽豪，天津体育学院社会体育与健康科学学院在读，主要研究方向为体育公共政策、体育产业创新创业教育。

产业创新创业教育的行为。高校师资参与体育产业创新创业教育的行为与意愿相互影响，其反映出的问题可为高校体育产业创新创业教育提供改进方向，规范、改进高校师资参与体育产业创新创业教育行为必将促进我国高校体育产业创新创业教育的发展。本文拟首先对高校体育产业创新创业师资行为进行定性分析，并用文献资料法、问卷调查法以及数据统计法对我国高校体育产业创新创业师资行为的现状及问题进行探究，继而发现我国高校体育产业创新创业教育对高校师资行为的影响因素，提出解决方案，以激发高校师资参与体育产业创新创业教育意愿，规范高校师资参与体育产业创新创业教育行为，推动高校创新创业教育的深入发展。

一 前言

教育行为是教育主体对教育客体做出的一种主动行为，韦伯（Weiber）立足于社会学角度对行为进行了界定，他认为行为是人将自身主观意向附加于此的行动[1]。国内外学者就创业行为的界定一直未达成共识，张玉利等指出创业行为的实质就是创业资源的整合行为，是创业者利用、积累和扩大其资源禀赋的过程，会受到创业动机和创业机会感知的影响[2][3]。闫华飞等[4]认为创业行为是个体在产生一定的创业意图以及能够获得一定的创业机会的基础上，为实现创业这一目标而开展的一系列行为。

结合上述观点本文提出高校师资体育产业创新创业行为是指高校师资在体育产业创新创业教育活动中实施的教学、科研、培训指导等行动的集合。高校师资创新创业教育的影响因素以及外在表现的研究，经历了从二要素论、三要素论、四要素论直至多要素论的演变。近年来在国内关于创新创业

---

[1] ［德］马克斯·韦伯：《社会学的基本概念》，胡景北译，上海世纪出版集团，2005。
[2] 张玉利、陈立新：《中小企业创业的核心要素与创业环境分析》，《经济界》2004年第3期。
[3] 张玉利、杨俊、任兵：《社会资本、先前经验与创业机会——一个交互效应模型及其启示》，《管理世界》2008年第7期。
[4] 闫华飞、胡蓓：《产业集群内创业知识溢出机理研究：创业者的视角》，《科技管理研究》2014年第1期。

行为的相关研究中,多要素论逐渐成为学界主流研究方向。向辉、雷家骕认为创业要素包括创新精神、创业机会、资金支持、家人支持、政府政策等13项①。王心焕等认为创业要素包括创业意识、创业精神、创业机会、资金支持、政策支持等方面②。向辉、雷家骕研究了广义态度和个体背景对个体创业意愿及行为的影响,构建了创业意向影响因素ISO模型。根据高校师资体育产业创新创业教育的特点以及概念,本人构建了高校师资体育产业创新创业师资行为模型③(见图1)。

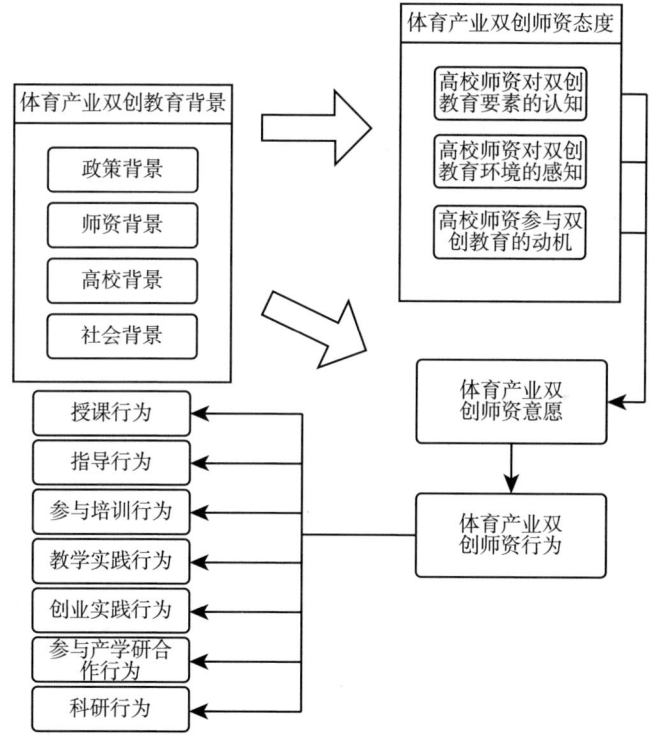

图1 高校师资体育产业创新创业师资行为模型的构建

---

① 向辉、雷家骕:《大学生创业教育对其创业意向的影响研究》,《清华大学教育研究》2014年第2期。
② 王心焕、薄赋谣、雷家骕:《创业教育对大学生创业意向的影响研究——兼对本科生与高职生的比较》,《清华大学教育研究》2016年第7期。
③ 向辉、雷家骕:《大学生创业教育对其创业意向的影响研究》,《清华大学教育研究》2014年第2期。

本文研究资料来源于百度指数、360 指数以及知网检索指数对体育产业创新创业教育宏观指标进行数据采集、分析论证，并通过问卷星样本服务，在 2020 年 5 月 15～27 日，对中国高校体育产业创新创业教育中高校教师、管理者进行问卷调查，该调查共发放前置问卷 27346 份，回收问卷 715 份，其中经过系统筛查、人工筛查和二次复查获取有效问卷 513 份。

二　高校师资课程教学

（一）高校师资授课意愿

高校师资授课是高校体育产业创新创业教育的重要组成部分。调查结果显示，兼任高校教师及管理者的高校师资对体育产业双创授课有着较强行为意愿（72.7%），现实中该群体主要由两部分人组成，一部分是高校创业基地管理者，既从事创业基地管理工作，又参与高校双创课程教学工作；另一部分是有行政职务的高校教师，在进行高校双创教学工作的同时从事学校日常管理工作。与普通高校教师相比，博导（76.9%）、硕导（67.1%）参与体育产业双创教学的行为意愿更高，拥有的教学机会也更多。（见图 2）

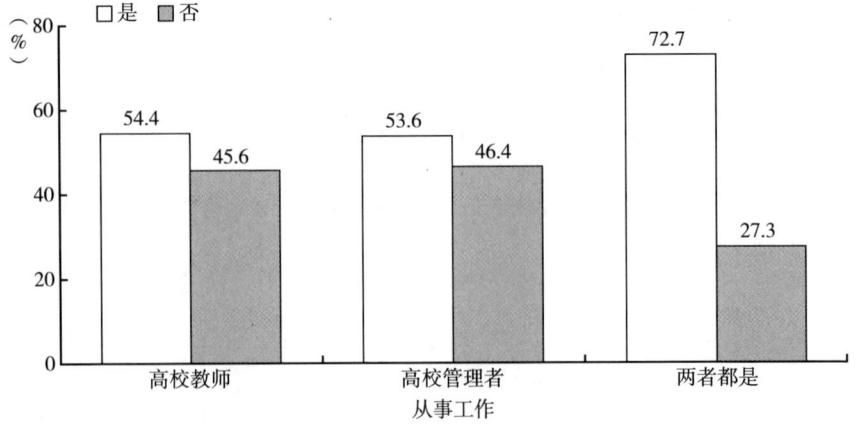

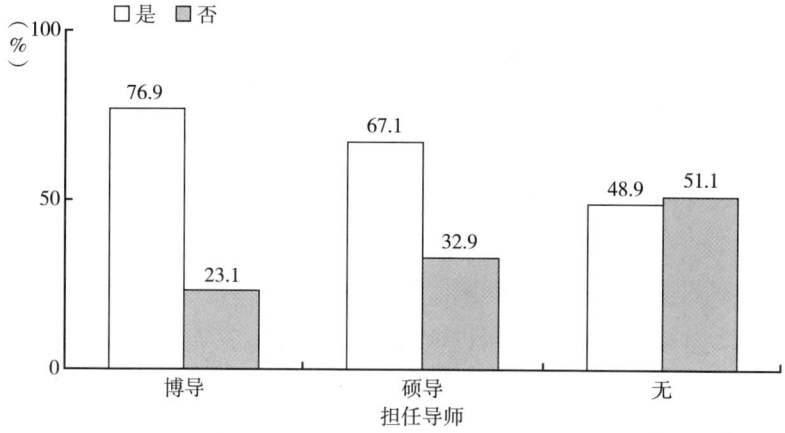

图2 我国高校师资参与体育产业双创课程工作的行为意愿情况

(二)高校师资授课方式

调查结果表明,现阶段我国高校在开展体育产业双创课程过程中较多注重学生知识运用能力的培养(63.5%)、教授学生学习方法(59.0%)、学生科技信息的收集及整理分析(62.5%),以及大学生创业案例的介绍(53.5%),但在学生专业技能拓展训练(41.7%)、培养学生创新品质(39.2%)、培养学生创新设计及研究能力(33.0%)、学科领域的科技成果介绍(18.8%)等方面重视程度不足(见表1)。

表1 我国高校师资开展体育产业双创课程的方式

单位:%

序号	我国高校师资开展体育产业双创课程的方式	占比
1	注重学生知识运用能力的培养	63.5
2	注重教授学生学习方法	59.0
3	注重学科领域的科技成果介绍	18.8
4	注重大学生创业案例的介绍	53.5
5	注重学生专业技能拓展训练	41.7
6	采取社会调查等形式注重学生科技信息的收集及整理分析	62.5

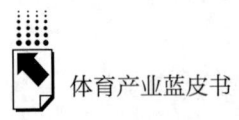

续表

序号	我国高校师资开展体育产业双创课程的方式	占比
7	注重培养学生创新设计及研究能力	33.0
8	注重培养学生创新品质	39.2

资料来源：中国高校体育产业创新创业师资现状调查（2020）。

对于双创教育而言，需要多维度、全方位、立体化人才培养体系保障，我国高校双创课程现阶段基本已实现"广谱式"开展，但双创课程质量、双创课程内容、教学方式、师资等方面仍缺乏政策保障。从高校师资双创教育行为中还可以看出，部分高校师资的双创教育注重课堂上教师端的简单"输出"及学生端的简单"输入"，缺乏学生创新设计、研究能力以及实践能力的培养，高校体育产业双创教育课程的通识课教育往往是创新创业通识课（理论、讨论、结课作业）的简单搬运。

据此，在未来我国高校体育产业双创课程发展中，要创新课程形式，增加体育产业双创课程科研资金，促进通识课与专业课结合、理论课与实践课结合，激发高校教师参与体育产业双创课程开发的行为意愿。在此基础上，还要增加课程维度，将体育科技纳入体育产业创新创业课程体系中来。

（三）高校师资教学实践内容

调查数据显示，在高校教师、管理者日常教学工作的十二项内容中，仅有三项高校师资参与比例超过半数——59.0%的高校师资举办过就业专题讲座、54.9%的高校师资组织过创新创业策划大赛、51.1%的高校师资组织过成功人士经验讲座，另有五项高校师资参与比例接近半数——48.2%的高校师资组织过模拟创业活动、48.2%的高校师资参与过开设就业课程、48.9%的高校师资教授过专业技能拓展训练、45.3%的高校师资带领学生到过公司或企业实地参观考察、46.3%的高校师资组织过创新创业社团活动；另四项双创工作高校教师参与比例较少——33.6%的高校师资带领学生参加过技能竞赛、20.1%的高校师资带领学生参加过科技发明竞赛、27.3%的高校师资组织过创新创业沙龙活动、23.5%的高校师资推荐过学生项目进入孵化器（见表2）。

表2 我国高校师资的体育产业双创教学实践内容

单位：%

序号	师资双创工作内容	占比
1	组织模拟创业活动	48.2
2	组织创新创业策划大赛	54.9
3	举办就业专题讲座	59.0
4	参与开设就业课程	48.2
5	带领学生参加技能竞赛	33.6
6	组织成功人士经验讲座	51.1
7	带领学生参加科技发明竞赛	20.1
8	教授专业技能拓展训练	48.9
9	到公司或企业实地参观考察	45.3
10	组织创新创业社团活动	46.3
11	组织创新创业沙龙活动	27.3
12	推荐学生项目进入孵化器	23.5

（四）高校师资教学要素重要性认知

我们将高校师资视角下体育产业双创教育因素的重要性进行赋值并排序，"非常重要=1""比较重要=2""一般=3""比较不重要=4""根本不重要=5"，在图3所列的10项指标中，高校师资视角下"比赛交流"的重要性评分位列第9，"宣传教育"的重要性评分位列第8（见图3），这与我国高校师资体育产业双创教学实践的三项主要内容"举办专题讲座"、"组织创新创业大赛"以及"组织成功人士经验讲座"相悖，即现实行为与理想意愿出现差异，这将极易影响到高校师资教育实践行为意愿的形成与发展。

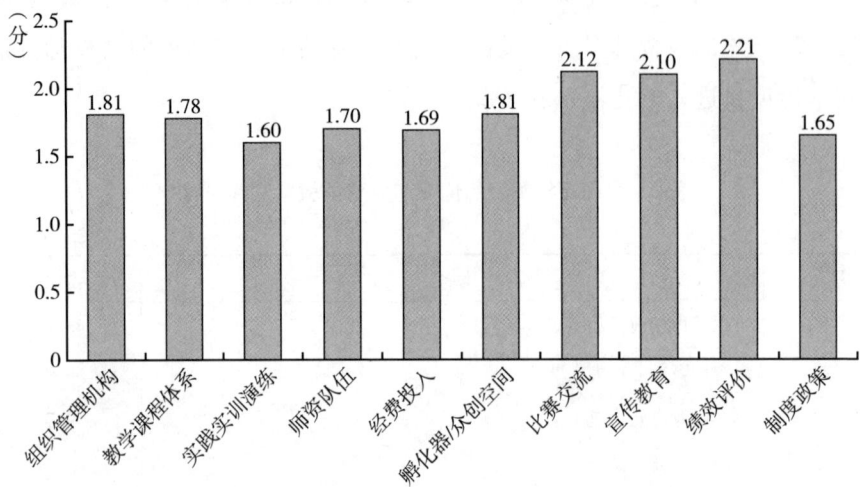

图3　高校师资视角下体育产业双创教育各要素的重要性（值越小重要性越强）

资料来源：中国高校体育产业创新创业师资现状调查（2020）。

我国高校师资的体育产业双创教育工作内容主要为指导学生参与双创赛事、参与双创论坛沙龙以及举办双创赛事，但参与体育产业双创课程研究、双创培训的组织工作较少。高校教师参与体育产业双创教育工作价值获得感较低，这提醒我们，高校双创教育工作的开展，要进一步加强目标导向，因地因时完善监管体制建设，减少制度内烦琐的流程与制度，将民主的理念运用到高校教育管理中，增强高校体育产业双创师资的主人翁意识，激发其行为意愿。

综上述，笔者认为高校应注重多维度开展体育产业创新创业教育活动，鼓励高校体育产业创新创业教育专职教师、管理者在完成日常工作的同时，进行体育产业创新创业教育调查以及科研工作。要优化高校体育产业创新创业活动及课程教学工作内容，高校师资在指导学生参与体育产业创新创业赛事、带领学生参与体育产业创新创业论坛的同时，需加强课程建设、产学研模式开发以及指导学生项目走向市场、走向社会。

三 高校师资培训指导

(一)我国高校师资双创培训参与情况

高校师资培训指导工作的开展,一方面可以为体育产业双创教育输送教学人才,另一方面可以为体育产业发展输送更多优秀的人才。调查结果显示,我国高校教师参与过创新创业师资培训的比例为41%,未参与过创新创业师资培训的比例为59%(见图4),这表明,参与过创新创业培训的师资比例较低,多数高校教师在高校双创课程教学工作中存在"摸着石头过河"的情况,体育产业双创课程教学普遍存在"教什么""怎么教"的疑问,缺少课程标准、课程体系的参考。

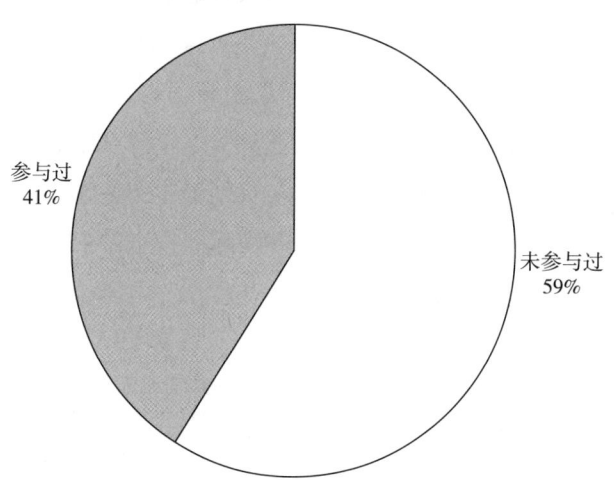

图4 我国高校师资双创培训参与情况

资料来源:中国高校体育产业创新创业师资现状调查(2020)。

(二)我国体育产业双创教师培训现状

现阶段我国高校双创师资培训班可以分为四类:省市级专项委培计划、国家双创导师培训、校本培训、国际合作培训(见表3)。

表3 四类高校师资培训班

名称	优势	劣势
省市级专项委培计划	覆盖面广、影响力大	培训时间短、培训内容不深入
国家双创导师培训	颁发双创导师证书、培训课程系统、企业资源较好	参加培训有一定门槛,一般高校教师很难有参加培训的机会
校本培训	因地制宜、与高校教学联系密切	培训内容不深入、课程维度较窄、资源介入难度大
国际合作培训 KYB项目(了解企业)、SIYB项目(创办及改善企业)	有益于培养教师的国际化思维,有一整套标准的师资培训和师资选拔机制,全方位提高双创教师水平	培训成本较高,高校教师参与难度较大,参与人数较少,课程以通识课为主

资料来源:作者整理。

本文对2016~2019年部分双创教师培训班开设情况进行了汇总,调查结果显示,创新创业导师培训班大多由国家及地方创新创业相关社会组织以及高校主办,培训目标分为几个方面:一是提高高校教师的双创教学水平,二是为"互联网+"创新创业大赛进行双创导师培训,三是通过双创导师培训促进校企合作,促进双创项目与企业对接。参与双创培训班的高校教师大多为高校主管创新创业工作的教师,与双创工作相关度不高的高校教师鲜有参加创新创业培训班的机会。另外,在实际高校工作中,高校教师参加高校双创师资培训的行为意愿也不高(见表4)。

表4 2016~2019年部分双创教师培训班汇总

年份	省份	名称	目标
2016	天津	大学生创业导师培训项目	搭建校企合作桥梁
2016	广东	广东省双创教育通识课程师资培训项目	提高高职院校双创教学水平
2016	四川	四川省大学生双创指导教师业务提升专项培训	提升四川高校双创师资教学水平
2017	河南	河南省高校双创师资队伍培训	建设一支优秀的高校双创师资队伍
2017	山东	山东省高等学校创新创业专项师资培训	提升双创教师执教能力及大赛指导能力
2017	湖北	湖北省创业辅导师培训	对创业辅导师首次系统性、专业化、针对性地培训

续表

年份	省份	名称	目标
2017	浙江	浙江省高校创业导师培育工程	提高双创导师创业实践指导能力
2018	安徽	安徽省师资创新创业教育能力高级研修班	推动全省双创教育工作并培养双创教师
2019	北京	2019全国创新创业导师培训班	提升创业导师队伍专业性
2019	湖北	2019湖北高职创新综合项目双创导师培训班	提升湖北高职院校教师双创导师专业性
2019	北京	清华大学双创导师培训班	培养专业双创导师

资料来源：360搜索、百度搜索、中国知网整理。

目前，我国体育产业创新创业导师培训领域基本空白，在对2016～2019年我国创新创业导师培训情况进行汇总后发现，我国国家双创导师培训班的开展已经形成常态，各省、各高校也通过校企合作开展了双创导师培训，一般的创新创业导师培训班授课内容多以通识课程为主，几乎没有创新创业培训主题及内容与体育产业相关。2019年全国大学生体育产业创新创业培训班是双创教育领域为数不多的体育产业双创培训班，体育产业师资培训体系的建立任重道远。

据此，笔者认为，要激发我国高校教师参与体育产业双创培训的行为意愿，应从提高体育产业双创培训质量、提高参加培训后的社会认可度出发，以政策为指导，以体育产业市场运作为主要手段，高校作为承办主体之一要积极与企业、社会组织合作，课程设置要着眼于培养全方位、高素质体育产业双创教学人才，让每一个参与体育产业双创培训的教师都能在培训中提高其教学水平、使其在培训中获得更多资源，促进高校双创教育全方位发展。政府应鼓励体育产业创新创业教师培训的开展，鼓励高校体育专业教师参与经管类课程和体育产业创新创业师资培训，建立体育产业创新创业培训模式，打造体育产业创新创业培训品牌。

（三）我国高校师资双创指导参与意愿

调查结果显示，工作年龄在10～15年（83.3%）、7～9年（82.4%）和担任博导（92.3%）、硕导（87.2%）的高校师资对体育产业双创指导工作的行为意愿更强。总体而言，我国高校师资对于体育产业双创指导工作有较强行为意愿，这也说明我国体育产业双创教育取得了一定进展，多数高校都已广泛开展双创教育工作，高校师资也乐于参与体育产业双创指导工作。

调查结果显示，东北地区（88.1%）、华东地区（84.4%）高校师资参与体育产业双创指导工作的行为意愿较高，华南地区（78.2%）、华中地区（76.5%）、华北地区（73.8%）次之，西北地区（60.0%）、西南地区（63.0%）高校师资参与体育产业双创指导工作的行为意愿相对较低（见图5）。

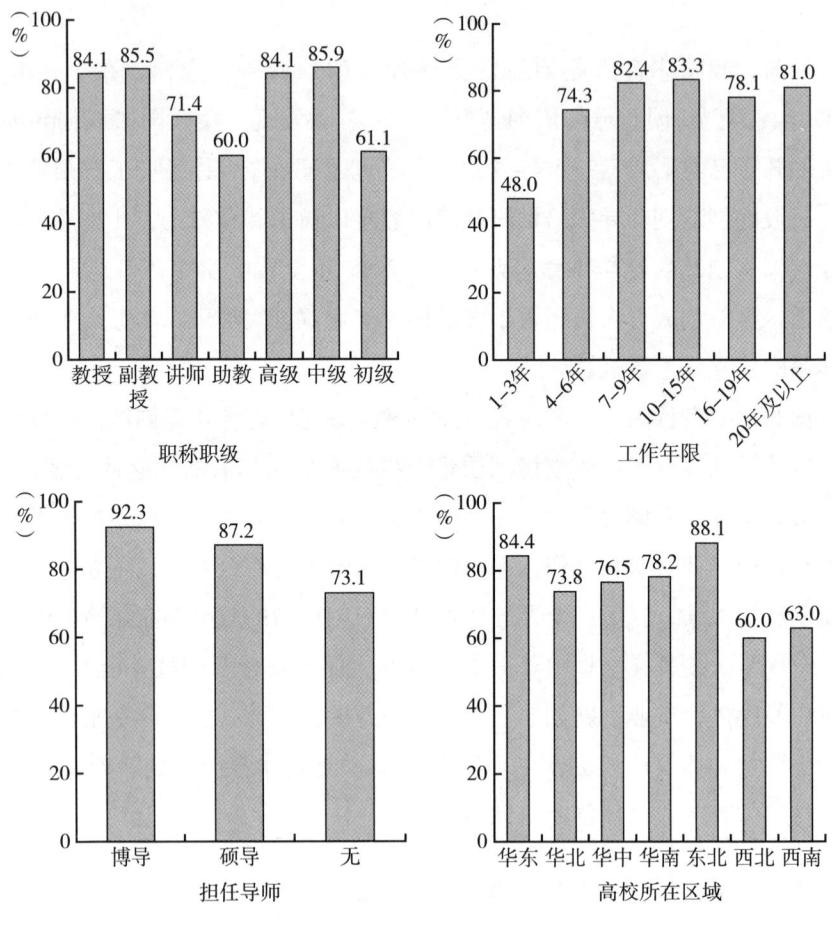

图5　我国高校师资对体育产业双创指导工作参与情况

资料来源：中国高校体育产业创新创业师资现状调查（2020）。

(四）我国高校师资参与指导工作的身份

调查结果显示，91%的高校师资具有教育指导学生进行创新创业活动的经历，58.6%的高校师资具有作为学校创新创业基地管理者教育指导学生创新创业学习的经历，59.8%的高校师资具有作为学校创新创业导师指导学生创新创业学习的经历，33.7%的高校师资具有作为校办企业管理者指导学生创新创业学习的经历。以高校教师身份加入体育产业双创教学指导工作的教师明显多于身份为校办企业兼职者（22.1%）、校外企业管理者（12.7%）和校外企业兼职者（17.1%）的教师（见表5）。据此，高校应着眼于优化体育产业创新创业师资结构，将政界、商界导师纳入高校体育产业创新创业师资队伍中来。高校师资在注重学生创新创业项目理论指导的同时，要鼓励学生参与体育产业创新创业实践。高校教师可以深度介入学生创新创业项目中，支持学生创业项目发展。

表5 我国高校师资在体育产业双创指导工作中的身份

单位：%

序号	高校师资身份	占比
1	学校创新创业导师	59.8
2	学校创新创业基地管理者	58.6
3	校办企业管理者	33.7
4	校办企业兼职者	22.1
5	校外企业管理者	12.7
6	校外企业兼职者	17.1

资料来源：中国高校体育产业创新创业师资现状调查（2020）。

（五）我国高校师资参与指导工作的方式

我国高校师资参与体育产业双创指导工作的行为方式存在差异。调查结果显示，59.5%的高校师资通过体育产业双创论坛、交流、研讨指导学生开展双创学习，58.0%的高校师资通过体育产业双创课程教学指导学生开展双创学习，42.7%的高校师资通过双创项目展示活动指导学生开展双创学习，36.5%的高校师资通过体育产业双创比赛指导学生开展双创学习（见表6）。

表6 我国高校师资参与体育产业双创教育、指导工作的方式

单位：%

序号	参与方式	占比
1	体育产业双创比赛	36.5
2	体育产业双创课程教学	58.0
3	体育产业双创论坛、交流、研讨	59.5
4	双创项目展示活动	42.7

资料来源：中国高校体育产业创新创业师资现状调查（2020）。

随着高校创新创业活动的普及，我国大部分高校教师参与到体育产业双创指导工作中来。部分高校为激励教师及管理者参与体育产业双创指导工作，将创新创业指导工作形成工作指标，并作为其绩效评价及职称评定的依据，这大大激发了高校师资参与体育产业双创指导工作的行为意愿。但创新创业教育成功与否很难以固定的指标衡量，而单一的指标评价会使高校体育产业双创指导工作集中在固定领域中，阻碍体育产业创新创业教育全方位发展。国家及高校应加强双创教育制度建设与体育产业市场的结合，加强"有形的手"与"无形的手"的有机协作，将体育产业双创教育指导有机结合，结合教师切身利益激发高校教师参与体育产业双创指导工作的行为意愿。

四 高校师资创业实践

（一）自主创业实践

高校师资的创业实践情况决定了高校师资是否能将创业资源和经验带入课堂教学中。调查结果显示，20%的高校教师正在创业，44%的高校教师曾经创业，36%的高校教师无创业经历。我国高校教师创业载体73%为合伙

企业，11%为个人独资公司，13%为社会组织（见图6）。研究发现，我国高校教师中，超过半数的教师有过创业行为，但现阶段高校教师创业行为意愿不高，现实高校工作中，大多数高校教师希望将更多的精力放在课程教学上，开设创业公司大多是出于科研需要。由于高校制度的因素，担任高级行政职务的教师进行创业活动受到很大程度的限制，平衡双创教育发展与政治生态建设成为高校双创教育管理中面临的重要问题。

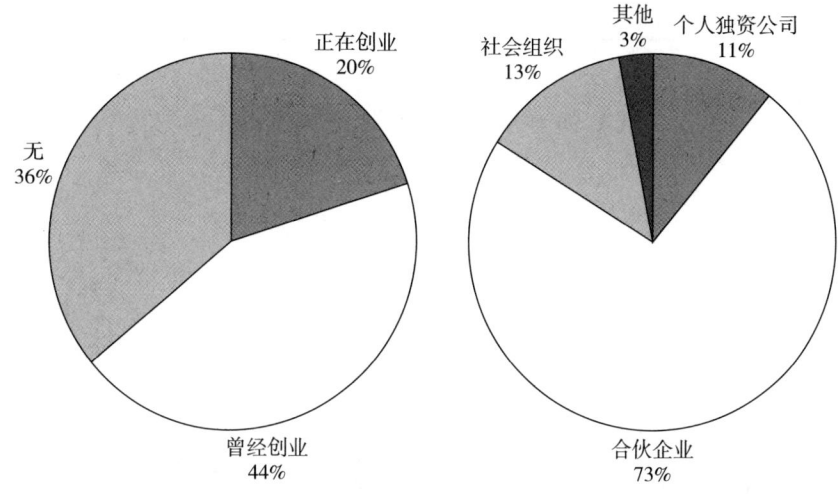

图6　高校师资双创实践情况

资料来源：中国高校体育产业创新创业师资现状调查（2020）。

我国高校教师的创业实践行为在不同导师及学校之间有显著性差异。博导参与创业实践的创业行为意愿最高，47.8%的博导现阶段正在创业，26.1%的博导曾经创业；21.2%的硕导正在创业，48.9%的硕导曾经创业。另外，79.0%的独立学院师资与66.7%的民办高校师资具有创业行为（见图7、图8）。

现阶段，我国高校师资体育科研项目的市场转化往往会受到学校制度的制约，并受到相对严格的监管，这大大抑制了高校师资进行体育产业创业实践的行为意愿。因此，要激发高校师资参与体育产业创业实践的行为意愿，

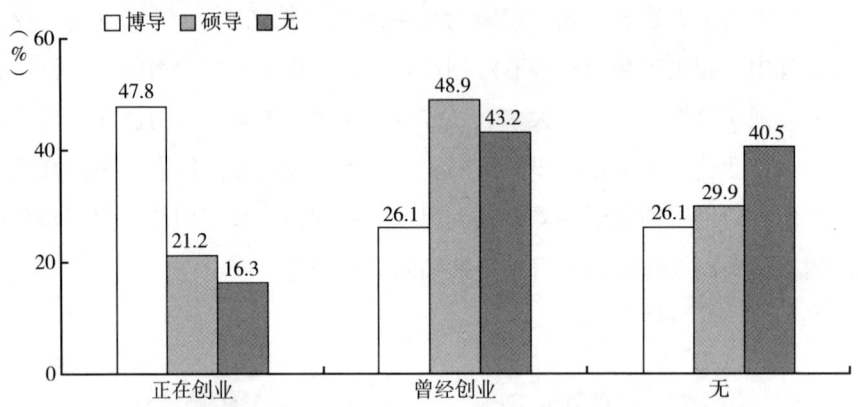

图7 担任导师与双创实践情况交叉分析

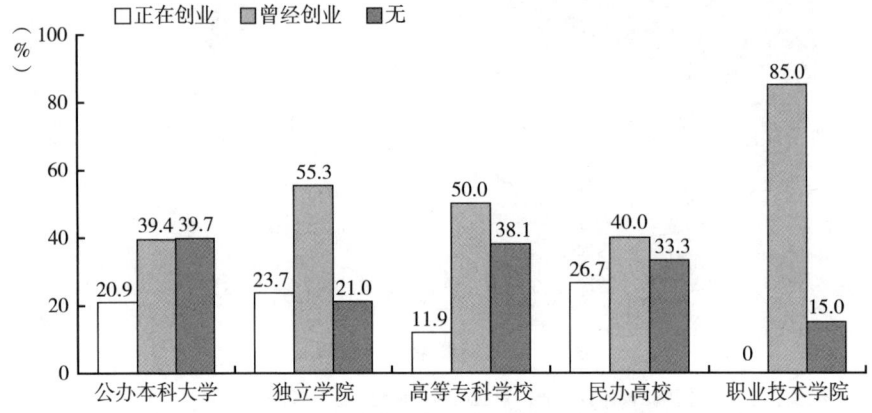

图8 学校类型与高校师资双创实践情况交叉分析

资料来源：中国高校体育产业创新创业师资现状调查（2020）。

就要处理好高校制度与体育科研项目、创业项目市场化运作之间的关系，改进高校教师创业实践过程中遇到的教育管理问题，形成科学的高校体育产业创业实践管理制度。

（二）产学研合作

调查结果显示，我国高校师资的个人要素以及环境要素对产学研合作行为有显著影响力,其中结果预期对高校教师产学研合作行为有正向影响,自我效能对高校教师产学研合作行为呈显著正相关关系,环境氛围对我国高校产学研合作行为有积极影响(见表7)。

表7 高校教师产学研行为模型的标准化路径系数及假设检验

假设	变量间关系	路径系数	p值	检验结果
H1	环境氛围→自我效能	0.66	0.000	支持
H2	环境氛围→参与行为	0.23	0.008	支持
H3	环境氛围→结果预期	0.46	0.000	支持
H4	自我效能→参与行为	0.31	0.005	支持
H5	自我效能→结果预期	0.39	0.000	支持
H6	结果预期→参与行为	0.35	0.000	支持

资料来源:宋源《基于社会认知理论的高校教师产学研合作参与行为研究》(2015)。

科研经费是促进高校师资参与产学研合作的重要因素之一。研究发现,我国产学研平均经费集中分布在一流大学以及一流学科,普通本科以及高职院校的产学研经费较少,对于体育类院校而言,因为涉及科技领域的研究较少,科研经费会较理工类高校偏少。另外,我国各类高校产学研平均经费占其总科研经费的比例差别不大,普通学科所占比例相较于一流大学所占比例略高(见图9、图10)。

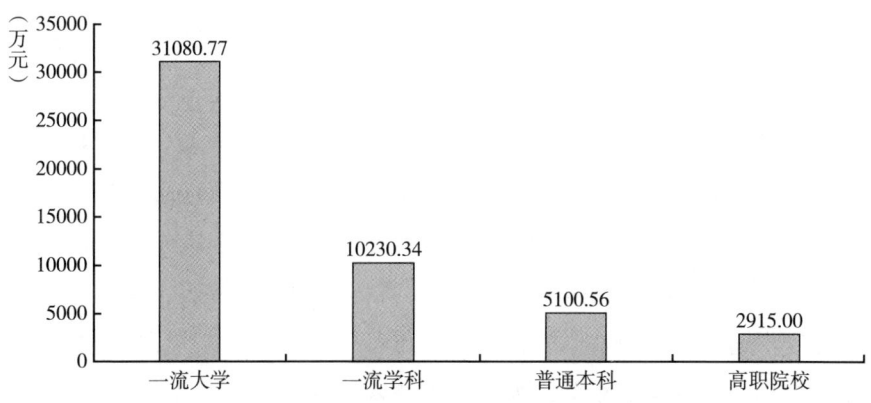

图9 我国高校的产学研合作项目经费

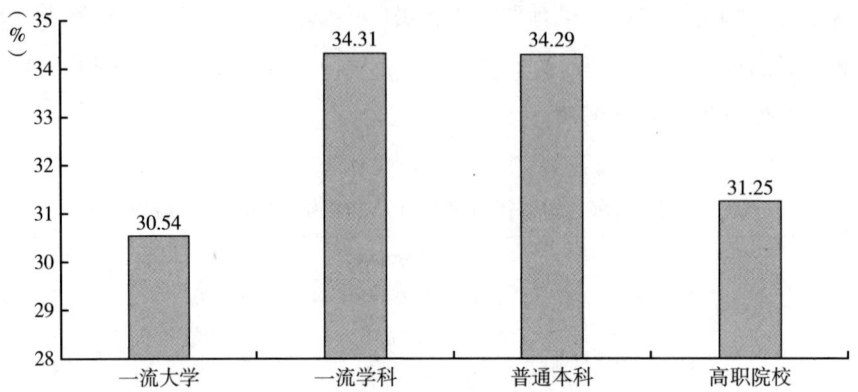

图 10　我国高校产学研合作项目经费占其总科研经费比例

资料来源：杨志《高校产学研合作发展现状、困境及发展建议》（2019）。

调查结果显示，84.4%的高校师资希望通过产学研合作拓宽研究成果转化渠道，74.0%的高校师资因政府政策提高了参与产学研合作的工作意愿，57.3%的高校师资希望通过产学研合作行为提高研发能力，54.2%的高校师资希望通过产学研合作行为培养学生科研能力，48.0%的高校师资希望通过产学研合作行为获取企业资源、35.4%的高校师资希望通过产学研合作行为增加学院和教师收入（见图11）。对于体育产业创新创业产学研合作而言，科技研发在产学研合作中所占的比重相对更小。高校师资参与产学研合作相关工作集中在科研成果的转化以及对接企业资源等方面。

调查结果显示，66.32%的高校教师可以从产学研合作行为中获得收益，这对于高校教师参与体育产业创新创业产学研合作行为意愿会起到正向促进作用。67.37%的合作企业从产学研合作中获得收益，54.74%的地方政府从产学研合作中获得收益，60.00%的高校师资通过参与产学研工作获得能力的提升，50.53%的高校通过产学研合作使其声誉获得提升，45.26%的高校学生通过参与产学研工作群体能力获得提升，36.84%的高校通过产学研合作科研成果转化成效突出（见图12），产学研合作将为高校学子搭建通往社会的桥梁，提高学生的双创能力，并为学生双创项目提供更多孵化机会。

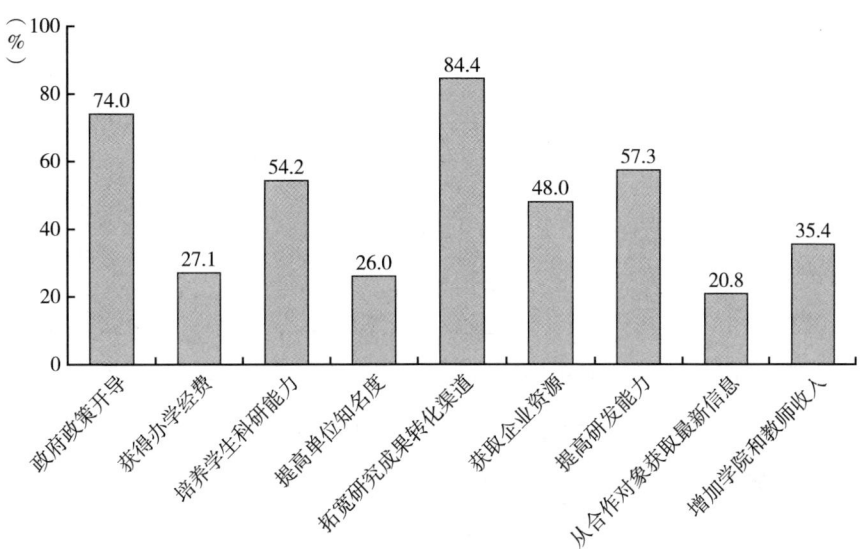

图 11 高校师资支持产学研合作的理由

资料来源：杨志《高校产学研合作发展现状、困境及发展建议》(2019)。

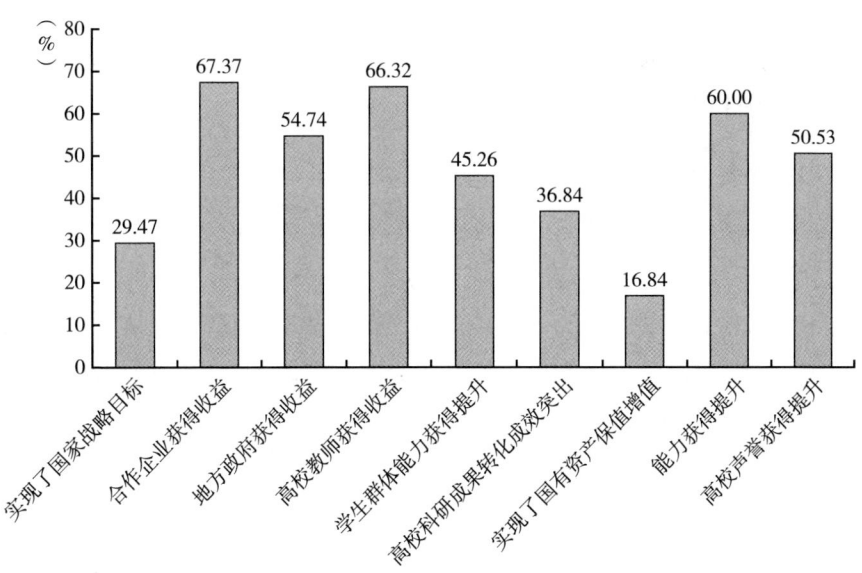

图 12 产学研合作实施效果调查

资料来源：杨志《高校产学研合作发展现状、困境及发展建议》(2019)。

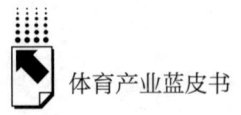
体育产业蓝皮书

客观讲，我国高校产学研合作开展已经相对成熟，创新创业产学研合作领域的工作开展得较好，但体育产业创新创业产学研合作还面临科研经费相对较少、体育产业创新创业教育环境存在问题等阻碍，协同培养模式发展滞后、教学与科研发展不平衡、高校创新文化培育动力不足等问题对高校师资参与体育产业双创产学研合作工作的行为意愿等也困扰着产学研合作的进一步开展。

高校、企业应在体育产业创新创业的初始发展阶段积极探索优质运营模式，除了现阶段较为普遍的高校智库-企业资源融合、高校人才-企业需求对接、高校科研成果-企业市场化运营的模式外，高校充分调动优质师资的主观能动性，实现高校师资科研成果的经济价值、社会价值，提高高校师资个人价值获得感，进而提高高校师资参与体育产业创新创业工作的行为意愿。

五 高校师资双创学术活动

（一）科研情况

高校师资对体育产业双创教育的广泛研究可为科学引领体育产业双创教育提供发展方向。截至2020年8月15日，中国知网上有关创新创业教育的文章有12904篇，其中超过80%的文章在2015年以后发表。2015年《关于深化高等院校教育改革相关意见》以及2016年之后创新创业政策的密集落地，大大推动了我国创新创业教育科研工作的开展，提高了高校教师对创新创业教育科研工作的积极性。

调查结果显示，现阶段我国高校教师在我国创新创业人才培养以及创新创业师资培训方面发表的文章较多（分别是5861篇、4939篇），针对创新创业平台（2738篇）、创新创业环境（1805篇）、创新创业政策（1442篇）、创新创业生态（1198篇）的研究，而学界对于创新创业体制（522篇）以及创新创业机制（58篇）的研究较为缺乏（见图13）。

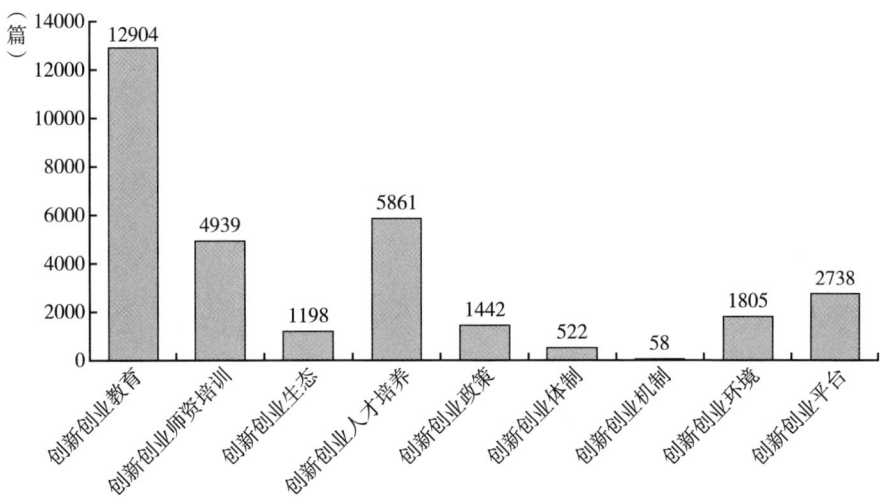

图 13　高校师资双创教育科研情况调查

资料来源：中国知网关键字检索情况（调查时间 2020 年 8 月）。

虽然学界对于创新创业教育进行了较为广泛的研究，但对于体育产业创新创业教育的研究还很少。调查结果显示，中国知网以创新创业教育为主题的文章有 12904 篇，但其中与体育相关的仅有 128 篇，且与体育产业创新创业相关的所有文章仅有 137 篇，其中发表在 CSSCI 以及核心期刊上的文章有 19 篇。

我们通过对中国知网上体育领域创新创业教育科研成果进行检索、调查与分析发现，学界对体育院校以及体育专业的创新创业教育进行了一定程度的研究，发表相关文章数量分别为 26 篇及 25 篇。学界对于体育类高职院校创新创业教育体系的建立、教育课程的改革也进行了研究，共发表 15 篇文章。另外，学界还对体育教育专业的创新创业（9 篇）、社会体育专业的创新创业（6 篇）、体育产业创新创业教育体系（5 篇）、体育产业创新创业教育实践（5 篇）、体育产业创新创业教育模式（4 篇）、体育产业创新创业教育课程（4 篇）、体育产业创新创业教育师资（3 篇）等方面进行了研究。但对于体育产业创新创业教育政策制定、教育体制机制的建立与改善、双创教育环境以及教育生态等方面的研究仍处于空白（见图 14）。

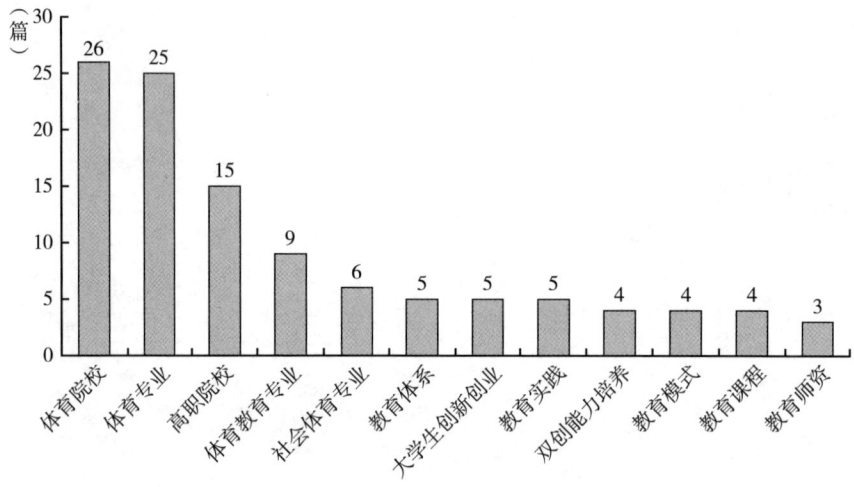

图 14　高校教师体育产业双创教育科研情况调查

资料来源：中国知网关键字检索情况（调查时间 2020 年 8 月）。

（二）教材情况

调查数据显示，仅有 28% 的高校师资参与过体育产业双创教材的编写工作，有 72% 的高校师资从未参与体育产业双创教材的编写（见图 15）。当前我国体育产业创新创业教材严重欠缺，我国体育院校的创新创业课程几乎没有相关教材，授课教师一般采用"基础知识 + 案例 + 结课作业"的形式完成体育产业创新创业通识课的教育，或者在课堂教学之外加入企业参观活动。

我国高校体育类创新创业教材的编写目前尚在起步阶段。2017 年，肖林鹏、靳厚忠编写的我国第一部体育产业创新创业教材《体育产业创新创业教育》出版；2019 年，王斌、李改编写的《体育技能培训与创业指导》出版，刘振忠、周静编写的《冰雪运动创新创业实务指导》出版；2020 年 4 月，赵冰编写的《体育创新创业教育》出版（见表 8）。但在实际教学过程中，体育类创新创业教材很少被高校教师使用。据统计在京东、当当及淘宝等网络商城中，体育类创新创业教材的月销量为 0，年销量也仅为个位数。

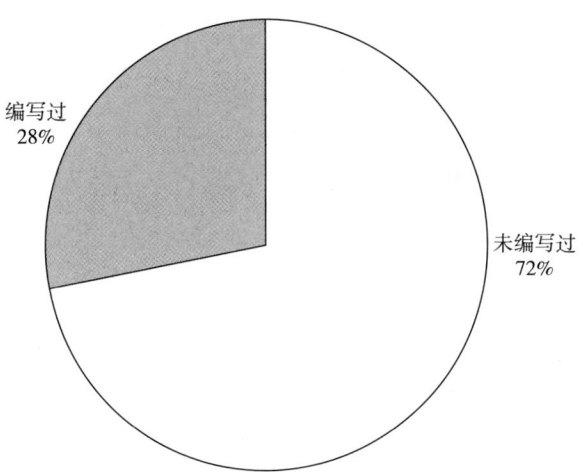

图 15　我国高校师资参与体育产业双创教材编写情况

资料来源：中国高校体育产业创新创业师资现状调查（2020）。

表 8　我国体育产业创新创业教材汇总

出版时间	名称	作者	出版社
2017 年	《体育产业创新创业教育》	肖林鹏、靳厚忠	高等教育出版社
2019 年	《体育技能培训与创业指导》	王斌、李改	科学出版社
2019 年	《冰雪运动创新创业实务指导》	刘振忠、周静	上海交通大学出版社
2020 年	《体育创新创业教育》	赵冰	高等教育出版社

资料来源：当当网、京东图书、淘宝。

创新创业教育有其自身特殊性，如何将教材运用到教学中是高校师资目前面临的重要问题。由于缺乏课程标准，部分高校教师在教学中习惯运用案例分析、带领学生参与社会实践、辅导学生创业方案设计等方法，这种脱离教材进行创新创业课程教学，这也使得市面上体育产业创新创业教材的利用率不高。

笔者认为，要使高校师资参与到体育产业双创教育科研中来，就要从完善体育产业创新创业体制机制出发，加大体育产业创新创业教育科研经费投入，创造高校体育产业创新创业氛围，优化体育产业创新创业教育环境，激发高校师资参与体育产业创新创业科研行为，尤其是鼓励高校体育产业创新创业基层管理者、教师参与到体育产业创新创业工作中来。高校要高度重视体育产业创新创业教育科研工作开展，激发学界关于体育产业创新创业教育研究的行为意愿。

六　结束语

近年来在高校双创教育生态环境下，我国高校师资在课程教学、培训指导、创业实践、科研及教材编写等各个方面积极探索，但中国特色体育产业双创教育的多维度、全方面、高质量发展还需进一步加大建设，要加强政策引导、简政放权、优化高校制度，让体育产业市场在高校体育产业双创教育中发挥更大的作用。如此，高校师资参与体育产业双创教育活动的意愿将被激发、行为将被进一步规范，其行为目的也会由完成教学指标向推动体育产业创新创业深入发展方向转变。

参考文献

陈学军、周益发、邓卫权：《高校创新创业教师队伍建设现状及建设体系建构》，《职教论坛》2017 年第 11 期。

刘文杰：《我国高校创业生态系统的现实困境及其超越》，《高校教育管理》2020 年第 5 期。

政 策 篇

Policy Report

B.10
中国高校体育产业创新创业政策分析

邬凯文　黎明林*

摘　要： 通过收集整理有关政策文件，本报告从政策数量、类型、内容等不同维度对我国高校体育产业创新创业政策现状进行分析研究。研究发现，高校体育产业创新创业政策尽管数量上相对较少，但是从政策力度与发文主体来看，仍持续受到中央政府的高度重视。国务院在相关领域发布的文件和各部委发布的文件在数量上相对均衡"改革创新"在政策文件中出现频率最高，这揭示了在高校体育产业创新创业发展过程中，制度改革、技术创新等内容的重要性与稀缺性。校企合作、改革创新、人才培养等关键词正逐渐成为未来中国高校体育产业创新创业政策内容的重点。

---

* 邬凯文，中央财经大学体育经济与管理学院在读，从事高校体育产业创新创业研究；黎明林，中央财经大学体育经济与管理学院在读，从事高校体育产业创新创业研究。

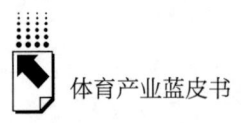

关键词： 体育产业 创新创业政策 政策类型 政策内容

一 前言

近年来，在国民经济发展和政策刺激的双重作用下，我国体育产业的总产值和增加值均呈现逐年递增的发展趋势。产业在飞速发展的同时，也产生了巨大的人才需求，目前中国体育产业的进一步发展亟须创新创业型人才的支持。李克强总理于2014年提出"大众创业、万众创新"的国家战略，国家层面也逐渐开始重视高校双创人才的培养。在行业需求和政府战略的推动下，高校体育产业创新创业应运而生，既契合了国家双创战略的发展趋势，又满足了体育产业发展的真实需求。对于中国体育产业未来发展而言，高校体育产业创新创业将会起到关键性作用。鉴于此，中央以及地方政府也相应地积极出台相关政策，鼓励高校开展体育产业创新创业，探索体育产业创新创业新模式、新方式。当前，在相关政策的驱动和支持下，中国的高校体育产业创新创业体系平台逐步建成，相关人才培养和技术创新体系初具雏形。本文将梳理高校体育产业创新创业政策，通过对政策数量、类型、内容等不同维度的分析，对相关政策现状进行研究。

二 政策数量分析

高校体育产业的创新创业离不开国家创新创业战略的支持，因此，本部分先研究国家创新创业政策和高校创新创业政策的发布数量情况，再进行高校体育产业创新创业政策数量分析。

（一）创新创业一般政策数量分析

从2014年至2020年（数据统计时间截至2020年9月）创新创业的政策在数量上呈现快速上升后逐步下降的趋势，并在2017年达到峰值，当年发文总数量突破1万件。以发文峰值所在的2017年为节点，可将2014年至

2020年的7年时间划分为2014~2017年和2017~2020年两个时间段（见表1、图1）。自2014年李克强总理提出"大众创业，万众创新"，2015年"大众创业，万众创新"成为结构性改革的重要内容，国家逐渐加大对创新创业的政策支持力度，2014~2017年发文政策数量呈明显上升趋势，而2017年至2020年9月相关政策数量逐渐减少的原因是全国创新创业体系已经初步发展形成，对于政策扶持的需求在逐渐降低。

值得注意的是，根据高校双创政策数在双创政策总数中的占比情况，从2016年至2020年9月，关于高校创新创业的政策数量在所有创新创业政策数量中的占比每年均在20%附近波动，比例呈现较长时间的稳定（见图2）。可见高校师生始终是双创道路上的主力军，且高校师生创新创业一直受到政府的重视。

表1 2014~2020年9月全国双创政策数量统计

年份	全国创新创业政策数量（项）	高校创新创业政策数量（项）	高校政策占比（%）
2014	3244	592	18.20
2015	6168	1250	20.30
2016	9456	2113	22.30
2017	10305	2215	21.50
2018	7063	1456	20.60
2019	5320	1137	21.40
2020年9月	2450	524	21.40

资料来源：白鹿智库、知网数据库汇总（2014~2020）。

图1 2014~2020年9月全国涉及双创的政策数量

资料来源：白鹿智库、知网数据库汇总（2014~2020）。

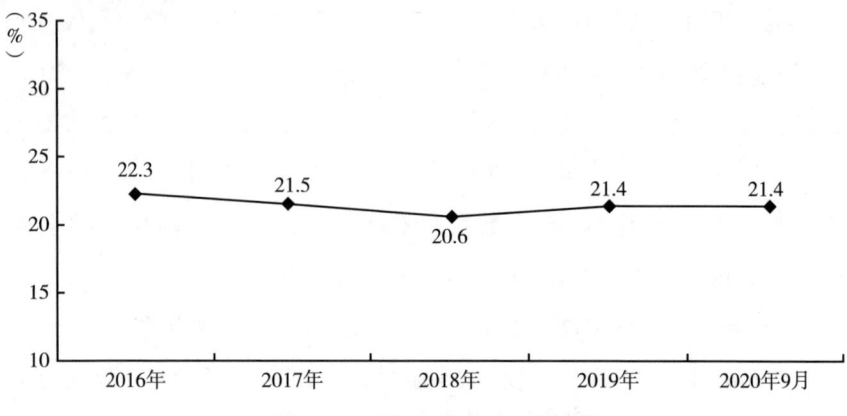

图 2　2016～2020 年 9 月高校双创政策占比

表 2　国家层面高校双创政策概览

发文机关	政策名称	发文字号	主题
国务院办公厅	《关于提升大众创业万众创新示范基地带动作用进一步促改革稳就业强动能的实施意见》	国办发〔2020〕26 号	设立双创示范基地,提升模范带头作用
国家发改委、国资委	《关于开展双创示范基地创业就业"校企行"专项行动的通知》	发改办高技〔2020〕310 号	校企对接合作,释放岗位,提供双创导师,带动双创需求
国务院办公厅	国务院办公厅《关于推广第二批支持创新相关改革举措的通知》	国办发〔2018〕126 号	推广双创改革措施,包含知识产权保护和科技成果激励等
财政部办公厅、工信部	《关于 2019 年度中央财政支持"创客中国"中小企业创新创业大赛有关工作的通知》	财办建〔2019〕75 号	发挥中央财政资金引导作用,支持企业创业比赛
国务院	《关于推动创新创业高质量发展打造"双创"升级版的意见》	国发〔2018〕32 号	对双创提出更高要求,追求双创高质量发展
国务院	《关于强化实施创新驱动发展战略进一步推进大众创业万众创新深入发展的意见》	国发〔2017〕37 号	提出数个领域政策措施推动创新深入发展
国务院办公厅	《国务院办公厅关于支持返乡下乡人员创业创新促进农村一二三产业融合发展的意见》	国办发〔2016〕84 号	将新农村建设与创新创业结合

续表

发文机关	政策名称	发文字号	主题
国务院办公厅	《国务院办公厅关于深化高等学校创新创业教育改革的实施意见》	国办发〔2015〕36号	创新引领创业，促进高等教育与科技、经济等结合，培养创业人才
教育部办公厅	教育部办公厅关于召开深化高校创新创业教育改革经验交流会的通知	教高厅函〔2016〕81号	交流推广创新创业教育改革经验，推动各地各校取得改革新成效
教育部	《高等学校乡村振兴科技创新行动计划（2018~2022）》	教技〔2018〕15号	培养乡村创新创业人才，推动乡村发展
教育部办公厅	《关于做好2018年深化创新创业教育改革示范高校建设工作》	教高厅函〔2018〕20号	改善教育体系，推动创新创业
教育部	教育部关于举办第四届中国"互联网+"大学生创新创业大赛的通知	教高函〔2018〕2号	激发高校学生创新创业热情，展示高校创新创业教育成果，搭建大学生创新创业项目与社会投资对接平台
教育部	教育部关于印发《国家级大学生创新创业训练计划管理办法》的通知	教高函〔2019〕13号	深化高校创新创业教育改革，提高人才质量，实施国家大学生创新创业训练计划
教育部	教育部办公厅关于成立提升高校自主创新能力专项工作领导小组的通知	教技厅函〔2019〕23号	加快提升高校自主创新能力

资料来源：国务院、国家发改委、财政部、工信部、教育部官网。

（二）高校体育产业创新创业政策数量分析

截至2020年10月，国家层面尚未发布高校体育产业创新创业的专项政策文件，只有在体育产业的综合性政策文件中存在有关高校体育产业创新创业的表述。因此，本部分的政策数量分析主要以综合性政策为样本进行整理和概述。

近十年来，国家层面有关中国高校体育产业创新创业政策发文数量情况按照年度划分如图3所示。总体来看，十年内国家层面相关政策发文数量较少，仅有9份，且发文数量呈震荡式发展趋势。《国务院关于加快发展体育产业促进体育消费的若干意见》（国发〔2014〕46号）对整个体育产业的发展影响巨大，因此以2014年为界线，政策发文可以分为两个阶段，共出现了两个发文高峰期。

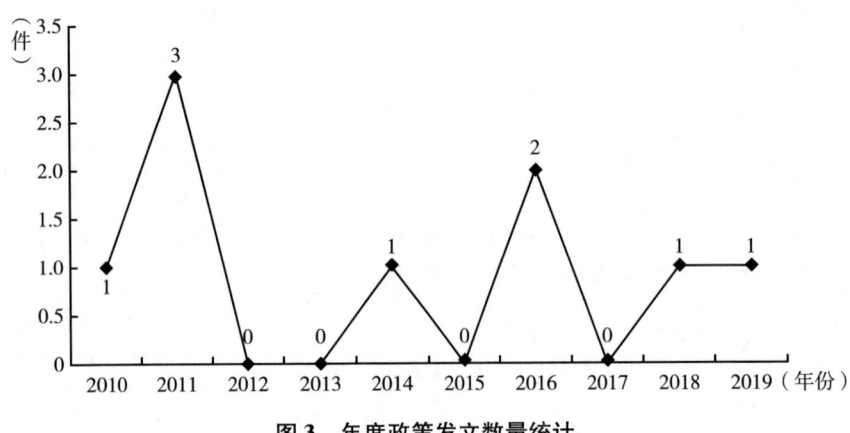

图3　年度政策发文数量统计

资料来源：国务院、教育部、国家体育总局官方网站。

从图3可以看出，2010～2011年为第一个政策发文高峰期。在这一时期，《国务院办公厅关于加快发展体育产业的指导意见》（国办发〔2010〕22号）着重强调了体育产业创新创业的重要性，其间，《国家体育产业基地管理办法（试行）》《全国体育人才发展规划（2010～2020年）》等以人才培养、产业基地建设为目标的产业基础建设指导性政策相继出台，为中国体育产业创新创业未来的发展打下了基础。

2014年后，随着《国务院关于加快发展体育产业促进体育消费的若干意见》（国发〔2014〕46号）的出台，相关政策发文又达到新的高峰期。2014～2019年，国家层面内关于体育产业创新创业的平均年政策发布数量接近1件，政策发布频率更加合理、政策主题更加明确，例如《国务院办公厅关于加快发展健身休闲产业的指导意见》《关于加快发展体育竞赛表演产业的指导意见》等直接聚焦于体育产业中的健身休闲领域和竞赛表演领域，为这些领域的创新发展注入了新的动力。

三 政策类型分析

（一）发文主体和政策类别

一般而言，政府发布的文件可以分为宪法、法律、法规、部门规章、规范性文件等类型，政策的发文主体可分为中共中央、国务院、相关部委等类别。受这两个维度的影响，政策的重要程度和影响力会有所差异，本部分主要从政策发文主体与政策类型两个方面来考察2010~2020年我国高校体育产业创新创业政策，并对政策进行归纳与统计（见表3）。

表3 2010~2020年不同性质的高校体育产业创新创业政策数量

发文主体	政策类型	数量（件）
国务院	意见	5
体育总局	规划	3
	办法	1
合计		9

资料来源：国务院、国家体育总局官方网站。

从表3可以看出，在众多政策发文主体中，十年来仅有国务院和体育总局发布了涉及高校体育产业创新创业的相关政策，其他部门并未在其发布的政策中直接提及高校体育产业创新创业。

国务院（包括中共中央办公厅、国务院办公厅）发布的有关文件共计5件，占政策总量的55.5%，体育总局的发文数量总计4件，占比为44.5%。由此可见，我国高校体育产业创新创业相关政策的发布数量在国务院与部委之间相对均衡。从政策的具体类型来看，由国务院发布的5个文件全部是意见形式，占政策类型数量的55.5%。其中，意见既包括体育产业宏观层面的发展意见，如《国务院关于加快发展体育产业促进体育消费的若干意见》涉及体育产业的细分领域，体育总局发布的文件包括了办法与规划两大类，

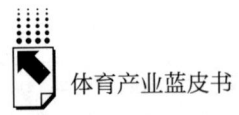

数量分别为1件和3件,其中,规划的时间跨度都较大,《体育产业"十二五"规划》和《体育发展"十三五"规划》都给出了接下来5年内的体育产业发展蓝图,而《全国体育人才发展规划(2010~2020年)》更是在10年的跨度上为人才培养做出规划。

综上所述,基于2010~2020年我国高校体育产业创新创业政策的发布情况可知,国务院发布的文件和各部委发布的文件在数量上相对均衡,且意见是政策的主要体现形式。

(二)政策支持方向

中央政府在鼓励高校体育产业创新创业发展时,不仅在制度和体系方面予以帮助和支持,也对创新创业的具体方向提出了建议。经过对政策内容的总结、概括和分类发现,政策指导下的高校体育产业创新创业的目标方向主要分为无形资产开发创新、体育科学技术创新、人才培养机制创新、体育投融资创新、体育设施管理创新等。

1. 无形资产开发创新

在体育产业中,无形资产属于重要组成部分之一,体育无形资产包括冠名权、特许经营权、赞助广告等。充分开发体育无形资产的价值有助于加强体育品牌建设,提高产品和服务的附加值,提升市场竞争力,促进中国体育产业良性发展。国家体育总局发布的《体育产业"十二五"规划》中多次提到无形资产的开发和保护,尤其是指出要在体育场馆运营机制的改革创新中积极探索冠名权和赞助广告的开发,达到增加收入等目的。同时,无形资产的保护亦不能忽视,目前中国体育无形资产的开发尚处于起步阶段,如何创造无形资产价值、完善我国体育组织的市场开发模式以及强化知识产权对体育产业的引导作用等相关问题都有待解决,高校体育产业创新创业可以结合实际情况,对无形资产的保护和开发提出解决方案。

2. 体育科学技术创新

科技水平和自主创新能力是体育产业相关企业的核心竞争力。随着科技的进步,包括物联网技术、区块链技术和人工智能的兴起,体育产业的参与者应当与时俱进,将体育制造领域中的新技术、新理念融合进产品中,以为用户带来更好的体验。《体育产业"十二五"规划》和《体育产业"十三五"规划》都提出通过提升体育产业技术水平和科技创新能力,促进体育产业良性发展;《国务院关于加快发展体育产业促进体育消费的若干意见》和《国务院办公厅关于加快发展健身休闲产业的指导意见》等强调加大高校、企业和金融机构的对接力度,鼓励多方合作,提高中国体育产业关键技术能力和相关产品的科技含量。

3. 人才培养机制创新

高等院校是人才培养的主力军,体育产业的健康发展离不开相关人才的培养。现阶段,中国体育产业的发展依然面临着人才不足的窘境,《国务院办公厅关于深化高等学校创新创业教育改革的实施意见》指出要,在高校中对现有体育产业教学体系进行优化创新,充分利用自身优势发挥高校在中国体育人才培养方面的基础性作用。教育体系的创新包括了相关专业和课程的设置、体育产业专门人才专题培训、体育专业技术人才知识更新工程等。为确保上述教育体系创新工作的落实,教育部也先后印发《教育部办公厅关于召开深化高校创新创业教育改革经验交流会的通知》和《教育部办公厅关于做好深化创新创业教育改革示范高校年度建设工作的通知》等文件,上述政策一方面有利于高校提供经验交流机会,使各大高校在磋商中共同实现教育改革的目标,另一方面给予各大高校相应的激励举措,推动改革过程中的各项工作的进行。

4. 体育投融资创新

资本是产业发展的核心驱动力之一,体育投融资对于体育产业的发展至关重要。政府鼓励高校体育产业创新创业以探索研究体育产业融资渠道、融资模式为方向,创造出带有体育特色的金融产品,促进体育投融资机制的发展和完善。例如,《国务院办公厅关于加快发展体育竞赛表演产业的指导意见》(2018)鼓励各类金融机构研发和创新适合体育竞赛表演产业发展特点的金融产品和融资模式,拓宽相关融资渠道。

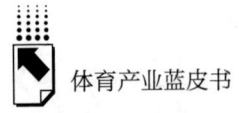

5. 体育设施管理创新

体育设施和体育场馆是体育活动开展的基础，在体育设施场馆设计、建设、运营、管理等方面，中国与发达国家仍存在较为明显的差距。场馆闲置问题严重、市场化商业运作不足等问题阻碍了体育产业进一步的发展。针对这些问题，早在2010年，《国务院办公厅关于加快发展体育产业的指导意见》中明确提出"加强公共体育设施建设和管理"的意见，鼓励对体育设施进行管理体制创新，指出可以通过技术创新、制度创新、理念创新等手段，将体育设施的赛事功能与赛后综合利用有机结合，充分利用现有的体育场馆资源，摆脱目前设施使用中的困境。

四 政策内容分析

政策文本是记录政府政策意图的有效客观凭证，通常以意见、办法、计划、文件等形式呈现，是政策行为的反映。本部分主要采用内容分析法，对中国高校体育产业创新创业政策文本进行分析。近年来，国务院办公厅与国家体育总局在发布的相关政策文件中对中国高校体育产业创新创业都有较为具体的阐述。在相关政策表述中，主要的关键词包括校企合作、改革创新、人才培养、平台建设等（见图4）。

（一）校企合作

在政策关键词出现次数占比中，"校企合作"出现的频率仅次于"改革创新"，占比达到30%。一般而言，高校拥有强大的科研能力与丰富的人才储备，利于新技术和新理念的开发和研究，而相关企业拥有丰富的市场经验，对目前市场存在的痛点和难点有深刻的认识。因此，"校企合作"意味着将高校与企业两个主体各自的优势充分整合，用高校的学术能力应对企业所面临的挑战，最大限度地开发各主体的价值。对于高校体育产业创新创业而言，"校企合作"在政策文本中被重点强调，表明了中国高校在相关领域需要围绕中国体育产业面临的实际问题和需求，在实践经验、研究成果等方面与从业企业分享，共同推动产业创新发展。在收集整理了政府关于高校体

中国高校体育产业创新创业政策分析

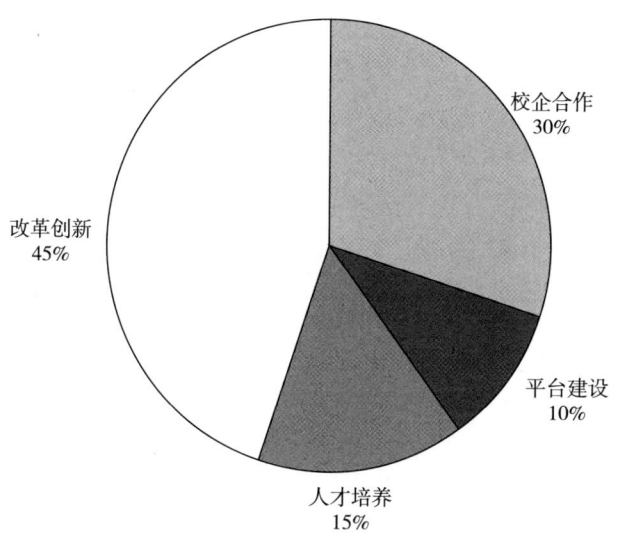

图4 政策各关键词出现次数占比

资料来源：国务院、国家体育总局官方网站。

育产业创新创业"校企合作"的政策文件后，发现政府关于"校企合作"的政策文件在表述上逐渐深入，《国家体育产业基地管理办法（试行）》在提及"校企合作"时，仅提及在技术培训方面鼓励高校和其他机构的合作，而其后的相关政策文件，包括《国务院办公厅关于加快发展健身休闲产业的指导意见》《关于加快发展体育竞赛表演产业的指导意见》等，均对于教育服务平台建设等方面有了更详细的阐述（见表4）。

表4 政府关于高校体育产业创新创业"校企合作"的政策文件一览

序号	发文机关	政策名称	概要
1	国家体育总局	《国家体育产业基地管理办法（试行）》	鼓励高校和研究机构组成技术培训联盟，加速培养体育产业人才
2	国务院办公厅	《国务院关于加快发展体育产业促进体育消费的若干意见》	加强校企合作，多渠道培养复合型体育产业人才。加强体育产业理论研究，建立体育产业研究智库。加强创业孵化，研究对创新创业人才的扶持政策

续表

序号	发文机关	政策名称	概要
3	国家体育总局	《体育发展"十三五"规划》	完善布局,优化配置,适应体育领域的科技创新体系。以高等院校、体育科研院所和重点实验室为基础,推进研究、指导、服务平台建设
5	国务院办公厅	《国务院办公厅关于加快发展健身休闲产业的指导意见》	开展体育产业创新创业教育服务平台建设,帮助企业、高校、金融机构有效对接
6	国务院办公厅	《关于加快发展体育竞赛表演产业的指导意见》	加强体育产业创新创业教育服务,帮助企业、高校等有效对接

资料来源:国务院办公厅、国家体育总局官方网站。

(二)改革创新

"改革创新"在相关政策的内容关键词中出现得最为频繁,占比高达45%。根据具体含义的不同,政策提及的"改革创新"主要可以分为两个具体的角度:高校创新创业与体育产业创新。

1. 高校创新创业

2015年至今,国务院办公厅和教育部相继出台了一系列关于高校创新创业的政策和意见,凸显了创业对于带动就业的重要价值,以及创新对于时代发展和社会进步的必要性,着重强调了高校开展创新创业的巨大潜力。历年来教育部关于高校创新创业的重要政策意见主要体现了如下三类趋势。

(1)鼓励举办中国国际"互联网+"大学生创新创业大赛

从2015年举办首届中国"互联网+"大学生创新创业大赛,到2020年的第六届中国"互联网+"大学生创新创业大赛,教育部都从政策等方面予以高度重视和支持,从时间的选定、主题的规划、承办方的选择,到参赛项目的要求、参赛对象、赛程安排以及比赛赛制和评审规则都做出了相关指示。教育部对于每届大赛主题的选择也是紧扣"创新创业"的核心主旨,并且体现出多样化选题趋势(见表5)。

表5 双创大赛主题一览

单位：万人

届数	"互联网+"大学生创新创业大赛主题	参赛人数
第一届	"互联网+"成就梦想 创新创业开辟未来	20
第二届	拥抱"互联网+"时代 共筑创新创业梦想	55
第三届	搏击"互联网+"新时代 壮大创新创业生力军	150
第四届	勇立时代潮头敢闯会创 扎根中国大地书写人生华章	265
第五届	敢为人先放飞青春梦勇立潮头建功新时代	457

资料来源：百度、360、谷歌搜索相关数据。

（2）持续深化创新创业教育改革

国务院办公厅2015年发布《国务院办公厅关于深化高等学校创新创业教育改革的实施意见》，提出深化高等学校创新创业教育改革的目标，强调深化高等学校创新创业教育改革，是国家实施创新驱动发展战略、促进经济提质增效升级的迫切需要，是推进高等教育综合改革、促进高校毕业生更高质量创业就业的重要举措。在后续的一系列政府文件中，都直接或间接地对深化创新创业教育改革有所涉及。同时，教育部于2015年、2016年先后召开座谈会和经验交流会，每年评定创新创业改革示范高校，借此来推动改革的持续进行并激发各高校的改革热情。

（3）鼓励高校成立各自的创新创业组织并开设相关课程

尽管创新创业一直以来是一个高频词，但如何开展相关创新创业实践、如何选定研究主题、研究过程中的注意事项以及科研资金的来源，这些问题对于高校学生而言都需要予以解答。因此，政府不断出台相关政策，鼓励学校开设相关咨询机构和课程，引导大学生创新创业。教育部统计数据显示，截至2018年底，全国高校开设创新创业教育专门课程2.8万余门、上线相关在线课程4100余门，创新创业教育专职教师超过2.7万人，兼职导师9.3万余人。

2. 体育产业创新

综观世界发达国家体育产业的发展历程，体育产业的发展离不开改革创新，离不开技术和管理的创新。2010年至今，国务院办公厅及国家体育总局相继出台了一系列涉及体育产业创新发展的政策意见,强调了改革创新在体育产业发展中的重要地位(见表6)。

表6 政府关于体育产业创新的政策文件一览

发文机关	政策名称	发文字号	概要
国务院办公厅	《国务院办公厅关于加快发展体育产业的指导意见》	国办发〔2010〕22号	深化改革、开拓创新,建立有利于体育产业健康发展的体制机制
国家体育总局	《体育产业"十二五"规划》	体经字〔2011〕178号	进一步提高体育产业素质,提升体育产业技术水平和科技创新能力,促进体育产业良性发展
国务院办公厅	《国务院关于加快发展体育产业促进体育消费的若干意见》	国发〔2014〕46号	加强创业孵化。支持企业联合高校、科研机构建立产学研协同创新机制,构建产业技术创新战略联盟
国务院办公厅	《国务院办公厅关于加快发展健身休闲产业的指导意见》	国办发〔2016〕77号	开展体育产业创新创业教育服务平台建设,帮助企业、高校、金融机构有效对接
国务院办公厅	《关于加快发展体育竞赛表演产业的指导意见》	国办发〔2018〕121号	加强体育产业创新创业教育服务,帮助校、企对接。创新人才培养机制,支持有条件的高等院校设置相关专业和课程
国务院办公厅	《国务院办公厅关于促进全民健身和体育消费推动体育产业高质量发展的意见》	国办发〔2019〕43号	探索体育产业创新试验区建设。在体制机制、主体培育、融合发展等方面探索实践,设立国家体育产业发展协同创新中心

资料来源:国务院办公厅、国家体育总局官方网站。

历年来政府关于体育产业改革创新的政策描述主要呈现以下特点:

(1)始终坚持创新发展导向

综合2010年至2020年9月中央和地方出台的体育产业有关政策,几乎所有政策文件都直接或间接地强调了创新在体育产业中的地位和价值。其中,有两个较为关键的政策表述:2010年初,国务院办公厅在《国务院办公厅关于加快发展体育产业的指导意见》中明确提出,"坚持深化改革、开拓创新，加快建立完善有利于体育产业健康发展的体制机制"，确立了体育产业深化改革、创新发展的大方向。2016年，国家体育总局发布的《体育发展"十三五"规划》，将"大众创业、万众创新"的理念与体育产业发展结合，将体育产业的创新发展与国家创新战略结合。

（2）政策方向逐步具体

2010年的《国务院办公厅关于加快发展体育产业的指导意见》仅提及了创新的必要性和重要性，并未对创新的主体和方式作进一步阐述。2014年的《国务院关于加快发展体育产业促进体育消费的若干意见》在针对体育产业创新进行描述时，提出"支持企业联合高等学校、科研机构建立产学研协同创新机制，建设产业技术创新战略联盟"，强调了高等学校、科研机构和企业在创新中的作用。此后的一系列政策更加聚焦于高校和企业对体育产业创新的推动作用，政策中对于创新的表述亦逐步细化。

（3）重视创新平台的重要性

政府鼓励创新平台充分发挥资源整合的作用，鼓励平台将企业丰富的经验优势和高校师资优秀的学术科研能力相结合，共同推进体育产业高质量发展。创新平台包括《国务院办公厅关于促进全民健身和体育消费推动体育产业高质量发展的意见》提及的体育产业创新试验区，以及《国务院办公厅关于加快发展健身休闲产业的指导意见》中涉及的体育产业创新创业教育服务平台建设等。

（三）人才培养

一直以来，作为产业发展的参与者和推动者，优秀人才是产业发展的核心，对于仍处于快速发展阶段的中国体育产业而言，人才紧缺是阻碍发展的瓶颈之一。人才紧缺主要体现在人才总量相对于发达国家有较大提升空间、各类体育人才发展不均衡、体育产业高层次创新型人才短缺等问题上，截至2020年9月，我国政府已经出台一系列相关政策文件鼓励体育产业人才的发掘和培育（见表7）。

表7 政府关于体育产业人才培养的政策文件一览

发文机关	文件名称	发文字号	概要
国务院办公厅	《国务院办公厅关于加快发展体育产业的指导意见》	国办发〔2010〕22号	多渠道培养复合型体育产业管理人才。通过教育教学改革,优化专业课程的设置,培养适应发展的专门人才
国家体育总局	《全国体育人才发展规划(2010~2020年)》	体人字〔2011〕84号	提高体育专业技术人才业务水平和创新能力。依托重大科研、课题研究和赛事的组织与实施,发掘和培育优秀人才
国家体育总局	《体育产业"十二五"规划》	体经字〔2011〕178号	加大人才培养力度,重点培养管理、经营、中介、科研等高层次体育产业人才,鼓励高等院校开展体育产业人才的培养工作
国家体育总局	《国家体育产业基地管理办法(试行)》	体经字〔2011〕466号	鼓励国家体育产业基地采取多种形式培养符合体育产业实际需要的各类人才,鼓励组成技术培训联盟,加速培养体育产业人才
国务院办公厅	《国务院关于加快发展体育产业促进体育消费的若干意见》	国发〔2014〕46号	鼓励高等院校设立体育产业专业课和加强校企合作,多渠道培养复合型体育产业人才,如体育经营管理、创意设计、科研、中介等
国务院办公厅	《国务院办公厅关于促进全民健身和体育消费推动体育产业高质量发展的意见》	国办发〔2019〕43号	加强体育产业人才培养。鼓励普通高校、职业院校设置体育产业相关专业,形成有效支撑体育产业发展的高层次人才培养体系

资料来源:国务院办公厅、国家体育总局官方网站。

根据发文时间以及内容分析,政府在鼓励人才培养上的政策描述有逐渐细化的趋势,这种趋势集中体现在人才培养的目标和人才培养的方式两个方面。

1. 目标具体化

体育产业"人才培养"目标的提出由来已久,《国务院办公厅关于加快发展体育产业的指导意见》(国办发〔2010〕22号)中明确强调了"加快体育产业管理人才培养"的总目标。随后出台的一系列政策文件又对"如何培养人才"

"培养怎样的人才"等关键问题做出了进一步阐述。总体来看，涉及体育产业人才培养的政策文件围绕着懂经济、懂管理、懂体育三个关键词展开，强调培养复合型体育产业管理人才，同时也着重突出了创新性人才的稀缺性、重要性。

2. 方式多元化

结合历年相关政策，创新创业人才培养的方式目前主要包括高等院校培养、校企合作、建立产业基地、构建科研平台体系等，人才培养方式多元化趋势凸显。国家体育总局发布的《体育产业发展"十三五"规划》中，着重突出企业和高校合作对接的重要价值，提出帮助企业、高校、金融机构三个社会主体实现进一步有效对接，探索更多样的人才培养方式。

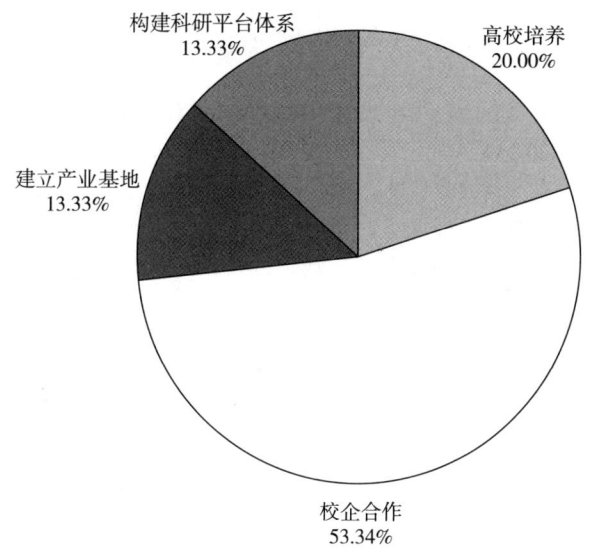

图5 体育产业人才培养相关政策关键词出现数量占比

资料来源：国务院办公厅、国家体育总局官方网站。

参考文献

刘伟、邓志超：《我国大学创新创业教育的现状调查与政策建议——基于8所大学

的抽样分析》,《教育科学》2014 年第 6 期。

肖潇、汪涛:《国家自主创新示范区大学生创业政策评价研究》,《科学学研究》2015 年第 10 期。

吴远征、李璐璐、董玉婷:《大学生创新创业的综述——研究、政策与发展》,《中国林业教育》2015 年第 6 期。

瞿晓理:《"大众创业,万众创新"时代背景下我国创新创业人才政策分析》,《科技管理研究》2016 年第 17 期。

徐德英、韩伯棠:《政策供需匹配模型构建及实证研究——以北京市创新创业政策为例》,《科学学研究》2015 年第 12 期。

李莉:《基于高校与政府协同创新的大学生创业政策与保障机制研究》,《中国地质教育》2015 年第 1 期。

曹瑞明、冉清文:《关于深化大学生创新创业教育的思考》,《中国青年社会科学》2016 年第 1 期。

袁燕军、赵利军:《北京大学生创业政策环境优化研究》,《科研管理》2016 年第 1 期。

黄馨平、毛中晗、胡红霞:《"双创"视阈下大学生创新创业政策的多源流阐释》,《当代职业教育》2020 年第 5 期。

宋凤轩、朱碧莹:《河北省促进就业创业政策运行评价与完善对策》,《河北经贸大学学报(综合版)》2020 年第 2 期。

蒋建强:《"大众创业、万众创新"政策建议》,《合作经济与科技》2020 年第 12 期。

Abstract

Innovation, as the first driving force for development, is a critical factor in solving development motivation. As the most innovative and dynamic subjects, young people from major universities are important in promoting innovation and entrepreneurship in the sports industry. Since the national strategic call of "mass entrepreneurship and innovation", innovation is gradually being implemented as one of the special contents of college education reform. It has become an important examination question for colleges and universities to answer talent education in the new era. In my country, the sports industry, as an important part of the tertiary industry, occupies an important position in economic development. Cultivating a group of sports industry talents who understand both sports and economic management, innovative spirit and entrepreneurial ability are the inevitable demands of the current national education and sports development.

This report comprises four parts: general report, sub-report, research chapter, and policy chapter. In the general report, it reviewed the development background of my country's college sports industry innovation and entrepreneurship education since its inception in 2010, analyzed the opportunities and challenges faced by my country's college sports industry innovation and entrepreneurship education, and proposed the development prospects of China's college sports industry innovation and entrepreneurship education. Opportunities and challenges, because of the current situation of innovation and entrepreneurship in the sports industry in my country's colleges and universities, this report proposes nine existing problems and prescribes the right medicine. In the sub-reporting part, my country's sports industry's innovation and entrepreneurial work is investigated and analyzed from the perspectives of industrial ecology, education and practice, and a health evaluation system for the innovation and entrepreneurship development of my country's college sports industry has been constructed. Entrepreneurship education organizations, mechanisms and systems, and the construction of the practice platform were investigated, and the current situation of the innovation and entrepreneurship development of the sports industry in my country's colleges and universities was described in detail. In the research chapter, this report takes university teachers and students as the main research objects, and conducts research from multiple dimensions such as demand, supply, behaviour, and attitudes, and portrays the main body of innovation and entrepreneurship in the sports industry in my country's universities, which is conducive to better clarifying the next development Focus and direction. Finally, in the policy chapter, this report summarizes the national and local policies related to the college sports industry's innovation and entrepreneurship.

For the first time, this report is supported by more detailed survey data and policy analysis to fully analyze as much as possible the current practice of innovation and entrepreneurship in the sports industry in China's colleges and universities. Insufficient student incentives, lack of closed-loop education, insufficient management, diverse student needs, and insufficient combination of elements. There are nine problems. According to the problems, the optimization of teachers, enriching practice forms, strengthening curriculum construction, setting ladder goals, reforming assessment methods, and improving closed-loop management, Refining management methods, strengthening platform construction, and improving the dual-creation ecology, provide a reference for promoting innovation and entrepreneurship education in China's college sports industry.

Keywords: Sports Industry; Innovation and Entrepreneurship; Industry-University-Research; Crowd-Creation Space

Contents

I General Report

B. 1 Situation and Analysis of Sports Industry Innovation and Entrepreneurship Development in Chinese Universities in 2020
Hu Qing, Li Lingchen / 001

Abstract: The goal of the future development of China's sports industry was to cultivate a group of innovative talents in the sports industry. Vigorously promoting innovation and entrepreneurship education was the future development direction of sports education. With the rapid development of the sports industry in China, the Chinese government vigorously promoted innovation and entrepreneurship education to create opportunities for the development of innovation and entrepreneurship education in the sports industry in colleges and universities. As for the development of innovation and entrepreneurship education in the sports industry in colleges and universities, although outstanding construction results have been achieved in the development of education and the construction of innovative service platforms, there were still deficiencies in the construction of teaching staff, reform of teaching methods, and optimization of management services. To comprehensively deepen the innovation and entrepreneurship education reform of the sports industry in colleges and universities, and to enhance the innovation and entrepreneurship development capabilities of college students in the sports industry, it was necessary to optimize the teaching staff, enrich the practice forms, integrate the curriculum system, create a double innovation atmosphere, reform the assessment system, improve service facilities, and build an ecosystem. The China's innovation and entrepreneurship education would take the development path of construction of dual innovation curriculum system, establishment of sports industry specialty, popularization of sports industry dual innovation, and promotion of institutional network formation.

Keywords: Sports Industry; Innovation Education; Platform Construction; Education Reform

Ⅱ Sub-reports

B. 2 Ecosystem of Sports Industry Innovation and Entrepreneurship Development in Chinese Universities   *Ma Shujia* / 056

Abstract: The report is based on the industrial ecology in order to study the ecosystem structure of sports industry innovation and entrepreneurship in Chinese university. The mode of the ecosystem is established for the first time, which will provide an academic basis for the industrial ecology development. The population size of ecosystem of sports industry innovation and entrepreneurship in Chinese university is small and the structure is simple. According to the theory of succession and evolution of industrial ecology at the primary stage locates the ecosystem. The last but not the least, the report considered the characteristic of the sports industry innovation and entrepreneurship in Chinese university and set up a healthy evaluation system from the aspect of vigor, organization and resilience, which will be the core evaluation tool of the ecosystem of sports industry innovation and entrepreneurship in Chinese university.

Keywords: Industry Ecology; Sports Industry; Innovation and Entrepreneurship; Ecosystem

Contents

B. 3 Education Status of Sports Industry Innovation and
Entrepreneurship in Chinese Universities

Zhai Siyi , Song Xuemeng / 077

Abstract: The development of innovation and entrepreneurship education is inseparable from the implementation of theoretical research and practice. The integration of industry and education and the application of learning are becoming more and more important of the future of higher education. The development of innovation and entrepreneurship education in sports industry in colleges and universities focuses on the close integration of sports production and learning. Relevant departments and colleges should size the hour, judge the situation, learn from the past experience, start with various development plans, and make extensive use of internal and external resources. We will promote a close integration of production, learning and research in the sports industry. Make it close between the industry and students.

Keywords: Sports Industry; Innovation and Entrepreneurship; Cooperation; Education ; Chinese Universities

B. 4 Platform Status of Sports Industry Innovation and Entrepreneurship
Practice of Chinese University Students

Wen Lei , Tong Haiwei / 100

Abstract: The practice platform is necessary for college students to develop innovation and entrepreneurship in the field of sports industry. The China "Internet +" Innovation and Entrepreneurship Competition, the sports industry innovation and entrepreneurship service platform of the sports colleges, and the co-working space established by various universities have played important roles in the cultivation of innovative and entrepreneurial talents in sports industry of Chinese universities. Various "double innovation" competitions and training activities have

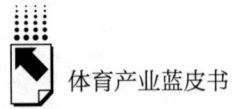

attracted a large number of college students who are interested in startup in sports industry, but there are also some shortcomings exposed in the current "double innovation" development. Ton promote Chinese sports industry, it is recommended to rely on the sports industry innovation and entrepreneurship service platform of the national sports colleges, make the National College Student Sports Industry Innovation and Entrepreneurship Competition effective, strengthen sports industry innovation and entrepreneurship training, continue to promote universities to build a good innovation and entrepreneurship education ecology, and cultivate more sports industry innovation and entrepreneurial talents.

Keywords: College Students; Sports Industry; Innovation and Entrepreneurship; Practice Platform Construction

Ⅲ Research Reports

B.5 Research Report on Innovation and Entrepreneurship Demand of Sports Industry in Chinese Universities

Wang Chao, Su Zihao / 139

Abstract: In the current social "innovation" enthusiasm and a good "entrepreneurship" atmosphere, how to effectively promote innovation and entrepreneurship in the sports industry and meet the needs of various entities for innovation and entrepreneurship in the sports industry has become an important topic of concern to the whole society. The article takes colleges and universities as an important subject of innovation and entrepreneurship in the sports industry. Based on the two national sports industry innovation and entrepreneurship survey data in 2019 and 2020, the article provides information to college teachers and college students from the three aspects of demand intensity, demand content, and demand purpose. The manager's demand for innovation and entrepreneurship in the sports industry is analyzed. Through analysis, it is found that both college students, teachers, and administrators have a high demand for innovation and entrepreneurship in the sports industry. With the joint support of all sectors of society, the innovation and entrepreneurship of the sports industry in colleges and universities has flourished, but there are still universities with different attributes and provinces. There are obvious differences. The quality of innovation and entrepreneurship education in college sports industry is generally not high, and the source of teachers is single, and various problems still need to be resolved.

Keywords: Sports Industry; Innovation and Entrepreneurship Needs; College Students; Managers

B. 6 Research Report on Innovation and Entrepreneurship Behavior of Sports Industry in Chinese University Students

Pan Hongyu, Jin Tianyou / 177

Abstract: Based on the rapid development of the sports industry and the country's vigorous promotion of the "mass entrepreneurship and innovation" strategy, the innovation and entrepreneurial behavior of the sports industry in Chinese university students has become an important topic. This report takes college students, college teachers and administrators as the research objects. Investigate, analyze and research the situation of innovation and entrepreneurship in the sports industry of college students in China, including course learning, lecture and training, competition and communication, internship training, independent entrepreneurship, etc. Summarize and extract the current problems in the innovation and entrepreneurship of Chinese college students, including low overall education participation, few education options, low training practice, and low entity conversion rate. It also puts forward some countermeasures and suggestions for the innovation and entrepreneurship behavior of Chinese college students in the sports industry, including promote the full coverage of innovation and entrepreneurship education in the sports industry, enrich the forms of innovation and entrepreneurship education in the sports industry in colleges and universities, enhance the practicality of training of innovation and entrepreneurship, and increase project incubation.

Keywords: Sports Industry; Innovation and Entrepreneurial Behavior; College Students

B. 7 Analysis on the Current Situation and Countermeasures of Innovation and Entrepreneurship Teachers of Sports Industry in Chinese Universities　　　　*Guo Mingming*, *Ding Lihong* / 211

Abstract: The innovation and Entrepreneurship Education of college sports industry can not be effectively promoted without the construction of innovative and Entrepreneurial Teaching Staff. This report, based on a questionnaire survey, focuses on the gender, age, Entrepreneurial background, source structure and guidance status of the innovative and entrepreneurial teachers and makes a general comment on the general situation and development trend of the innovative and entrepreneurial teachers in Chinese University Sports Industry. In light of the problems in the construction of the teaching staff of the sports industry in Chinese universities, such as the small quantity, the unreasonable structure, the unsuitability of the level of specialization and the demand for innovation and entrepreneurship, and the unbalanced distribution, this report proposes to improve the introduction and appointment mechanism of teachers, enhance the professional level of teachers, establish a pool of high-quality teachers for the sports industry, and promote the development of characteristic innovative and Entrepreneurial Education of college sports industry in various regions according to specific local conditions. It is expected to have positive enlightenment and guiding value for the construction of innovative and pioneering education teachers in Chinese universities.

Keywords: Chinese Universities; Faculty; Sports Industry; Innovation and Entrepreneurship Education

B. 8　Research Report on Attitude of Teachers in Sports Industry Innovation and Entrepreneurship in Chinese Universities

Yan Junhao / 244

Abstract: As the leading force in the dual innovation education of the university sports industry, university teachers influence the process of dual innovation education in the sports industry, and their attitude is one of the important factors affecting the development of sports industry innovation and entrepreneurship. The article investigates the attitudes of university teachers and finds that my country's university teachers have not paid much attention to the related policies of sports industry innovation and entrepreneurship education, are generally optimistic about the construction of my country's sports industry innovation and entrepreneurship education system and mechanism, and are not satisfied with the ability of education integration. At the same time, it is found through research that Chinese college teachers hold a positive attitude towards the future development of innovation and entrepreneurship in the college sports industry. The change in the attitudes of Chinese college teachers and the motivation to participate in sports industry innovation and entrepreneurship is strongly related to policies, systems, mechanisms, and resources. Increasing policy supply, optimizing systems and mechanisms, and integrating resources will positively affect the education of sports industry innovation and entrepreneurship by college teachers in my country To promote the development of innovation and entrepreneurship education in the college sports industry.

Keywords: Chinese Universities; Innovation and Entrepreneurship Education; Sports Industry; Teacher Attitudes; Educational System Reform

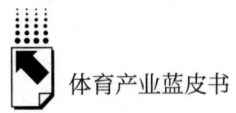
体育产业蓝皮书

B.9 Research Report on Behavior of Teachers in Sports Industry Innovation and Entrepreneurship in Chinese Universities

Yan Junhao / 279

Abstract: The behavior of college teachers is closely related to the innovation and entrepreneurship education of the sports industry in colleges and universities. Various factors of the innovation and entrepreneurship education in the college sports industry promote or restrict the behavior of college teachers. Good college teachers' behavior is one of the important driving forces of the innovation and entrepreneurship education in the sports industry. Through the investigation, this article found that the sports industry's dual innovation policy, system mechanism, sports industry dual innovation atmosphere, environment, work content, local economic and social development, resources and other factors will have a positive impact on the sports industry dual innovation education behavior of college teachers. The positive behavior of teachers will promote the development of various elements of innovation and entrepreneurship education in the college sports industry. In recent years, teachers in Chinese universities have made a lot of efforts for the development of double innovation education. They have explored the direction of adapting to the environment in various aspects such as curriculum teaching, training guidance, entrepreneurial practice, scientific research and textbook compilation. However, the multi-dimensional, all-round, and high-quality development of the sports industry with Chinese characteristics needs further attention and support from relevant departments. Strengthening policy guidance, streamlining administration and delegating power, and improving the university system will increase the participation of university teachers in sports industry innovation and entrepreneurship. The enthusiasm of education optimizes the efficiency of university education management.

Keywords: Innovation and Entrepreneurship Education; Sports Industry; Teacher Behavior

IV Policy Report

B.10 Analysis on the Policy of Sports Industry Innovation and Entrepreneurship in Chinese Universities

Wu Kaiwen, Li Minglin / 303

Abstract: By collecting and sorting relevant policy documents, this paper makes a specific analysis and research on the current situation of innovation and entrepreneurship policies in China's university sports industry from different dimensions such as the number, type and content of policies. The research finds that although the number of the university sports industry innovation and entrepreneurship policies is relatively small, they continue to be highly valued by the central government from the perspective of policy intensity and publication subject. The number of documents issued by the State Council in relevant fields and those issued by various ministries and commissions is relatively balanced, and opinions are the most important form of policy. Through the content analysis of the policy, "reform and innovation" appears most frequently in the policy documents, revealing the importance and scarcity of institutional reform and technological innovation in the development process of innovation and entrepreneurship in the sports industry of colleges and universities. At the same time, school-enterprise cooperation, reform and innovation, talent training and other key words are gradually becoming the focus of the future innovation and entrepreneurship policy of China's college sports industry.

Keywords: Sports Industry; Innovation and Entrepreneurship Policy; Policy Form

社会科学文献出版社

皮 书

智库报告的主要形式
同一主题智库报告的聚合

❖ 皮书定义 ❖

皮书是对中国与世界发展状况和热点问题进行年度监测,以专业的角度、专家的视野和实证研究方法,针对某一领域或区域现状与发展态势展开分析和预测,具备前沿性、原创性、实证性、连续性、时效性等特点的公开出版物,由一系列权威研究报告组成。

❖ 皮书作者 ❖

皮书系列报告作者以国内外一流研究机构、知名高校等重点智库的研究人员为主,多为相关领域一流专家学者,他们的观点代表了当下学界对中国与世界的现实和未来最高水平的解读与分析。截至2021年,皮书研创机构有近千家,报告作者累计超过7万人。

❖ 皮书荣誉 ❖

皮书系列已成为社会科学文献出版社的著名图书品牌和中国社会科学院的知名学术品牌。2016年皮书系列正式列入"十三五"国家重点出版规划项目;2013~2021年,重点皮书列入中国社会科学院承担的国家哲学社会科学创新工程项目。

中国皮书网

（网址：www.pishu.cn）

发布皮书研创资讯，传播皮书精彩内容
引领皮书出版潮流，打造皮书服务平台

栏目设置

◆ **关于皮书**
何谓皮书、皮书分类、皮书大事记、
皮书荣誉、皮书出版第一人、皮书编辑部

◆ **最新资讯**
通知公告、新闻动态、媒体聚焦、
网站专题、视频直播、下载专区

◆ **皮书研创**
皮书规范、皮书选题、皮书出版、
皮书研究、研创团队

◆ **皮书评奖评价**
指标体系、皮书评价、皮书评奖

◆ **皮书研究院理事会**
理事会章程、理事单位、个人理事、高级
研究员、理事会秘书处、入会指南

◆ **互动专区**
皮书说、社科数托邦、皮书微博、留言板

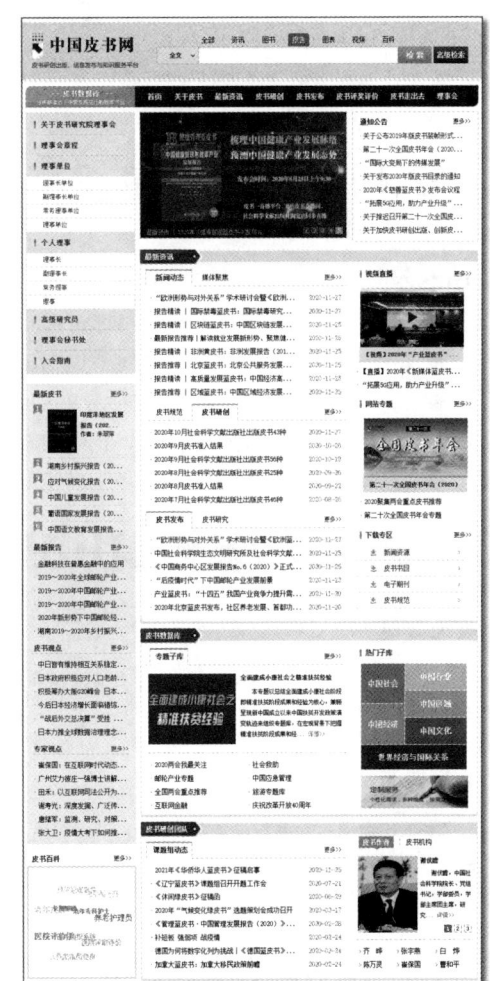

所获荣誉

◆ 2008年、2011年、2014年，中国皮书网均在全国新闻出版业网站荣誉评选中获得"最具商业价值网站"称号；
◆ 2012年，获得"出版业网站百强"称号。

网库合一

2014年，中国皮书网与皮书数据库端口合一，实现资源共享。

中国皮书网

权威报告·一手数据·特色资源

皮书数据库
ANNUAL REPORT(YEARBOOK) DATABASE

分析解读当下中国发展变迁的高端智库平台

所获荣誉

- 2019年,入围国家新闻出版署数字出版精品遴选推荐计划项目
- 2016年,入选"'十三五'国家重点电子出版物出版规划骨干工程"
- 2015年,荣获"搜索中国正能量 点赞2015""创新中国科技创新奖"
- 2013年,荣获"中国出版政府奖·网络出版物奖"提名奖
- 连续多年荣获中国数字出版博览会"数字出版·优秀品牌"奖

成为会员

通过网址www.pishu.com.cn访问皮书数据库网站或下载皮书数据库APP,进行手机号码验证或邮箱验证即可成为皮书数据库会员。

会员福利

- 已注册用户购书后可免费获赠100元皮书数据库充值卡。刮开充值卡涂层获取充值密码,登录并进入"会员中心"—"在线充值"—"充值卡充值",充值成功即可购买和查看数据库内容。
- 会员福利最终解释权归社会科学文献出版社所有。

卡号:481711847788

数据库服务热线:400-008-6695
数据库服务QQ:2475522410
数据库服务邮箱:database@ssap.cn
图书销售热线:010-59367070/7028
图书服务QQ:1265056568
图书服务邮箱:duzhe@ssap.cn

基本子库 SUB DATABASE

中国社会发展数据库（下设 12 个子库）

整合国内外中国社会发展研究成果，汇聚独家统计数据、深度分析报告，涉及社会、人口、政治、教育、法律等 12 个领域，为了解中国社会发展动态、跟踪社会核心热点、分析社会发展趋势提供一站式资源搜索和数据服务。

中国经济发展数据库（下设 12 个子库）

围绕国内外中国经济发展主题研究报告、学术资讯、基础数据等资料构建，内容涵盖宏观经济、农业经济、工业经济、产业经济等 12 个重点经济领域，为实时掌控经济运行态势、把握经济发展规律、洞察经济形势、进行经济决策提供参考和依据。

中国行业发展数据库（下设 17 个子库）

以中国国民经济行业分类为依据，覆盖金融业、旅游、医疗卫生、交通运输、能源矿产等 100 多个行业，跟踪分析国民经济相关行业市场运行状况和政策导向，汇集行业发展前沿资讯，为投资、从业及各种经济决策提供理论基础和实践指导。

中国区域发展数据库（下设 6 个子库）

对中国特定区域内的经济、社会、文化等领域现状与发展情况进行深度分析和预测，研究层级至县及县以下行政区，涉及省份、区域经济体、城市、农村等不同维度，为地方经济社会宏观态势研究、发展经验研究、案例分析提供数据服务。

中国文化传媒数据库（下设 18 个子库）

汇聚文化传媒领域专家观点、热点资讯，梳理国内外中国文化发展相关学术研究成果、一手统计数据，涵盖文化产业、新闻传播、电影娱乐、文学艺术、群众文化等 18 个重点研究领域。为文化传媒研究提供相关数据、研究报告和综合分析服务。

世界经济与国际关系数据库（下设 6 个子库）

立足"皮书系列"世界经济、国际关系相关学术资源，整合世界经济、国际政治、世界文化与科技、全球性问题、国际组织与国际法、区域研究 6 大领域研究成果，为世界经济与国际关系研究提供全方位数据分析，为决策和形势研判提供参考。

法律声明

"皮书系列"(含蓝皮书、绿皮书、黄皮书)之品牌由社会科学文献出版社最早使用并持续至今,现已被中国图书市场所熟知。"皮书系列"的相关商标已在中华人民共和国国家工商行政管理总局商标局注册,如LOGO( )、皮书、Pishu、经济蓝皮书、社会蓝皮书等。"皮书系列"图书的注册商标专用权及封面设计、版式设计的著作权均为社会科学文献出版社所有。未经社会科学文献出版社书面授权许可,任何使用与"皮书系列"图书注册商标、封面设计、版式设计相同或者近似的文字、图形或其组合的行为均系侵权行为。

经作者授权,本书的专有出版权及信息网络传播权等为社会科学文献出版社享有。未经社会科学文献出版社书面授权许可,任何就本书内容的复制、发行或以数字形式进行网络传播的行为均系侵权行为。

社会科学文献出版社将通过法律途径追究上述侵权行为的法律责任,维护自身合法权益。

欢迎社会各界人士对侵犯社会科学文献出版社上述权利的侵权行为进行举报。电话:010-59367121,电子邮箱:fawubu@ssap.cn。

社会科学文献出版社